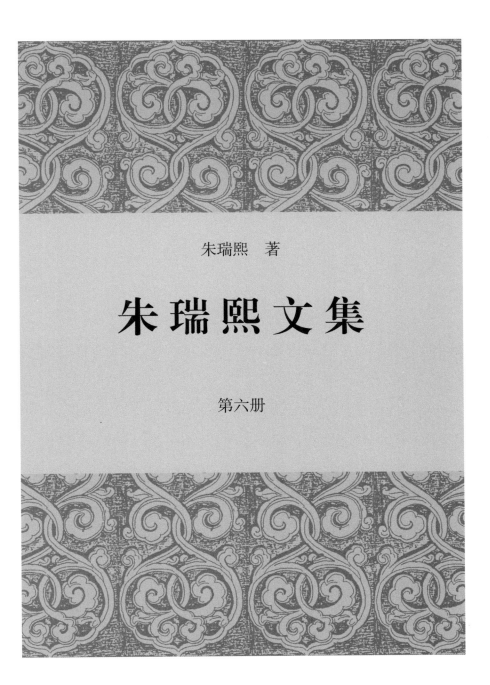

朱瑞熙　著

朱瑞熙文集

第六册

上海古籍出版社

学术论文(中)

目　　录

宋代社会风尚概述

唐、宋之际,社会风尚发生显著变化。唐代中期以后,尤其到了宋代,社会经济发展迅速。社会阶级结构也从唐代的门阀士族和部曲、奴客、贱民、番匠、奴婢等旧格局,转变为宋代的官僚地主和佃客、差雇匠、和雇匠、人力、女使等新的格局。周邻各少数民族,特别是契丹、党项、女真等族一度强盛,建立起幅员广大的国家。由于这三个因素的影响,人们的生活方式发生许多变化。这些变化表现在物质生活上,如衣服、装饰、饮食、家具、房屋、交通工具、卫生保健等方面,比前代更加丰富多彩;又表现在精神生活上,如礼仪、信仰、文艺、思想等方面,比前代更加实用、深刻。人们在物质生活和精神生活各个方面的爱好和习惯,构成了这一时期的社会风尚。

一、服　　装

衣冠服饰是每一时代的物质文明和精神文明的综合反映。宋代的服装具有时代的特色。虽然封建国家规定了官员和百姓的服装等级制度,如只准百姓穿着白色和黑色的衣服,宋太宗至道元年(995 年)开始允许穿紫色的衣服[①],但民间往往突破这一制度,以致上自皇帝、贵族、百官,下至士人、平民,穿戴的衣冠几乎没有绝对严格的区别。

---

① 《宋史》卷153《舆服志五》。

幞头是宋代男子的主要首服。官员的幞头用藤织成，外罩以纱，涂漆。幞头背后装上两脚，用铁丝或琴弦、竹篾等为骨，一般为直脚。还有局脚、交脚、朝天、顺风等另四种。从宋初开始，直脚逐渐加长，据说是为了防止官员们上朝站班时交头接耳①。官员的常服称"公服"，宋初规定三品以上用紫色，五品以上朱色，七品以上绿色，九品以上青色。宋神宗时，改为四品以上紫色，六品以上绯色，九品以上绿色②。公服的形式，是圆领、大袖，下裾（大襟）加一横襕。到南宋时，由幞头改用幅巾，甚至像刘光世、韩世忠、岳飞、张俊等著名武将也以包裹幅巾为尚，冠帽之制渐衰。同时，百官的衣服也由公服改为紫窄衫。赵彦卫说："至渡江，方着紫衫，号为'穿衫尽巾'，公卿皂隶，下至闾阎贱夫，皆一律矣。"③宋孝宗时，梁克家说，衣服的等级"渐失等威，近岁尤盛，农贩细民至用道服、背子、紫衫者，其妇女至用背子、霞帔"④。原来按规定庶人、公人、商贾等只能穿白色、皂色以及紫色服装，而事实上他们常常公然违禁穿戴只有官员才能穿戴的衣冠，而朝廷三令五申地禁止百姓"逾僭"，正证明这种"逾僭"的普遍性。

宋代文化的发展，使人们对衣冠色彩的爱好，从鲜艳和单纯改变为繁复而协调，对比色调日趋稳重和凝练。除官员公服外，民间一般服装更多地使用复杂而调和的色彩。当时出现了印花的丝织品，称"缬帛"，加入金线编织的丝织品，称"销金"。织锦也进入了全盛时期。封建国家屡次下令禁止民间生产和服用皂斑缬衣、销金衣帽，但未奏效。

北宋末年，民间服装在色彩、款式、图案等方面出现了新的风格。士庶一度竞相以鹅黄色为腰腹围，称"腰上黄"。妇女便服，不加衿（结带）纽，紧身短小，称"不制衿"⑤。妇女鞋底呈尖形，用双色合成，称"错到底"。妇女首饰、衣服、织帛等备有一年四季的节日礼物或花卉，称

① （元）俞琰：《席上腐谈》，载《说郛》卷75。
② 《宋史》卷153《舆服志五》。
③ 赵彦卫：《云麓漫钞》卷4。
④ 梁克家：《淳熙三山志》卷40《岁时·序拜》。
⑤ 佚名：《东南纪闻》卷3。

"一年景"①。这些新式服装的出现,说明这时民间形成了一次突破服装旧格调、旧样式的新高潮。

汉族人民还吸收周邻少数民族服装的长处。契丹人的番样头巾、青绿色男服、番鞍辔、毡笠、钓墩(女式袜裤)以及铜绿、兔褐式的女服等,纷纷传入,被士庶和妇女们加以仿效②。

宋代男子和妇女喜欢穿着一种叫"背子"的便装。背子的形制与半臂、背心不同。背子的袖管长至手腕,两裾(前襟)平行而不缝合,两腋以下开叉。一种样式是在两腋和背后都垂带子,腰间用勒帛束缚;另一种样式是不垂带子,腰间不用勒帛,任其两襟敞开。男子的背子只作衬服,一般不穿在外作为常服;妇女的背子则作为常服甚至礼服穿用。半臂的袖管只及背子的一半。广州妇女穿黑色的半臂,称"游街背子"③,半臂与背子不加区别。背心不装袖管,与现代一样。

二、饮　　食

宋代农业的发展和烹饪技术的提高,使人们的食物品种比前代更加丰富。

北宋时,形成了南食和北食两大系统,为以后中国汉族的饮食奠定了基本的格局。南、北食的大致差别在于,南食以稻米制品为主食,北食以麦面制品为主食;南食的荤菜以猪肉、鱼为主,北食的荤菜以羊肉为主。宋神宗时,"御厨"所用面和米的比例是二比一④,说明皇室是以面食为主的。许多事例证明,当时北方人很少吃米食,南方人很少吃面食。这种习惯,直到南宋初年才有所改变。由于大批北方人流寓到江浙、湖湘、闽广,面粉的消费量猛增,麦价日涨,麦子的种植面积迅速扩

---

①　陆游:《老学庵笔记》卷3。
②　《宋会要辑稿》舆服4之7《臣庶服》。
③　朱彧:《萍洲可谈》卷2。
④　《宋会要辑稿》方域4之10《御厨》。

大。面食在主食中的比重逐渐增大。南宋都城临安府的饮食店中,面食店比北宋汴京明显增多,面食制品也更加丰富。

面食和米食的花式品种比前代增加很多。面食方面,汤饼不仅成为煮饼或面片汤,而且主要成为各种面条。黄庭坚诗云:"汤饼一杯银线乱。"①形象地说明汤饼也是一种白面条。汴京和临安的食店中,有几十种面条供应。蒸饼在宋仁宗时,因避其讳,改为"炊饼"②。馒头一般是实心无馅的。馒头而带馅,就须在馒头前说明该馅的内容。宋徽宗时,蔡京曾用蟹黄馒头款待官员。包子也是当时主要面制食品。馉饨是指饺子和锅贴,鹌鹑肉馅馉饨是人们最喜爱的一种面食点心。此外,还有角儿(糖三角)、春茧、春饼、夹儿、月饼、油饼、胡饼、划子、弹儿(丸子)、薄脆、馓子、䭔䭑(一种有馅的面食,其馅有蟹肉、猪肝、天花蕈、樱桃等,荤素、咸甜皆可)等。米食方面,有香子米饭、石髓饭、羊饭、水饭等数十种。另有各种糕、团、粽子、米果、米线(米粉)等。

烹饪技术比前有所提高,厨房分工细密,菜肴品种增多。各地出现了许多特色菜肴,如临江军(江西清江西)黄雀,江阴军河豚,兴化军(福建莆田)子鱼,皆"为天下第一,他处虽效之,终不及"③。明州(浙江宁波)黄花鱼,明、越(浙江绍兴)、温、台(浙江临海)海鲜,台州的鳖、腊,苕溪的扁鱼④等,也都是当时的名产。汴京和临安更集中了北、南宋全国的珍馐美味。

饮茶更为普及。茶叶成为人们日常的必需品之一。分为片茶、散茶(散叶茶)和腊面茶(贡茶)三种。民间习惯用茶水招待刚到的客人,客人临别,则请其啜汤(用甘草等药材制成)⑤。人们喜欢斗茶,约定俗成,一般以茶面的泡沫鲜白、在盏内壁没有水痕、耐久为最好。斗茶使用的盛器,大都是深色釉盏,所以兔毫盏和鹧鸪斑盏最受品茗者的欢迎。

① 《豫章黄先生文集》卷11《过土山寨》。
② 顾文荐:《负暄杂录》。
③ 太平老人:《袖中锦》。
④ 周密:《癸辛杂识》后集。
⑤ 朱彧:《萍洲可谈》卷1。

三、生 活 用 具

宋代生活用具的种类比前增多,质量也有所提高。临安府的巷陌街坊上,有民间需要的各种"家生动事"销售,诸如桌、凳、凉床、交椅、兀子、绳床、竹椅、裙厨、衣架、棋盘、面桶、项桶、脚桶、浴桶、大小提桶、马子(马桶)、桶架、木杓、研槌、食托、竹夫人、懒架、木梳、筐子、刷子等①,应有尽有。这些形形色色的家庭用具,可以说已经具备了近代民间生活用具的初步规模。

值得注意的是,人们普遍使用椅子和桌子。中国古代人们席地而坐,只使用几和案。汉代开始出现类似今天马扎的胡床,隋代因避讳而改称"交床"②。唐代安装了不高的靠背③。后来不断加高,到宋代椅背高度与现代的椅子毫无二致。南宋时,交椅制作技术日臻完善,出现了"太师椅"等新的式样。人坐在此椅,"可以仰首而寝"④,并且装有按手⑤。同时,直腿靠背椅也应运而生。最迟到五代南唐时,已经使用这种椅子。顾闳中绘《韩熙载夜宴图》中,有好几只直腿靠背椅,椅上安装丝织的椅帔和垫褥。到北宋,使用这种椅子者日益增多。今河南禹县白沙宋墓的第一、二号墓壁画,都绘有墓主夫妇对坐像,各坐在一把直腿靠背椅上。方城宋墓中,还发现石雕的直腿靠背椅⑥。

与高足坐具的出现同时,几和案的四腿相应增高,于是形成了桌子。唐代宫中或贵族、官僚宴饮的餐桌,都使用大方桌子或长方桌子,周围放置较高的条凳或团凳。到宋代,桌子便屡见不鲜了,桌子的样式因用途而有别。

---

① 《梦粱录》卷13《诸色杂货》。
② 程大昌:《演繁露》卷10《胡床》。
③ (唐)李匡乂:《资暇集》卷下。
④ 王明清:《挥麈三录》卷3。
⑤ 《朱子语类》卷87《礼四》。
⑥ 《文物参考资料》1958年第11期。

宋代的椅、桌两字，人们大都写成"倚"和"卓"。后来有些人还逐渐改用从木的"椅"和"桌"字①。桌、椅的普遍使用，改变了人们席地而坐的习惯和跪拜的礼仪，最后完成了一次坐姿的重大变革。

四、婚 姻 礼 仪

宋代人们在婚姻上，把乡贯、族望放在次要地位，而更加重视对方及其家属的官职或钱财。贵戚们择婿，不重视男方的家世，只要省试中榜，即为符合标准。士人们则是"娶妻论财，全乖礼义"②。这种社会风气的形成不能不对当时的婚姻礼仪带来影响。

宋人极其重视聘财和资装。男家"将娶妇，先问资装之厚薄"；女家"将嫁女，先问聘财之多少"。有的人家双方订立契约，写明某物多少、某物多少，"以求售某女者"。男家事前向女家"下财礼"，"富贵之家"送"三金"即金钏（镯）、金鋌（锁足）、金帔坠；"铺席宅舍"如无金器，可以只送镀金的银器。"士宦"之家也有送销金的衣服、彩缎匹帛的。"下等人家"只送织物一二匹、官会一二封，再加上鹅、酒、茶、饼而已③。女家在迎亲前一天，派人到男家布置新房，铺设被褥等物，把所有陪嫁的衣服、鞋袜等陈列出来④。

男方迎亲使用的交通工具，北宋前期还普遍使用花车，后来逐渐被花轿代替。司马光说过："今妇人幸有毡车可乘，而世俗重担子，轻毡车。"⑤"担子"就是轿子。城市里有专门出租花轿的人家。花轿抬到女家后，女家犒赏行郎等人，乐官奏乐催妆，时辰一到，催促登轿。新娘由女家亲戚抱上花轿。起轿后，一路奏乐，花轿按预定时辰抬到男家。新娘入门前，要举行"撒谷豆"、跨马鞍的仪式。当晚，新郎在中堂登上置

---

① 《建炎以来系年要录》卷 171 载"台州螺钿椅棹"。
② 《宋文鉴》卷 61《请禁绝登科进士论财娶妻》。
③ 《梦粱录》。
④ 《东京梦华录》卷 5《娶妇》。
⑤ 司马光：《书仪·亲迎》。

于一只榻上的椅子,由媒人、姨、姑、丈母顺次敬酒,然后下高座归房。新娘进入男家后,与新郎一起,由主持人带到影堂(挂祖先画像处)前或阶下,主持人进入堂中焚香酹酒,祝者跪地向祖宗报告结婚的信息。这一仪式俗称"拜先灵"。《东京梦华录·娶妇》记载,新娘和新郎面对面各挽一段彩绢的一端,彩绢中间结一同心,新郎倒行,称为"牵巾"。走到家庙参拜,然后新娘倒行,扶入新房。新房内地上铺席,新郎立在东席,新娘立在西席,新郎与新娘对拜,称为"交拜"。新郎坐在新床之左,新娘在右,各留出一撮头发,合梳为髻,称为"结发",然后喝"交杯酒"①。

新郎根据身份穿着不同样式的新衣。贫苦人家只在做新郎时穿绢衣三天,称为"郎衣"②。一般富裕子弟只能穿戴丝织的衣衫和幞头。贵族和官僚子弟,可以借穿官服,大都是由女家送给新郎的绿色公服、罗花幞头、靴、笏等。

五、丧 葬 礼 仪

宋代的丧葬礼仪,在社会经济和科学技术发展的基础上,受佛、道教和民间迷信的严重影响,又受正在形成体系的理学以及周邻少数民族的影响,形成了自己的特点。

宋代薄葬蔚为风气。许多士大夫主张薄葬,有些人甚至认为连陶、木制的明器也不必带入墓中,封建国家还再三下令禁止厚葬。士大夫们大都是从不信鬼神迷信和避免死后墓被盗掘而出发的,封建国家则主要是从维护等级制度和减少物质财富浪费考虑的。

在举行丧葬和祭祀的仪式上,人们普遍使用纸钱和纸质明器。人们去寺院祭神求福,在佛像前焚烧纸钱。寒食节扫墓,将纸钱挂在墓旁树枝上。逢到亲友丧事,赠送纸钱、纸绢等物,由亲友家属焚烧。由于

---

① 《东京梦华录》卷5《娶妇》。
② 庄绰:《鸡肋编》卷下。

社会上纸钱需求量很大,使纸钱的生产和销售成为一项专门的行业,不少人以打凿纸钱为业①。人们还习惯于把纸做的明器(称为"冥器"),如纸带以及木笏等放入棺内②。或者将纸衣焚烧,作为送给亡者的一份"礼物"。汴京和临安府都开设一些纸马铺,除雕印钟馗、财马等赠送顾客外,还用彩纸和芦苇札成亭台楼阁、人物、鸟兽等③。

火葬在当时也很流行。河东路民间因为"地狭人众,虽至亲之丧,悉皆焚弃"④。浙右水乡,虽然富室,死后也用火焚烧,僧寺还从事代人火化遗体的业务⑤。士大夫们外出做官,不幸病死任上,子孙往往火焚其柩,收集骨殖带回故里安葬⑥。朝廷规定军人出戍,死后准许火葬,将骨灰运回。又规定郊坛三里以外,"方得烧人"⑦。朝廷多次下令禁止火葬,但有些官员认为不如只禁止富豪和官员火葬,其他贫下之家和客旅远方之人不妨"姑从其便"。他们的理由是官府无法找到足够的荒地来埋葬贫民⑧。有的官员干脆提出,"今京城内外物故者日以百计,若非火化,何所葬埋?"更是明确主张实行火葬⑨。

在佛、道教的影响下,民间遇到丧葬,往往聘请僧侣和道士念经、打醮、做佛事等⑩。此外,还聘请乐队奏乐,聚集亲友饮酒吃肉,喝茶时举杯不带茶托⑪,等等。

宋代薄葬风气的形成,表明人们追求现实生活的享受,这是社会进步的一个表现。同时,用纸质明器和纸钱代替陶瓷器和实钱殉葬,也是历史上一个不小的进步。

---

① 《续资治通鉴长编》卷111,明道元年三月癸巳。
② 孔平仲:《珩璜新论》卷2。
③ 《梦梁录》卷6《十二月》;《东京梦华录》卷7《清明节》。
④⑧ 《宋史》卷125《礼二十八》。
⑤ 周辉:《清波杂志》卷12。
⑥ 《司马氏书仪》卷7《丧仪三》。
⑦ 《二程遗书》卷2上。
⑨ 俞文豹:《吹剑录外集》。
⑩ 王栐:《燕翼诒谋录》卷3《丧葬不得用僧道》。
⑪ 周密:《齐东野语》卷19《有丧不举茶托》。

六、卫　生　保　健

人们更加讲究卫生保健。城市的环境卫生、水源保洁，个人卫生方面的洗浴、去污、防止蚊虫叮咬等，都比前代有了进步。

宋代城市普遍建筑公共厕所，官府重视城市垃圾和粪便的妥善处理。临安府每年新春，由官府差人挨家挨户疏通沟渠，又差船将道路上的污泥运到乡下。每天有人"扫街盘垃圾"，居民"每支钱犒之"。街坊居民的马桶，每天"有出粪人瀽去，谓之'倾脚头'，各有主顾，不敢侵夺"。如果发生纠纷，"粪主"必定与之争议，甚至"经府大讼，胜而后已"[1]。这些粪便以及垃圾，每天由大批"落脚头船"运出城外[2]。

为了保持城市饮水的卫生，官府重视水源的清洁，防止污染。杭州一直配备开掘西湖的军士，"专一撩湖，无致湮塞，无垢污之患"。平时禁止官民将粪土抛入湖中。一经发现，严惩不贷[3]。这些措施对避免水源污染，保证城市居民健康，起了很大作用。

人们喜爱洗澡。各地城市普遍开设公共浴室。杭州有许多澡堂业者，门口悬有瓢杓为标志，入浴一次，收铜钱 15 文[4]。南宋时，经营浴室的商人们，组织成"香水行"[5]。宋末元初，该城一些街道设有浴堂，每一浴堂足供 100 人一次沐浴之用。当地居民爱洗冷水澡，而专供外国人洗热水浴[6]。许多佛寺兼设浴室，供人们洗澡。陕西扶风县法门寺浴室院，规模很大，"日浴千数"人[7]。太学炉亭内，也设浴堂，供学生和教职员洗澡[8]。

---

① 《梦粱录》卷13《诸色杂货》。
② 《梦粱录》卷12《河舟》。
③ 《梦粱录》卷12《西湖》。
④ （日）释成寻：《参天台五台山记》。
⑤ 耐得翁：《都城纪胜·诸行》。
⑥ 《马可波罗游记》第 2 卷第 76 章。
⑦ （清）陆耀遹：《金石续编》卷 13《法门寺浴室院灵异记》。
⑧ 《永乐大典》卷 662。

　　人们重视口腔的保健。出现了许多新的揩齿药配方，如能使牙齿白净的"七宝散方"，治齿痛的"牢牙散"等，达上百种。临安府的市场上，"刷牙子"即牙刷已成为一种商品，在坊巷中销售。在金子巷口开设的"傅官人刷牙铺"，是理宗时著名商铺之一，也是世界上第一家专门销售牙刷的商店①。

　　医学的分支学科——口齿科，也有充分发展。朝廷的太医局中，口齿兼咽喉科是所设九科之一。牙医不仅治牙病，还会镶补牙齿，陆游和楼钥都以诗文赞美"以补种坠齿为业"的"神牙"医②。

　　在去污方面，民间普遍使用皂角作为洗涤剂原料。人们将豆科植物皂荚树的果实皂角摘下，捣烂，加工成橘子大小的球状，用来洗脸、洗衣。两浙地区皂荚树很少，人们用肥珠子做洗涤剂。肥珠子树干高大，生角三四寸长，子圆黑肥大，肉也厚，膏润胜过皂角，所以又名"肥皂"。临安府各行市里，有"肥皂团"经销③，看来是用肥珠子制成的。此外，澡豆也很流行。人们将猪胰腺加工后，与豆粉、香料混合，制成一种小丸状的洗涤剂，即澡豆。由于猪胰腺数量有限，因此澡豆只限于富裕人家使用。

　　为了防止蚊虫叮咬，有条件的人家点燃蚊香。临安府有的作坊专门生产蚊烟即蚊香出卖④。

七、押　字

　　押字又称花押、签押、押花字等，是人们按照各自的爱好，在有关文书或物品上使用的一种特定的符号，以代表本人，便于验证。

---

① 《梦粱录》卷13《诸色杂货》、《铺席》。
② 陆游：《剑南诗稿》卷56《岁晚幽兴》。
③ 《西湖老人繁胜录》；《武林旧事》卷6《小经纪》。
④ 《武林旧事》卷6《作坊》。

宋朝十五个皇帝，从太祖到度宗，每人都有"御押"。除真宗、神宗、光宗的御押纯系画圈外，其余十二个皇帝各押一个特殊的符号。南宋末人周密记载这十五个皇帝的御押式样①，这些押字都不像他们的名字。司马光在《宁州帖》上的押字，与他的"光"字似若相像而又不像②。也有一些人的押字的样式，与他本人的名字相近。如王安石押"石"字，往往写成"歹"的样子，后来又把"口"画成圆圈③。

押字的使用范围极其广泛。官府公文上，官员们必须按照官位的高低，在结尾先后正楷书名，同时还要花押，方能生效，仅有名字而无押字，则在法律上无效。百姓们书写诉讼状纸，起诉人必须在状末押字，官府才予承认。如果起诉人不会写字，则当众亲自画押④。百姓们买卖田地、房屋等，在契约上书名之后，再画上押字。工匠制造铜镜、漆器、银铤等，也往往在器物上押字，表示对产品的质量负有全责⑤。

八、称　　谓

宋代社会的发展，在人际关系上，有关人们的称谓，出现了许多新的内容。苏轼之子苏过曾慨叹地说："今世一切变古，唐以来旧语尽废"⑥。当然，不是所有旧的称谓都废而不用，而是出现了许多新的称谓，或者利用旧的称谓而注入的新内容。

宋代官员和百姓都尊称皇帝为"官家"⑦，官员又经常称皇帝为"上"。宫廷中称皇帝为"大家"或"阿家"，称皇后为"圣人"，称嫔妃为

① 《癸辛杂识别集》卷下《宋十五朝御押》。
② 《文物》1966年第2期，图版四。
③ 叶梦得：《石林燕语》卷4。
④ 李元弼：《作邑自箴》卷8、卷5。
⑤ 《文物》1963年第5期，罗奇真：《淮安宋墓出土的漆器》；《考古》1965年第12期。
⑥ 陆游：《老学庵笔记》卷6。
⑦ 赵彦卫：《云麓漫钞》卷3。

"娘子"①。人们称皇帝的女儿为"公主"，皇帝的姊妹为"长公主"，皇帝的姑母为"大长公主"②。

人们通称现任官员为"官人"。对于各个官员，则呼其寄禄官或差遣、职的简称，如某太尉、某中丞、某寺丞、某龙图等。但往往过称官名，如明明是朝议大夫（正六品），却要人称自己为"中大夫"（正五品），提高了整整三阶。

富人被人们尊称为"员外"或"小员外"，有时也被称为"承务"（按即京官最低阶承务郎的省称）。奴仆一般称男、女主人为"郎君"和"娘"或"小娘子"③。

亲属间的称谓很多。子女一般称父亲为"爹爹"，称母亲为"妈妈"。称祖父为"翁翁"、"耶耶"，祖母为"婆婆"。称外祖父和外祖母为"外翁"和"外婆"④。女婿称岳父和岳母为"丈人"和"丈母"，或"泰山"和"泰水"⑤。招赘入女家的女婿，被称为"布袋"（原意为招婿以补其世代），而寡妇续招一夫，世称后夫为"接脚夫"。媳妇称公、婆为"阿翁"和"阿婆"。丈夫常称妻子为"老婆"、"浑家"，妻子称丈夫为"郎"⑥。

士大夫间私交，常以"丈"字相称。如有些文人称司马光为"司马十二丈"，称苏轼为"东坡二丈"⑦等。

妇女通常不起官名，仅用姓氏加上一个"阿"字，便算正式名字，如阿王、阿张之类⑧。平时，妇女按照自己的排行组成名字，称为"某某娘"，如"张三十娘"、"孙四娘子"等。妇女对人往往自称为"妾"或

① 魏泰：《东轩笔录》卷11；彭乘：《墨客挥犀·崔刑部夫人》。
② 吴曾：《能改斋漫录》卷12《公主称》。
③ 《淳熙三山志》卷40《岁时·序拜》。
④ 洪迈：《夷坚丁志》卷5《陈通判女》。
⑤ 《夷坚三志》壬卷10《解七五姐》。
⑥ 《梦粱录》卷13《夜市》。
⑦ 黄庭坚：《豫章黄先生文集》卷26。
⑧ 《云麓漫钞》卷10。

"奴"、"奴奴"、"奴家"①。

九、避　　讳

在中国古代,人们不得直接书写或称呼帝王、圣贤和尊长之名,而必须用其他方法回避的习俗,称为"避讳"。宋代避讳的特点是,一般只避尊长之名,不避其字、号或谥号。依照其内容,可分为两大类,一是官讳,二是私讳。

官讳又称国讳,包括:1.皇帝生前的"御名"(正名)、曾用名(旧讳),这些名死后为庙讳。2.有些皇帝的生父和太祖、太宗的几代祖先之名。如英宗生父赵允让,孝宗生父赵偁,太祖和太宗生父赵弘殷等。这部分官讳有的一度取消过。3.皇太子、亲王以及皇太后等名讳。如仁宗即位前名受益,刘太后之父刘通等。

官讳的回避方法有改字、改音、缺笔、空字、用黄纸覆盖等。凡人的姓名、官曹、官称、地名、书名、衣冠名等,遇需回避的字,就改用同音字或同义字。如改殷姓为商,改敬姓为恭。一度改通进银台司为承进银台司,改通判为同判②,等等。

庙讳的回避原则是不仅要回避其单名和双名的正讳,还要回避其嫌名(指正名的同音字)。对于双名旧讳,可不回避其中一字,但不准二字连用;单名旧讳,则必须回避③。徽宗时,还下令将君、王、圣、天、龙、皇、主、玉、万、载等字定为官讳,一律禁用④。

私讳又称家讳。仁宗时规定:"凡府号、官称犯父、祖名,而非嫌名及二名者,不以官品高下,并听回避。"⑤如果违犯父、祖的正名,必须回

---

① 《夷坚志补》卷2《义娟传》;华岳:《翠微南征录》卷10。
② 《宋会要辑稿》仪制13之15、12、13。
③ 《宋会要辑稿》仪制13之12、19。
④ 龚明之:《中吴纪闻》卷5《易承天为能仁寺》。
⑤ 《续资治通鉴长编》卷193,嘉祐六年五月庚戌。

避，只犯嫌名或双名中的一字，依旧不违。官员在接受差遣、升官时，回避私讳的方法有改地、改授差遣、换官（改换所迁官阶）、改职（改换所授职名）、改官称（暂改官职的名称）、减去差遣名称中某字、暂不迁官等。

国家规定回避私讳的原则，是允许"二名不偏讳"和不避嫌名，比官讳略宽一些。但也有"出于一时恩旨免避，或旋为改更者"①。

避讳的风尚带来许多弊病。士人们在应举时，稍有违犯庙讳、御名，即名落孙山。在校刻古籍时，随便"改易国讳"，破坏了典籍的原貌②。很多官员还利用家讳来抬高自己的身份和欺压下属以及百姓，引出了许多笑话。仁宗时，知南京应天府（河南商丘）田登自讳其名，全州皆讳灯为火，违犯者必遭责打。元宵节点灯，依例准许百姓入州治游赏，吏人写榜文张贴在闹市说："本州依例放火三日。"③从此，流传下"只许州官放火，不许百姓点灯"这样一个笑柄。

十、节　日

人们生活方式的变化，使反映当时民情风俗的各种节日，也出现一些变革。宋代的节日，包括官定的重要节日，节气性和季节性的节日，以及带有宗教迷信性质的节日等。

官定的重要节日，包括圣节、元旦、上元节、中和节、天庆、天祯、天应、开基等节。圣节是指皇帝和太后的生日，每逢新皇帝即位，由宰相率领群臣上表奏请，为皇帝生日立节。到圣节那天，朝野庆祝，各级官衙休假一天，禁止屠宰、丧葬和执行死刑等④。宋代十五朝皇帝和帝显的圣节如下：

---

① 洪迈：《容斋五笔》卷3《士大夫避父祖讳》。
② 项安世：《项氏家说》卷8《文苑英华》。
③ 庄绰：《鸡肋编》卷中；陆游：《老学庵笔记》卷5。
④ 《宋会要辑稿》礼57之14—23《圣诞节》、《节日》。

皇帝庙号	节　名	圣节时间
宋太祖	长春节	二月十六日
宋太宗	乾明节	十月七日
宋真宗	承天节	十二月二日
宋仁宗	乾元节	四月十四日
宋英宗	寿圣节	正月三日
宋神宗	同天节	四月十日
宋哲宗	兴龙节	十二月八日
宋徽宗	天宁节	十月十日
宋钦宗	乾龙节	四月十三日
宋高宗	天申节	五月二十一日
宋孝宗	会庆节	十月二十二日
宋光宗	重明节	九月四日
宋宁宗	瑞庆节	十月十九日
宋理宗	天基节	正月五日
宋度宗	乾会节	四月九日
宋帝显	天瑞节	九月二十八日

圣节以外,官定的重要节日有元旦(正旦、元日、新年,即正月一日)、上元节(元宵节)、中和节(二月一日),为传统节日;开基节(正月四日)、天庆(正月三日)等节,天应(十一月五日)等节,为统治者出于政治需要而一时制定的节日。

节气性和季节性的节日,有立春、社日(每年有两个社日,宋以立春后第五个戊日为春社,立秋后第五个戊日为秋社)、寒食(自冬至后105天)和清明、端午、七夕、中元(七月十五日)、中秋、重阳、立冬和冬至、除夕等节。

宗教迷信一类的节日,有人日(正月七日)、玉皇生日(正月九日)、梓潼帝君生日(二月三日)、祠山张真君生日(二月八日)、花朝节(二月十五日)、上巳日(三月三日)、鬼节(十月一日)等。

每逢上述节日,官府和民间举行庆祝活动,庆祝的方式有官衙停止办公,官员和兵士放休务假,或者官员只放朝假。城镇商铺陈列商品销售,百姓观赏歌舞、百戏、杂技,制造节日食品,穿上新衣,等等。具体活动视节日而异。总的倾向是减少了迷信、禁忌、禳除的神秘气氛,增加了娱乐的、体育活动的色彩。

(本文刊载于《抚州师专学报》1991 年第 1 期)

陈 亮 与 科 举

陈亮是南宋时代一位杰出的思想家和文学家,他所提出的经世济民的"事功之学",坚决抗击金朝南侵和恢复中原的主张,所撰感情激越豪放的词作,气势纵横、笔锋犀利的政论等等,都给后人留下一份珍贵的遗产。

为了实现自己的政治抱负,陈亮屡次参加科举考试,以便取得一官半职。但他对科举制度有独特的看法,既不全盘否定,又主张改革其弊病,还亲自撰写了一些标准体式的文章和相关段落,客观上促进了科举文章的逐步定型。

一、陈亮应举过程和应举目的

陈亮生活在宋高宗和孝宗、光宗朝。高宗绍兴三十二年(1162年)秋,陈亮20岁,与吕祖谦"同试漕台"①,即赴两浙东路转运使司参加乡试(解试),不中。孝宗乾道四年(1168年)九月,陈亮开始改名为亮(原名汝能),参加婺州乡试,考中第一名,成为"解元"②。次年春,陈亮赴临安府参加礼部试,又名落孙山③。淳熙四年(1177年)八月,陈亮参加国子监发解试,即太学解试,恰由秘书郎、点检试卷官何澹批阅陈亮

---

① 《陈亮集》卷20《又甲辰秋书》。
② 《陈亮集》卷22《祝文·告祖考文》,《叶适集·水心文集》卷24《陈同甫王道甫墓志铭》。
③ 《陈亮集》卷2《进中兴五论札子》。

的试卷,评价极低,决定黜落。此事对陈亮打击极大,陈亮"不能平",
"遍语朝之故旧",说:"亮老矣,反为小子所辱。"这些话转辗传到何澹
耳中,何澹不免记恨在心①。次年陈亮在所撰《上孝宗皇帝第三书》中,
说自己在"去年一发其狂论于小试之间,满学之士口语纷然,至腾谤以
动朝路,数月而未已。"他对自己的科举文章充满了信心,说:"使臣有
一毫攫取爵禄之心,以臣所习科举之文更一二试,而考官又平心以考
之,则亦随例得之矣。"②认为只要考官平心阅卷,公正评分,他的试卷
肯定符合标准。陈亮的挚友吕祖谦曾写信劝慰他说:"试闱得失,想自
见惯。然诸公却自无心,非向者之比,只是唱高和寡耳。……试闱得
失,本无足论,但深察得考官却是无意,其间犹有误认监魁卷子为吾兄
者,亦可一笑也。"③解释考官何澹在阅卷时,并不是有意黜落陈亮的试
卷。确实,在当时试卷实行封弥、誊录、对读制度的情况下,何澹不可能
专与陈亮为难,所以,有些考官还误以为国子监解试第一名的试卷就是
陈亮做的呢。但陈亮既已到处发牢骚,难免传到何澹耳中,播下了与何
结怨的种子。10年后,即淳熙十四年(1187年)春,陈亮获准免予解试,
再次赴临安参加礼部试,"本有进拜之便",不料"临试一病,狼狈拖强
魂入院,仅而不死,仓皇渡江"。其弟"接之江头,携持抵家,更一月始
能啖饭"④。光宗绍熙四年(1193年)春,陈亮又一次赴临安参加礼部
试,终于榜上有名。五月,参加廷试,适遇光宗亲自出策题考试进士,策
题主要是"问以礼乐刑政之要"。陈亮用"君道师道"回答说:

> 夫天佑下民,而作之君,作之师:礼乐刑政,所以董正天下而君
> 之也;仁义孝悌,所以率先天下而为之师也。二者交修而并用,则
> 人心有正而无邪,民命有直而无枉,治乱安危之所由以分也。

---

① 《宋会要辑稿》选举21之2;叶绍翁:《四朝闻见录》甲集《天子狱》。
② 《陈亮集》卷1。
③ 吕祖谦:《东莱外集》卷6《尺牍·与陈同父》。
④ 《陈亮集》卷21《书·与周丞相(必大)》。

此时光宗与孝宗之间正有隔阂,光宗拒绝去重华宫朝见孝宗,百官屡次进谏,光宗不听,而陈亮在该策中又说:

> 臣窃叹陛下之于寿皇,莅政二十有八年之间,宁有一政一事之不在圣怀,而问安视寝之余,所以察词而观色,因此而得彼者,其端其众,亦既得其机要而见诸施行矣。岂徒一月四朝而以为京邑之美观也哉①!

光宗读了陈亮的这份对策,十分中意,"乃大喜,以为善处父子之间"。礼部奏名陈亮的试卷第三,光宗亲自擢为第一。这时,考官和光宗都还不知道试卷的作者是谁。及至揭开密封的试卷卷首和核对试卷编号,发现这位对策者正是陈亮,光宗喜不自胜地说:"朕擢果不谬。"所以,在赐给陈亮承事郎、签书建康军节度判官厅公事的官诰诰词中这样写道:

> 尔早以文艺首贤能之书,旋以论奏勤慈宸之听。亲阅大对,嘉其渊源,擢置举首,殆天留以遗朕也②。

这时,满朝官员都希望光宗和孝宗改善关系,要求光宗经常去重华宫朝见孝宗,但光宗对此举颇为勉强,因而赴重华宫也时断时续。陈亮的对策实际替光宗辩解,提出大可不必要求光宗每月四次朝见孝宗,这不过是从外在形式上为都城"美观"而已。所以,士大夫群体中不免有陈亮"阿谀上意"的说法。陈亮死后,陈傅良没有为他写祭文,可能与此有关。因为在绍熙四年九月,由于李皇后从中作梗,光宗改变了"朝重华宫"的打算,作为中书舍人的陈傅良甚至"引裾力谏",

---

① 《陈亮集》卷11《策·廷对》。
② 楼钥:《攻媿集》卷36《外制·敕赐进士及第陈亮承事郎、签书建康军节度判官厅公事》;《宋史》卷436《陈亮传》;《龙川文集》卷首《建康军节度判官陈亮诰》。

但光宗不听①。

科举登第后,陈亮回到永康,忙于家祭和撰写向各方致谢的书信,绍熙五年(1194年),突然去世②。

陈亮应举的主要目的,在于获得一官半职,借此施展才能,实现抱负。他在给吕祖谦的一封信中写道:"亮本欲从科举冒一官,既不可得,方欲放开营生,又恐他时收拾不止……"③在乾道五年所上《进中兴五论札子》中写道:"今年春,随试礼部,侥幸一中,庶几俯伏殿陛,毕写区区之忠以彻天听。有司以为不肖,竟从黜落,不得进望清光,以遂昔愿……④希望在金榜题名后晋见皇帝,直抒胸怀,获得采纳,付诸实行,以奏肤功。其次是为荣宗耀祖,惠及同胞。陈亮在衣锦还乡时,其弟陈充"拜迎于境,相对感泣"。陈亮对陈充说:"使吾他日而贵,泽首逮汝,死之日,各以命服见先人于地下足矣。"⑤表示以后获得了高官厚禄,首先要将"恩荫"等好处给予陈充,使陈充也有一官半职,百年以后可以一起穿上官服到地下叩见祖宗。

二、对科举制度的独特看法

科举制度发展到宋朝,已经基本定型,并且成为统治者选拔官员的主要手段。科举考试的优点是不拘门第,公开考试,公开竞争,缺点是在当时的技术条件下,还难以避免这种或那种方式的营私舞弊,如考官泄露试题,富者雇人冒名代考,拆换试卷卷首,试卷留有暗记等。对于宋朝的科举制度,陈亮在基本肯定的基础上,也指出其不足,甚至主张克服其弊端。他在《戊申再上孝宗皇帝书》中说:

① 童振福:《陈亮年谱》;《宋史》卷36《光宗纪》。
②⑤ 《宋史》卷436《陈亮传》。
③ 《陈亮集》卷19《书·与吕伯恭正字(祖谦)》之二。
④ 《陈亮集》卷2《中兴论》。

　　本朝以儒道治天下,以格律守天下,而天下之人知经义之为常程,科举之为正路,法不得自议其私,人不得自用其智,而二百年之太平由此而出也。

他承认科举考试的主要课目经义为"常程",科举考试是人们入仕的"正路"即正当途径,国家至此二百年太平无事也是"以儒道治天下"和"以格律守天下"的结果。不过,陈亮从北宋亡国和南宋中兴这桩关系到国家兴亡的重大历史事件,揭示广大士人不能发表己见和施展才能的恶果是:

　　至于艰难变故之际,书生之智,知议论之当正而不知事功之为何物,知节义之当守而不知形势之为何用,宛转于文法之中,而无一人能自拔者①。

书生即士人们只知道正议论和守节义,却不懂得什么是事功,也不懂得了解形势有什么用处,因此只能在法制中兜圈子,而难以自拔。

陈亮在《东阳郭德麟哀辞》中,又一次指出科举选士制度的局限性。他说:

　　国家以科举造士,束天下豪杰于规矩尺度之中,幸能把笔为文,则可屈折以自求达。至若乡间之豪,虽智过万夫,曾不得自齿于程文烂熟之士。及其以智自营,则又为乡间所仇疾,而每每有身挂宪纲之忧,向之所谓士者常足以扼其喉而制其死命,卒使造化之功有废置不用之处②。

他把"天下豪杰"分为两类,一类是"能把笔为文"的士子,靠着科

---

① 《陈亮集》卷1。
② 《陈亮集》卷26。

举考试而"屈折"以达到目的。另一类是"乡间之豪",虽然其智力超过成千上万人,但仍不能与士人为伍;等到他用智力"自营"时,还要被乡间憎恶,时时担心触犯法律。陈亮对第一类人颇有轻视之意,而对第二类人则充满了惋惜之情,认为"造化之功"所产生的这类人的智力被白白浪费了。

　　陈亮从历代的选士制度以及宋初以来的科举制度,论证当时科举考试的弊病。他说,宋朝"承唐之余烈",所以"取士一以科举"。宋太祖时,还是想"听有司之行其意,而严赏罚以临之",但后来仍然"一付于法"。此后还担心科举制度不够严密,所以"二百年之间,于今为尤密"。"才智之士,老死于山林",虽然没有机会和途径报效社会和国家,但他们"不敢以为有司之不公"。他又指出,"士之骩骳烂熟,亦莫甚于今",这是因为"一切必取于虚文,其势固必至此"。但在国家兴盛时,"名臣公卿""往往由此而出",所以人们又误以为"非法之弊,而时之弊也"。最后,陈亮在《问科举之弊》的"策问"中提出,如果科举之"法不可变",那么"其意亦有当变者乎"? 如果定要等到"极弊大坏"后再来改变,这难道是"仁智之用心"? 否则,"士之骩骳烂熟","其将何道以起之乎"①? 在另一篇《问武举》的策问中,陈亮指出了武举的弊病是"数年以来,武举之程文,武人之威仪进退,武官之议论词气,往往更浮于进士"。武举的程文和武人、武官的言行甚至比进士还要浮华,这很难振作精神为国家雪耻。所以,陈亮提出:"魏、晋、隋、唐议臣之论,其亦有可兼采者乎?"他要求士人们"熟之复之,以为经久之策"②。

三、陈亮对八股文雏形的贡献

　　笔者已在《宋、元的时文——八股文的雏形》③和《朱熹对时文——

---

① 《陈亮集》卷13。
② 《陈亮集》卷14。
③ 载《历史研究》1990年第3期。

八股文雏形的批判》①两文中指出,作为八股文雏形的时文是有宋一代官僚地主阶级的集体创作。当时的文学家、政治家以及无数的士人们,都曾经为这种文章体式的逐步形成作出过或多或少的贡献。没有欧阳修知贡举时大力提倡不受对偶、声韵和典故约束的古散文体,就不会有后来的十段文;没有王安石和宋神宗革新贡举制度,改考经义,以及王安石所撰"经义式",就不会有后来的十段文;没有吕祖谦的《论作文法》和陈亮、陈傅良、戴溪、冯椅、欧阳起鸣、吴琮等人提出的写"论"方法,就没有后来的十段文。欧阳修、王安石、宋神宗、吕祖谦、陈亮、陈傅良等人在十段文形成过程中的作用和地位如此,这是不以他们个人的意志为转移的,他们不可能预料若干年后会形成如此体式的考试文体。

陈亮生活的时代,科举考试主要分为诗赋进士和经义进士两科。诗赋进士第一场和经义进士第二、三场,皆考经义几道。第三场则各考论一道。朝廷规定了各类试卷的答题体式。对于两类进士均要考试的"论",陈亮从写散文体的角度,探讨做"论"的技巧。他写道:

> 大凡论不必作好语言,意与理胜则文字自然超众。故大手之文,不为诡异之体而自然宏富,不为险怪之辞而自然典丽,奇寓于纯粹之中,巧藏于和易之内。不善学文者,不求高于理与意,而务求异于文采辞句之间,则亦陋矣。故杜牧之云:"意全胜者,辞愈朴而文愈高;意不胜者,辞愈华而文愈鄙。"昔黄山谷云:"好作奇语,自是文章一病,但当以理为主。"理得而辞顺,文章自然出群拔萃②。

这段议论到南宋末年,被魏天应收入《论学绳尺》一书中,成为《诸先辈论行文法》的内容之一。该书是一部指导士人写作"论"的专书,

① 载《朱子学刊》第2辑,黄山书社1991年11月版。
② 《陈亮集》卷16《题跋·书作论法后(意与理胜)》。

收录了宋室南渡以后省试中选的优秀的"论"，共 356 篇。林子长在笺解每篇"论"时，按照这时的体式，即顺次为破题、承题（接题）、小讲、缴结（以上四个段落统称"冒头"，又称冒题、冒子）、官题、原题、大讲（讲题）、余意、原经、结尾等逐段分析。陈亮这段议论虽然不像陈傅良等人具体讲述破题和承题等各个段落的写法，只是强调写"论"必须突出理和意，认为将此二者发挥得淋漓尽致，文章自然会出类拔萃，他要求士人"不为诡异之体"，"不为险怪之辞"，不追求文辞的华丽。可以肯定，陈亮的这一见解直到今天还是正确的。陈亮的这段议论在当时颇有影响，因为他在生前还被公认为是一位写文章的高手。倪朴在写给陈亮的信中写道：

> 今之世，以文章名天下、为时辈所推许者，足下一人而已。宜便自励，使道德日定，进为小子后生之称式①。

如实衡量陈亮的文章，倪朴的这番推崇决非无聊的吹捧。因此，陈亮的这篇做"论"法，主观上虽是为了把"论"写得更好，但在客观上对"论"的写作逐步形成固定的体式起了推波助澜的作用。

不仅如此，陈亮还像王安石著"经义式"那样，撰写了一些科举文章以及有关的重要段落。据记载，至少有"论"四篇和《春秋属辞》三卷等。四篇"论"今存《陈亮集》卷 9，分别题为一、《谢安比王导》，二、《王珪确论如何》，三、《扬雄度越诸子》，四、《勉强行道大有功》。此四"论"无一例外都是按照当时规定的程试撰写的。诸如第一，破题均用散行，只写两句或三句，而不用四句对偶。现介绍如下：

> 善观大臣者，常观诸其国，而不观诸其身。（第一论）
> 人才之在天下，固乐乎人君之尽其用，而尤乐乎同列之知其

---

① 倪仆：《倪石陵书·与陈同甫书》。

心。(第二论)

天下不知其几人也,古今不知其几书也。(第三论)

天下岂有道外之事哉!而人心之危,不可一息而不操也。
(第四论)

据叶适记载,从太学实行三舍法以来,"答义者日竞于巧,破题多用四句,相为俪偶"。到孝宗隆兴初年(1163年),有一名举子答《易》义的破题时,用了四句对偶,主考官大加赞赏。但到乾道年间(1165—1173年),另一名主考官想改革四句对偶的弊病,一名举子答题说:"圣人不求其臣之徇己,故其臣无得而议己。"只写两句,于是获得上第。到淳熙初年(1174年),士人们厌恶破题"衬贴纤靡",颇思更革。一位举子答题又写了四句俪偶,学官不能驳倒,"卒置首选"①。由此推断,陈亮的四"论"写在孝宗乾道年间。第二,四"论"的承题和小讲的分段清晰可见。第三,四"论"的官题也相当明显,现摘引如下:

故当时有谢安比王导之论,请因史臣所载而申之。(第一论)

王珪确论如何,于是始有可论者。(第二论)

桓谭称其度越诸子,班固取以赞之,则亦不可不极论其故。
(第三论)

汉武帝好大喜功,而董仲舒言之曰:"勉强行道大有功。"可谓责难于君者矣,请试申之。(第四论)

在承题以后,原应空一字,以便进入原题。第四,四"论"的原题,有两"论"用"自昔"或"昔者"两字开头,有"论"用"夫"字,这与《论学绳尺》一书中许多"论"的原题用"尝"字开始是一致的,与元朝人王充耘《书义矜式》所撰有些程文的原题用"尝谓"、"昔者"、"夫"开头也是

① 叶适:《习学记言序目》卷50《皇朝文鉴四·说书经义》。

一脉相承的。第五，四"论"的结尾，有两篇用"故"字开头。如《扬雄度越诸子》的结尾是"故曰天下不可以无此人，亦不可以无此书，而后足以当君子之论"。南宋末年学者王应麟认为这是陈亮的"科举之文，列于古之作者而无愧"①。

陈亮的四"论"，是为谁而写的呢？据清朝人宗廷辅在《复应宝时书》中推测，陈亮的《问答》十二道、《谢安比王导》等四"论"、《经书发题》七通、《国子传注》等十策，就是叶适《序》所谓的《陈子课稿》，是"当时私拟程试之作"，与叶适的《永嘉八面锋》"相似"②。笔者赞同宗廷辅的推测，认为四"论"确是陈亮私拟的"论"题和答案。南宋时，不少文人写过这类文章，如文学家杨万里替士人们写过十篇"论"，编成《程试论》③。这十"论"的体式即所分段落等，与陈亮的四"论"基本相同。

陈亮对《春秋》研究颇深。元朝人刘埙说过："龙川之学尤深于《春秋》。"④所以，陈亮还编写过《春秋属辞》三卷。据叶适记载，该书原属陈亮文集的一部分，是陈亮"仿今世经义破题，乃昔人连珠急就之比，而寄意尤深远"⑤。《春秋属辞》的内容，据王应麟记载的该书十篇经义，尚能窥其大概。如《公会戎于潜，公及戎盟于唐（隐二年、桓二年）》的破题为："圣人不与戎狄共中国，故中国不与戎狄共礼义。"《齐侯使其弟年来聘（隐七年、桓三年），郑伯使其弟语来盟（桓十四年）》的破题为："诸侯以国家为家事，圣人以国事为王事。"《郑世子忽复归于郑（桓十五年），许叔入于许（桓十五年）》的破题为："不能大复国于诸侯，则力不足以君国；不能公复国于诸侯，则义不足以有国。"《遂城虎牢（襄二年），戍郑虎牢（襄十年）》的破题为："公其险于天下，所以大霸者制敌之策；归其险于一国，所以成霸者服叛之功。"等等。这十篇经义中，

① 王应麟：《困学纪闻》卷17《评文》。
② 载《陈亮集·附录三》。
③ 杨万里：《诚斋集》卷90《程试论》。
④ 刘埙：《隐居通议》卷2《龙川学术》。
⑤ 《叶适集·水心文集》卷29《书龙川集后》。

六篇的破题只写两句,四篇写四句;全部写成偶句。根据前引叶适的记载,这种破题的写法是宋孝宗淳熙初年以后的新文体。王应麟对这些破题评价甚高,认为"其发明经旨简而当"①。

宋孝宗淳熙九年(1182 年),陈亮又撰《尚书》义的一首破题。他在给朱熹的一封信中写道:

> 又因书院出《立太师太傅太保,兹惟三公,论道经邦,燮理阴阳,官不必备,惟其人》作义题,亮因为破两句:"圣人不以才难而废天下之大政,亦不以任重而责天下之常才。"秘书以为如何? 纸尾及之,以共发五百里之一笑也②。

"立太师太傅太保……"一段出自《尚书》。陈亮因为书院出此义题,让学生写作,不免技痒,信手写了破题,并顺便在信中告诉朱熹。朱熹在回信中也曾言及此事,说:

> 《书》义破题,真张山人所谓"萧相题诗"者,句意俱到,不胜叹服③。

对这一破题十分赞赏,表示钦佩。朱熹原来对这种体式的程文持批判态度,尤其是看不起一些士大夫极其注重"冒头"(包括破题)的写法。他说过:"不知时文之弊已极,虽乡举又何尝有好文字脍炙人口? 若是要取人才,那里将这几句冒头见得? 只得胡说! 今时文日趋于弱,日趋于巧小,将士人这些志气都消削得尽。……只看如此秤斤注两,作两句破头,如此是多少衰气。"④但对陈亮的《尚书》义破题却推崇备至,

---

① 《困学纪闻》卷 6《春秋》。
② 《陈亮集》卷 20《又壬寅夏书》。
③ 朱熹:《朱文公文集》卷 36《与陈同甫》之二。
④ 《朱子语类》卷 109《朱子六·论取士》。

评价为"句意俱到",这说明陈亮的两句破题确实达到了很高的水平,不仅在形式上按照程式写成对偶的两句,而且在内容上充分表达了"圣人"对人才的态度。

南宋末人方回还认为陈亮的《酌古论》也是科举文章,而且是宋孝宗乾道和淳熙间场屋流行的文体。他说:

> 或问陈同甫之文何如? 予曰:时文之雄也。《酌古论》纵横上下,取士人成败之迹,断以己见,拾《战国策》《史记》之遗语,而传以苏文之体,乾、淳间场屋之所尚也①。

总之,陈亮所撰写"论"的方法,以及四篇"论"和《春秋属辞》三卷、《尚书》义的一首破题,甚至《酌古论》等,都是他为当时士子写的科举文章。由于这些文章不仅在形式上符合规定的体式,而且在思想内容上能够恰当地发明经典的义旨,所以受到当时士子和官员们的推崇,成为人们学习的范文。

（本文刊载于赵敏、胡国钧主编:《陈亮研究论文集》,
杭州大学出版社 1994 年版）

---

① 方回:《桐江集》卷 3《读陈同甫文集二跋》。

八股文的形成与没落

　　中国八股文正式形成于明宪宗成化年间(1465—1487年),这已成为学术界的定论。但八股文决不会一蹴而就。它与其他事物一样,必定经历了一个形成的过程。本文即从北宋时文的讨论为始,细说八股文的形成与没落,兼论其利弊得失。

　　八股文是糅合散文的章法、骈文的排偶和近体诗的格律而构成的"三合一"新文体。这种文体依照先后顺序,为破题、承题、起讲、领题、起股、出题、中股、后股、束股、落下等段落。规定破题、承题、起讲、领题、出题、落下等六个段落用散行;起股、中股、后股、束股等四个段落用偶句,即由两股(两比)文字,组成一个散体长联。八股文因此得名。

　　作为特定的考试文体,八股文每篇字数有一定的限制。清世祖顺治元年(1644年)规定为四百五十字,后改为五百五十字,又改为六百字,过多则不及格。考题一律摘自《四书》、《五经》,并形成单句题、通节题、通章题、双扇题、三扇题、截搭题等许多格局。士子答题,规定必须依朱熹《四书章句集注》等程朱学派的《四书》、《五经》注解为准。

北 宋 的 时 文

　　北宋是中国贡举制度确立的时期。从太祖开始,逐步创立了三年一试和三级考试(殿试、省试和乡试)、别头试、考卷糊名弥封、誊录、特奏名等贡举制度。神宗熙宁四年(1071年)，王安石实行的贡举改革措施之一，是进士科停考诗赋和帖经、墨义，改考经义。还由中书、门下颁布《大义式》，规定每篇经义和论的字数。哲宗元祐年间，改设经义进士和诗赋进士两科，南宋后大致相沿不改。

在熙宁四年前，进士科殿试共考诗、赋、论，称为"三题"①。三题中，"论"的流行文体，当时称为"时文"。从宋初开始，时文的文体屡经变化。宋初沿袭晚唐、五代的靡俪之风，流行四六骈体文。仁宗景祐元年(1034年)后，太学士人"各出新意，相胜为奇"，"以怪诞诋讪为高，以流荡猥琐为赡"，称"太学体"②。

嘉祐二年(1057年)，欧阳修知贡举，力排太学体，倡导不受对偶、声韵和典故约束的古散文体，树立了平易流畅的文风。王安石贡举改革，士人改考经义和论，形成了一种"推明义理之学兼老庄之说"的新体时文③。

苏轼在嘉祐二年经省试和殿试登第，所撰《刑赏忠厚之至论》，从第二段开始，连续几组偶句，有时过接几句散语，随后又接连几组偶句。《重异以申命论》④中，照样用了许多长短不定的偶句，文中还出现了"官题"(照录题目)的痕迹。

王安石为配合贡举改革，特撰一些经学小论文，作为"经义式"。《古今图书集成·文学典》载有王安石的《里仁为美》、《五十以学易》、《参也鲁》、《浴乎沂》、《非礼之礼、非义之义，大人弗为》、《可以与、可以不与，与伤惠；可以死、可以无死，死伤勇》等六篇。其中最后两篇，也载于《王文公文集》卷28，改名《非礼之礼》和《勇惠》。这些经义的文体不像明、清的八股文强求对仗排偶和整齐严谨的八比，不过，无论正说、反说、直说、喻说，总是一个对着一个⑤。而且无论破题、承题，照样

---

① 《文献通考·选举四》。
② 《续资治通鉴长编》卷158。
③ 赵彦卫：《云麓漫钞》卷8。
④ 《苏轼文集》卷2。
⑤ 侯绍文：《唐宋考试制度史·八股制艺兴于宋》。

可用对偶句式。

哲宗元祐年间,擅名太学的"匹俊"之一的张庭坚,其经义尤为当代推崇。南宋吕祖谦《宋文鉴》和明人《经义模范》,都收录了他的经义程文。其中《自靖人自献于先王》一篇,被视为经义的范文之一。该文中也出现了明显的官题,然后转入"原题"。另一篇《恭默思道》中,用两句破题,为一组偶句。

近体诗发展到唐代趋于定型,在形式上要求句数和字数一定,某些句子必须对偶。应举诗中还出现了破题、颔比、颈比、腹比、后比、结尾等名目[①]。宋仁宗嘉祐后,论开始用古散文体撰写;神宗熙宁后,经义也加入这一行列。与此同时,论和经义又开始移植骈文的对偶句式,移植近体诗的破题、颔比等程序。三者逐步结合一起,开始了一种新的文体的形成历程。

南宋前期和中期的时文

南宋前期和中期,是指高宗至宁宗时期。高宗时的《绍兴重修通用贡举式》规定了论和经义的体式,试卷第一行各写"奉"字;第二行,论写"试某论",经义写"试某经义",各列出试题;第三行,论以"论曰"开头,经义以"对云"开头;全篇最后,论以"谨论"、经义以"谨对"两字结束。论每篇限定五百字以上。

这时的时文文体屡经变化。高宗时,学者崇尚苏(轼)文。孝宗时,发展成"乾淳体",代表人物是叶适和陈亮。光宗时,改崇二程,称为"洛学"。宁宗时,经义出现了"全用套类"即现成格式的现象[②]。

许多学者进一步探索文章的章法、句法,出现评点之学,散文写作趋向规范化,其代表作是吕祖谦《古文关键》。该书《论作文法》,提出了写散文的原则和方法,收录唐朝韩、柳,宋朝欧阳修、三苏等人

① （元）王构:《修辞鉴衡》卷1《诗体》。
② 《云麓漫钞》卷8、《文献通考·选举五》。

的论、说、书、叙,逐篇从构局、造意进行分析,使读者领会开合、波澜、抑扬、反覆、转换、变化、起伏、缴收等手法。吕祖谦、陈亮等人还专门从写散文的角度,讲述撰论的技巧。吕提出论须先看"主意"(中心思想),后看过接处;首尾要相应,过接处要有血脉,"题常则意新,意常则语新"。陈则强调思想内容,"不必作好语言,意与理胜,则文字自然超众。"①

　　这时,文章的章法和句法,与骈文的排偶、近体诗的格律,三者进一步结合,到宁宗时形成了一种新的时文体式。这一体式在论方面集中体现在《论学绳尺》一书中,在经义等方面则体现在《太医局诸科程文格》一书中。

　　《论学绳尺》卷首《诸先辈论行文法》,辑录了这一时期的文人如陈傅良、陈亮、戴溪、冯椅、欧阳起鸣、吴琼等人撰论的经验。他们认为,论的前一部分"冒头"(又称论头、冒子)是一篇论的"纲领",应"简劲明切,圆活警策,不吃力,不费辞,不迂"。冒头的第一个段落称破题,破题是冒头的"纲领",概括全篇的大意,用一句或两句最佳,破题只能用题目上字。第二个段落称承题(接题)。承题要写得开阔,不要说尽,"欲抑先扬,欲扬先抑,最嫌直致、无委曲"。第三个段落称小讲,小讲最宜"径捷去得快",但"不得苟简","又怕几句叠文字,每结句'之、乎、者、也'"。

　　若是实事题,开头便要"入题"。中间部分是官题,照抄官方所出考题。后面部分的第一个段落称原题。原题处于官题后的"咽喉之地","推原题意的本原",可以设议论,也可以说题目,以有新意为贵。第二个段落称讲题(论腹),用语"贵乎圆转",内容要赡博。另一个段落称结尾。结尾是全篇的"关锁之地",要"造语精密,遣文顺快"。

　　《太医局诸科程文格》共九卷,是宁宗嘉定五年(1212年)判太医局

---

①　魏天应:《论学绳尺》卷首。

何大任等搜集近年合格程文编辑而成,分为墨义、脉义、大义等六类,其中脉义和大义采用与"论"相同的体式,仅答卷首尾写"对"和"谨对",与论稍异。

脉义和大义的正文,分成破题、承题、小讲、官题、原题、讲题、结尾等段落。破题一般皆为两两相对的偶句,共四句。承题用虚字"盖"或"且"开头,也可写偶句。官题皆写明"经曰"两字,然后照抄题目,接着写"其意如此"或"大义若此"、"厥理若是"等。原题用"原夫"、"且夫"、"尝谓"、"夫"等开头。讲题常用"今也"、"是以"、"盖"等开头。

原题和讲题皆写成一组组长短不定的偶句。结尾常用"即此推之"、"由是观之"、"即此言之"等起始。这些大义每篇的字数最少为三百五十八字,最多为七百七十七字;脉义每篇多者为六百五十一字,少者四百四十一字。

叶适对经义的破题程式发表过专论。他认为,自实行太学三舍法以来,"答义者日竞于巧,破题多用四句,相为俪偶。"到孝宗乾道年间(1165—1173年),考官试图改革四句对偶的弊病,一名举人答题说:"圣人不求其臣之徇己,故其臣无得而议己",只写两句,于是获得高第。叶适提出,现今虽以破题分别巧拙,但更应看"义理当否"[①]。前述《太医局诸科程文格》所载大义和脉义各篇的破题,皆用四句对偶,看来至迟是从高宗绍兴年间重建太学开始的。

约从孝宗时开始,在考试六经时,考官想方设法出难题和怪题。他们摘取大旨相近的两段合为一题,称"关题";或者摘取上下经文不相连贯的段落为一题,称"断章"[②]。这类题目有效地防止士子预先揣摩试题,从而增加了考试的难度。但士子为了应付考试,"惟务遣文,不顾经旨",连一些目光敏锐的官员也感到这不是士子的过错,而是"有司实启之"[③]。

---

①　《习学纪言序目》卷50《皇朝文鉴四·说书经义》。
②　《宋会要辑稿》选举1、5。
③　《宋会要辑稿》选举5之25。

南宋后期的"股"与"脚"

南宋后期,乃指理宗和度宗时期,这一时期的文体几经变化。理宗端平间(1234—1236年),江万里习《周易》,"自成一家",士子向慕,"文体几于中复"。淳祐四年(1244年),徐霖以《尚书》学夺得省试状元,"全尚性理","时竞趋之",非《四书》、《东、西铭》、《太极图》等"不复谈矣"。到度宗末年,李谨思、熊瑞等"倡为变体","多用庄、列,时人谓之'换字文章'"①。

魏天应编选和林子长笺解的《论学绳尺》十卷,是当时指导士人写作论的专书。此书收集南宋初以来省试中选的优秀的论,共三五六篇,每两篇立为一格,如以天立说格、顺题发明格、驳难本题格等。每篇论的正文开始写"论曰"两字,最后写"谨论"两字。

根据各篇的笺解,可知论的格式,顺次为破题、接题(承题)、小讲、缴结、官题、原题、大讲(讲题)、余意、原经、结尾十个段落。其中又以破题至缴结四个段落,总称冒头(冒题、冒子)。冒头结束后,再抄一遍题目(官题),然后自己发问或提出下文的任务,用"孰能……"、"请得而绎其说"、"请申之"等。官题后,皆空一字,表示进入原题。原题一般用"尝谓"、"愚尝求"、"尝因"等开头,大讲则用"今夫"、"今观"等开头。

令人惊奇的是,该书各论的笺解中,竟然已经使用"股"和"脚"等字,用以表示偶句的一方。如陈傅良撰《为治顾力行如何》题写道:

> 王恢严助之策未施,而邀功之隙未开。文成五利之技未售,而神仙之好未盛。相如枚皋之赋未奏,而文章之习未胜。张汤杜周桑弘羊孔仅之徒未并进,而赋敛刑法尚文景之旧也。

---

① 周密:《癸辛杂识》后集《太学文变》。

　　笺解说:"以上四股,皆是武帝后来事,只将数个'未'字斡归初年意。末句长,方承得上三句起,此作文之法也。"①这是将四行句式相同、命意的轻重、文字的长短(仅第四句较长,笺解已作说明)、声调的缓急、助词和语气词的安排均相对的一组散体长联,称为"四股"。方澄孙《庄骚太子所录》题、高山《圣人成书成言》题、冯椅《周礼尽在鲁》题等,都有"三股"、"两股"、"一股"(必与另一股对偶)的用词。

　　朱有进《天职天功天情如何论》题中②,有一段正文的笺解提到"交股"一词。正文的原题部分写道:

　　　　尝谓荀子之论天,其谓有形之天邪?其谓无形之天邪?
　　　　如谓其无形,则以何物为言职,以何事而言功?(笺解云:交股反难天职天功。)
　　　　如谓其有形,则上天之载,无声无臭奚其情?(笺解云:交股反难天情。)

　　所谓交股,乃指交错对偶之法。《锦绣万花谷》前集卷21《诗律》记载《交股法》云:

　　　　王介甫诗云"春残叶密花枝少,睡起茶多酒盏疏。"惠洪谓"多"字当作"亲"字,盖欲以少对密、疏对亲。江朝宗谓惠洪不晓古人句格,此一联以密对疏、以少对多,正交股用之所谓蹉对也。(《艺苑雌黄》)

　　以前一句诗的第四字与后一句的第七字相对,又以前一句诗的第七字与后一句的第四字相对,这种诗歌对仗中对应词参差为对的手法,称为"交股法"。这也是近体诗的格律运用到时文写作的一个实例。

---

①② 魏天应编选、林子长笺解:《论学绳尺》卷7。

这时还用"脚"字来表示对偶的一方。如林昌谦《书诗春秋出于史》题①有一段写道：

> 《书》出于古史，圣人因而定之尔。
>
> 《诗》出于国史，圣人因而删之尔。
>
> 《春秋》出于鲁史，圣人因而修之尔。
>
> 圣人固尝曰"述而不作，信而好古。"夫述而不作则《书》定可也，《诗》删可也，《春秋》修可也。

笺解说："总上三脚文，曰定，曰删，曰修，见得非夫子自作。"正文接着又是连续三段偶句，笺解又说："总上三脚，应前定、删、修三字。"此外，黄镛《汤文孔子闻知如何》题、李雷奋《上圣道德仁义如何》题、乔应斾《帝王文武德威如何》题等，笺解中都用"三脚"、"二脚"等词。

以上"股"、"脚"的用法看不出有什么区别，也与排句的长短并不相关，所以两者可以通用，都表示排偶的一方（一段或一行）。这时的偶句不是骈文，不用四六，也不强求押韵，唯大多冗长难读。

元代的时文

元代前期，尚未实行贡举制度，直到仁宗延祐元年（1314 年），才正式开科取士。规定蒙古和色目人第一场试《经问》五道，汉人和南人试《经疑》二问，限三百字以上；以及经义一道，限五百字以上，不拘格律。题目摘自《四书》，考生就题命意，依朱熹《四书章句集注》作解等等。

倪士毅在《作义要诀》中，提出"今之经义，虽然不拘格律"，但也应分为冒题、原题、讲题、结题四大段落。冒题中还分破题、接题等，原题中包括起语、应语、结语。讲题后，还有余意和考经（原经）两个段落。

---

① 魏天应编选、林子长笺解：《论学绳尺》卷 9。

他认为"今日固不拘此"体式,但"遇可用处,亦宜用之,但不必拘泥"。在各段"接头"处,不要老用"寻常套子",而要想出"新体",使"转得全不费力","只教他人不见痕迹"。

这时,王充耘撰《书义矜式》六卷,在《书经》中摘题,写出程文,作为标准,实际是一部供士子参加科试的经义程文之书。各篇书义皆按破题、承题、小讲、缴结、官题、原题、大讲、余意、原经、结尾十个段落顺序。破题可以用两句或四句对偶,也可以不用偶句。承题常用"盖"、"夫"开头。官题一般照录题目,用"云云"两字代替,再写"其旨如此"。不少原题开头用"或谓"、"尝谓"、"夫"、"昔者"等词,不少大讲开头用"今夫"、"今焉"、"今也"等词,与原题的"昔者"、"尝谓"等对应。这些程式实际与南宋后期并无二致,并且直接影响到明初。

八股文的形成原因及其利弊

贡举取士制度的建立,便注定要形成一种新的独特的考试文体,这是八股文出现的必然原因。

宋代人口的不断增多和应举范围的扩大,使参加科试的士子日益增加。应试士人太多,录取名额却有限,这就要求逐步增加考试的难度,黜落大多数应考者,因此考官开始出难题和怪题。同时,为了使评卷客观化,要求考生按照一定的程式答题,在排偶或散句、字数、答题范围等方面作出严格的限制,这样,使考官的判分标准有了一定的规范,减少了判分的随意性。应该说,八股文是从宋初到明代成化年间,经过五个世纪许多代士大夫的不断摸索而创造出来的一种文体。

八股文在形成过程中已显现出它利弊参半。王安石贡举改革前,论已经采用一定的格式写作。王安石贡举改革后,经义和医学的脉义也参照这一格式。于是,一直到南宋末年,论和经义、脉义都逐步向十个段落的程式发展。与王安石改革前的帖经和墨义相比,采用论和经义、脉义,是贡举考试的一次革新,应予肯定(不过,从徽宗崇宁起,太医局程文中又恢复了墨义的考试。见《太医局诸科程文格》）。

新的十段文体要求士子精通几部儒家经典，掌握一定的文史知识和基本文法，答题时不致漫无程式。如果不是发生代笔和预知试题等舞弊，足以测出士人学问的功底。同时，十段文体在款式和格调方面提供了一个更加客观的标准，考官判分时难以上下其手。再者，朝廷指定了考试范围，使答题的内容有所依循，使士子备考时不致漫无目标。

诚然，十段文体也带来一些弊病。一、是重视章法而忽视思想见解。早在王安石以经义试士不久，已反映出士子竞趋时好，"专以《三经义》为捷径，非徒不观史，而于所习经外，他经及诸子无复有读之者"①。到南宋末年，方回也指出："今之进士曰经义者，流弊已极，冗腐穿凿，不古也，不工也，甚者巧而已矣。"②由是士子难以发挥独立见解，程文往往空洞无物，废话连篇。其次，是形式僵化死板，只能用于贡举考试和学校考试，此外毫无实用价值。官员的奏章、公文、书信、著作，不论记事或说理、抒情，都无法使用。反之，四六文体却得到广泛应用，士大夫在贡举登第后皆舍弃十段文体不用，而改"工四六"；不懂得四六，便称不上文士③。

这种文体发展为明、清的八股文后，从内容到形式都形成固定的模式，其弊病更加突出。毋怪乎顾炎武指出：

八股之害，等于焚书，而败坏人才，有甚于咸阳之郊④。

这自然不是危言耸听。时代的巨轮终于淘汰了这种文体。

（本文刊载于台北《历史月刊》1995 年 3 月号）

① 朱弁：《曲洧旧闻》卷 3。
② 《桐江集》卷 4。
③ （元）刘埙：《隐居通议》卷 21《骈俪一·总论》。
④ 《日知录集释》卷 16《拟题》。

大陆"宋代家族与社会"研究的回顾

　　1949年以后,大陆史学界关于宋代家族与社会的研究,大致可以划分为两个阶段。

　　第一阶段,从1949年10月,至1976年10月"文化大革命"结束,约共二十七年。这一阶段有关宋代家族与社会的研究,因受"左"的错误的干扰,基本处于沉寂状态,尚未有人著书立说或撰文专论。更多的论著和文章,只是在遵照毛泽东《湖南农民运动考察报告》(1927年3月写)所说"中国的男子,普通要受三种有系统的权力的支配,即:(一)由一国、一省、一县以至一乡的国家系统(政权);(二)由宗祠,支祠以至家长的家族系统(族权);(三)由阎罗天子、城隍庙王以至土地菩萨的阴间系统,以及由玉皇上帝以至各种神怪的神仙系统一总称之为鬼神系统(神权)。至于女子,除受上述三种权力的支配以外,还受男子的支配(夫权)。这四种权力——政权、族权、神权、夫权,代表了全部封建宗法的思想和制度,是束缚中国人民特别是农民的四条极大的绳索"①的前提下,结合由中国古代特别是明、清时期的史料,论证这一论断的正确性即普遍适合于整个中国封建社会。同时,为了肃清当时广大农村中仍然存在的封建宗族意识。诸如一九六四年二月十九日《人民日报》发表的短评《彻底烧掉这条大绳索》,依照毛泽东的上述论断,提出:"这种宗祠族权,有成文的族规,还有无数不成文的法规。地主

---

① 《毛泽东选集》第1卷,人民出版社1952年7月版。

阶级利用这些宗祠无恶不作。它私立法庭，惩办那些无辜的人民"。又说："宗法族权，在中国统治了几千年。多少个宗祠，仿佛就是多少个独立王国。多少无辜的劳动人民，就是这些独立王国的奴隶。"同日，还刊载《血泪话祠堂》的文章，指出地主豪绅"利用修祠堂和续谱的机会，大肆贪污挥霍"，乘机"压价买田，高利放债"，并买个官做。"修祠堂、续谱、开祭像几根大吸血管，把许多同姓农民的家产钱财搜括得一干二净，逼得他们倾家荡产、妻离子散！"同年，简修炜、艾周昌合撰《论封建族权的反动本质》①，从"彻底清除旧社会遗留下来残存人们头脑里的封建家族主义"出发，论述中国封建社会中族权的起源、家族组织长期存在的条件，指出"封建的家族组织和自然经济结合，阻滞了社会生产的发展，是中国封建社会长期地处于发展迟缓的一个不可忽视的因素"。该文的内容较少涉及宋代。

　　适应这种形势的需要，左云鹏撰成《祠堂族长族权的形成及其作用试说》②。该文首先分析祠堂族长族权形作的历史原因，认为："我国历史进入封建社会后期以后，农民群众已经喊出了'疾贫富不均'的呼声，阶级矛盾已经极为尖锐；同时，'贫富无定势，田宅无定主'的现象也更为显著。在农民阶级的反抗斗争和商品经济的冲击下，地主阶级的统治及当权者个人家庭的地位均呈不稳定状态。这些情况均为宋代理学家们敏锐地感觉到了。"从而"导致了地主阶级采取补充手段，以稳定其统治。""为此，统治阶级也就越来越多地注意到，宣扬孝悌、亲亲等封建的伦理观念以加强对农民的控制；而且，愈到后来就愈为明确，愈为系统化了。"论文还阐述了祠堂族长族权在维护封建制度方面所起的作用，表现在宣扬封建的道德礼法，对封建政权所起的辅助作用，维护封建的身份体制，培养家族政治势力以控制地方事务，利用家族关系以对抗农民起义等方面。论文的这些内容，自然部分地包含宋代在内，只是"封建社会后期"的概念较宽，作者甚至不自觉地包括了

---

①　《华东师范大学学报（人文科学）》1964 年第 2 期。
②　《历史研究》1964 年第 5、6 合期。

近代中国的情况。不过，与一般笼统批判封建主义的文章不同，论文实际上已经提出了从宋代开始，由于农民起义和商品经济的影响，地主阶级的统治和官僚地主的地位均呈不稳定的状态，而宋代理学家们"敏锐地感觉到了"，因此导致统治阶级采用"补充手段"即加强宗族统治，来巩固其统治。这些见解后来被第二阶段的学者们所接受，并且得到进一步的发挥。

第二阶段，即"文化大革命"结束至今，共约十八年。这一阶段的宋史学界颇为活跃，研究的范围日益广泛，宋代的家族与社会的课题也越来越多地吸引学者的注意，陆续写出了一批文章乃至专著。

首篇全面研究中国封建社会后期家族制度的论文，当推徐扬杰《宋明以来的封建家族制度述论》①。该文分为六部分，第一部分、"宋以后封建家族制度的形成"提出，宋以后我国封建社会已发展到后期，"阶级矛盾进一步尖锐，阶级斗争非常激烈"。"由于农民阶级斗争的打击和商品经济的冲击，在唐以前的士族制度崩解之后，地主阶级本身的分化也十分激烈，不仅封建国家的长治久安茫无着落，就连地主官僚使自己子孙长享富贵的希望也常常落空。""为了既保国又保家"，统治阶级"拼命鼓吹恢复古代的宗法制度和家族制度，作为稳定封建统治的辅助手段"。他们注意到的第一种"恢复"方案是"提倡累世同居的大家庭制度"。但"这种家庭人口众多，关系复杂，一般在四、五代以后，因血缘关系已经疏远，随着成员的私有财产的发展，成员间不断发生贫富分化"等等，"不能不趋于瓦解"。第二种方案是提倡敬宗收族，具体方法有建祠堂、置族田。"祠堂从精神上，族田从物质上团聚家族，形成聚族而居的家族组织，达到收族的目的。"第二部分、"聚族而居的家族组织和祠堂、家谱与族田"，提出聚族而居的家族组织是指"已经分裂成个体小家庭的同一个祖先的子孙，用祠堂、家谱与族田这三件东西联结起来，世代相处在一起，聚族而居"。宋、明以后，这种情

---

① 《中国社会科学》1980 年第 4 期。

况"非常普遍"。家族内部有严密的组织,族长是"一族的最高首领"。"族之下依血缘关系的亲疏远近分为房或支,房有房长、房头"。族长有主持祭祀祖先,管理族田收入及族中其他产业,解决族人分家、财产继承,受理族内户婚、田土等民刑案件、充当法官和裁判等权力。"宋以后,修撰家谱之风十分盛行"。第三部分、"累世同居共财的大家庭制度",指出这种家庭"在宋以前就零星地存在着","宋以后,经过统治者的大力提倡,它又有了一些新的发展"。经过朝廷旌表的大家庭,在宋代有五十家。这种家庭具有同居共财,同炊合食;内部组织严密,自给自足的自然经济;多数是由地主和农民两个对抗阶级构成的统一体。第四部分、"家族中以孝为中心的封建伦理思想",指出宋以后的封建统治阶级,"主要是理学家们,进一步的看到了它(孝的观念)的可以利用之处,对它进行了彻底的改造,注入了新的内容。这时,孝的内容已不是一般的子女对父母的侍奉与尊敬,而是指父权对子女的统治和压迫,是封建社会的等级关系在家庭中的反映。"封建统治者提倡孝的目的,"除了要维护家族制度,巩固地主阶级对于家族的统治之外,更主要的是为了更好地更有效地提倡忠,推行君为臣纲。也可以说,封建伦理思想的中心是孝,而目的是忠。"同时,是"为了培养维护封建统治的忠实爪牙,所谓'求忠臣于孝子之门'。"第五部分、"家族制度在维护和巩固封建统治中的作用",提出宋以后的家族制度"确曾起到了它应当起的维护封建统治的作用",这种作用表现在"保护封建国家的赋役收入";"辅助封建的基层政权,加强对农民的控制","掩盖阶级矛盾,削弱农民阶级的斗争意识";"挑动家族之间斗争,分裂农民阶级";"宣扬封建礼法,维护封建的伦理纲常";"充当封建政权的帮凶,直接镇压农民的反抗和起义"。

该文把宋代及以后的封建家族制度称为"近代家族制度",认为它是"宋明以来阶级矛盾日趋尖锐的产物",是"使中国封建社会长期延缓的重要因素"。该文的主要笔墨放在清代和近代,着力于"作一番清理和批判",因此涉及宋代的内容颇少,也没有对宋代及以后各代具体的发展变化进行探讨。

徐扬杰后来在专著《中国家族制度史》①中,进一步阐述他的上述观点,对宋代以后各代家族制度的发展变化情况作了探讨,但宋代部分仍然显得十分薄弱,资料贫乏,且将宋代与明、清各代杂糅一起。不过,引人注目的是,他在该书中"以历史唯物主义为指导,坚持两点论和具体问题具体分析的方法,从动态发展的角度对中国家族制度进行了全面公允的评价"。具体表现在对"宋代以后的近代封建家族制度"的社会功能的评价,认为"一方面阻滞社会生产的发展,维护反动的封建专制主义统治,宣扬腐朽的封建伦理和纲常名教,严重阻碍着社会的发展和进步,是使中国封建社会长期延缓的一个重要的社会根源;另一方面也起到了保持和提高我们民族传统生产技术,坚持和发扬我们民族传统美德的重要原因"②。

朱瑞熙在同年写就的《宋代社会研究》③一书中,第七章《宋代的封建家族组织》,专论宋代封建家族与社会的关系;第八章《宋代妇女的社会地位》,也论及宋代的家族。第七章指出了宋代形成了新的封建家族组织,形成的历史原因是:经过唐末农民战争的扫荡和五代十国时期的战乱,门阀士族遭到毁灭性的打击,"他们的旧式的以血缘为纽带的宗族组织也随之崩溃,族人星散,封建宗法关系松弛。残存的士族后裔,因为亡失家谱,世系中绝,谱牒之学日趋衰落。"在门阀士族退出历史舞台后,"取士不问家世,婚姻不问阀阅",到北宋初期,即使"名臣巨族",也"未尝有家谱"。但宋代的政治和经济制度决定"一般官员、地主都不享有世袭固定官职和田产的特权",到宋仁宗时期,"有些敏感的士大夫逐渐从黑甜之乡清醒过来,意识到自己各个家庭的政治地位和经济地位的不稳定性",产生了一种需要,即在封建国家的强力干预之外,寻找某种自救或自助的办法。同时,由于农民对地主的人身隶属

①　人民出版社 1992 年版。
②　岳庆平:《中国家族制度的系统研究》,《历史研究》1993 年第 2 期。
③　中州书画社 1983 年版。

关系相对松弛，"地主阶级也正需要寻找一种补充手段，以便加强对于农民的控制"。这种办法或手段，就是"利用农村公社的残余，建立起新的封建家族组织"。该章分为六节，主要提出：一、宋代的封建家族组织一般实行"小宗之法"。只有"皇室家族同时行用大宗、小宗之法"。二、家族组织"常常选立官僚地主为宗子（族长），形成以官僚地主为核心的宗族势力"。这些官僚地主必定是"本族中地位、财力、能力等最高"的人，这是因为这些家族组织"一般是由官僚地主倡导，然后经过修族谱、置族产、订族规等过程而组成的。"三、为了解决各个家庭经济地位的不稳定性，模糊农民的阶级意识和培植本族的政治势力，就"购置族产，作为宗族结合的物质基础"。宋仁宗庆历年间（1041—1048 年）到皇祐二年（1052 年），范仲淹在苏州置良田数十顷，都租米计口供给各房宗族衣食及婚嫁、丧葬之用，称为"义庄"。范氏义庄"为宋代的封建家族组织树立了典范"。"从此，许多官员竞相仿效，独自置田设立义庄，成为当时十分光彩的一种义举"。北宋后期，一些官员"出钱买田或割己田宅为'义庄宅'，以供祭祀、赡养族党子弟，'永为家规'"。同时，封建国家也"鼓励高级官员置办义田庄性质的'永业田'，以保证高级官员世代富裕"。"南宋时，义庄迅速增多。"族产的另一个来源是"由族人共同筹田建立"。宋代的族产"一般沿用范氏义庄的'义田'、'义屋'等名称，有些地区称为'公堂田'"。还有一些地区设置"祭田"或"蒸尝田"。四、依靠族谱来"结合全族族人"。宋仁宗皇祐、至和年间，欧阳修和苏洵"不约而同地最先编写本家的族谱，并提出了编写族谱的方法和体例"。从此，欧、苏的族谱成为"宗谱形成的规范，影响极为深远"。不过，"宋代的族谱显然还属于开创阶段，一般考订不够精确，同时数量也远比不上元、明、清各代"。宋代地主阶级编修族谱、结合族人的"根本目的"，是"要把同族农民束缚在大土地所有制经济内，固着在地主的庄田上，以便恣意进行残酷的奴役和压榨"。五、从朱熹、陆九渊等人的提倡开始，家族组织"以祠堂作为全族祭祀祖先、举行重要典礼、宣布重要决定等活动的中心"。六、依靠"家法"、"义约"、"规矩"等条法即族规来统治族人。"随着封建家族组织的重新建立,这类成文的或不成文的条规便逐步增多起来"。族长是"各个家族的统治者,掌有主管全族的一切权力",如掌管义田庄和祭田的收支,决定族人立继等。该章最后指出,毛泽东所说中国的男子要受宗族系统(族权)的支配,这一宗族系统"便是从宋代开始形成的,并且经过元、明、清各代不断地得到巩固和完善"。

该书第八章,论述了宋代妇女的婚姻自主权、财产继承权等,也涉及妇女在家族组织和家庭中的地位。

这一阶段第一本系统研究宋代家族与社会的专著,是柯昌基的遗著《中国古代农村公社史》[①]。该书提出中国古代的农村公社大致有三种形式,一是"土地国有制基础上的亚细亚公社",如西周的井田公社,北魏至唐代的均田公社等;唐代以后,"亚细亚公社便退出了历史舞台"。二是"土地私有制基础上的家族公社",或称"家族共同体",即"同一家族在家长领导下以义门名义保持的同居共财",起始于先秦,至宋代"达到了高峰","是它发展的黄金时代"。这种形式在当时"存在普遍,几乎俯拾即是";同时,"规模庞大","同居世代多,存在时间久"。这种形式"为什么会在宋代突然变得如此兴旺发达呢"?"原来是理学在这方面发挥了巨大的作用"。它们"在政治风云莫测的变幻中,其所以凝而不散,聚而不分,依靠的也正是理学这根精神支柱"。家族公社的内部结构是实行家长制,"家长确实是公社的权威性人物,事无巨细,都得向他报告,由他作出决定。稍大的家族公社,设有专门的厅堂,家长通常在这里处理日常事务或召集讨论重大问题的会议"。"都订有明文或不明文的生活条例,即'抚养宗族有家法'或'家诫'之类的东西"。内部"实行财产共有","对其成员在财产方面的权利与义务作了更进一步的具体规定","一律不准私设小灶,只有一个大的公共伙食团,规定时间,集中开饭",至时"一般都以击鼓为号"。还分为

[①] 中州古籍出版社 1989 年版。

原始型（如北宋末河中府农家姚氏）和混合型（如陆九渊家族、李昉家族、浦江郑氏）、异姓型（指"两个以上不同姓氏家族的同居共财"）、异居同财型、挂名型等。这些公社"存在时间长的毕竟是少数，绝大多数存在的时间都较短"。到宋代以后，"虽稍有逊色，但仍保持着一定的势头"。三是"作为封建大土地所有制附生物的宗法公社"，或者称为"宗法共同体"，"它产生于北宋，是中国古代农村公社的最后一种形式或残缺不全的形式"。这种公社是"一种重新组合的社会亲属集团和农村公社形式"，其内容包括宗族聚居、宗法制度、设置族长、宗族组织、宗法财产等内容。在宗法制度方面，提出："先秦的'世爵世禄'，在秦汉以后被取消了，宗子不复拥有团结族众的经济力量，原有的'大宗小宗之法'便失去了存在的价值，人们对之也不再发生兴趣。在这样的情况下，只有靠'谱牒'去辨识和维系血缘关系。"分为义田型和祭田型、综合型。这种公社"始于宋，盛于明清，明显地走向衰落，则在鸦片战争之后。"这三种形式"在时间上彼此互有重迭，但大体上依次继起，前后相续，形成中国古农村公社的一个独特的历史发展序列"。该书还提出宋代是"三种公社形式的交替点"或"重大转折时期"。

该书自始至终使用"公社"一词，此词为大多数宋史研究者所难以接受。其实，该书所说第二种形式的农村公社，即家族公社，就是通常所谓累世同居共财的大家庭组织；第三种形式，即宗法公社，就是通常所谓一般的封建家族组织。

除此以外，这一阶段的研究在以下几个方面进行了探讨，取得了若干进展，或者各自发表了独立的见解。

一、综论宋代家族制度方面

这一阶段尚未见到专门综论宋代家族制度的论文，能够见到的有关论文，有的是在探讨中国封建社会的宗族制度时，顺便涉及宋代的内容；有的是在论述宋代家族制度的某一方面时，必然要对整个宋代宗族制度发表己见。

　　关履权《宗法统治与中国封建社会》①,从中国封建社会宗法统治"严重地障碍了中国历史的发展",必须从"批判和肃清"的角度加以论述。该文涉及宋代的内容有:第一、认为宋代的宗法统治"更加严密","更加扩大和牢固"。指出:"经过农民起义的不断打击,唐以后,门阀士族地主在历史舞台上逐步消失,唐朝崔、卢、李、郑、韦、杜等大姓'蝉联珪组,世为显著',至宋'绝无闻人'"。宋太宗说:"中国自唐季海内分裂,五代世数尤促,大臣子孙皆鲜克继祖父之业。"明朝胡应麟也说:"五代以还,不崇门阀,谱牒之学,遂绝不传。"但是,作为封建宗法制度中的氏族血缘关系,不但没有消除,反而随着封建专制统治的强化而继续扩大。唐代以来,封建皇帝常实行赐姓,把有功于或忠诚于皇帝的大臣或少数民族的首领赐为同姓,表示为一家人,企图发挥笼络的作用。唐太宗时,曾命高士廉等人修订《氏族志》,提高关陇李姓新贵的门望,压低魏齐以来的山东士族,以李姓统治万姓,把李姓皇族当作全国万姓、万家的最高、最大的家族。宋代的《百家姓》中也把赵姓列为首位,宣传皇姓、皇宗是天下百姓共祖、共宗。从宋开始,宗法统治思想深入到士大夫阶层中去,宗法统治更加严密了。如果说,宋以前,宗法血缘统治的特点,侧重在政治上、法令上的强制,那末,从宋开始,则加强了思想上的束缚,使之更加"情理化"和"系统化",危害性更大了。论文引用明代谢肇淛说:"古今同居者,汉有樊重、晋郎、方贵俱三世;博陵李幾,七世;河中姚氏,十三世;宋会稽裴询,十九世;陆象山等,累世义居,又不知其几也。汉称万石家法,唐则穆质、柳公权两家,为世所崇尚。至宋,则不胜书矣。"认为"说明宋代宗法统治比之过去更加扩大和巩固。"论文还列举宋代社会上长期累世同居的家族,如河内人陈芳"一门十四世,同居三百年";河中府河东县永东镇"姚孝子"义居二十余世;李庭芝,十二世同居。"有的还定出乡约、家法,要子弟共同遵守。"如吕大防兄弟"尝为乡约"。"至于义田、义庄,则更为普遍"。这些都说明"正是封建宗法的统治关系披上了'情理'外衣,在地方政治上的扩散"。

第二、认为中国封建统治阶级"利用血缘宗法关系来加强专制统治,同时又鼓吹宗法思想与之配合。""宗法思想是以孝为中心,鼓吹利用宗法血缘组织,维护专制统治。"宋代的理学家则"始终紧紧抓住宗法思想而加以发挥扩充",如张载《宗法》、《西铭》要求人们"服从君主就是服从家长",使"忠孝也就统一起来,'天地君亲师'成为一个统一体"。"宋代理学家还把'三纲五常'作为理学的核心","例如北宋程颢、程颐宣扬'父子君臣,天下之定理,无所逃于天地之间'。南宋朱熹强调:'孝者,百行之源',提倡孝行义居,同居共财,反对析产分居"。

第三、论文认为"宗法制度,使君权与宗法相结合,加强了封建的专制主义的统治",是中国封建社会"发展得特别缓慢"的"一个主要原因"。其理由之一是"中国封建社会的统治者,利用血缘关系,加强宗法专制统治,推行神道主义和兽道主义,神化统治者。皇帝称为'天子',皇朝称为'天朝',君权与神权结合,皇帝不仅是最大的家长,而且是神,对人民专制独裁,施行强烈的超经济剥削,把人降低为动物来看待,使人不成其为人。家长制、官僚政治、'一言堂',凭借个人意志主宰一切。君主把国家当作个人的财产,专断独行,恣意妄为,实行高压政策和严格的等级划分。……特权越多,专制统治越利(厉)害,人民被奴役、被剥削则越严重,生活就越来越苦,社会生产便不能发展,影响了历史的进步。"二是"以孝为中心的宗法思想,加强了中国封建社会的专制统治,阻碍了中国历史的正常发展。君权与宗法相结合的统治,像毒菌一样渗透到社会各个领域,家长制、等级特权、官僚政治、禄位世袭等等,都与宗法思想有密切的关系,或者就是它的副产物。……我国封建统治者利用了宗法思想的血缘关系,形成了一套有自己特点的封建家长制。""封建宗法制在文化思想上,表现为愚昧、迷信与残酷野蛮的结合体,伴随着封建社会的演进而不断加剧,越到封建社会末期,越加凶残严酷。……给中国科学文化的发展、经济的繁荣带来了极大的阻力。"

论文紧密结合中国古代宗法统治与社会的关系,指出宗法统治对当时社会的影响。但没有历史地分析从宋代开始的新的家族组织与前代的不同,只是再三强调封建宗法思想和封建家长制"禁锢着人们的思想,窒息了科学文化的发展,阻碍了中国社会的前进",等等。

白钢《中国古代的宗族制度》①,综论中国古代宗族制度的起源和形成、演变的过程及其作用等。该文在宋代宗族制度方面,认为在北宋仁宗朝以前的一段时间里,封建宗族制度"在社会上云消雾散"。"在按等级世袭占田的制度被破坏以后,通过购买方式兼并土地的非身份性地主,逐渐意识到自己家族经济、政治地位的不稳定性。在农民的人身依附关系相对松弛的情况下,为了更有效地控制农民,他们便乞灵于古老的宗法制度,重新确立封建的宗族制度。"自宋至清的宗族组织原则,各地"并不划一","有的也分大、小宗,但这已不是原来意义上的(即西周时的)大宗、小宗了,都不过是附会而已。实行起来,并不严格,其主流是侧重附会小宗之法"。

王善军《宋代族产初探》②,提出中国封建社会宗族制度,"在唐宋之际随着经济关系的变革,发生了一次历史性的转变,这便是由魏晋隋唐时期的门阀宗族制转变成为宋元明清时期的以'敬宗收族'为特点的宗族制"。宋代地主阶级建立这种宗族制度的目的,"既是为了稳定其本身的地位,也是为了更有效地控制广大农民"。

宋三平《宋代封建家族的物质基础是墓祭田》③,提出"中国封建宗法家族制度从宋代开始发生变化,至明代中叶形成了以族产、族谱、祠堂为主要特征的家族组织。宋代是这一转变的开始,封建家族组织极

① 《文史知识》1988 年第 4 期。
② 《中国经济史研究》(北京)1992 年第 3 期。
③ 《江西大学学报》1991 年第 1 期。

不完善"。宋三平在另一篇《试论宋代墓祭》①中,也提出宋代是"中国封建家族制度转变时期","封建家族组织是极不完善的"。这一"极不完善"性表现在:"这时的私家修谱尚属初创阶段,族谱的修撰并不普遍";"封建家族建祠祭祖至南宋中期,才由朱熹倡导,付诸实施的事例,至南宋末年仍寥寥无几,直至明代中叶,建祠祭祖才盛行于民间。"宋三平在前一篇文章中还提出中国学术界对宋代的封建家族组织研究不够,成果也不多,"并且有些结论与历史实际不相符合,失之片面"。

以上的研究,归纳起来,有一点几乎可以肯定,这就是中国封建社会的家族制度到宋代发生较大的变化,从宋代开始的新的家族制度与魏晋隋唐时期颇不相同,而对元、明、清各代影响极大。这一观点从第一阶段的左云鹏模糊地提出开始,到第二阶段的徐扬杰、朱瑞熙、柯昌基、关履权、白钢、王善军、宋三平等,越来越明确了。当然,其中也有一些不同的意见,诸如徐扬杰将宋代的家族制度列入中国封建社会后期之内,还称宋代及以后的家族制度为"近代家族制度";朱瑞熙则列入中国封建社会的中期(自唐代中期以后至明代中期),以表示与"后期"的区别;宋三平虽然没有使用中国封建社会中期一词,但提出了家族制度从宋代"开始发生变化"而至明代中叶"完善"的过程;柯昌基和王善军都将宋代和元、明、清三代的家族制度相连,表示这四代的家族制度是一脉相承的。柯昌基的"清代"还包括鸦片战争以后的一段时间,实际上跨入了近代。

二、宋代家族组织的物质基础方面

有关宋代封建家族组织的物质基础的研究,应以王善军《宋代族产初探》(见前)一文最为全面和系统。该文提出有宋一代"族产的广泛兴置是新式宗族制确立的重要内容。"该文在宋代的族产方面,分族

---

① 《江西社会科学》1989 年第 6 期。

产的种类、来源、管理与经营、封建国家的族产政策四个方面进行论述。第一、按照宗族财产的性质，分为宗族田产和宗族宅舍两大类。"宗族田产是宋代族产的主体"，又分为祭田和义田、义学田三类。"祭田是用以供应祖先祭祀的田产，在宋代族产中最为普遍。因为祭祀有墓祭和祠祭之分，所以祭田也就有墓田与祠田之别。""祭田中的祠田起源晚于墓田。……至迟在南宋中期，祠田也应是很普及的了。""义田的用途在于赡族。有许多宗族的义田还明确规定只赡族人之贫困者。"不过，"有些宗族的义田不但用来赡族，而且还兼做祭祀之用"。"可见，宋代义田与祭田的职能并非绝对泾渭分明"。"由于义田的主要职能在于赡族，所以就需要而言，义田的规模要比祭田大得多。……它主要存在于官僚士大夫宗族及豪强大地主宗族之中。"义学田为本族义学提供经费，少数宗族的义学经费则由义庄供给。宗族宅舍可以分为祠堂和义宅、义仓、宗族学舍。论文认为"早在宋仁宗下诏许臣僚立家庙之前，宋代社会上的宗族祭祀已由士庶皆祭于寝向建立祠堂祭祀过渡。北宋中期以后，祠堂逐渐在社会上推广开来。尤其是朱熹撰写《家礼》，将祠堂列入首要位置后，更是使其日益普及。"范仲淹在建立义庄的同时，又建义宅，以"聚族其中"。宗族义仓"主要是通过贷粮帮助族人渡（度）过灾荒年份和青黄不接的时节。……在官府社仓有名无实的情况下，经朱熹，真德秀等著名士大夫的倡导，乡党、宗族义仓逐渐多了起来"。

第二、宋代各种类型的族产，主要是通过官僚地主捐置、庶民地主捐置，族众合置、祖宗财产、户绝财产、官府赐给等几种渠道发展起来的。"宋代官僚地主兴置族产的积极性很高"，他们"既可获得令名，又可以此巩固自己的经济地位，并且，更为重要的，藉此可以建立和巩固族权统治。可谓一举而数得。""祭田一般说来是由全体族众合置的"。论文还指出，"宋代族产的来源渠道是相当广泛的"，"族产来源渠道的广泛又为族产的兴盛提供了有利的条件"。

第三、宋代士大夫们注意到族产"必须有良好的管理"。范仲淹在创立义庄时,就立了"义庄规矩",从各房中选择一名子弟掌管。"正因为范氏义庄有着严密系统的规定,又以封建法律为依据,得以很好地贯彻执行。所以历数百年而不废,成为义庄的典范。"被选出掌管族产的子弟,"一般是族中子弟的'贤且廉者'";"有些宗族径直把族产的掌管权力交给族长";也有"由诸房或子弟轮管的"。这些管理方式"一般都是有成文的规定作为依据的"。在族产的经营方面,论文指出"普遍采取租佃制的经营方式","这与宋代封建租佃制占主导地位的经济制度是相一致的"。范氏义田是"全部租佃给佃户的,并且租佃者是范氏族人以外的佃户"。祭田"在管理上的'花利轮收'、'租课长房先收'的规定,也足以说明祭田是普遍采取租佃制经营方式的"。有些族产如祭田还"部分征收货币地租"。论文还指出,"宋代族产也有采取高利贷经营方式的"。

第四、宋封建政府对于在宗族组织中占有重要地位的族产,有一套专门政策。如"族产不许分割,不许典卖。田地一经转化为祭田,就成为'永业田'"。族产"有专门的税籍和税策"。族产"受到封建国家法律的专门保护"。"封建国家的这些法律规定,对于宋代族产的发展和稳定起了重要的作用"。

论文在"尾论"中还提出宋代地主阶级"在门阀宗族制度的废墟上建立起'敬宗收族'宗族制度,既是为了稳定其本身的地位,也是为了更有效地控制广大农民。族产的建置最能体现地主阶级的这一愿望","这是宋代族产得以广泛发展的根本原因"。

邢铁《宋代的财产遗嘱继承问题》①,探讨宋人遗嘱继承财产的目的首先是继立户绝之家的门户。论文的部分内容涉及宋代的家族和社会,这就是:宋代订立遗嘱的手续之一,是"必须取得本族人的同意,有时还需要近亲或族长以见证人的身份签字"。因为,"按照习俗和律令规定,户绝之家的遗产可归族中子弟继承,在遗嘱给一个人特别是异姓

---

① 《历史研究》1992年第6期。

养子或赘婿时,等于剥夺了族中子弟的继承权,因此,必须取得族人的认可。这也是自汉代以来的规矩"。宋代的遗嘱文书"一般由受遗嘱人保存,作为继产的凭证",有时则由族长保存并经族长签押。论文进一步指出:"遗嘱继产的范围不论广狭,一经当事人和族人签押、官府盖印之后便为合法,在立遗嘱人死后即行生效,一般能够顺利地履行。但财利面前是非多,围绕遗嘱继产而发生的纠纷在宋代史书中屡有记载。虽然有些纠纷可以通过协商或本家族的调解来解决,但就实际情况看,家族的调解主要在拟完遗嘱的过程中起作用,订立之后的矛盾争执则主要靠官府(法律)来裁决了。"

宋三平《宋代封建家族的物质基础是墓祭田》(见前),认为学术界对宋代的封建家族组织研究得不够,有些结论不符合历史实际,其实例之一为人们在探讨宋代家族组织的物质基础时,"主要是论述义田这一族产,而对墓祭田等则关注不足"。"事实上,义田在宋代存在并不普遍",在宋代"置办义田的家族只有三十多例"。甚至到南宋晚期,"封建家族置办义田者仍不多见"。因为"义田的规模较大,无疑使得置办较困难",而"真正普遍存在于民间、并对封建家族发生作用的族产是墓祭田",用于"子孙祭祀祖先"以及"与祭祖有关的各种活动所需费用","成了宋代封建家族合族祭祖、从精神上结合族人的物质基础"。祭田可以分为祠祭田和墓祭田两种,祠祭田"附设于祠堂,只有封建家族建立祠堂祭祀祖先,才会有祠祭田的出现"。但是,"终南宋之世,建祠祭祖的家族寥寥无几,至明朝中叶以后,建祠祭祖才普遍存在于民间,成为一种习俗"。墓祭田则是"封建家族为合族祭祀祖先、祭扫修葺祖先坟茔而设置的一种家族公有财产。在宋代它有赡坟田、祭田、烝尝田等几种形式,这几种形式的田产构成了墓祭田的体系。"论文还估计,墓祭田的规模"较之义田","可以小得多",但正因为这样,"置办也就比较容易"。

三、宋代封建大家庭即累世同居共财的大家族方面

在宋代封建大家庭即累世同居共财的大家族方面,研究者较多,观点的歧异也较多。

首先是对宋代封建大家庭的发展程度的估计,存在着三种完全不同的意见。第一种意见,认为宋代的大家庭比前代有所发展,但社会上普遍存在的是聚族而居的家族组织。前述徐扬杰提出,"累世同居的大家庭"在宋代以后(实际包括宋代)"经过统治者的大力提倡""有了一些新的发展",仅受朝廷"旌表"的大家庭就有五十家。与之同时存在的一般"聚族而居"的家族组织,即已经分裂成个体小家庭的同一个祖先的家族,在宋代以后(包括宋代)"非常普遍"。朱瑞熙实际上也持此见。

第二种意见,认为宋代的大家庭普遍存在,宋代是大家庭充分发展的时期。前述柯昌基提出,以"义门"名义保存的累世"同居共财"的"家族公社"到宋代"存在普遍","达到了高峰","是它发展的黄金时代"。唐代剑《试论宋代大家庭的社会职能》①,首先认为宋代是"中国封建大家庭极盛时期,其数量仅《宋史·孝义传》就载有六十家,其他文献中亦俯拾即是。"它们的特点有三,一是"规模大",二是"人口多",三是"延续时间长"。这一观点与柯昌基《中国古代农村公社史》如出一辙,或者说吸收了柯教授的"家族公社"的论点。该文进一步认为,宋朝政权"也是中国历史上最重视大家庭的王朝",各朝皇帝"软硬兼施,都把维护大家庭的稳定列为巩固统治的大事"。作者由此追问:"大家庭究竟与宋王朝之间是什么关系"? 接着,作者从"贯彻封建专制的楷模"、"组织社会生产的基本单位"、"培养封建人才的基地"、"调和阶级矛盾的场所"等四个方面阐述宋代大家庭的"社会职能"。在

---

① 《社会科学》(上海)1993 年第 7 期。

"贯彻封建专制的楷模"方面,论文提出宋代大家庭的"管理特征"是"实行家长专制",家长是"大家庭的最高统治者,一般由辈份高的两个成员担任,'男治外事,女治内事'"。"女家长受制于男家长,是'用来照管家务的婢女头领',起主宰作用的是父权。"家长在家庭中拥有"至尊的权力",他"总提大纲,幼者分干细务",在他指派下从事各种工作。"每个大家庭中,都有成文或不成文的'家法'、'家诫'或'家仪'、'条约',从婚嫁丧葬到言行举止都有详细规定。家庭成员必须恪守"。"专制的家长如同小国国君,'端坐堂上,四顾终日如无一人,虽有婴儿女子,无一敢妄举足发声'。"大家庭实行"家长支配下的'共财'制,""家庭成员'室无私财'"。为了维护"共财"制,在日常生活中,"大家庭同爨共食,实行绝对平均主义。"论文由此作出结论:"大家庭的家长们通过家政、经济、思想等方面把家长专制落实到了社会最基层,为封建国家提供了统治模式,帝王们只需要把'父为子纲'延伸为'君为臣纲',把父权扩张为君权,封建专制主义便完善了。"

在"组织社会生产的基本单位"方面,论文提出宋代大家庭"多经营农业,他们日出而作,日落而息",他们"视商业为'奇袤之业',对价值规律一般抱排斥和歧视的态度,但当商品经济发展的洪流冲破它自封的外围而在人与人之间的生活上显示出优越性时",他们"也会调节经济结构,使其成为商品生产的单位"。因此,他们在组织和发展农业生产,稳定或调节经济构成方面,"起到了封建政府难以起到的作用"。论文又指出,大家庭"强烈依恋传统封闭式的生产方式,即使商品货币关系已渗入内部或市场赢利已成为其经济生活的主要来源,他们仍要摆出一副保守扭捏的姿态,远不及小家庭那样果敢与开通。"还有极少数大家庭,"集中体现了小生产者的狭隘性和排外性,顽固地继承了整个封建社会经济小生产的弊病。"

在"培养封建人才的基地"方面,论文提出"由于宋代统治者十分强调'厚人伦莫大于孝慈,正家道无先于敦睦',大肆倡导'以肃睦治家',大家庭特别重视对家庭成员的教育与培养。""一方面,家长们带头'善读书'，要子孙们掌握一定的文化知识。""另一方面，家长们非常注重把'谨守孝道'落实在家长成员的一言一行之中。"子弟们"在如此环境中一边学习文化知识，一边进行封建孝悌的实践，心灵上深深地打上了三纲五常的烙印，最后把一批批骨干输送到赵宋王朝'以孝治天下'的旗帜下。""这连续不断的人才输送，充实了宋代地主阶级的官僚队伍，又保证了大家庭的进一步巩固。"

在"调和阶级矛盾的场所"方面，论文提出大家庭以收养、赈施和自身的影响等方式来"调和将要激化的阶级矛盾"。大家庭主要有两种构成形式，一是"以一个远祖父母的血缘或婚姻关系为中心逐步繁衍而成的叫'共祖型大家庭'"；二是"由家族中一个政治或经济上强有力的成员聚集、收养其他成员而组成的叫'聚居型大家庭'。"后者是"在收养中建成，以收养为己任"。由于"广泛收养"，"使贫穷、破落的宗亲、故人有了归宿，得到相对安定的生产和生活环境，在家庭扩大的同时，为宋政府解决了流民。因此，两宋的流民没形成社会问题。"论文还认为大家庭在农民起义爆发时，"更是一马当先，毫不推卸地担负起镇压'盗贼'的义务。"

论文最后肯定"宋代大家庭从基础上巩固着封建统治"。"中国封建社会中之所以家长专制残酷，绝对平均主义泛滥，因循守旧、固步自封等陋习长存，进而导致社会发展缓慢，一条重要的根子就在封建家庭身上。"

第三种意见，认为宋代社会以小家庭为主。杭州大学历史系徐规教授的博士生刘伟文的毕业论文《宋代家庭形态浅探》①，探讨宋代的婚姻和家庭结构、家庭关系。其中在家庭结构方面，针对"以往的通史论著多断言中国古代是大家庭制，几代同居"，从家庭人口、赋役制度及有关史料加以分析，认为"宋代宗族聚居的家庭并不多"，这是"因为宋代的赋役制度限制了它的发展，像范仲淹、赵葵可以建义庄，是因其

_____

① 未刊稿，1993 年。

为官户,可以享受免科敷和一部分免赋权,所以,才有条件发展成为宗族聚居。"论文进一步提出:"宋代家庭趋向小型化,虽有宗族聚居的记载,但赋役制度造成了整个社会以小家庭为主的结论"。"官户的子女多,家庭规模相应也大;平民阶层,不论是中上层还是下层,人口总在五口上下浮动,家庭规模相应也小。这是赋役制造成的差别,也是宋代赋役对家庭的影响之一。"

王玉波的专著《中国家长制家庭制度史》①第四章,认为自战国以来的封建家长制经过千余年的演进,到两宋时期进入了一个新的阶段,其主要标志便是个体小家庭家长的权力和责任的增大。

其次是对有些著名的大家族的个案研究,如浦江郑氏、抚州金溪陆氏等。

毛策《浙江浦江郑氏家族考述》②,分为上、下两篇,上篇《郑氏家族源流考略》,下篇《〈郑氏规范〉试析》。论文指出,浦江郑氏家族是"中国历史上著名的大家族","自宋建炎到明初,合族而居十三世",史称"郑义门",获宋代最高统治者的嘉奖与旌表,政治家范仲淹、理学家朱熹等人都曾为郑氏宗谱"亲笔题笺"。在南宋前期和中期,郑氏家族由于"尚处草创阶段,财力未雄厚,人丁亦不多,一时未能引起南宋王朝的重视,只是在传统封闭的浙中一隅实践着一世祖郑绮的孝道"。第五世主家政的郑德璋是"郑氏家族'九世同居'史上里程碑式的关键人物"。郑德璋的一生在整治家业中做了三件大事,即建立乡里私人武装,协助朝廷强化统治;制定治家准则;注意对本族子弟的教育,开办乡里私学——东明精舍。郑德璋在宋咸淳末年(案:咸淳是宋度宗的年号,咸淳末年为公元 1274 年),"为了安定社会","以私家力量建立乡里武装,'垒大石作栅',自保家族,协助地方官吏平治",被授青田县尉。"这是郑氏家族同居以来显赫于世的开端,也是其发迹史上的起步"。论文还指出,在元代由郑氏族人编定的《郑氏规范》,是"中国封

---

① 天津社会科学出版社 1989 年版。
② 中国谱牒学研究会编:《谱牒学研究》第二辑,文化艺术出版社 1991 年版。

建社会中一部罕见的完备的家族法典,它依傍理学,其明晰性、条理性较其他家训族规有其难以比拟的宪法效力"。

漆侠《宋元时期浦阳郑氏家族之研究》①,首先叙述郑氏家族的兴盛始末,指出郑氏家族在宋哲宗元符中(1099年),由郑淮自睦州淳安迁至婺州浦阳(浦江)。到其孙子郑绮,开始累世同居,因孝义行为被列入《宋史·孝义传》,"于是这个家族在社会上获得了令名"。又约到宋度宗咸淳年间(1265年至1274年),郑德珪出任龙游县丞,其弟德璋任青田县尉,遂"启大其基","方再兴发起来"。其次介绍"十世同居的封建大家族",指出郑氏家族主要依靠封建礼法"把几百个成员纳诸同炊、不异财的轨道上","在礼法的规范内","在他们的这个庞大的共同体上建立了一套家长制",除家长外,设立了掌门户和主计、旧管、新管、差服长、掌膳、知宾、监视等一套"家政班子"。郑氏"历宋、元更替而未衰败,这个家政班子一直在运转"。"这个家政班子显然是一个具体而微的封建国家机器,而运转这个家政班子的家长制,则构成为封建专制主义的根基。"第三,提出郑氏家族的内容是"大地主、商人和官僚的三位一体",指出从第一代郑淮开始,"即已置身于大地主阶层了";"在宋、元时期,就是以自己手中的货币资本,从事各种买卖贸易活动",委派本族子弟专人负责,或者"出本钱,委托别人开设各类店铺,年终结算的利息亦即'子钱'归郑氏所有";"随着这个家族社会地位的增重,做官的越来越多,越来越大,从而成为当地的官宦势力"。第四,郑氏家族为"维护家大业大名声大的这个家族的长远利益","善于协调和处理多种关系","对官府,安分守己,小心翼翼;对宗族邻里,分财助济,以求其平安无事;对佃户,按契约办事,地租的压榨是有限度的"。最后,指出郑氏是"宋、元时期具有典型意义的大族",它既是"向封建租佃制发展"的产物,又"为魏晋隋唐世族制的变种",从而"表现出了时代的特征"。

---

① 载《知困集》,河北教育出版社1992年版。

笔者以为，由于浦江郑氏家族真正的兴旺时期是在入元以后，其主要资料包括《郑氏规范》也由元代郑氏后人编定，因此郑氏家族在宋代的地位究竟如何，还值得进一步研究。

许怀林《陆九渊家族及其家规述评》①，专门探讨江西抚州金溪陆氏如何兴旺发达、如何维持世代聚居生活、有何特点等。论文指出，陆氏家族可以追溯到唐昭宗时期的江左吴县人陆希声，他"博物能文，官至户部侍郎、同中书门下平章事"。五代末年，希声之孙德迁、德晟兄弟"为避战乱"，"迁徙至江西抚州，定居于金溪县延福乡青田里"。德迁兄弟在金溪"解囊中袋，买田治生，资高闾里"，"依旧保留着宰相家的殷富地位"。但不久"因内部矛盾导致分裂"，陆氏由兄弟合居变成德迁一支单传，同时开始"走下坡路，接连三代无事迹可记，家产也减耗不少"。直到第四代陆贺即陆九渊之父，"才重新兴旺起来"。陆贺"走的是农商结合的路子，财富增殖较快，成了名门望族"。"就是凭药店的利润，四五百亩良田的出产"，全家三百多口"能够衣食日常富裕无忧"。陆氏成为一个"比较大的家族社会机体"，全族合炊将近二百年。陆氏的管理制度是本家的家规族法。陆氏的族规分为大纲、小纪两部分，大纲"有正本制用，上下凡四条"；小纪有家规，凡十八条。"本末具举，大小无遗，虽下至鼓磬聚会之声，莫不各有品节，且为歌以寓警戒之机焉"。这种"严若朝廷"的家内规矩，"说明等级制度之森严，家长专擅之厉，刑赏并施之狡猾，和朝廷衙门内的情况是相同的"。罗大经《鹤林玉露》所载陆氏的生活情景中，允许各房"自办蔬肉"，"私房婢仆，各自供给"，说明在全家的大锅饭之外，还同时保持着各房的许多小灶。与义门陈氏规定男子"皆只一室，不得置畜仆隶"相比，"陆氏只是松散的家庭联合体，聚居的经济基础脆弱，私房的势力已经相当大了"，因而"更多的依赖训戒劝说"来维系大家庭。"由于陆九渊兄弟的政治地位和社会声望，使家族长仍有很大的权威，对家族成员能够施行

---

① 《江西师范大学学报（哲学社会科学版）》1989 年第 2 期。

骂、打、开除的惩罚"。但陆氏内部存在着家族共财聚居与小房私有拆伙的矛盾，陆家成员与婢仆之间的矛盾，上层成员争夺管理权的矛盾，家长与受罚子弟之间的矛盾，丈夫与妻子、小妾三者之间的矛盾等，"都会不断的消减训戒词语的说服力"，"大族聚居变为小家分居是必然发展趋势"。所以，陆氏"是处在矛盾和解体中的家族"，宋理宗对陆氏的"旌表""是陆氏家族兴旺的顶点，同时即是它衰败拆散的起点"。

傅林辉的专著《王安石述略（初稿）》①，分为两部，第一部《王安石脉系》，第二部《王安石概论》。第一部利用正史、文集、笔记和族谱等文献，颇为详细地考订了临川王氏家族以王安石的曾祖王明为始祖的世系，同时也考订了王安石的外家金溪柘冈吴氏的世系。该书没有探讨王氏家族和吴氏家族的内部结构、制度等。

黄长椿《王安石与柘冈吴氏》②，也对王安石的外家金溪柘冈吴氏家族的世系作了研究，但没有从家族的角度进行探讨，更没有涉及与社会的关系。

四、宋代族谱的修撰方面

在宋代族谱的修撰方面，可能因为传世的宋代族谱极少，深入研究有"无米之炊"之叹，所以尚未见到全面、深入研究的论著问世。不过，在有关宋代家族与社会的研究论著中，有些已经形成共识。如肯定宋代族谱的编纂目的和功能是"收族"即结合本族的族人。徐扬杰提出宋代家族组织依靠家谱等将同一祖先的各个小家庭"联结起来"。朱瑞熙认为欧阳修和苏洵编写族谱的目的是"在区别远近、亲疏的基础上，结合本族的族人，即使有些族人'贫而无归'，也应由富者'收之'。由此来结合、维持封建家族组织。"柯昌基认为人们靠谱牒"去辨识和维系血缘关系"。再如断定宋代族谱的修纂还在初期，数量尚少。朱

① 江西省抚州王安石研究会、抚州市王安石研究会，1986年4月版。
② 《王安石研究文集》，1986年版。

瑞熙认为"宋代的族谱显然还属于开创阶段,一般考订不够精确,同时数量上也远比不上元、明、清各代"。"直到南宋末年,族谱的编修还不十分普遍"。宋三平在《试论宋代墓祭》一文中谈到,宋代的"私家修谱尚属初创阶段,族谱的修撰并不普遍"。

此外,在学术界综论中国古代谱牒或研讨宋后各朝族谱时,也理所当然地会论及宋代族谱的修纂情况以及宋谱对后代的影响。

朱振华《谱牒浅说》①,介绍谱牒的沿革历史和体例、史料价值。涉及宋代的内容有:"入宋以后,奉'三纲五常'的宗法伦理思想为核心的程朱理学,为封建统治阶级所青睐,而理学家倡导的'管摄天下人心,收宗族,厚风俗,使人不忘本,须是明谱系世族与立宗子法',正是谱牒赖以滋生的温床。在这种思想的支配下,宗法家长制的统治思想更深入封建社会的肌理。因而,自宋迄清,乃至民国,谱牒的撰修有增无已,所不同的是,由宋以前的'奉敕修定'转向'家自为说'的私撰(玉牒除外)罢了。"还有,"宋代以后,最值得称道的还是卷帙浩繁的'私家之谱'。诸如家谱、宗谱、族谱、支谱、家乘、世谱等层出不穷。……后世修谱,'动引欧、苏谱例',因而成为私谱之圭臬。《孔子世家谱》可谓是我国家谱的典型代表。宋以前的孔谱只收录直系长子长孙,北宋始合族修谱,支庶兼采"。指出宋代私谱的体例对后代影响之深。

常建华《元代族谱研究》②,指出元代有些族谱便是在北宋或南宋族谱的基础上数次续修的,如江西丰城孙氏宗族曾在南宋孝宗乾道九年(1173年)、宁宗庆元五年(1199年)、度宗咸淳元年(1265年)三次编修族谱,元英宗至治元年(1321年)再次续修。元代许多士大夫与宗族把欧阳修和苏洵的谱例"作为修谱的依据",他们主张主要依靠族谱收族,"强调将出了服的族人收在一起";他们批评欧、苏"特别是苏洵族谱主要记载五服之内族人的收族是'隘'和'薄'"。所以,元代的族谱"比起欧、苏族谱要丰富而充实得多"。

①　《文史知识》1988年第3期。
②　《谱牒学研究》第三辑,书目文献出版社1992年版。

　　张海瀛《明代族谱概说》(同上)提出:"宋、元时代的修谱宗旨,主要是'尊祖收族',进行'尊尊亲亲之道'的伦理教育;而明代的修谱宗旨,则主要是宣扬与实践'三纲五常'。这是一个重大而深刻的变化。"欧、苏的谱例,"不书生女,不书继娶,不书妾。"明谱的体例则"扩而大之,不但书生女,而且书生女出嫁之夫名与官爵;不但书继娶,书妾,而且妻妾并书,如若妾子长,必位于嫡子之前"。

　　殷光中《〈润州包氏宗谱〉考略》①,介绍清道光十三年(1833年)遗砚堂重修的《润州包氏宗谱》。该谱记载了包拯四世孙文龙一房在宋高宗建炎初徙居真州,至明初十三世孙实公再迁润州的过程和家族发展情况。其中卷2《莲花手卷》,出自包拯的儿女亲家、知庐州张田之手,是"包氏家传资料,其大部分资料是可信的"。如包拯楷书"家训","苍劲有力"。但也有一些讹误,如赵汝愚撰《宋赠少保签书枢密院事包文肃公传》,称包恢"卒谥文肃",但包恢死于宋度宗咸淳四年(1268年),而赵汝愚则早在宋宁宗庆元二年(1196年)病死了。又如世系图也有明显的错误。

　　张海瀛《福建〈忠懿王氏族谱〉介绍》②,介绍始修于宋神宗熙宁九年(1076年)的《忠懿王氏族谱》(藏福建师范大学图书馆)。所谓忠懿,是指唐末五代时期闽国的开国之君王审知。论文详细叙述了族谱所载王审知之子延政一支的繁衍情况。

五、其　他　方　面

　　在宋代的墓祭、妇女在家庭中的地位等方面,也有一些文章作了探讨。

　　宋三平《试论宋代墓祭》,在指出宋代封建家族组织极不完善的同时,认为"宋代维系家族的精神因素是墓祭。墓祭是宋代封建家族收

---

①② 《谱牒学研究》第二辑。

合、和睦家族的主要形式"。"宋代墓祭已十分盛行",具体为封建家族建亭会族祭祖,或建坟庵守墓,以僧住持,这"在宋代是非常盛行的"。封建家族进行墓祭,"祭祀祖先,敬尊长,明尊卑,向族人灌输封建宗法伦理,进行家族教育,这样就会唤起族人的同宗意识,达到从精神上结合族长,和睦宗族成员的目的。墓祭也就成了宋代封建家族收族的主要手段"。墓祭的物质基础是墓祭田,"用其所入,供合族墓祭的费用"。墓祭田在当时有赡坟田、墓田,祭田、烝尝田等几种,"不同的家族,设置的田地形式不同"。置办又有两种形式,一是"以父祖遗产,供祭享之用";二是"族人置办,族众合力置办或某一成员独资置办"。墓祭盛行的原因,首先是墓祭不像品官家庙有种种限制,比较简易易行,为在民间的普及提供了可能。其次是使家族成员"不时会聚,确定其宗法血统关系,符合宗法之意"。再次是"和当时墓祭田的普遍存在分不开","为封建家族合族祭祖,提供了物质保证"。

刘伟文《宋代家庭形态浅深》,提出宋代家族组织中"最重要的是族田",族田包括祭田、义田,"有祭田,才能合族祭祖;有义田,才能使家族具有凝聚力"。"歙人在宋代置祭田、义田的在记载中只有两家","休宁程氏自南宋后期才置祭田以维修祖墓,而祭田的作用仅限于合族祭祖,在建立家族组织方面似乎起不了决定作用。"论文还探讨家庭内部的夫妇关系,家庭与宗族的关系,指出由于"可以自主处理的随嫁财产和继承的财产,加上丈夫不理家政,使得宋代妇女在家庭经济中起着重要作用"。

综上所述,学术界尤其是宋史学界在近四十六年的研究中,在宋代家族与社会的课题方面取得了一定的进展。但与宋代的经济史、职官制度史、政治史、历史人物等领域的研究所取得的累累硕果相比,宋代家族与社会课题的研究显得十分单薄,如同花圃中稀疏地长出的几棵幼苗,有待于人们去栽植、浇水、施肥。为什么宋代家族与社会的研究会成为宋史研究领域中的一个薄弱环节呢?据笔者浅陋之见,除了在前一阶段主要受"以阶级斗争为纲"的"左"的干扰以外,在第二阶段主要是受学术界流行的将中国封建社会划分为前期和后期的观点的影响,这种观点认为,宋代处于中国封建社会的后期,封建制度处于"没落、腐朽阶段",理学是保守、复古的唯心主义思想体系,封建礼教"杀人不见血",毛泽东所说的"四大绳索""有了进一步的加强",等等。按照这种观点,对宋代封建家族制度总是采取批判的态度,甚至全盘否定。这样,就不可能把宋代的家族制度放在中国历史的长河中,历史地、辩证地考察它的方方面面,客观地、公允地评价它的历史作用。笔者一直主张根据唐、宋之际的社会变革,宋代社会生产力的发展等,将中国封建社会划分为前、中、后三个时期,唐代中期以后至明代后期以前属中国封建社会新的发展阶段即中期,宋代处于这一时期的定型阶段。由此,宋代的各种历史现象都可得到合理的解释,宋代的许多制度、理论体系等都能得到公正的评价。即使像徐扬杰那样,肯定"宋代以后的近代家族制度"在"保持和提高"传统生产技术和"坚持和发扬"民族传统美德方面起了"重要作用",但还是不够的。宋代家族制度的各个方面包括社会功能不可能与明代中期以后的完全相同,宋代的封建制度不应该冠以"反动"两字,宋代的理学也尚未达到"腐朽"的程度。所以,我们不能不注意到宋代新的家族组织是适应新时期的需要而产生的社会基层组织,它至少还有另外一些积极作用,如促进社会的安定,稳定社会的秩序,普及平民的教育,等等,这些不应该一概视而不见。笔者期望今后的学术界尤其是宋史学界对这一课题给予更多的关注,打破一些旧框框,收集更多的资料,不断取得新的成绩。

后记:本研究为参与蒋经国基金会资助"宋代的家族与社会"专题计划的部分成果。

(本文刊载于台北《大陆杂志》90 卷第 2 期,1995 年)

宋代的生活用具

　　宋代家庭的用具随着社会经济和科学技术的发展,出现显著变化,不仅表现在数量的增加,而且表现在质量的提高和品种的增多等方面。南宋临安府的巷陌街市上,有民间需要的各种"家生动事"销售,诸如桌、凳、凉床、交椅、兀子、长桄(床板)、绳床、竹椅、裙厨、衣架、棋盘、面桶、项桶、脚桶、浴桶、大小提桶、马子、桶架、木杓、研槌、食托、竹夫人、懒架、木梳、篦子、刷子、刷牙子等①,应有尽有。这些形形式式的家庭日常用具,可以说已经具备了近代民间生活用具的初步规模。

一、家　　具

　　宋代家具的最大特点是民间普遍使用椅子和桌子,彻底改变了自古以来席地而坐的习惯。

　　中国古代的人们都在地面铺上席子,就地而坐,尚未使用桌子和椅子,当时只有"几"和"案"。几是坐具,案是饮食和写读的用具,下装四脚(无脚则为"棨")。汉代开始出现了"胡床","施转关以交足,便绦以容坐,转缩须臾,重不数斤"②。胡床便是今天的"马扎"。隋代避讳,

---

① 《梦粱录》卷13《诸色杂货》。
② 陶穀:《清异录》卷下《陈设》。

改胡床为"交床"①。交床又可称为"绳床"②。交床是坐具，如果简称为"床"，容易误解为一种卧具。如东晋王羲之"东床袒腹"，后世遂称女婿为"东床"，这里的床乃指交床，并非床榻之床。否则，"偃蹇"（迟钝）床榻，岂能写出《兰亭序》③？唐代李匡乂撰《资暇集》卷下记载："近者绳床，皆短其倚衡，曰'折背样'。言高不及背之半，倚必将仰，脊不遑纵。"据说，这种样式的绳床是"中贵人"（宦官）设计制成的，目的使臣僚在皇帝赐坐或在家端坐时，"不敢傲逸其体，常习恭敬之仪"，这种交床已经安装了一个不高的靠背。宋徽宗时，据张择端《清明上河图》描绘，汴京的"赵太丞家"堂屋正中，摆着一把交椅，有坐垫，交椅上部呈"ω"形，椅背的高度与现代的椅子相差无几。图中还有一书铺的主人也端坐在交椅中。与出现交椅同时，开始使用直腿的靠背椅子。五代南唐顾闳中所绘《韩熙载夜宴图》，描绘了贵族韩熙载家的生活情况，图中有好几只直腿靠背椅，椅上安装丝织的椅帔和垫褥。到北宋，使用直腿的靠背椅者也逐渐增多。今河南禹县白沙发现的北宋墓中，其每一号墓和第二号墓的壁画都绘有墓主夫妇对坐像，各坐直腿靠背椅一把④。河南方城的北宋墓中，也曾发现石雕的直腿靠背椅⑤。

　　交椅和直腿靠背椅的出现，促使几和案的四腿相应增高，于是形成了桌子。敦煌第85号窟唐末壁画《屠房图》中绘有一种高桌，看来是中国历史上最早的桌子。四川广汉北宋墓中，出土一张长方桌中，四脚宽厚，四足呈马蹄形⑥。宋徽宗绘《听琴图》，绘有一张桌，四脚细直。这些都是宋代桌子的实证。尽管桌子甚至椅子，在宋代以前已经出现，但直到宋代才正式使用桌子和椅子这两个名称。北宋初年，杨亿撰《谈苑》，其中有造檀香椅、桌的记载。这时，桌、椅还局限于富贵之家

---

① 程大昌：《演繁露》卷10《胡床》。
② 曾三异：《因话录》。
③ 袁文：《瓮牖闲评》卷8。
④ 见宿白：《白沙宋墓》，文物出版社1957年版。
⑤ 《文物参考资料》1958年第11期。
⑥ 《考古》1990年第2期。

使用。北宋中期以后，逐渐普及到平民百姓家庭。司马光在《书仪》一书中，多次提及民间使用桌、椅的情况。但是，这时还限于男子们使用。南宋初年人徐度指出，往时士大夫家，妇女坐椅子或兀子，则被人讥笑为没有"法度"①。所以，至少在北宋时期，坐椅凭桌只是男子们的特权。

北宋时期，椅子"只有栲栳样"，即圆形搭脑的圈椅，绳编的软坐屉，宰执、侍从官都用作坐具。到南宋时期，椅子的制造技术日益提高，使之日臻完善，出现了"太师椅"等新的样式。据王明清记载，宋高宗绍兴初年（1131年），临安府长官梁汝嘉根据一名官员的建议，在交椅的靠背上插上一块荷叶一样的木板，人们坐在椅子上，可以"仰首而寝"。到宁宗嘉定元年（1208年）王明清作此记录时写道："今达宦者皆用之。"②这种可以枕首的交椅当时称为"太师样"。张端义认为，这种椅子是临安府一位名叫吴渊的长官发明的。因为，他看到太师秦桧在国忌所坐在交椅中，偃仰片刻，头巾坠地，乃设计了荷叶托首四十柄（把），运往国忌听，命工匠当场安装好，凡宰相、执政、侍从官都有，于是号称"太师样"③。太师椅使人的头部有所倚靠，是交椅制造的一大进步。但坐在太师椅上，两臂仍然无处安放，于是又有"三清椅"的出现。朱熹说："凡是坐物有可以按手者，如今之三清椅。"④从而使两臂搁在"按手"上。现存有关宋人的一些图画中，还保存着南宋交椅或太师椅的样式。如南薰殿旧藏《历代名臣像》所绘岳飞和宋人画《三顾茅庐图》所绘一名武将，皆坐着交椅。宋人画《春游晚归图》也绘有一名官员出游，其仆从肩扛着一把太师椅，从其形制看，显然是折叠结构，而且靠背上还安装着荷叶托首。

在宋代，椅、桌一般还使用"倚"、"卓"两字。后来有些人逐渐改用

① 陆游：《老学庵笔记》卷4。
② 《挥麈三录》卷3。
③ 《贵耳集》卷下。
④ 《朱子语类》卷87《礼四》。

木字傍的"椅"和"棹"字,如李心传《建炎以来系年要录》卷171载有"合州螺钿椅棹",即是。但"棹"字使用不太普遍。宋哲宗、徽宗时人黄朝英认为,"今人用倚、卓字多从木旁,殊无义理"。"倚、卓之字,虽不经见,以鄙意测之,盖人所倚者为倚,卓之在前者为卓,此言近之矣。"他不赞成用"棹"、"椅"之字①。直到南宋末年,桌子大都使用"卓"字,不过椅子则更多地使用"椅"字。如《武林旧事》卷3《乞巧》记载,"七夕前,修内司例进摩睺罗十卓,每卓三十枚"。同书卷2《舞队》也载有"交椅"一词。

　　桌子和椅子的普遍使用,逐步改变了人们的礼仪。在席地而坐的时代,人们坐的姿势是两膝着地,脚掌朝上,身子坐在脚掌之上,这种坐的方式与宋代的"胡跪"差不多。当时,没有盘坐即盘腿而坐的。坐与跪不同,跪的姿势虽然也是两膝着地,但要伸直腰和腿,"君前臣跪,父前子跪",较为严肃;坐则较为放松。古人长期习惯这种实际是跪坐的姿势,所以脚并不感到疼痛。人们在会见宾客时,便形成几种跪、拜的仪式:拱着两手,自上而下着地,头保持不动,称为"肃拜";把头顿在手上,称为"顿首"②;却其双手而把头着地,时间延续稍长,称为"稽首"。这些跪、拜的仪式都是因为席地而坐而自然形成的③。到宋代,由于有了椅子,人们都垂足而坐,因此跪、拜的姿势也发生了变化。古代妇女标准的拜是肃拜,宋代妇女一般的拜,则只是屈膝,两膝并不跪地。一般男子的拜,先屈一膝,称为"雅拜"④。两膝跪地,犹如古人的拜,是道士们拜的姿势⑤。

　　应该指出,宋代人们垂足而坐,据桌坐椅而读书、写字、饮食等,不再只在床上活动,这极其有益于促进下肢的发达,增加身高,这对增进人们的体质和大脑的发达是十分有利的。

---

① 《靖康缃素杂记》卷3《倚卓》。
② 黄庭坚:《山谷别集》卷6《杂论》认为顿首为"叩头至地"。
③ 朱熹:《朱文公文集》卷68《跪坐拜说》。
④ 罗大经:《鹤林玉露》甲编卷4《男子妇人拜》。
⑤ 《朱子语类》卷91《礼八·杂仪》。

随着桌、椅的流行和人们起坐方式的改变,其他家具的尺度也相应地增高了。如床榻、镜台、屏风等。各种家具在室内的布置还有了一定的格局,大致有对称和不对称两种方式:一般厅堂在屏风前正中置椅,两侧又各有四椅相对,或仅在屏风前置两只圆凳,供宾主对坐。书房和卧室的家具布局采用不对称方式,没有固定的格局。此外,适应宴会等特殊需要,家具的布置出现一些变体①。宋人绘《汉宫图》中,就有排椅,前排四只直腿靠背椅连成一体,下边还有踏脚板垫,看来是供高级官员们集会时使用的。

二、炊　具

宋代的炊具与前代不同之处,表现在炉灶的进步上。民间的日用炉灶,主要有三种,第一种是低矮的陶灶,烧火人用烧火棍向灶膛吹气。今四川广汉一号北宋墓和广元宋墓,均出土过陶灶和烧火人俑以及庖厨图石刻②。在多幅宋人绘画中,船民所用的炉灶几乎都是这种样式的陶灶。第二种是砖砌的陶灶。这种炉灶在当时也普遍使用。第三种是风炉,炉身周围通风。南宋临安府的巷陌街市上,经常有修灶或泥灶的工匠,还有专卖泥风炉和小缸灶儿的店铺③。除此以外,从北宋开始,北方的居民普遍使用石炭(煤)作为燃料,煤的火力足和燃烧时间长,所以改用一种炉膛较小的炉灶。北宋的一块画像砖上,绘刻一位高髻妇女,腰缠围裙,挽袖,正站在一张方桌前治鱼。桌前安放一只方形火炉,炉火熊熊,上置一只双耳铁锅,锅中的水或油正在沸腾。火炉支撑在一只方形铁架正中,炉膛较小④。显然,这是一新型的烧煤的炉灶。

① 刘敦桢:《中国古代建筑史》第六章《宋、辽、金时期的建筑》,中国建筑工业出版社 1984 年版。
② 《考古》1990 年第 2 期,图版陆之 7;《文物》1982 年第 6 期,图版七之 2、6。
③ 《梦粱录·诸色杂货》。
④ 《文物》1979 年第 3 期,图版七之 4。

三、灯　具

　　宋代灯具比前代形制多样，日常用的灯具一般有瓷制和金属制两种，节日用的灯盏有用琉璃、纸、罗帛等材料制成的。瓷灯的釉色丰富多彩。当时流行青瓷灯，还有绿釉瓷灯和影青釉盅形瓷灯。今山西太原小井峪49座宋墓中，曾出土瓷灯31盏，大小不一，分黑、白两种釉色，均作素面；灯身小口，唇外折，宽沿。河南鹤壁集瓷窑遗址出土的瓷灯，分为三式，一为三节式，上部三棱形莲瓣贴附在口沿上，下有盘、撇口，弧腹内收，下承灯座，底大于上部。二为平折沿灯盘，下有喇叭形圈足，口沿平而上绘黑彩花卉。三为撇口、宽肩、白釉，肩有贴花。民间还常常使用普通的小碗或小钵作灯盏，宋墓中常出土青白釉碗，放置在墓壁砌出的灯擎之上。山西高平县开化寺北宋壁画《善事太子本生故事》，描绘一台织机旁的墙壁上，端放着一盏瓷碗的灯。

　　宋代出现了一种节省燃油的瓷灯，称为"省油灯"或"夹瓷灯"。陆游记载：北宋初文人宋白（933—1009年）的文集中有《省油灯盏》诗，现今嘉州（今四川乐山）也有这种灯，实际就是夹灯盏。这种灯一头开个小洞，灌进清冷水，每晚换一次。一般灯被火苗烧灼，灯油很快干燥，这种灯则不然，可以节省一半灯油。邵博任嘉州知州时，曾屡次将这种灯馈赠在朝的士大夫①。陆游还说过："书灯"切不要使用铜盏，只有瓷盏最省油。四川有一种夹瓷盏，"注水于盏唇窍中，可省油之半"②。临安府的414行中，有一行的店铺专门销售"读书灯"，可能就是指夹瓷盏③，如同现今的读书台灯一样受人喜爱。这种灯具的发明，凝结了宋代人民的智慧和才能④。

①　《老学庵笔记》卷10。
②　陆游：《斋居纪事》。
③　《西湖老人繁胜录》。
④　《中原文物》1985年第2期，第79—80页。

四、其他日用器具

宋代其他日用器具中,有折叠扇、钢针、剪刀、竹夫人、汤婆等值得一提。

在中国古代,扇子可以分为团扇、折叠扇、掌扇、五明扇、雉尾扇等。其中关于折叠扇即折扇的起源和流传的历史,历来有一些不同的说法。明代人刘元卿在《贤奕编》卷4《闲钞下》中认为,折叠扇,一名撒扇,始于永乐年间(1403—1424年),因朝鲜进贡,乃流传民间。郎瑛在《七修类稿》卷下《续稿·折叠扇》,陆深在《春风堂随笔》中都提出,北宋时已有折叠扇,以苏轼"高丽白松扇,展之广尺余,合之只两指"诗句为证。近人李思纯先生主张"汉唐用团扇,六朝尚羽扇,宋创折叠扇,传入欧洲"①。还有人认为折扇是从元朝开始,由朝鲜、日本传来的。其实,这些说法都不太正确。据《资治通鉴》卷135记载,南北朝时的南齐高帝建元二年(480年),司徒褚渊入朝,用"腰扇"遮蔽阳光。宋末元初人胡三省注云:"腰扇,佩之于腰,今谓之折叠扇。"可见早在南北朝时已经使用折叠扇了。以后各代,朝鲜或日本不断把折叠扇带到中国来,但一直没有在民间得到广泛的流传。到北宋时,折叠扇再度从朝鲜传入,苏轼诗中"高丽白松扇"即是指此。辽兴宗平时衣袖中也收藏素面折叠扇,遇到有人创作出好诗,他就命近臣写到扇上②。南宋初年,宋高宗逃到明州,曾随身携带一柄折叠扇,用玉雕童子为扇坠③。宋宁宗初年,赵彦卫撰《云麓漫钞》卷4记载:"今人用折叠扇,以蒸竹为骨,夹以绫罗。贵家或以象牙为骨,饰以金银,盖出于高丽。"临安府还开设专门销售折叠扇的店铺,其中著名的有"周家折揲扇铺"④。南宋末年,周

---

① 《文史》第三辑《学海片麟录》之一六。
② 王珪:《华阳集》卷38《赵康靖公墓志铭》。
③ 《夷坚续志》前集卷1。
④ 《梦粱录》卷13《铺席》。

密说,日本人在宋朝使用"聚扇"即折叠扇,和"倭纸"做扇面,用雕木做扇骨,绘有金银花草等画①。现在可以看到的最早的折叠扇图,见于江苏武进出土的南宋温州所造"枪金花卉人物奁盖"上②。

　　宋代冶铁业发达,冶铁技术提高,不仅生产出许多铁制的农具、工具,而且生产出更多、更精致的生活用具。中国大约在春秋后期,齐国人开始用铁针缝制服装。北宋初,朱姓和汤姓工匠善长生产钢针,他们"谙熟精好,四方所推",制造的"金头黄钢小品",医工可以用来砭刺;大三分的钢针可以用来缝衣;小三分的钢针可以用来绣花③。衡州耒阳县(今属湖南)和济南府(治今山东济南)的钢针,是当时的名产。现存"济南刘家功夫针铺"的广告版,注明商标,是一件比较珍贵的文物。南宋临安水巷桥河下针铺,也是当时著名的店铺之一④。中国古代的剪刀,最初中间没有轴眼,不装支轴,只是在一根铁条的两头锻成刀状,再将中段弯成"8"字形,利用熟铁的弹性,使刀口一张一合。到北宋时,剪刀的基本形状仍是如此。据北宋初人陶穀记述,饶州葡溪炼出的铁器"精而工细",剪刀"皆交股屈环",是亲友之间惠赠的礼品⑤。同时,又出现了如同现在样式的剪刀,在刀刃和把柄的中间,钉上支轴,使用时省力,提高功效。河南洛阳宋神宗熙宁五年(1072年)墓中,曾出土这种较为先进的剪刀。《清明上河图》所绘桥梁上摆有地摊,商贩出售的许多商品中,既有"8"字形剪刀,又有支轴形剪刀,但把柄较长。北宋时,邠州(治今陕西彬县)每年向朝廷进贡剪刀二十具⑥。宋理宗嘉熙元年(1237年),林洪撰《文房图赞》中,绘有一种被赞美为"齐司封"的支轴形剪刀图,且说明此剪刀"居并州(治今山西太原)"。各地还制造铁尺。北宋泾州(治今甘肃泾川北)专产嵌鍮石(即黄铜)的铁

---

①　《癸辛杂识》续集卷下《倭人居处》。
②　见《文物》1979年第3期,图版贰之4。
③　陶穀:《清异录》卷下《器具》。
④　《梦粱录》卷13《铺席》。
⑤　《清异录》。
⑥　《宋会要辑稿》崇儒7之56。

尺,"甚工巧",每一对值五六贯文铜钱①。今存河南巩县出土的一把铁尺,长 32 厘米,是研究宋代尺度的一件重要资料②。

宋代还出现了一种名叫"竹夫人"和"汤婆"的卧具。"竹夫人"是用竹篾编成的圆笼,长与身等,夏天放在席上,以倚靠手足,较为舒适。黄庭坚认为,以夫人"憩臂休膝,似非夫人之职",乃改名"竹奴"。又因其冬夏长青,故称"青奴"③。许多文人都为此赋诗。"汤婆"是一种用锡制成的壶,将热水灌其中,冬夜放在被内,用以温足,又称"脚婆"或"锡奴"、"汤夫人"。黄庭坚《戏咏暖足瓶二首》诗云:"小姬暖足卧,或能起心兵。千金买脚婆,夜夜睡天明。""脚婆元不食,缠裹一衲足。天明更倾泻,䩄面有余燠。"④十分风趣地描绘了这一生活用具的功能和使用情况。

五、器用"人自为制,无复纲纪"

宋朝官府规定各等级的居民,在器用方面有一定的区别。如宋仁宗景祐三年(1036 年),规定"士庶之家"的器用,表里不得涂朱漆或金漆下衬朱漆。非三品以上的官员和宗室、戚里,不得使用金釦(镶嵌器物)器具;使用银釦者,不得涂金。非命妇之家,不得穿珠玉为饰的衣服,等等⑤。但是,随着社会经济的发展,民间使用器物,往往超越官府的规定。嘉祐七年(1062 年),司马光上疏指出,现今"内自京师士大夫","外及远方之人,下及军中士伍、畎亩农民",其服食器用,比几十年以前,"皆华靡而不实矣"。以致人们见到从前的旧物,都"以为鄙陋而笑之矣"⑥。表明在司马光生活的几十年里,各种器用前后发生了很

① 《鸡肋编》卷上。
② 《考古》1963 年第 2 期,图版七。
③ 《豫章黄先生文集》卷 9。
④ 《山谷内集》卷 7。
⑤ 《续资治通鉴长编》卷 119。
⑥ 《续资治通鉴长编》卷 196。

大的变化。不仅是品种增多,而且是造作日趋精致。宋徽宗政和元年(1111年),有些官员向朝廷提出,当时的"宫室器用,家殊俗异,人自为制,无复纲纪",而且一直无法革除①。这种发展趋势,一则促使了手工业的继续发展,给人们的生活带来了许多方便;二则有利于冲击封建等级制度,所谓"世染污俗,冒上无等"②,正是对等级制度发动冲击的生动写照。

(本文刊载于《上海师范大学学报》1996年第3期)

①② 《政和五礼新仪》原序。

宋朝官员行政奖惩制度

　　宋朝逐步建立起一整套比较严密的官员铨选制度,即朝廷中央选拔、任免、考核各级官员的制度,其中包括官员注授差遣、叙迁、考课、荐举、恩荫、奖惩等许多方面。

　　官员在任职期间,建有功勋或有劳绩,按规定朝廷应给予奖励。犯有罪过,则应给予惩处。

　　奖惩的形式和名目极多。且不说物质上的奖励和刑事方面的惩罚,只就人事行政方面奖惩而言。宋理宗时,《吏部条法》"差注门"列举了"较量"官员"功状"和"过犯"的"通用格"。其中功状采用了"功分"制,分为四十分、三十分、二十分、十分、八分、六分、四分、一分共八等,每等给予不同的奖励。如功分达四十分者,允许升转官资;达三十分者,允许减少三年磨勘,或者循入两资,等等。如宋高宗绍兴十年(1140年),规定官员到淮南路任职,任满该赏,可以比附"任恶弱水土格法","减半理为功分"。又如"尚书右选令"规定,大使臣充当校尉、下班祗应、副尉时期所得升转官资、减年(即减少磨勘年限)和过犯,"通行较量",其中转官(升转官资或官阶)、减年以及减半转资,"以二十分计功差注"。按照以上"通用格",这种武官可以获得减少两年磨勘的奖赏。同时,"通用格"也把过犯划分为四十分至四分共七等,每等给予不同的处罚。如过犯达四十分者,追官(追回官衔)、降官、落职(撤销所带馆职或贴职的职名),或者虽不追官,但特降勒停(勒令停职);达三十分者,冲替(撤销差遣)或者降为监当官。详见下表①：

尚书侍郎左、右选通用格较量功过

	功　状	过　犯
四十分(武臣减四年磨勘者,计三十二分;不及年者,以年比理)	转官(恶弱水土,该减年以上酬,赏减半;州县官循资,不减)	追官、降官、落职;不追官,特降勒停
三十分	减三年磨勘	冲替(事理重)
三十分	循两资	降监当
二十分	减二年磨勘	冲替(事理稍重)
二十分	循一资	降远小处
十　分	减一年磨勘	私罪杖以下
十　分	高一任(每任各理)	公罪徒
十　分	占射差遣	冲替(事理轻)、差替及非时放罢(以理去官者,非)、降远小处
八　分	不拘名次路分	公罪杖
八　分	不拘名次指射差遣	
八　分	升一年名次,注家便、优便	
八　分	升一年名次,不拘路分	
八　分	免短使、升半年以上名次	且与短使、未得与差遣
八　分	先次指射差遣	
六　分	免短使、升一季名次	
六　分	免远	
六　分	免试	公罪笞
六　分	免短使	罚短使
六　分	不拘名次	
六　分	不拘路次 家便、优便	

① 《永乐大典》卷14621《部字·吏部七》。

（续表）

	功　　状	过　　犯
四　分	升一季名次	一犯罚俸直（再犯理公罪笞）
一　分	举官一员 升一季名次以下（每季各理） 升名零日	

　　这种用打分的方法计算官员的功过，犹如宋神宗时开始实行的太学生"积分法"，可惜有关文献记载太少，难以了解其中更具体的情况。

　　各类官员遇不同的情况，还有不同等级的奖惩办法。如《吏部条法》"改官门"列举了"酬奖改官""淳祐（公元1241—1252年）格"，规定"命官""亲获强盗"等的酬赏等级①：

亲获强盗	亲获凶恶强盗	酬　赏
七人	五人	减磨勘三年
十人	七人	转一官

酬赏的不同是因为亲自捉获的"强盗""凶恶"程度的不同。又如《吏部条法》"磨勘门"列举了文武臣通用"尚书考功格"，规定了根据官员犯罪的性质和刑罚的轻重，在行政上给予的延长磨勘年限的不同等级处分②：

等　第	罪名	犯罪经断等第	展年磨勘	备　　　注
第一等	赃罪	徒，稍轻及轻①	四年	① 稍重，加第十五等；重，加第十三等
二		杖，重	三年三季	
三		杖，稍重	三年两季	
四		杖，稍轻及轻	三年一季	
五		笞	三年	

---

① 《永乐大典》卷14628《吏字·吏部十五》。
② 《永乐大典》卷14629《吏字·吏部十六》。

（续表）

等　第	罪名	犯罪经断等第	展年磨勘	备　注
六		流,重	二年三季	
七		流,稍重	二年两季	
八		流,稍轻及轻	二年一季	
九		徒,重②	二年	② 私罪冲替,应降等,而无等可降,少两等（理监当人冲替,重,准此）
十	私罪	徒,稍重	一年三季	
十一		徒,稍轻及轻③	一年两季	③ 追官,免勒停;私罪冲替,应降等,而无等可降,少一等;公罪,少两等（理监当人冲替,私罪稍重、公罪重,准此）
十二		杖,重	一年一季	
十三		杖,稍重④	一年	④ 追官勒停、勒停、特勒停、责授散官、落职、降官、公罪冲替,应降等,而无等可降,少一等（理监当人冲替,稍重,准此）
十四		杖,稍轻及轻;笞	三季	
十五	公罪	流,重、稍重⑤	两季	⑤ 待制以上,但有责罚,非时改移、替罢,虽不经勘,但有因依。使臣特旨与小处、远小处、僻远处,及未得与差遣,并罚短使,比较贼盗降监当
十六		流,稍轻或轻⑥	一季	⑥ 得旨上簿两次（会恩免者,两次当一次）

官员在犯徒刑以下赃罪和流刑以下私罪以及犯流刑公罪时,还要在行政上受到延期磨勘的处罚。宋朝对犯赃罪的官员判刑较重,对犯流刑以上赃罪者,将在行政上受除名勒停的处分,并且要"追毁出身以来文字（即官诰、付身等）"。对犯徒刑稍轻或轻的赃罪者,则在行政上予以延长磨勘四年的处分。文臣一般每三年磨勘转官一次,武臣一般每四年磨勘转官一次,随之增加俸禄。延长磨勘四年时间,意味着至少要少增一阶或一资。其中犯徒刑重的赃罪者,还要"加第十三等",即增加

延长磨勘一年时间,这就要延长五年了。其中犯徒刑稍重的赃罪者,还要"加第十五等",即增加延长磨勘两季,这总共延长四年半。此外,对犯私罪和公罪者的处分中,"少两等"或"少一等",是指在行政上减轻两等或一等处分(以一等即延长磨勘一季计算),这就意味着减少了延长磨勘半年或三个月。

宋朝官员在行政上的处分,还有落职、降官、降职、责授(直指某一低阶或散官责授之)、安置、送某州居住、羁管、编管、勒停、除名勒停、除籍等。

(本文刊载于《上海师范大学学报》1997年第2期)

宋代的丧葬习俗

宋代的丧葬，包括丧和葬两个方面，在社会经济和科学技术发展的基础上。受到佛教、道教和民间其他迷信习俗的严重影响，又受到正在形成体系中的理学以及周邻少数民族的影响，与前代有很多不同。

一、薄　　葬

宋代薄葬蔚为风气。在中国奴隶制社会，奴隶主为了在死后继续过着骄奢淫佚的生活，不惜把大批奴隶和牲畜、日常用品殉葬。进入封建社会以后，地主贵族虽然比较少地以奴隶和牲畜殉葬，而代之以各种材料制成的俑与牲畜。用陶、瓷制作了精美的俑、楼屋、鸡狗马豚、粮瓶，以及木制的食碗、羽觞等随葬。此外，还有许多珍宝、钱币。宋代理学家朱熹说过："古人圹中，置物甚多。"①唐代虞世南曾经主张皇帝的山陵应该薄葬，明器要用陶、木制造，不要用金、银、铜、铁，认为这样可以避免后人利其珍宝而盗掘②。五代后周太祖郭威也戒厚葬。提出必须薄葬③。这一时期人们所提出的减少殉葬物品的主张，集中在减少金银财宝，而代之以陶俑、木俑和陶、瓷制用具等。

到宋代，社会上主张薄葬者增多，官府也明文禁止厚葬，所以薄葬

---

① 《朱子语类》卷89《礼六·冠昏丧》。
② 《全唐文》卷138虞世南《上山陵封事》。
③ 应俊：《琴堂谕俗编》卷上《保坟墓》。

逐渐成为一种风气。宋仁宗时，翰林学士承旨宋祁撰《治戒》篇授其子，提出他身后应该三日敛，三月葬，不为流俗阴阳拘忌；棺用杂木制成，不要将金铜杂物放入墓中；墓地种五棵柏树，坟高三尺，不得用石翁仲和石兽①。司封员外郎曹修睦临终遗言，要求其子薄葬，不准举行世俗所用浮屠（佛）法、输钱、击钟等仪式②。太子太师致仕杜衍在弥留之际，告诫其子"敛以一枕一席，小圹卑坟以葬"③。甚至像王安石的外祖母黄氏，病重时"以薄葬命之"④。一些士大夫筑墓，不用砖头，只用石灰和筛土夯实，避免将来被村民发掘而盗取砖头出卖⑤。宰相晏殊和侍中张耆死后，都葬在许州阳翟（今河南禹县），相距数里。有人先盗掘张耆墓，从中得到金宝珠玉甚多，遂完其棺椁而去。后来又盗挖晏殊墓，所得仅木胎金裹带一条和金数两，明器都是陶制品，颇为失望，遂用刀斧劈碎遗骨。这件事使有些学者认为，张耆"以厚葬完躯"，晏殊"以薄葬碎骨"⑥，是"俭葬之害"⑦。尽管如此，司马光在《书仪》中拟定丧仪，劝告世人"慎勿以金玉珍玩入圹中，为亡者之累"⑧。南宋时，理学家李衡死前作遗训示子：他瞑目后，棺木"以小为贵，仅能周身足矣"，棺中不放一物，即使冠、裳也属无用，只需裁一席子垫背即可⑨。朱熹提出，丧事不用冥器、粮瓶，这些东西"无益有损"，棺椁中不放置一件世俗的用物⑩。

宋朝官府还制定法律如"丧葬令"，规定棺椁内不得安放金宝珠玉，不准用石板作为棺椁和建造墓室。对墓田的面积、坟的高度、石兽和明器的数量等，都有官员品级的限制。其中明器，规定五品、六品官

①　宋祁：《景文集》卷48《戒》；《宋史》卷284《宋祁传》。
②　蔡襄：《蔡忠惠公集》卷34《尚书司封员外郎曹公墓志铭》。
③　《续资治通鉴长编》卷185嘉祐二年二月壬戌条。
④　《王文公文集》卷86《外祖母夫人墓表》。
⑤　江休复：《江邻几杂志》。
⑥　魏泰：《东轩笔录》卷7。
⑦　庄绰：《鸡肋编》卷上。
⑧　《司马氏书仪》卷8《丧仪四》。
⑨　《永乐大典》卷10422《李字》。
⑩　《朱子语类》卷89《礼六·冠昏丧》。

准许用三十件；七品、八品，二十件；非京朝官，十五件①。明器中的方相和魁头，规定四品以上官员用方相，以下只准用魁头②。

近几十年来，考古工作者从宋墓中所得器物，远远少于汉墓和唐墓。如四川地区宋墓中很少有金属器，而几乎全是陶制冥器，瓷器偶有发现。虽然也常有铜钱或铁钱殉葬，但一般不过数枚③。在河南、陕西一带所发现的许多宋墓，大多由成型的墓砖仿照木建结构拼搭而成，墓室内的供桌和椅子、供品、酒具、门窗、衣柜、女使等皆刻在墓砖上，成浮雕状。显然，这种砖墓已经由窑主成批生产，然后配套出售。死者亲属只需订购一套砖墓，临时按图拼搭即成，可以节省许多麻烦和费用。墓中随葬的物品自然不多，只有一方墓志或买地券，一至十几枚铜钱，一两只瓷碗或陶罐而已④。在江、浙地区，宋墓往往采用石顶砖室形制，墓内置铁牛、陶罐、瓷碗、铜钱等，数量并不多，另加一块墓志。如上海市嘉定区北宋夫妇墓，仅出土四系釉陶罐一只、陶坛一只、陶瓶两只、铜钱三百余枚、铁牛四只、墓志一方⑤。这些墓葬的发掘结果常常使考古工作者空欢喜一场。当然，少数宋墓出土较多的器物，也是有的。

以上事实证明，薄葬已成为宋代的一种社会风气。这种风气的形成，显示人们追求现实生活的享受，是社会进步的一个表现。自然，丧葬礼仪是具有阶级性的，它有着严格的等级内涵。宋代的薄葬，是依据死者的身份、地位和财富的不同而有厚、薄之分的。

二、纸钱和纸质明器

宋代更多地使用纸钱和纸质明器。中国古代祭祀鬼神，有圭璧、币

① 《朱子家礼》卷4《丧礼·治丧》。
② 《庆元条法事类》卷77《服制门·丧葬》。
③ 王家祐：《四川宋墓札记》，《考古》1959年第8期。
④ 《方城县朱庄宋墓发掘》，《文物》1959年第6期；何凤桐：《洛阳涧河两岸宋墓清理记》，《考古》1959年第9期。
⑤ 《上海嘉定宋赵铸夫妇墓》，《文物》1982年第6期。

帛,祭毕埋下。汉代人墓葬也多瘗钱,即将当时流通的钱币入葬,且数量极大。后世偶然掘地得钱,称为"掘着窖子"①。汉代以后,人们逐渐使用纸钱,用以代替铜钱。

关于纸钱的起源,有几种说法:一是魏、晋说。唐代封演《封氏闻见记》卷6《纸钱》提出,"魏、晋以来,始有(纸钱)其事"。"今自王公,逮于匹庶,通行之矣"。人们"送葬,为凿纸钱,积钱为山,盛加雕饰,异以引柩"。封演是唐玄宗至唐德宗时人,说明此时民间送葬已较多使用纸钱。二是南齐东昏帝说。南宋叶某(名佚)在《爱日斋丛钞》中提出此说②。三是唐玄宗时王屿说。《新唐书》卷109《王屿传》记载,王屿在唐玄宗开元二十六年(738年)任祠祭使,始正式用纸钱禳祓祭祀。宋人戴埴在《鼠璞·寓钱》和高承在《事物纪原》卷9《寓钱》中,都认为王屿开始正式在丧祭时焚纸钱,较为可信。笔者以为,从王屿开始,官府在祭祀仪式上使用纸钱;同时,也应该承认在王屿之前,已经出现了"里俗稍以纸寓钱为鬼事"③的现象。到宋代,在丧葬和祭祀仪式上人们使用纸钱已极为普遍。北宋初,福州的东岳行宫,人们都用纸钱去"祭神""乞福"。据当时人描写,这些纸钱数量之多好似"飞雪"④,最后将这些纸钱焚烧。民间在每年寒食节(冬至后第一百零五天。寒食第三天为清明节)扫墓,不设香火,把纸钱挂在墓旁的树枝上。离故乡远者,登上高山,眺望而祭,撕裂纸钱,随风飞去,称"掰钱"⑤。司马光和南宋末年人俞文豹都记载,当时民间逢到丧事,亲友们都赠送纸钱、纸绢等,"焚为灰烬,于生死俱无益"⑥。只有少数纸钱随墓主入葬。如今江西德安南宋周氏墓内,在出土的一件绣花荷包中,藏有十多枚白色的纸钱。宋孝宗在祭祀自己祖先时,也焚烧纸钱。谏官们认为世俗使

---

① 朱翌:《猗觉寮杂记》卷下。
② 见《说郛》卷17。
③ 《新唐书·王屿传》。
④ 梁克家:《淳熙三山志》卷8《公廨类二·祠庙》。
⑤ 庄绰:《鸡肋编》卷上。
⑥ 《司马氏书仪》卷5《丧仪一》;俞文豹:《吹剑录外集》。

用纸钱,是佛教"使人以度其亲",但"圣主"不宜用此。孝宗生气地说:"邵雍是什么人,而祭祖也用纸钱? 难道生人处世,像你能够一天不用一文钱?"①

社会上纸钱需要量的逐渐增大,使纸钱的生产和经销成为一项专门的行业。宋仁宗时,李宸妃之弟李用和早年与其姊失散,流落在汴京,因穷困,乃以凿纸钱为业。宁宗初年,绍兴府诸暨县陆生,也"以打凿纸钱为业"②。有的纸钱户身怀"绝艺"。有人在泰山见到一名凿纸钱者表演技术,叠起一百张纸凿成钱,"运凿如飞",凿毕,拿起纸,上面九十九张都成为纸钱,而最底下的一张纸竟然丝毫未见凿痕③。有的政治家如宋高宗时的廖刚,曾在《乞禁焚纸扎子》中指出:"世俗凿纸为缗钱,焚之以徼福于鬼神者,不知何所据依?""积习久远",送终祭祖者借此表示孝心,祷祀祈祝者借此致其诚意,因而"使南亩之民转而为纸工者十且四五,东南之俗为尤甚焉"④。廖刚和俞文豹当然是反对在丧葬、祭祀时使用纸钱的。理学家朱熹也比一般人高出一筹,他在祭祀亡母或在家祭享时完全不用纸钱⑤,这在当时是难能可贵的。

宋代还流行用纸质的明器来代替陶瓷的明器和实用器物。纸质的明器开始于唐代中期以后。司马光说:"自唐室中叶,藩镇强盛,不尊法度,竞其侈靡。"他们扎成祭屋,高达数丈,宽数十步,又扎起鸟兽、花木、车马、仆从、侍女,穿上用缯绮做成的衣服,待柩车经过时,全部焚烧⑥。到北宋初年,长安(京兆府)民间遇丧葬时,陈列偶像,其中外表用绫绡金银做成的偶像称"大脱空",外表用纸并着色的偶像称"小脱空"。长安城里有专门生产和经销"脱空"的许多店铺,组成"茅行"⑦。

① 袁褧:《枫窗小牍》卷下。
② 《续资治通鉴长编》卷111,明道元年三月癸巳;洪迈:《夷坚支景》卷8《诸暨陆生妻》。
③ 曾三异:《因话录》,《话郛》卷19。
④ 《高峰文集》卷1。
⑤ 《朱子语类》卷90《礼七·祭》。
⑥ 《司马氏书仪》卷7《丧仪三》。
⑦ 陶穀:《清异录》卷下《丧葬》。

用丝织品做成明器焚烧，自然仍属侈靡、浪费。所以，此后更多地使用纸质的明器。孔平仲说："今之流俗，不用皮革、羽毛之类置柩中，至用楮带、木笏。"①纸质明器常常用来焚烧，作为送给亡人的礼物；也有用来殉葬入墓的②。汴京和临安府都开设一些纸马铺，除专门雕印钟馗、财马等赠给顾客外，还能用纸、芦苇扎成楼阁③以及人物之像。这些楼阁和人物、鸟兽等像都是当时丧葬和祭祀仪式上的常用物品。

以陶瓷俑代替活人和牲畜殉葬，是人类社会的一大进步。从唐代中期以后，以纸钱和纸质明器代替实钱和陶瓷明器，又是社会的一次不小的进步。虽然在宋代纸钱和纸质明器始终没有能够完全代替实钱和陶瓷明器，但代替了相当一部分是可以肯定的。同时，不容忽视，纸钱和纸质明器的使用，与佛教的提倡也有很大关系。当然，如果宋代的造纸业和雕板印刷业不发达，就难以利用纸张来凿钱和做成明器。所以，纸钱和纸质明器的大量使用，毫无疑义也是宋代社会进步的标志之一。

三、火　葬

宋代火葬也颇为流行。土葬和火葬是当时的两种主要的葬法。火葬由来已久，但只流行于少数民族之中，汉族则视火葬为对死者很严厉的惩罚，所谓"古人之法，必犯大恶，则焚其尸"④。祖宗被"焚尸扬灰"，对子孙来说是莫大的耻辱。东汉初年，佛教传入中国，僧侣火葬的习惯随之在民间传播开来。大约在唐代，火葬迅速推广。唐代太常博士吕才撰《葬书序》说："世又有用羌胡法，自焚其柩，收烬骨而葬之者，人习以为常，恬莫之怪。"⑤所以，宋太祖在建国伊始，就下诏"禁民以火葬"，诏书说："近代以来，率多火葬，甚愆典礼，自今宜禁止之。"宋太祖把这

①　《珩璜新论》卷2。
②　（金）李俊民：《庄靖集》卷10《抄纸疏》。
③　吴自牧：《梦粱录》卷6《十二月》；孟元老：《东京梦华录》卷7《清明节》。
④　程颢、程颐：《二程遗书》卷2上。
⑤　司马光：《家范》卷5《子下》。

一禁令看作"厚人伦而一风化"的一个措施①。不过,这一禁令并没有得到认真的贯彻。河东路百姓因为"地狭人众,虽至亲之丧,悉皆焚弃"②。士大夫到外地做官,不幸病死任上,子孙也火焚其柩,收集骨殖带回故里安葬③。朝廷明文规定凡军人出戍,死后准许火葬,再将骨灰运回。又规定在京城郊坛三里以外,"方得烧人"。说明朝廷允许京城外进行火葬。这可能是为了使京城的环境免受污染。对此规定,二程认为国家实际上是"明立条贯,原不为禁"。因此,民间把火葬看作合乎礼法,"虽孝子慈孙,亦不以为异"④。南宋高宗时,监登闻鼓院范同认为"方今火葬之惨,日益炽甚,事关风化,理宜禁止"。户部侍郎荣薿提出,由朝廷下令禁止火化,确是善政。但吴越地区的风俗,葬送费用多,必须积蓄而后置办。至于贫下之家,"送终之具,唯务从简",所以从来把火葬看做方便之举,相习成风,难于骤改。同时,各地官府一时无法找到足够的荒地安置贫民的遗体。既然埋葬没有地方,立刻下达火化之禁,恐怕难以安定人心。因此,不如重申严禁豪富、官员病故火葬,其他贫下之民和客旅远方的人,"姑从其便"⑤。显然,火葬具有省钱和省地的优点,加上朝廷允许一般百姓照此办理,这样,火葬就更盛行了。宋光宗时,周辉说,浙右水乡风俗,人死之后,尽管是"富有力者",也"不办蕞尔之土以安厝",却用火焚烧。僧寺因为有利可图,代人火化,然后将枯骨浸于水池,深夜即散弃荒野⑥。洪迈也记载,当时"死而焚尸者,所在皆然"⑦。宋理宗时,无主遗尸还由各地官府自行火葬。有的官员撰《差人化遗骸疏》说:"葬之野则露手露脚,送之归则无土无家。聚是众骸,付之一火,佛能救苦,乃做看经道场,鬼复为人,别

---

①　王偁:《东都事略》卷1。

②⑤　《宋史》卷125《礼二十八》。

③　《司马氏书仪》卷7《丧仪三》。

④　《二程遗书》卷2上。

⑥　周辉:《清波杂志》卷12。

⑦　洪迈:《容斋随笔》卷13《民俗火葬》。

去超生……"①。临安城里富室不时发点慈悲,对穷病而死者"给散棺木,助其火葬"②。据考古发掘,今天的四川、山西、河南、福建、陕西等地都有宋代火葬墓发现。如四川成都近郊所发现的宋火葬墓,都使用陶罐收贮骨灰;北宋时陶罐为四耳大口,南宋时改用双耳。南宋时,火葬最盛,大多用木盒来装骨灰③。在促使火葬风俗的形成过程中,佛教僧寺起着举足轻重的作用。各地僧寺一面极力宣传火化,一面为世俗百姓办起火葬场,当时称为"化人亭"。宋代有些士大夫不赞成火葬,认为将遗体投之于火,"惨虐之极,无复人道"④。理学家朱熹、二程、刘爚等人,既反对富人实行厚葬,认为厚葬"侈费而伤于礼";又反对穷人火葬,认为火葬"有焚骨扬灰之惨"⑤。但是,也有少数士大夫赞成火葬。如宋理宗时,俞文豹指出:"今京城内外,物故者日以百计,若非火化,何所葬埋?"⑥真可谓独具慧眼,颇有远见。不过,总的来说,宋代的火葬虽然盛行,但仍没有达到超过土葬的程度。

四、佛、道等教的影响

宋代佛、道二教和民间其他迷信对丧葬习俗带来了很深的影响。上述火葬的习俗,可以说主要是受了佛教影响的产物。此外,又表现在七七日、百日、周年之说,择日和择地安葬,做道场等功德,穿孝服,居丧饮酒食肉,僧寺和道观鸣钟等方面。宋英宗时,蔡襄说过,当时"丧礼尽用释氏",仅三年为丧期还像一点古代的制度⑦。

宋代佛教僧侣编造人间和阴间、天堂和地狱的谎言,以欺骗世人。

①　佚名:《豹隐纪谈》,《说郛》卷7。
②　《梦粱录》卷18《恤贫济老》。
③　洪剑民:《略谈成都近郊五代至南宋的墓葬形制》,《考古》1959年第1期。
④　黄震:《黄氏日抄》卷70《申判府程丞相乞免再起化人亭状》。
⑤　刘爚:《云庄集》卷7《漳泉劝孝》。
⑥　俞文豹:《吹剑录外集》。
⑦　《蔡忠惠公集》卷18《国论要目·明礼》。

在丧礼方面,有所谓七七之说。讲人死后,每遇第七天,其魄必定经过一个阴司,受许多苦。这样,由头七、二七,一直到七七即第七个七日,过完最后一个阴司,称为"断七"。然后有百日、三周年,都要经过一次阴司。百姓由于愚昧无知,轻信此说,加上出于孝心,便在父母亡故后,请僧徒做道场,或做水陆大会,写经造像,修建塔庙,称为"做功德"。做功德完毕,又做羹饭,称为"七次羹饭"①。据说,这样便可弥灭亡人的罪恶,必然脱离地狱之苦,升入天堂,享受种种快乐;否则,永远打入地狱,受尽锉烧舂磨的痛苦,不得超生②。道教本来只讲清净自然,没有地狱、天空之说,见佛教僧侣获利,也加以仿效,编造了"送魂登天,代天肆赦,鼎釜油煎,谓之炼度;交梨火枣,用以为修"的故事,其中"可笑者甚多"③。于是民间遇到丧事,请僧侣、道士念经、设斋、打醮、做佛事等,便成为习惯,鲜以为怪④。

　　宋代民间还相信阴阳先生或"葬师"的话,人死之后,安葬既择年月日时,又相信风水形势,认为以后子孙是否富贵贤寿或者贫贱愚夭,全部靠此。因此,"世俗"多将棺柩寄放到僧寺,没有人去看守,往往因为年月不利,长达几十年不葬,甚至终身、数代不葬,因而被僧寺抛弃,或者被盗贼所发,或者被水火漂焚⑤。宋仁宗庆历五年(1045年),大臣韩琦安葬其父韩国华的棺柩,而韩国华早在宋真宗大中祥符四年(1011年)已经死去。这样,韩国华的去世及其棺柩的下葬,前后相差三十四年之久。清人王昶认为:"宋时风尚如此,若唐无是事也。"⑥南宋时,朱熹劝谕百姓中"遭丧之家",要及时安葬,不要停丧在家和殡寄寺院⑦。还有一些人家,因为离卜葬的日期还远,又舍不得

①　车若水:《脚气集》卷下。
②　《司马氏书仪》卷5《丧仪一·魂帛》。
③　陆游:《放翁家训》。
④　王林:《燕翼诒谋录》卷3《丧葬不得用僧道》。
⑤　《司马氏书仪》卷7《丧仪三》;《家范》卷5《子下》。
⑥　《金石萃编》卷135《韩国华神道碑》。
⑦　《朱文公文集》卷100《劝谕榜》。

交殡置之费,多停枢在家里,以致把各种东西放在棺盖上,好像使用几案一样①。

　　子孙的孝服,在五代刘岳撰《书仪》时,规定五服(即斩衰、齐衰、大功、小功、缌麻,以亲疏为等差)都穿布衣,衣裳制度大略相同,这还接近"古礼"。到宋代,由于"世俗多忌讳",除非儿子为父母,媳妇为公婆,妻子为丈夫,小妻为丈夫(妾为君),没有人穿用麻布做的孝服。不然,人家尊长不同意,众人也会讥诮②。当时还习惯遇到至亲丧事时,要披头散发。按照"古礼",应该披散全部头发,但宋代子女为已故父亲只披散左边的头发,为已故母亲只披散右边的头发;媳妇为已故公公披散后面左边的头发,为已故婆婆披散后面右边的头发③。这要比前代复杂得多。

　　在丧葬过程中,民间习惯用乐即聘请乐师奏乐。初丧时,奏乐"娱尸"。在出殡的仪仗中,由"美少年,长指甲"的僧徒敲打从少数民族传来的花钹、花鼓在前引导④,与丧者家属的号哭声前后呼应。北宋初年,曾几次下令禁止士庶之家,在丧葬时"用僧徒威仪前引",又禁止送葬用乐。但犯禁者"所在皆然"⑤。说明禁令并未真正实行。宋高宗初,昭慈太后高氏(哲宗皇后)病故,衢州开化县(浙江今县)官民为其举哀,也按民间习俗用乐⑥。在修设道场的过程中,南宋理宗时,临安府的居民用"瑜珈法事",整天敲击鼓、钹,活人尚且被闹得头痛脑裂,而况亡灵如何忍受?⑦ 同时,民间在居丧期间照样饮酒吃肉。司马光觉得,在五代时期,居丧者食肉,社会上人们就当作一件咄咄怪事。但到宋代,即使士大夫,居丧饮酒吃肉,也"无异平日",还互相宴请,"觍然无愧",别人"恬不为怪"。至于乡村"鄙野之人",有的在初丧未敛

①⑥　《鸡肋编》卷上。
②　《司马氏书仪》卷6《丧仪二》。
③　《司马氏书仪》卷5《丧仪一》。
④　俞文豹:《吹剑录外集》。
⑤　《燕翼诒谋录》卷3《丧葬不得用僧道》。
⑦　《吹剑录外集》。

（分小敛和大敛，替亡者穿寿衣称"小敛"，入棺称"大敛"）时，亲朋们便纷纷带着酒来慰问，主人也杀猪宰羊，准备酒菜，"相与饮啜，醉饱连日"。到安葬时，又是"醑酬杯觞，当此而乐"①。

从宋初以来，京城内遇品官亡故，即"用浮屠法击钟"，也就是依照佛教的习惯，死者的亲属到佛寺中去撞钟，一次"多至数百十下，不复有昼夜之拘"，称为"无常钟"②。据说，击钟的目的是促使死者的灵魂摆脱地狱之苦，而早日飞升天堂。由于各佛寺均允许信徒击无常钟，且所击次数不定，不分昼夜，京城时时闻到钟声阵阵，不免惊扰了官民的清梦和日常生活。至宋真宗景德元年（1004年），开封府要求朝廷制定一个制度，规定凡文臣大卿监以上，武臣大将军、观察使以上，命妇郡夫人以上，其亲属才准许到天清寺、开宝寺撞钟；其他人皆予禁止。获得了真宗的批准③。这一制度至哲宗绍圣间（1094—1098年）仍"以为定制"④。这种撞击无常钟的习俗，估计在京师以外地区是不受限制的。南宋初，平江府（即苏州）常熟县慧日寺和东灵寺"已为亡人撞无常钟"，寺院借此获利⑤。这种习俗也传到了北方的金朝。贞元元年（1153年），金帝海陵王（完颜亮）之母大氏逝世，海陵王下令"声钟七昼夜"，以示哀悼⑥。

民间的其他迷信如避煞，对丧葬礼仪也带来影响。宋代民间约定俗成，逢辰日不哭，凡遇丧事，死者亲属不管丧者、吊慰者都要忌之，不能以哭致哀。相传唐代太常博士吕才所撰《百忌历》载明了丧煞损害法。如巳日死者雄煞，四十七日回煞；十三四岁少女死者雌煞，出南方第三家，杀白衣男子或姓郑、潘、孙、陈者，至二十日和二十九日两次返回丧家。所以，世俗相承，到期必予回避。但死于旅邸者，当天出殡，煞

---

① 《司马氏书仪》卷5《丧仪一》；刘爚：《云庄集》卷7《漳泉劝孝》。
② 彭乘：《续墨客挥犀·无常钟》。
③ 《宋会要辑稿》刑法2之7。
④ 王辟之：《渑水燕谈录》卷5《官制》；江少虞：《宋朝事实类苑》卷32《典故沿革·品官丧许击钟》。
⑤ 《鸡肋编》卷中。
⑥ 《金史》卷63《后妃下》。

回何处？京城里的亡者遗属乃倾家出城躲避。又如以人死之日推算，子日去世，则在子、午、卯、酉日对所遇的生人要带来危害，所以入敛时，尽管孝子也要躲得远远的，甚至妇女都不敢向前，一切托付别人操办①。这些禁忌使民间的丧葬礼仪增添了许多神秘的恐怖气氛。

　　宋代理学家们主张在实行"古礼"的同时，参照世俗的丧葬礼仪加以损益，但不赞成这些礼仪受到佛、道二教和少数民族的影响，反对僧、道参与丧事，也不去避煞，不信阴阳②。朱熹还采用一种悬棺葬法，据"术家"们说，这是因为"斯文不坠"的缘故③。程颐主张选择草木茂盛处安葬，吕祖谦主张"胡乱平地上便葬"④。但是，他们也觉得世俗的力量过于顽强，不易改变。如果按照他们设想的丧葬礼仪去办，对于妻子还勉强可以，"施之父母，人不谓我以礼送终，而谓我薄于其亲也"。江西临川（今江西抚州市）黄塈安葬其父，决定不用僧道，立即遭到"亲族内外群起而排之"，乃采取"半今半古"之礼，"祭享用荤食，追修用缁黄"⑤。车若水的妻子死后，他平时不信佛、老，但也举行"施斛"（即施食斋僧和饿鬼）仪式。像车若水这样不信佛、老而不得不按佛、老之说操办丧事的，当时还有许多人⑥。

（本文刊载于《学术月刊》1997 年第 2 期）

---

①②⑤　《吹剑录外集》。
③　周密:《癸辛杂识》别集卷上《悬棺葬》。
④　《朱子语类》卷 89《礼六·冠昏丧》。
⑥　车若水:《脚气集》卷下。

宋代的刺字和文身习俗

　　世界各国古代都有刺字和文身的习俗,有些国家还流传到现代。刺字和文身的方法大致是这样的,即先在皮肤上写字或绘出图案,再用针依样点刺,最后涂以紫黑色植物液汁或其他色素,使之沉着于皮下组织,长期不褪。宋代继承前代的习俗,在大多数囚犯和军人身上的某一部位刺字或图案,民间的"市井小民"和有的少数民族也喜欢文身。

一、囚犯的刺字或图案

　　文身是一种古老的身饰,产生于蒙昧时期。至于刺字,在中国可追溯到三四千年前的五刑之一的"黥"刑。黥刑又称墨刑,即刺字于被刑者的面额上,涂以黑色,作为处罚的标志。《尚书·吕刑》有关于墨刑的记载。到汉文帝十三年(公元前167年)废除黥、劓、刖刑,意味着肉刑体系从此一去不复返。此后,经过不断的改革,到北齐别开生面,以死、流、耐、鞭、扑五种刑罚为骨干。从北周开始,实行以强制劳动为内容的徒刑,律以杖、鞭、徒、流、死五种刑罚为骨干。唐代改为以笞、杖、徒、流、死五种刑罚为体系①。

　　宋代基本继承唐代刑罚体系,但稍有改变,即增加"刺配"一项。刺面而流配,始于五代后晋。据《五代会要》记载,后晋天福三年(938

---

① 蔡枢衡:《中国刑法史》,广西人民出版社1983年版,第94页。

年）八月，左街史韩延嗣因殴打百姓李延晖致死，被判处二年半徒刑，"刺面配华州发运务收管"①。宋代沿用此刑，实际是将唐代中期的流刑附加决杖，与后晋的刺面配隶糅合一起，构成一种兼用刺面、杖脊、流配、徒役四刑的一种刑法。

北宋初年，刺配仅适用于贷死的囚犯。孝宗时，有官员上疏说："刺面之法，始于晋天福间，国初加杖，用贷死罪。其后科禁蚴密，刺面日增。"②表示在宋初以后，刺配适用范围日益扩大。真宗大中祥符间（1008—1016 年）编敕，刺配之刑名共 46 条。仁宗天圣间（1023—1032 年），增至 54 条。至仁宗庆历间（1041—1048 年），又增至 99 条③。加上"诸系禁奏取旨"者 71 条，共计 170 条。孝宗淳熙十一年（1185 年）虽经裁减，至十四年（1187 年），仍增达 570 条。"配法既多，犯者自众，黥隶之人，所至充斥"④。于是在社会上因犯罪而被黥刺者极多。当然，原则上是"凡应配役者傅军籍，用重典者黥其面"⑤。所以，配军中有部分人黥面，有部分人不黥面。

黥刺的图案和字，根据犯罪者所犯刑名的不同和次数以及配隶的地点等而有所区别。真宗大中祥符四年（1011 年），朝廷发现各地犯罪人"并部送阙下者"，都刺"满面大字，毁形颇甚"，"尤可悯伤"，要求今后各地"不得更然"⑥。六年，下诏规定凡三司和开封府等"应配人，除奉宣大刺面外，余并依招军例小刺。诸处已刺'指挥'字者，止添所配处"。七年，再次重申各地不得对"负犯人刺面者多大刺文字，毁伤既甚"，且"永为定制"。仁宗天圣二年（1024 年），开封府上言请求：凡已经结案定罪的"贼情重凶恶者"，所刺字"字样稍大，仍于两面分刺"。

① 《五代会要》卷 9《议刑轻重》，上海古籍出版社 1978 年版。
② 《宋史全文续资治通鉴》卷 27《哲宗四》，文海出版社 1967 年影印本。
③ 张方平：《乐全集》卷 24《请减刺配刑名》，四库全书文渊阁影印本。
④ 《文献通考》卷 168《刑七》，中华书局 1986 年影印本。
⑤ 《宋史》卷 201《刑法三》，中华书局 1985 年点校本。
⑥ 《续资治通鉴长编》（以下简称《长编》）卷 75，大中祥符四年二月壬戌，中华书局 1980 年点校本（下同）。

仁宗决定如果确实是"凶恶巨",才"一面刺稍大字样"①。神宗元丰五年(1082年),已规定京城和开封府界"犯盗并刺环子"。到哲宗元丰八年(1085年)十二月,下诏:"犯盗,刺环于耳后,徒、流以方,杖以圆。三犯杖,移于面,径不得过五分。"②规定"犯盗"者,一般在耳背刺环,定杖刑者刺圆环,徒、流刑者方环。如三次犯杖刑,则改刺于面,环的直径不得超过五分。这是初次对所刺图案的部位、形状、大小作出了明确的规定。南宋时,依然对"盗贼"刺环。将仕郎宋卫在云安关,杀猪赛庙,见一猪耳下有一方环,"墨色犹明润"。他怀疑此猪的前身必是"为人而犯盗者也"③。抚州百姓冯四,其第五子"奸盗事败,捕囚狱户,断杖刺环"④。理宗时,胡太初撰《昼帘绪论》说:"盗贼累犯,合与刺。"但是"今有初犯及盗不满匹者,(县官)一为势利所怵,便与断刺。不知鞭挞至惨,肌肤犹有可完之时,一经刺环,瘢痕永无可去之理"⑤。提议做县官者要对判处刺环的刑名慎重。高宗时,有不少武将"多起于群盗",其中统制官李用面刺双旗。及至到临安朝见高宗,阁门表示怀疑,高宗乃下诏:"今后臣僚有面刺大字或烧炙之人,许入见。"⑥可见此时,还在罪犯脸上刺旗。勇将夏贵年轻时"以罪刺双旗",人称"夏旗儿"⑦。平章贾似道擅将福建人马都录下临安府狱,"面刺双旗,押付丰都寨"⑧。度宗时,吉州郭刘吉诬告陈成"三经刺配",而且经御史台判决杖脊刺旗,押充边军。后经查实,纯属子虚乌有⑨。以上是在犯人脸部刺方环或圆环,或双旗。

所刺之字也有一定的大小分寸。"断狱令"规定:"诸军移配而名

① 《宋会要辑稿》(以下简称《宋会要》)刑法4之6、7、11《配隶》,中华书局1957年影印本(下同)。
② 《长编》卷324,元丰五年三月甲辰,卷362,元丰八年十二月癸酉。
③ 洪迈:《夷坚丙志》卷18《猪耳环》,中华书局1981年点校本(下同)。
④ 《夷坚三志》壬卷1《冯氏阴祸》。
⑤ 胡太初:《昼帘绪论·用刑篇第十二》,丛书集成初编本。
⑥ 《建炎以来系年要录》卷151,绍兴十四年三月己巳,中华书局1956年版。
⑦ 《宋季三朝政要》卷3《理宗》,丛书集成初编本。
⑧ 郑元:《遂昌杂录》,江苏广陵古籍刻印社《笔记小说大观》第11册。
⑨ 黄震:《黄氏日抄》卷76《申明七》,四库全书文渊阁影印本。

额不同或降配者,所刺字不得过二分(仍不刺"配"字);逃亡及配本城四分;牢城五分;远恶及沙门岛七分。即旧字不明及出除遮改者,官司验认添刺;不可添者,别刺。"①对每个字的大小限制为二分、四分、五分、七分四等。由"断狱令"中提及配隶至"沙门岛",说明这是北宋时期的旧制。而到宁宗庆元间(1195—1200年)仍然沿用。宋代刺配有大刺、小刺之分,推想每个字刺二寸是小刺,每个字四分以上就是大刺。孝宗乾道三年(1167年),翰林学士、知制诰刘珙提议,对"强盗贷命配流之人",凡"减死一等之人,其情重者并大字配屯驻军",而"情轻者止刺填军分","庶几恶少知所警惧"②。希望对不同情节的"强盗"在刺字的大小上有所区别,藉以使"恶少""警惧"。

　　宋代官府还根据犯人刑名的不同刺上相关内容的文字。一般地说,对于判决发配至某地牢城的犯人,在其脸部刺"配某州(或府、军、监)牢城"。仁宗天圣六年(1028年),前滑州观察支使索希甫因受贿枉法,原应被处极刑,后受宽贷免死,"刺面决配远州牢城"。凤翔府周至县尉孙周翰因酷刑殴死百姓田义,免死,"命决杖二十,刺面配广南牢城"③。有时,为了严惩捕获到的"沿海劫盗",防止脱逃,特命判决"刺配池州、鄂州、建康府都统制军下,并收管重役使唤",其刺字皆以"配某州、府屯驻军重役"字为文。这一规定将"候盗贼衰息日依旧法"。显然这是高宗绍兴十九年(1149年)临时实行的办法④。至孝宗淳熙八年(1181年),对"强盗贷命人",改为"配隶广东摧锋军、福建左翼军、湖北神劲军……及诸路州郡系将、不系将禁军重役,专听部辖人役使",所刺之字"以某军或某州重役为文"⑤。同年,还规定对这类配隶之人,在额部刺"强盗"两字,其他字分刺两脸⑥。南宋后期,又改为"充

① 《庆元条法事类》卷75《编配流役》,中国书店1990年影印本(下同)。
② 《宋会要》刑法4之51《配隶》。
③ 《宋会要》刑法6之11《矜贷》。
④ 《宋会要》刑法4之47《配隶》。
⑤ 《宋会要》刑法4之55《配隶》。
⑥ 《宋会要》刑法4之56《配隶》。

兵强盗免死,额刺'免刺'二字,面刺双旗"①。北宋时,苏州通判兼权州事陆东在判决一名犯人流罪时,"命黥其面曰'特刺配某州牢城'"。黥刺完毕,幕职官议论此事说:"凡言'特'者,罪不至是,而出于朝廷一时之旨。今此人应配矣,又'特'者,非有司所得行。"陆东听后"大惊",急命改刺"特刺"两字为"准条","颇为人所笑"②。

宋代法医学名著《洗冤集录》卷2《验未埋瘗尸首》记载,官府检验尸体,先看额角、面脸上所刺大、小字体共几行或几字,有无军号。如果是配隶人,所配隶何州军,字也要统计行数。如果经过刺环,或方或圆,或在手背、头颈,也要统计几个。犯人脸部被刺字,社会上称为"打金印"。元代小说《水浒》第八回描写:"原来宋时,但是犯人,徒流迁徙的,都脸上刺字,怕人恨怪,只唤做'打金印'。"推想这正是宋代的习俗。

二、军人的刺字

唐末五代,军阀们强征百姓当兵,为防止逃亡,在士兵脸上刺字。唐哀帝天祐三年(906年),朱全忠自将攻沧州,刘仁恭悉发男子十五岁以上为兵,涅其面曰"定霸都",士人则涅其臂曰"一心事主"③。南唐李氏"据有江南",也征发民户壮丁为兵,皆"黥面",称为"义军"④。宋代承袭此制,凡招募士兵,必定要在其面部或其他部位刺上小字,"各识军号"⑤。刺字成为军人身份的一个特殊标志。招募士兵,经体检合格,在脸上刺字,再发给衣服、缗钱,称"招刺利物"。仁宗天圣元年,下

---

① 方回:《续古今考》卷37《五刑起何时,汉文除肉刑,近世配军刺旗法》,四库全书文渊阁影印本。
② 魏泰:《东轩笔录》卷10,中华书局1983年点校本。
③ 高承:《事物纪原》卷10《涅面》,丛书集成初编本;《新唐书》卷212《刘仁恭传》,中华书局1975年点校本。
④ 《宋史》卷265《张齐贤传》。
⑤ 《嘉泰会稽志》卷4《军营》,中华书局《宋元方志丛刊》1990年影印本。

诏京东西、河北、河东、淮南、陕西路募兵,"当部送者刺'指挥'二字"①。康定间(1040—1041年),又在环庆二州以沿边弓手"涅手背充"砦户。庆历二年(1042年),选河北和河东强壮及强迫民丁刺手背为"义勇"。英宗治平元年(1064年),再次在陕西点义勇,"止涅手背"。神宗熙宁七年(1074年),在河北招募蕃人弓箭手,"蕃兵各愿于左耳前刺'蕃兵'字"。元丰三年(1080年),鄜延路经略副使种谔将"效顺"宋朝的部族人一律刺"归汉"两字②。钦宗靖康元年(1126年),朝廷拟在陕西路招募"义勇","止于右臂上刺字"③。

南宋高宗绍兴十一年(1141年),罢韩世忠和张俊、岳飞三大帅的兵权,组成屯驻大军,取代原有的禁军,作为正规常备军。方回《续古今考》记载,此时"大军刺手,号以姓名"。禁军和厢军则在额部刺字,"号以六点"④。所谓六点,是天的隐语。牙牌中以幺数为地,六数为天。元代高文秀《遇上皇》第二折说:"你须是说古论文士大夫,这六点儿运人不曾把人做。"由此推测,屯驻大军皆在手背刺字,刺上自己的姓名;禁军和厢军则在额部刺上"天"字。南宋末年,为了抗御蒙古(元)军的南侵,还强抓百姓为兵,"尽涅刺之事",称为"手号军"或"手记军"、"涅手军"⑤,表示这些军队皆刺手背为记号。

宋代军队对逃亡的士兵在脸部刺"逃走"两字,以示惩戒。苏轼说"讳不得"者之一是"健儿面上'逃走'字"⑥。因为脸部刺了"逃走"两字,士兵无法掩饰。徽宗政和五年(1115年),还曾立下钱监兵匠"逃走刺手背法"⑦,这是规定在逃亡的铸钱监兵匠的手背刺"逃走"两字。

宋仁宗时,狄青出身"拱圣长行",因军功逐渐升迁。后又因率军平定侬智高的叛乱,逐步晋升为节度使、平章事。有一次,仁宗命参知政事王尧臣转告狄青敷药除去面部所刺的文字。狄青回答说:"青若无此两

①③⑦　《宋史》卷193《兵七》。
②　《宋史》卷191《兵五》,卷190《兵四》;《长编》卷318,元丰四年十月己卯。
④　方回:《续古今考》卷37《五刑起何时,汉文除肉刑,近世配军刺旗法》,四库全书文渊阁影印本。
⑤　《续文献通考》卷127《兵七》,商务印书馆1936年影印本。
⑥　《杂纂》卷下《苏子瞻续纂》,《说郛》卷5,上海古籍出版社1988年影印本。

行字,何由致身于此? 断不敢去,要使天下健儿知国家有此名位待之也。"①说明狄青始终在脸部刺了两行文字,可能是他在入伍时所刺的。

宋代也有部分军人免予涅刺,这就是"效用"或"效勇士"。神宗熙宁六年(1073年),"诸路勇敢效用法"规定,沿边诸路经略司所辖勇敢效用,"皆以材勇应募从军,月给钱粮、战马、器甲,以时肄习",且"不刺手,不置营"②。南宋时,效用人数逐渐增多,"诸军皆有之,不涅其面"。后来,在招军时,定出普通军兵和效用两个等级的比例为7∶3③。由此可知,一般效用既不刺手,又不涅面④,是军队中的高级军士。只在光宗绍熙三年(1192年),规定归朝、归明、归正、忠顺官等子弟,如身材强壮、武艺过人,可赴住地州军申请参军,经考试合格,可补充为本路安抚司的效用,只在手背刺"某某路安抚司效用"八字⑤。

有些军队和军人为了表达某种志向,也在身上刺字。如宋太宗淳化五年(994年),李顺起义军攻占成都,建立"大蜀"政权,改元"应运",起义军皆面刺"应运雄军"四字⑥。太宗时保州刺史、冀州副都部署呼延赞,"常言愿死于贼",在身上遍刺"赤心杀贼"四字,至于妻子仆使也如此,诸子耳后还另刺字为"出门忘家为国,临阵忘死为主"⑦。仁宗庆历七年(1047年),贝州宣毅军小校王则率众占领州城造反。王则原籍涿州,离开故土时,其母在其背上刺一"福"字以为标记,百姓们"因妄传'福'字隐起,争信事之"。王则自号东平郡王,征集12岁至70岁的百姓为兵,在其脸部刺"义军破赵得胜"六字⑧,表示起义军推翻宋

---

① 吴曾:《能改斋漫录》卷12《狄武襄不去黥文》,上海古籍出版社1979年点校本。另见《长编》卷172,皇祐四年六月丁亥。

② 《长编》卷245,熙宁六年五月癸亥。

③ 《建炎以来朝野杂记》甲集卷18《诸军效用》,丛书集成初编本。

④ 王之道:《相山集》卷20《又与江中丞画一利害札子》,四库全书文渊阁影印本。

⑤ 《庆元条法事类》卷78《招补归朝归明归正人》。

⑥ 《长编》卷95,《宋会要》刑法4之10。

⑦ 《宋史》卷279《呼延赞传》。

⑧ 《资治通鉴长编纪事本末》卷49《贝州王则之叛》,文海出版社1967年影印本。李攸:《宋朝事实》卷16《兵刑》(丛书集成初编本)作"置破赵、得圣等军,百姓年十二以上,并刺为军",所刺之字稍异。

朝统治的志向。高宗时，抗金名将王彦退入太行山，聚集义军，为表示抗敌的决心，皆面刺"赤心报国，誓杀金贼"八字，号称"八字军"，河北和河东百姓纷纷响应①。另一抗金名将岳飞的背上也刺有"尽忠报国"四个大字，"深入肤理"②，据传是岳飞的老母姚氏早年为了鼓励他忠于国家而亲手刺上的。

三、百姓的刺字和文身

宋代有些百姓喜欢刺字和文身。当时雅称文身为"刺绣"③。宋太祖、太宗时，有"拣停军人"张花项，晚年出家做道士，虽然"衣道士服"，但"俗以其项多雕篆，故目之为'花项'"④。荆州的街子葛清，从头颈以下遍刺白居易的诗及其配画，如"不是此花偏爱菊"句，即刺"有一人持杯临菊丛"图；"黄夹缬林寒有叶"句，则刺"一树上桂缬"图，共刺二十多处，人称他为"白舍人行诗图"⑤。徽宗时，睿思殿应制季质年轻时行为"不检"，"文其身"，被徽宗赐号"锦体谪仙"⑥。东京百姓每逢庆祝重要节日，总有一批"少年狎客"追随在妓女队伍之后，都"跨马轻衫小帽"，另由三五名文身的"恶少年""控马"，称"花腿"⑦。所谓花腿，乃自臀而下，文刺至足。东京"旧日浮浪辈以此为夸"⑧。

南宋初，张俊所率军队常驻"行在"，他挑选年轻体壮长大的士兵，皆刺花腿，防止逃往其他军队，"用为验也"⑨。孝宗、宁宗时，饶州百姓朱三在其"臂、股、胸、背皆刺文绣"。波阳东湖阳步村民吴六，"满身雕

---

① 《三朝北盟会编》卷113，建炎元年十月二十九日己酉，上海古籍出版社1987年影印本。《建炎以来朝野杂记》（丛书集成初编本）甲集卷18《八字军》作"皆涅其面曰：'誓竭心力，不负赵王'故号八字军。"此八字疑为王彦所部早期的口号。

② 《宋史》卷365《岳飞传》。

③ 方回：《续古今考》卷37《五刑起何时，汉元除肉刑，近世配军刺旗法》，四库全书文渊阁影印本。

④ 张齐贤：《洛阳缙绅旧闻记》卷3《田太尉候神仙夜降》，丛书集成初编本。

⑤ 《永乐大典》卷5840《花》字，中华书局1986年影印本。

⑥ 王明清：《挥麈后录》卷2，中华书局1961年点校本。

⑦ 孟元老：《东京梦华录》卷7《驾回仪卫》，中国商业出版社1982年点校本。

⑧⑨ 庄绰：《鸡肋编》卷下，中华书局1983年点校本。

青,狠愎不逊"。吉州太和居民谢六"以盗成家,举体雕青,故人目为'花六',自称'青狮子'"①。理宗淳祐(1241—1252年)后,临安府"有名相传"的店铺中,有金子巷口的"陈花脚面食店"②,其主人显然是在双腿上刺满了花纹。今存宋人所绘的一幅杂剧《眼药酸》绢画,绘有一位两臂"点青"的市民③。

南宋临安府每年在各"神祠诞辰迎献"之时,有锦体等社出面组织庆祝活动④。锦体社由文身即"花绣"的人组成⑤。专门为人刺字和文身的工匠称为"针笔匠",他们往往"设肆为业"。度宗时,抚州有针笔匠邓喜,当知州需要辩明受审人是否脸部刺过字和双旗,便请邓喜当厅审视其面上有无痕迹,再在"验状"上押字⑥。

海南黎族姑娘"及笄"时,必"置酒会亲旧、女伴,自施针笔,为极细花卉、飞蛾之形,绚之以遍地淡栗纹。有皙白而绣文翠青、花纹晓了、工致极佳者"。所以,黎族妇女皆"以绣面为饰","高髻绣面,耳带铜环,垂坠至肩","唯其婢不绣"邕州溪峒的使女,则"黥其面,""其逃亡,与黎女异矣"⑦。

宋代禁止主人私自在奴婢身上刺字做记认,不准刺字或文身者为僧,也不准宗室刺字、文身。在真宗咸平六年(1003年)以前,在士庶之家"僮仆有犯,或私黥其面"。真宗认为"今之僮使本佣雇良民",所以在是年下诏:"有盗主财者,五贯以上,杖脊黥面,配牢城;十贯以上,[配五百里外;二十贯以上,]奏裁,而勿得私黥涅之。"⑧这稍稍提高了奴婢的待遇。仁宗天圣二年(1024年),政府规定僧寺不得"收曾犯真

---

① 《夷坚支癸》卷8《阁山排军》、卷9《吴六竞渡》;《夷坚丁志》卷3《谢花六》,中华书局1981年点校本。

② 吴自牧:《梦粱录》卷13《铺席》,中国商业出版社1982年点校本。

③ 沈从文:《中国古代服饰研究》105《宋杂剧图》(图121),香港商务印书馆1981年版。

④ 耐得翁:《都城纪胜·社会》,中国商业出版社1982年版。

⑤ 《武林旧事》卷3《社会》,中国商业出版社1982年版。

⑥ 方回:《续古今考》卷37《五刑起何时,汉文除肉刑,近世配军刺旗法》,四库全书文渊阁影印本。

⑦ 周去非:《岭外代答》卷10《蛮俗门·绣面》,卷2《外国门上·海外黎蛮》,丛书集成初编本;赵汝适:《诸蕃志》卷下《黎》,中华书局1956年冯承钧校注本。

⑧ 《长编》卷54,咸平六年四月癸酉,据《宋史》卷201《刑法三》校补。

刑及文身者系帐"①，即不准许文身者为正式的僧人。宋代还禁止宗室"雕青"即刺字和文身。宁宗嘉定七年（1214 年），规定凡有人"教诱"宗室"为文刺身体者"，加罪二等，"千里编管，不以荫论"②。此外，宋代从神宗熙宁二年（1069 年）起，一般不准对品官施加杖刑和刺面的惩罚，"自是命官无杖、黥法"③。

四、刺字和文身的消除

　　一般地说，人体的刺字和文身是难以人工消除的。宋人也深知"凡人一被文刺，终身不可洗除"④。但是，宋代又有记载说可以用药彻底除去文刺的痕迹。魏泰《东轩笔录》记载，真宗时，杨淑妃之弟杨景宗"无赖，以罪隶军营务，黥墨其面，至无见肤"。后来杨景宗开始做官，"遂用药去其黥痕，无芥粟存者，既贵而肥皙如玉"⑤。仁宗天圣二年（1024 年），开封府上疏提出，为了使已经定罪的"贼情重凶恶者"难以逃走和将所刺之字"烧炙涂药"，要求将所刺的字样稍放大，并在两颊分刺⑥。这说明可以用烧炙和涂药两种办法来除去刺痕。前引《洗冤集录·验未埋瘗尸首》也指出，在验尸时，为弄清尸体身上有否刺过字或环子，如果"内是刺字或环子曾艾灸，或用药取，痕迹黯滥及成疤瘢，可取竹削一篦子，于灸处挞之可见"。这又说明所谓烧炙，实际是用艾灸，至于用什么药，则有待于进一步研究了。但尽管有以上两法消除刺字和文身的表面痕迹，但总还留有疤瘢，所以不可能完全消除文刺的痕迹。

　　（本文刊载于《中国史研究》1998 年第 1 期，又刊载于《宋史研究论文集》，云南民族出版社 1997 年版）

---

① 《长编》卷 102，天圣二年十二月丙寅。
②④ 《宋会要》帝系 7 之 31《宗室杂录》。
③ 《宋史》卷 201《刑法三》。
⑤ 魏泰：《东轩笔录》卷 2，中华书局 1983 年点校本。
⑥ 《宋会要》刑法 4 之 11《配隶》。

一个常盛不衰的官僚家族：
宋代江阴葛氏家族初探

　　江阴在宋代是两浙路的一个军，同下州，下辖江阴县。宋太宗和神宗、高宗朝曾三次废军为县，隶常州，属于"望"的县份，不久又恢复军的建制①。江阴北靠长江，地势高昂，所产多系荞麦、豆、粟②，一军"贡输之入，不能当他郡之十二"。农业不很发达，但商业却颇兴盛。史称这里"富商大贾，长桅巨舶，夷蜒海错、鱼盐果布之属，辐凑城市，故居民富饶，井邑繁盛"③。对于士大夫而言，江阴军因"北距大江，地僻，鲜过客，无将迎之烦，所隶一县，公事绝少"，被称为"两浙道院"④。但在这块并不十分起眼的地方，却出现了一个"盛名江左"⑤的葛氏家族，而且能够常盛不衰。葛氏家族如何兴起的，又如何能够常盛不衰，这是本文需要探讨的问题。

一、葛氏家族由扬州迁居江阴

　　葛氏家族原来居住在淮南道扬州。直到唐朝末年才从扬州渡江，

---

① 脱脱等：《宋史》卷88《地理志四·两浙路》，中华书局1977年版；王存等：《元丰九域志》卷5《两浙路》，中华书局2005年版。

② 黄震：《黄氏日抄》卷73《〈甲子七月二日〉辞省札发下官田所铸铜印及人吏状》，四库全书文渊阁商务影印本。

③ 赵锦修、张衮纂：《嘉靖江阴县志》卷3《山川》李淳父撰《君山浮远堂记》，天一阁藏明代方志选刊本；祝穆编、祝洙补订：《宋本方舆胜览》卷5《浙西路·江阴军》，上海古籍出版社影宋本。

④ 王辟之：《渑水燕谈录》卷9《杂录》，中华书局点校本。

⑤ 尤玘：《万柳溪边旧话》，知不足斋丛书第十集。

迁至江阴。葛胜仲撰其父《朝奉郎、累赠少师、特谥清孝葛公(书思)行状》记载,葛氏"其先嬴姓,夏后封国于葛,后因氏焉。世籍广陵。唐天祐中,有讳涛者,避孙、杨连兵之祸,徙江阴,家之"①。据司马光《资治通鉴》,孙儒与杨行密之间的争战,发生在唐僖宗文德元年(888年)四月至唐昭宗景福元年(892年)四月。唐僖宗光启三年(887年),庐州刺史杨行密率军攻占广陵即扬州城,自称"淮南留后"。杨行密军立足未稳,秦宗权派其弟宗衡率兵渡过淮河,"与杨行密争扬州,以孙儒为副"。孙儒"知宗权势不能久,称疾不行",反而杀死秦宗衡,且"分兵掠邻州,未几,众至数万",作进攻扬州的准备。唐僖宗"以淮南久乱","以朱全忠兼淮南节度使、东南面招讨使"。朱全忠又以"朝命"委任杨行密为淮南节度副使。文德元年四月,孙儒率军攻克扬州,杨行密逃归庐州②。唐昭宗大顺二年(891年)七月,朱全忠密遣使与杨行密相约共攻孙儒,孙儒命部下焚烧扬州庐舍,"尽驱丁壮及妇女渡江,杀老弱以充食"。又纵兵"焚掠苏、常,引兵逼宣州"③。景福元年四月,杨行密军"屡败孙儒兵,破其广德营","儒食尽,士卒大疫"。杨行密乘机率军进攻孙儒兵寨,大败孙军,俘杀孙儒,收复扬州④。可见孙儒和杨行密之间的战争,发生在唐僖宗文德元年至唐昭宗景福元年,连续了五年时间。葛胜仲记载说"孙、杨连兵"在唐昭宗和昭宣帝天祐年间(904—907年),显然有误。

经过孙儒和杨行密军的连续五年的战争,原来是唐代南北交通的重要枢纽,经济十分繁荣的扬州,受到极大的破坏。如同《资治通鉴》记载:"先是,扬州富庶甲天下,时人称扬一益二,及经秦(彦)、毕(师铎)、孙、杨兵火之余,江淮之间,东西千里扫地尽矣。"⑤扬州原有的居民,在这种情况下,不是死亡,便是逃徙。葛涛正是在这样的历史背景

---

① 葛胜仲:《丹阳集》卷15,四库全书文渊阁商务影印本。
② 司马光:《资治通鉴》卷257,中华书局1976年版。
③ 司马光:《资治通鉴》卷258,中华书局1976年版。
④⑤ 司马光:《资治通鉴》卷259,中华书局1976年版。

下,从扬州迁居江阴的。为了躲避战乱,葛涛与本族族人一起从扬州迁至江阴。蔡襄撰《葛君(宏)墓志铭》说,葛宏的"先世居广陵,唐末广陵兵起,举族渡江而南至江阴,遂留家焉"①。

二、江阴葛氏家族的初兴

葛涛举族渡江南迁后,家族中连续三代都是平民百姓,没有人取得像样的官职。葛涛生子葛彪。葛胜仲撰葛书思《行状》记载:"其子彪,太宗时以高年有德,赐爵公士,为公高祖。""公士"作为军功爵名之一,始于战国时期秦国商鞅变法时制订的二十等爵,用以奖励军功,公士是最低的爵,仅高于普通士兵。宋太宗雍熙四年(987年)正月,大赦和改年号,下令:"民年七十以上、有德行、为乡里所宗者,赐爵一级。"②闰五月丙申,又"赐诸道高年百二十九人爵为公士"。《续资治通鉴长编》称:"秦、汉以后,不复赐民爵,自籍田礼成,始复赐焉。"③这时爵的具体规定和等级不甚清楚,估计"公士"仍是其中的最低一级。葛彪可能就是这一批一百二十九名中的一名"公士"。当然,葛彪不可能仅仅因为在江阴年龄最大而被朝廷赐爵,必定是在社会上有一定的威望和声誉。前引蔡襄撰葛宏《墓志铭》也记载葛彪"以耆德闻于乡邦"。

葛胜仲撰葛书思《行状》接着记载:"公士生祥(详),高蹈不仕,娶焦氏。是生惟甫,累赠开府仪同三司、吏部尚书。尚书娶吴氏,封陈留郡太君。"秦观撰《葛宣德(书学)墓铭》也记载"曾祖讳祥(详),不仕"④。章倧撰葛胜仲《行状》也记载葛彪之子葛详"隐居不仕"。⑤究竟是"葛祥",还是"葛详",这里出现了不同的说法。但蔡襄撰葛宏《墓志铭》也记载葛彪之子"葛详","少尝负知能,谓'于时无所用,不若施于

① 蔡襄:《端明集》卷38《葛君(宏)墓志铭》,四库全书文渊阁商务影印本。
② 李焘:《续资治通鉴长编》卷29,端拱元年正月乙亥,中华书局点校本。
③ 李焘:《续资治通鉴长编》卷29,端拱元年闰五月丙申,中华书局点校本。
④ 秦观撰、徐培均笺注:《淮海集笺注》卷33《葛宣德(书举)墓铭》,上海古籍出版社1994年版。
⑤ 章倧撰:《宋左宣奉大夫、显谟阁待制致仕、赠特进、谥文康葛公(胜仲)行状》,《丹阳集》卷24。

吾家以自效'。乃力于田，数十年累致巨资，益散施以广名称。"慕容彦逢撰《葛公（书思）墓志铭》也有"葛详"的记载①。另外，据一九七八年以后的考古发现，今江苏省江阴市发现了葛氏家族墓群。其中一墓的墓主为葛宫之妻孙四娘子。在孙四娘子墓中出土了木版雕印的《佛说观世音经》一卷，卷尾左边有墨书题记："时大宋国江阴军江阴县太宁乡就日里信心弟子将仕郎、试江阴军助教葛诱，为自身年七十二岁，十一月五日亥时生。从去年冬，风气发动，攻疰四肢，至今秋相次医理未退，遂发虔心，许印《观音经》一藏，五千四十八卷，用冀禳灾集福。今者印造经文，散行流施，普劝十方信士，同结殊□。大中祥符六年癸丑岁九月□日记。"②葛诱在宋真宗大中祥符六年（1013 年）为七十二岁，则生于南唐昇元六年（942 年）。从葛诱的年龄推测，葛诱与葛详为同一辈份，皆以"言"傍排行，"详"字是正确的，而"祥"字则系传刻之误。同时，葛诱极有可能是葛详的兄弟，只是由于葛诱的后三代无所作为，没有直接留下有关葛诱世系的记载。而葛详的后人则在追述各自直系祖先时，都忽略了祖先的弟兄情况。

从葛详和葛诱的不多材料中，可以知道葛氏家族已经初步兴旺起来，葛详依靠经营农业，经过数十年的努力，"累致巨资"，所以乐善好施，广济周围宗族和其他居民，在当地获得一定的名望。葛诱在宋真宗大中祥符六年，也是当地的一名富翁，他一次出资请人雕版印刷《观音经》一藏五千多卷，这是普通百姓可望而不可及的善事。同时，他已获得"将仕郎、试江阴军助教"的官衔。将仕郎是文散官的最低一阶，属从九品。北宋前期，也有士人参加科举考试及格"解褐"而授予"试助教"的③。从宋太宗时开始，"试秩"官"方得齿仕版矣"，即准许经"吏部南曹赴调引对，始授以官"④。显然，葛诱的"将仕郎、试江阴军助教"

---

①　慕容彦逢：《摛文堂集》卷 15《朝奉郎致仕、武骑尉、赐绯鱼袋葛公（书思）墓志铭》，四库全书文渊阁商务影印本。

②　《文物》1982 年第 12 期，第 32 页及图版二之 3。

③　脱脱等：《宋史》卷 169《职官志九》，中华书局 1977 年版。

④　王栐：《燕翼诒谋录》卷 1《定试衔官为七选》，学津讨原第六集本。

只是最低等级的文官官衔,且不担任任何差遣。不过对一般百姓来讲,这已经是沾点官气而在社会上具有一定的地位了,如果没有相当的财力,也不可能取得这个地位。

葛详和焦氏生有二子,一为葛惟明,一为葛惟甫。葛惟明曾经参加科举考试,但不曾登第,"退而积书数百千卷,戒子孙业之"①。葛惟明娶妻承氏(967—1042 年)。承氏父亲承怀,为其女选择"里中人以行闻者而归之,遂嫁为处士葛君惟明之妻"。在承氏嫁给葛惟明时,"葛氏方为大姓,族属亲疏,姑姊娣姒,节时往来,佩簪缨珥,序列庆贺者甚众"②。葛惟甫娶妻吴氏,其生平经历不详③。这些情况说明由葛涛开始的葛氏家族这时已经成为江阴的大族,族人众多,虽然仅有葛诱一人取得最低的官衔,但不乏富裕者,而且重视对子孙的教育,规划儿孙走读书应举、做官之路。应该说,到葛惟明和葛惟甫的中年时期,是葛氏家族初兴的阶段。

三、江阴葛氏家族的崛起

江阴葛氏家族的真正崛起,是在合族迁居江阴的第五代时发生的。

葛惟明的一房:葛惟明和承氏生有五男三女。五男中,葛宏(992—1041 年),字文渊,自幼求学,年稍长参加进士科考试,五试不中。娶妻耿氏。据其《墓志铭》记载:"君始稚,已能去纷侈,从乡党之学。既长,记诵通博,由乡举至京师,视等辈之贤己者输尽诚礼,屏所挟焉而下之,故与游多闻世之士,意气豪举,文章亦甚壮健,不能工偶配皂白、剪磨细碎,以是五试春官,辄触罢。晚乃寄隐于酒,观少年新学蹑其后,跳取贵盛,一以命决,不挂于中。然以己之所学,稽本于古人,揣称当世之务甚悉;苟泪焉无闻,孰与发而在人。"至宋仁宗庆历元年(1041 年)秋,朝廷

---

① 蔡襄:《端明集》卷 38《葛君(宏)墓志铭》,四库全书文渊阁商务影印本。
② 蔡襄:《端明集》卷 38《葛处士夫人(承氏)墓志铭》,四库全书文渊阁商务影印本。
③ 葛胜仲:《丹阳集》卷 15,葛书思《行状》,四库全书文渊阁商务影印本。

又下"诏选进士",葛宏这时"以霜疾,犹强力持笔研,属文辞,以求贡"。参加乡试完毕,回到家中,"益疾殆"。九月四日病死,享年五十二①。葛宏之弟葛求,也"举进士,不中第",在庆历二年八月其母承氏病故以前已经死去。第三子葛定和第四子葛向,未曾应举,在家"勤养不懈"。第五子葛宜,曾经在庆历二年十月前"上书论边兵利害,得本军司仕参军"。据北宋前期"吏部流内铨诸色入流及循资磨勘选格入流"规定,凡"无出身"者,"司士、文学参军、长史、司马、助教得正官"②。又据这时的俸禄制度,不满五千户的州的司士参军,每月七千文③。看来葛宜是葛惟明五子中唯一得官者,虽然只是很低的官阶。葛惟明的三女中,长女嫁给屯田员外郎凌景阳,封丹阳县君;次女嫁给进士陈玉,陈玉与妻皆在庆历二年八月前病故;第三女嫁给著作佐郎、馆阁校勘蔡襄④。凌景阳和蔡襄的官衔,是庆历二年十月蔡襄为其母承氏撰《墓志铭》时的官阶和职。

葛惟甫的一房:葛惟甫和吴氏生有二子,长子为葛宫(992—1072年),次子为葛密。

葛宫,字公雅,宋真宗大中祥符五年(1012年)登进士第⑤,授忠正军节度掌书记。葛宫"善属文,上《太平雅颂》十篇,真宗嘉之,召试学士院,进两阶。又献《宝符阁颂》,为杨亿所称"。历知南充县,知南剑、滁、秀等州。积官至秘书监、太子宾客。宋英宗治平年间,转工部侍郎。神宗熙宁五年(1072年)七月,以兵部侍郎致仕,去世,享年八十一⑥。葛宫娶孙冕之女孙四娘子(996—1055年)为妻。孙四娘子随葛宫四处为官,在葛宫晋升尚书职方郎中后,两次曾"以郊祀恩"被封乐安、瑞昌

① 蔡襄:《端明集》卷38《葛君(宏)墓志铭》,四库全书文渊阁商务影印本。
② 脱脱等:《宋史》卷169《职官志九》,中华书局1977年版。
③ 脱脱等:《宋史》卷171《职官志十一》,中华书局1977年版。
④ 蔡襄:《端明集》卷38《葛处士(惟明)墓志铭》,四库全书文渊阁商务影印本。
⑤ 赵锦修、张衮纂:《嘉靖江阴县志》卷14《选举表第十一上》,天一阁藏明代方志选刊本;卢思诚修,李念贻、夏炜如纂:《江阴县志》卷13《选举》,光绪四年木刻本。
⑥ 脱脱等:《宋史》卷333《葛宫传》,中华书局1977年版;李焘:《续资治通鉴长编》卷235,熙宁五年七月丙午,中华书局点校本。

县君。仁宗至和二年(1055年),葛宫知南剑州任满,返回京师,途中孙四娘子患病,不幸病死,年六十①。葛宫是葛氏家族正式以科举登第而获致官职的第一人,为葛氏家族的崛起作出了重要贡献。从此,葛氏"簪缨相继"②。

葛密,宋仁宗庆历二年登进士第③,授光州推官,执法严明。任官至太常博士。至五十岁,上章申请致仕,即以承议郎退居,自号"草堂逸老",终年八十四。葛密"平生为诗慕李商隐,有西崑高致"④。葛密先娶胡氏为妻,继娶陈氏,封安定、颍阳二县君⑤。葛密"早岁归休",比法定的文官退休年龄七十岁提前了二十年,不仅在官场中得到推崇,而且"为乡人所宗"⑥。

葛氏家族的第五代中,葛惟明一房五子在科举方面均未获成功,仅第五子葛宜以上书而跻入仕途,但只获很低的官阶。三位女婿中两位即凌景阳和蔡襄,这时一位是郎官,一位已获馆职,在官场中初露头角。葛惟甫一房二子,则在科举方面均较顺利,葛宫历任数州的知州,官阶至工部侍郎;葛密因提前致仕,仅任幕职官,官阶至太常博士。应该说,葛氏家族至此算是真正崛起了。

四、江阴葛氏家族的继兴

葛氏家族迁居江阴至第六代、第七代时,进一步兴旺发达。

葛惟明的一房:葛宏和耿氏生有三子二女,长子葛钧,次子葛铸,第三子葛锴,"皆向学敦谨,将大其世",但都还没有应举。长女嫁给进士

---

① 蔡襄:《端明集》卷39《瑞昌县君孙氏墓志铭》,四库全书文渊阁商务影印本。
② 脱脱等:《宋史》卷333《列传第九十二》"赞语",中华书局1977年版。
③ 赵锦修、张衮纂:《嘉靖江阴县志》卷14《选举表第十一上》,天一阁藏明代方志选刊本。
④ 脱脱等:《宋史》卷333《葛密传》,中华书局1977年版。
⑤ 葛胜仲:《丹阳集》卷15,葛思《行状》,四库全书文渊阁商务影印本。
⑥ 葛胜仲:《丹阳集》卷24附录,葛胜仲《行状》,四库全书文渊阁商务影印本。

陈贤义,次女尚幼。这是葛宏逝世时即庆历元年九月的情况①。据明代赵锦等《嘉靖江阴县志》卷14《选举表第十一上》和清代卢思诚等《江阴县志》卷13《选举》,在宋代进士中第和辟举的名单中,没有葛钧等三兄弟的姓名,说明他们如果应举的话,均以失败告终。葛钧以后,史传也就失载了。葛定一房,其子葛淳也"不仕",即没有做官。葛淳之子为葛权(960—1131年),字执中,"少涉学,尝事科选,已而谢去,专营资业以奉亲,养生送终无悖礼"。说明他一度参加科举考试,失败后"专营资业",较为富裕。他曾"欲筑第面惠山以居",不顾"阴阳家之说","方域休咎一不问,卒成华屋,遂燕处之"。宋高宗绍兴元年(1131年)七月病死,享年七十二。娶妻康氏②。

葛惟甫的一房:葛宫和孙四娘子仅生一子一女。一子即葛蒙。葛蒙应举登第,宋仁宗至和二年时任处州缙云县尉。一女,此时尚幼,未嫁。葛蒙生三男三女,长男为葛逢,此时为郊社斋郎,估计系以葛宫所得"恩荫"而授补的低级官职。次男为葛充,第三男为葛三老,此时均未应举。三女,此时也皆年幼③。

葛密和胡氏、陈氏生有三子一女。长子为葛书元,次子为葛书思(1032—1104年),第三子为葛书举(1038—1091年)。葛书元是否曾经应举,情况不详。今存江阴县志的《选举表》没有葛书元进士登第的记载。但葛书元也曾担任官职,《宋史·葛书思传》中提到"时兄书元为望江令"④。望江是淮南西路舒州的一个县。葛书元生子葛济仲。葛济仲一度"贫甚",从兄葛胜仲当官后,"以郊恩官之",比葛胜仲之子还要早享受恩荫的待遇⑤。葛书思,字进叔,系其父与胡氏所生。葛书思自"幼聪警","既长,刻意学问,淹通六经,尤深于《易》、《春秋》,他

---

① 蔡襄:《端明集》卷38《葛君(宏)墓志铭》,四库全书文渊阁商务影印本。
② 葛胜仲:《丹阳集》卷14《葛君(权)墓志铭》,四库全书文渊阁商务影印本。
③ 蔡襄:《端明集》卷39《瑞昌县君孙氏墓志铭》,四库全书文渊阁商务影印本;葛蒙应举登第事,《咸淳毗陵志》卷11《科目》和《嘉靖江阴县志》卷14《选举表第十一上》皆失载。
④ 脱脱等:《宋史》卷333《葛书思传》,中华书局1977年版。
⑤ 葛胜仲:《丹阳集》卷24附录,葛胜仲《行状》,四库全书文渊阁商务影印本。

传、志无不周览强记"。伯父葛宫生前"以学行为世儒所宗",曾读葛书思所撰文章,对葛密说:"是子名第不足言,后日且以文义显。"稍后,蔡襄和邵亢也"交口誉叹之:头角崭然群进士中矣。"曾三次参加开封府解试。神宗熙宁间,朝廷推行科举制的改革,"初以经义取士",葛书思考中熙宁六年(1073年)进士,任睦州建德县主簿①。这时,葛密已经致仕养老,葛书思准备"迎之以官",葛密"难之"。葛书思遂"投劾侍养十余年,晨暮在侧,意有所乡,辄逆得之"②。朝廷大臣听说这些事迹,"表其志行,以为泗州教授,弗就"。葛密"不得已,许以他日行"③,葛书思才得"以吉州司户参军监湖州新市务"。一年后,葛密去世。葛书思丁忧持服多年,"乃调开封府封邱县主簿,移和州防御推官、知楚州涟水县丞"④。积官至朝奉郎,也告老还乡。徽宗崇宁三年(1104年)病死,年七十三。葛书思"居官奉亲,清德孝行著闻。既卒,邑状其事,谂于州,州闻于朝,诏特赐谥'清孝'"⑤。葛书思有文十卷,名《安遇集》。娶侍其泳之女为妻,侍其氏已于元祐六年(1091年)病故⑥。葛书思和侍其氏生四子三女,长子葛次仲(1063—1121年),次子葛仪仲,第三子葛和仲,第四子葛胜仲(1072—1144年)⑦。三女,长婿慕容彦逢(1067—1117年),次婿侍其锷,第三婿张潨⑧。葛书举,字规叔,"及长,笃行力学,敏于文词"。神宗熙宁三年(1070年),登进士第,任杭州余杭县主簿,移卫州共城县令。丁忧除服后,授淮南节度推官、知蔡州真阳县。改左宣德郎、知开封府长垣县。哲宗元祐六年(1091年)六月病死于任上,享年五十四。娶夏侯淇之女为妻。生子三人,长子葛张仲,次子葛牧仲,第三子葛子仲。女四人,所适不详⑨。葛密

---

① ⑦　葛胜仲:《丹阳集》卷15,葛书思《行状》,四库全书文渊阁商务影印本。

② ⑥ ⑧　慕容彦逢:《摛文堂集》卷15,葛书思《墓志铭》,四库全书文渊阁商务影印本。

③　脱脱等:《宋史》卷333《葛书思传》,中华书局1977年版。

④　慕容彦逢:《摛文堂集》卷15,葛书思《墓志铭》原作"知楚州涟山县丞",然楚州无"涟山县",只有涟水县,而《宋史·葛书思传》和《丹阳集》葛书思《行状》皆作"涟水",据改。

⑤　葛胜仲:《丹阳集》卷24附录,葛胜仲《行状》,四库全书文渊阁商务影印本。

⑨　秦观撰、徐培均笺注:《淮海集笺注》卷33《葛宣德墓铭》作"葛书举",然四库文渊阁本"举"作"学",四部丛刊初编本作"举",今从前者和后者,上海古籍出版社1994年版。

之女嫁徐安道①。

葛书思的四子中,长子葛次仲,字亚卿,哲宗绍圣四年(1097年)登进士第②,调泰州海陵县尉,移吉州州学教授。父丧持服毕,任国信条例所检阅官,进《北道刊误志》,改奉议郎。迁朝散郎、提举京西南路常平。历任度支员外郎、户部员外郎,兼嘉王等七府侍讲。徽宗政和八年(1118年)春殿试,嘉王考中状元,葛次仲"以教导有劳",迁朝议大夫。除中书舍人,迁给事中,"直讲如初"。转中奉大夫、同修国史。进《哲宗宝训》,迁中大夫。以大司成致仕,晋升太中大夫。宣和三年(1121年)病死,享年五十九。葛次仲连任嘉王、郓王、景王、肃王等府直讲七年,"说经无虑数十万言,凡典籍所载嘉言善行,日陈数千(十?)条,捃摭殆尽。至古人忠孝大节,辄反覆言之,间诵说诗文、政事,以资闻见之益。""府第章表并时亟索,操笔立就,各极其工,宫中传诵之。"葛次仲"每进对",徽宗"未尝不称赞谕之善"。徽宗"与辅臣语",也谓葛次仲"靖共持重,得学官体"。葛次仲先娶孙氏,继娶卢氏。生子六人、女一人。六子为葛立隆、葛立悌、葛立廉、葛立象、葛立会、葛立民,女嫁冯晋③。

次子葛仪仲,由于应举未获成功,而且去世较早,因此在州官等撰葛书思《行状》的徽宗宣和六年(1124年)仍为"乡贡进士"。其实,在葛书思去世的那年,即崇宁三年已"早卒"④。其他情况不详。

第三子葛和仲,字尧卿,号虚室先生。徽宗宣和六年,官阶将仕郎。江阴县志《选举表》和葛书思的《行状》、《墓志铭》等文献都没有关于他应举中第的记载,估计他依靠父兄的恩荫得到这一官阶。后来,葛和仲晋升为右中奉大夫。将仕郎是徽宗崇宁间新设的文臣最低阶,政和六年(1116年)改称迪功郎。中奉大夫是徽宗大观间(1107—1110年)新

① 葛胜仲:《丹阳集》卷14《徐太令人葛氏墓志铭》,四库全书文渊阁商务影印本。
② 赵锦修、张衮纂:《嘉靖江阴县志》卷14《选举表第十一上》,天一阁藏明代方志选刊本。
③ 葛胜仲:《丹阳集》卷15《太中大夫、大司成葛公(次仲)行状》,四库全书文渊阁商务影印本。
④ 葛胜仲:《丹阳集》卷15,葛书思《行状》,四库全书文渊阁商务影印本;《摛文堂集》卷15,葛书思《墓志铭》,四库全书文渊阁商务影印本。

置的文臣升朝官的官阶之一，在中大夫之下，中散大夫之上①。按照哲宗元祐三年（1088年）以后的官阶制度，中奉大夫之上加"右"字，说明葛和仲仍非进士出身，那么只能由恩荫而得。徽宗宣和五年（1123年），葛和仲曾"以中台郎赐对，上意乡之，且拔用"。葛和仲"以所亲当国，力求闲秩归，避请寄之嫌以退为进"。从此，"浮沈里门，绝意华显"。南宋初官阶右中散大夫、提举江州太平兴国宫②。其余情况不详。

　　第四子葛胜仲，字鲁卿，幼时"警敏"，"日诵书数千言，九岁能属文"。十五岁学成，"于经史无不精通"。十六岁，参加开封府解试，中选。二十二岁，再试开封府，获第四名。哲宗绍圣三年（1096年），第三次参加开封府解试，获"优选"。明年，试礼部。此时恢复经义取士之制，知举官林希评定葛胜仲的试卷为"邃于经旨"，乃"擢置高等"，于是与其长兄葛次仲同登此年进士第。此时，朝廷提倡律学，葛胜仲"居学才阅月，于法令贯通若素习，试为第一"。元符二年（1099年），调杭州右司理参军。林希"赴召京师，阴求天下奇士"，一见葛胜仲，称赞说："君文词经术，宜为当今模范。狱讼冗职，奈何久居？"因荐试学官。三年春，葛胜仲在有关官署考试《诗》《书》《礼》三经，又试博学宏词科，"二科俱为第一"，特迁河中府知录参军。徽宗建中靖国元年（1101年），任兖州州学教授。被召入京，晋升太学正。大观元年（1107年）迁承直郎（选人最高阶），差充提举议历所检讨官。又改通直郎（升朝官的最低阶），兼知大宗正丞事。三年，因议庙制，"与时论不合"，被责知歙州休宁县。政和三年（1113年），复召为礼部员外郎。明年，擢国子司业，防止太学生做文章趋向一律，"每考试，必取卓然不群者，置之上列，文格翕然大变，士相庆以为得师"。迁太常太卿，受命续编欧阳修《太常因革礼》，从治平年间（1064—1067年）迄政和四年，共三百卷。政和五年，置太子府，命葛胜仲兼太子右谕德。七年，迁大司成。因奏

① 脱脱等：《宋史》卷169《职官志九》，中华书局1977年版。
② 慕容彦逢：《摛文堂集》卷15，葛书思《墓志铭》；葛胜仲：《丹阳集》卷8《中散兄诗集序》、卷15，葛书思《行状》。

"陈时政得失"，"言天下治乱大计"，忤"贵要"之意，落职，提举江州太平兴国宫。宣和元年（1119年），朝廷查明葛胜仲无辜，复右文殿修撰，除知汝州。在汝州，抵制内侍李彦推行的"西城新法"，"条具不当括（田）者数千户，请蠲之"。三年，复显谟阁待制。次年，转太中大夫，起知湖州。六年九月，移知邓州。因拒绝朱勔索取白雀等飞禽，再次被责落职，以通奉大夫提举江州太平兴国宫。高宗建炎四年（1130年）七月，复集英殿修撰，再知湖州，破降群盗，救灾赈饥，安定一方。绍兴元年（1131年），转左正议大夫（即元丰改制前六曹侍郎阶）。数月后，复显谟阁待制，提举亳州明道宫。自此，葛胜仲不再出任差遣。九年，磨勘转左正奉大夫。十四年（1144年），病重，"上章告老"，"诏以左宣奉大夫致仕"，九月，病死。享年七十三。葛胜仲一生任官达四十六年，其中在京师二十年，"遍历华贯，而在太学之日为多，自学正以及长贰，皆天子亲擢。每岁礼闱试贡士，必使公预"。由于长期在太学任职，并多年担任太学的正副长官，还临时兼任礼部试的考官，加上兼任太子府的学官，因此在全国士人和士大夫中颇有影响和威望。最后十四年，担任祠禄官闲职，"与子孙讲论文艺，朝夕不置"。有文集八十卷、外集二十卷，另有《考古通论》若干卷。谥"文康"。娶张溁为妻①。葛胜仲和张溁生六子三女。六子为：长子葛立方（？—1164），次子葛立中，第三子葛立器，第四子葛立卓，第五子葛立豫，第六子葛立参。三女为：长女嫁许旸，次女嫁刘封，第三女嫁章倧②。

　　葛书举的三子中，长子葛张仲，参加科举考试，娶秦观之女为妻。次子葛牧仲和第三子葛子仲也"皆举进士"。这是哲宗元祐八年（1093年）的情况③。此后，据《嘉靖江阴县志·选举表第十一上》记载，徽宗政和二年（1112年）有"葛正仲"中第。葛正仲字孝卿，任军器少监。清代卢思诚等《江阴县志》卷13《选举》载葛正仲是葛书举之子，但不可

---

① 葛胜仲：《丹阳集》卷14《妻硕人张氏墓志铭》，四库全书文渊阁商务影印本。
② 葛胜仲：《丹阳集》卷24附录，葛胜仲《行状》，四库全书文渊阁商务影印本。
③ 秦观撰：《淮海集》卷33《葛宣德（书举）墓铭》。

信。元人尤玘《万柳溪边旧话》①，也记载葛氏家族中有葛正仲者进士登第，说明确有此人，但不清楚究竟是谁人之子。

综观江阴葛氏家族的第六代和第七代，葛惟明之孙和曾孙都没有在科举上获得成功，但因经营农业或工商业，仍维持着富裕人家的生活水平。葛惟甫之孙和曾孙共十四人，参加科举考试者九人，不参加者一人，年幼和情况不明者四人。其中科举登第者有六人，应举不中者三人；因恩荫补官者四人。由科举登第和恩荫得官，两者相加共十人，其中三人获得了高官。秦观撰葛书举《墓铭》描述以上两代子孙的兴旺发达景象：葛宫和葛密兄弟"皆以德善寿考，为搢绅所推。诸子若孙行学闻于时者相属。阖门百口，有古雍睦之风。今东南大族，称孝友者，曰'江阴葛氏'"②。

江阴葛氏家族的第六代和第七代，正是北宋后期至南宋前期，葛氏度过了困难时期。在南北宋之交，江阴"会金兵南下，居第僦业俱火，廪禄不供，儿妾滨于饥寒"。但幸而合族安然无恙③。葛氏家族仍在江阴牢牢立足，为本地的一个"大族"。高宗绍兴六年（1136 年），右宰相张浚在一份奏章中，提出浙西江阴军为"最系豪右大姓数多去处"之一，计划劝诱他们"纳金入粟，以助军费"④。葛氏自然也是当地的"豪右大姓"之一了。

五、江阴葛氏家族的顶峰

葛氏家族迁居江阴至第八代、第九代时，更是兴旺发达，达到了历史上的顶峰。

葛惟明的一房，葛权和康氏生有二子四女，长子葛开真，次子葛去

---

① 鲍廷博编：《知不足斋丛书》第十集。
② 秦观撰：《淮海集》卷 33《葛宣德（书举）墓铭》。
③ 葛胜仲：《丹阳集》卷 8《中散兄诗集序》，四库全书文渊阁商务影印本。
④ 徐松：《宋会要辑稿》职官 39 之 9 至 10《都督府》，中华书局 1957 年版。

病,四女情况不详①。葛开真和葛去病也不见于《江阴县志·选举表》,说明他们没有科举登第。可以这样说,到葛开真和葛去病这一代为止,葛惟明的一房就在历史上湮没无闻了。

葛惟甫的一房,只有葛次仲和葛胜仲之子孙依然自强不息,有多人应举登第,有的人官至宰辅,使葛氏家族的发展达到了顶峰。葛次仲的长子葛立隆,较早以恩荫补官,在徽宗宣和三年葛次仲逝世时,差遣为国子监书库官②。六年,官阶为右承议郎,差遣为镇江府通判③。至高宗绍兴二年(1132年)十月,由池州通判调任常州通判。三年正月,到池州上任,至四年三月,"通理池州月日",任满④。次子葛立悌,字顺之,徽宗宣和三年,任太常寺奉礼郎⑤。六年,任左奉议郎、宗正寺丞⑥。史能之《咸淳毗陵志》卷11《科目》记载。葛立悌于宣和六年(1124年)进士登第。《嘉靖江阴县志·选举表第十一上》沿袭这一记载,还注明葛立悌"字顺之,宗正丞"⑦。其实,葛立悌早在这一年已是升朝官之一的奉议郎,而且奉议郎之前加"左"字,说明他已经进士科中第多年,因此《咸淳毗陵志》和《嘉靖江阴县志》的这一记载是错误的。第三子葛立廉和第四子葛立象:徽宗宣和三年,葛立廉官阶承务郎,说明他已经过磨勘改为京官;葛立象则为通仕郎(即从政郎,选人的第五阶)⑧。至六年,"皆右丞事"⑨。宋代没有设置"丞事"这种官阶,估计是"承事郎"之误。不过,"承事郎"上面的"右"字表明他们均系恩荫得官,至少这时仍未科举登第。葛立象后至高宗绍兴八年(1138年)中进士第⑩。曾监镇江府粮料院。孝宗乾道元年(1165年),葛立象正在知吉州任上,因为"措置和籴米三十万石,职事修举",受到朝廷

① 葛胜仲:《丹阳集》卷14《葛君(权)墓志铭》,四库全书文渊阁商务影印本。
②⑤⑧ 葛胜仲:《丹阳集》卷15,葛次仲《行状》,四库全书文渊阁商务影印本。
③⑥⑨ 葛胜仲:《丹阳集》卷15,葛书思《行状》,四库全书文渊阁商务影印本。
④ 徐松:《宋会要辑稿》职官61之46《对换官》,中华书局1957年版;史能之:《咸淳毗陵志》卷9《秩官·郡官》。
⑦ 赵锦修、张衮纂:《嘉靖江阴县志》卷14《选举表第十一上》,天一阁藏明代方志选刊本。
⑩ 卢思诚修等:《江阴县志》卷13《选举》,光绪四年木刻本;案《嘉靖江阴县志》卷14《选举表第十一上》无此记载。

奖励"特转一官"①。第五子葛立会，徽宗宣和三年官阶承事郎。第六子葛立民，宣和三年至六年官阶通仕郎。女婿为冯晋②。

在葛书思之孙中，有一人叫葛立经。据《嘉靖江阴县志·选举表第十一上》，徽宗宣和六年，葛立经考中进士。又记载葛立经"字权之，直龙图阁，次仲子"。据葛书思《行状》，葛书思之孙中在葛立廉、葛立象后，葛立柔、葛立民前确有葛立经，宣和六年已经任"左朝奉郎、直龙图阁"③。葛书思的《行状》中，诸子是按年龄长幼先后排列的，葛立经必定是葛立象之弟，葛立民之兄。然而在葛次仲的六子中，排列在葛立象和葛立民之间只有葛立会，说明葛立经与葛立会不可能是同一个人。由此可以肯定葛立经并非葛次仲之子，也不是葛胜仲之子，而可能是葛和仲、葛仪仲之子。葛立经在钦宗靖康元年（1126 年），被责由直龙图阁降为直秘阁。同时被责的还有其他一些官员，罪名是"皆以蔡京、攸、王黼、王安中、孟昌龄之子弟亲戚，言者论其倾附为之心腹，未蒙斥免，故皆责之"④。

葛胜仲和妻张濩生有六子，长子葛立方，字常之。崇宁三年，已获右通直郎官阶，显由恩荫而得。高宗绍兴八年（1138 年），同进士出身。十四年（1144 年）五月，任左奉议郎、诸王宫大小学教授，曾上疏建议将不合和议者立为党碑，以戒"怀奸弗靖，煽惑士流者"。十七年（1147 年）六月，由太常博士除秘书省正字。十八年二月，任殿试参详官。十九年六月，擢左朝奉郎、行秘书省校书郎、兼提举秘书省编定书籍官、兼吴王益王府教授。二十一年六月，迁考功员外郎。九月，兼权中书舍人，因忤秦桧意得罪，罢官。二十五年十二月，秦桧已死，复为左朝散郎、吏部员外郎。二十六年八月，任守左司郎中；闰十月，充贺大金生辰使⑤。二十七年六

① 卢宪：《嘉定镇江志》卷 17《粮料院》，中华书局宋元方志丛刊影印本；徐松：《宋会要辑稿》食货 40 之 40《市籴粮草三》，中华书局 1957 年版。
② 葛胜仲：《丹阳集》卷 15，葛书思《行状》、葛次仲《行状》，四库全书文渊阁商务影印本。
③ 葛胜仲：《丹阳集》卷 15，葛书思《行状》，四库全书文渊阁商务影印本。
④ 徐松：《宋会要辑稿》职官 69 之 23《黜降官六》，中华书局 1957 年版。
⑤ 李心传：《建炎以来系年要录》卷 174，绍兴二十六年八月庚午朔，中华书局 1956 年版；葛立方：《归愚集》卷末附清代缪荃孙撰《葛立方传》，常州先哲遗书第一集；葛胜仲：《丹阳集》卷 24 附录，葛胜仲《行状》，四库全书文渊阁商务影印本。

月，迁权吏部侍郎。十月，以言者论其"身为长贰，辄为子弟（葛）郯越新制用举状"，罢权吏部侍郎。二十九年，任知袁州，因言者论其"因缘沈该，旋至侍从"，又罢官①。孝宗隆兴元年（1163年）八月，葛立方新知宣州，但"以臣僚论列"，"罢新任，依旧宫观"②。从此，不再出任差遣。致仕后，寓居于湖州。隆兴二年（1164年），病死。娶妻樊氏，生有二子，长子葛郯，次子葛邲。一女嫁张本③。葛立方"传家学，故其原深；贯群书，故其论辩；禀秀质，故其辞华"。因此，"尝登禁掖，代王言"，"以文章名一世"④。葛立方著有《归愚集》《韵语阳秋》等传世。

次子葛立中，曾赴开封府解试，获第五名⑤。但省试或殿试失败。崇宁五年前由恩荫补官，获右迪功郎。宣和四年（1122年），以迪功郎任河北路盐香勾当公事。生有二子，即葛郑和葛郜⑥。

第三子葛立器，徽宗宣和四年已病死，此前在太学读国子生。此时，第四子葛立卓年幼，第五子葛立豫和第六子葛立参尚未出生。至高宗绍兴十九年稍后，葛立器等四子"皆早世"⑦。

葛胜仲的孙子辈，葛立方的一房，自葛立方致仕后寓居湖州，其子估计皆随父迁去。葛立方的长子葛郯，徽宗宣和六年任登仕郎，高宗绍兴十九年稍后任右迪功郎、临安府于潜县主簿⑧。看来他并没有科举登第，而是靠恩荫得官。孝宗乾道八年（1172年）至淳熙元年

① 李心传：《建炎以来系年要录》卷177，绍兴二十七年六月乙卯，中华书局1956年版；徐松：《宋会要辑稿》职官70之47、49《黜降七》，中华书局1957年版。
② 徐松：《宋会要辑稿》职官71之5《黜降八》，中华书局1957年版。
③ 缪荃孙撰：《葛立方传》；李心传：《建炎以来系年要录》卷137，绍兴十年七月壬子，中华书局1956年版。
④ 葛立方：《韵语阳秋》，徐林撰《序》、沈洵撰《跋》，上海古籍出版社影宋本1984年版。
⑤ 葛胜仲：《丹阳集》卷24附录，葛胜仲《行状》，四库全书文渊阁商务影印本。
⑥ 葛胜仲：《丹阳集》卷15，葛书思《行状》；卷14《妻硕人张氏墓志铭》，四库全书文渊阁商务影印本。
⑦ 葛胜仲：《丹阳集》卷14《妻硕人张氏墓志铭》；卷24附录，葛胜仲《行状》，四库全书文渊阁商务影印本。
⑧ 葛胜仲：《丹阳集》卷14《妻硕人张氏墓志铭》；卷24附录，葛胜仲《行状》，四库全书文渊阁商务影印本。案登仕郎即修职郎，较迪功郎高一阶。此处葛郯的官阶经二十五年后反而降低一阶，似记载有误，待考。

(1174年),任右奉议郎、建康府江宁县令。淳熙七年至九年,任朝奉郎、镇江府通判①。次子葛邲,字楚辅。宣和六年尚幼,后以荫授建康府上元县丞。绍兴十九年任右承务郎②。孝宗隆兴元年(1163年),登进士第。受荐任国子博士,轮对论州县受纳和卖官之弊,受到孝宗赏识,除秘书省著作郎兼学士院权直。约淳熙七年(1180年)任右正言。八年,兼侍讲。改任侍御史,累迁中书舍人、给事中③。约十三年(1186年),任权刑部尚书。十四年,兼侍讲,兼太子詹事。十六年二月,迁宣奉大夫、同知枢密院事。光宗绍熙元年(1190年)七月,任参知政事④;十二月,任光禄大夫、知枢密院事。四年三月,迁右丞相。五年正月,罢右丞相,特授观文殿大学士,依前特进、判建康府。不久,改授隆兴府,请求任祠禄官,除醴泉观使。宁宗即位,迁保信军节度使、开府仪同三司⑤。庆元元年(1195年)七月,判绍兴府。二年三月,改判福州⑥,上任途中患病,授少保致仕,不久去世,享年六十六。葛邲在孝宗和光宗时期长期受到重用,官阶和差遣逐步递升,丝毫未受挫折。而且在任右丞相前,没有担任过州县的官职,这在宋代也并不多见。孝宗时,“为东宫僚属八年,孝宗书‘安遇’字以赐,又出《梅花诗》命邲属和,眷遇甚渥”。死后赐谥“文安”,配享光宗庙庭。葛立方的一女嫁张本⑦。

葛立中的长子葛郯,字谦问,宣和六年任右承务郎,显然由任子授

---

① 葛胜仲:《丹阳集》卷15,葛书思《行状》、卷24,葛胜仲《行状》,四库全书文渊阁商务影印本;周应合:《景定建康志》卷27《官守志四·诸县令》,中华书局宋元方志丛刊影印本;卢宪等:《嘉定镇江志》卷16《宋参佐·通判》,中华书局宋元方志丛刊影印本。

② 葛胜仲:《丹阳集》卷24附录,葛胜仲《行状》,四库全书文渊阁商务影印本;谈钥:《嘉泰吴兴志》卷17《进士题名》,中华书局宋元方志丛刊影印本,载葛邲在绍兴十八年考中进士,隆兴元年榜下又有其名。据查,绍兴十八年进士《题名录》无葛邲之名,显误。

③ 徐松:《宋会要辑稿》食货18之11《商税五》,崇儒7之13《经筵》,中华书局1957年版。

④ 徐松:《宋会要辑稿》选举1之20《贡举》、礼53之9《后礼》,中华书局1957年版;徐自明撰、王瑞来校补:《宋宰辅编年录校补》卷18、卷19,中华书局1986年版。

⑤ 徐自明撰、王瑞来校补:《宋宰辅编年录校补》卷19,中华书局1986年版;徐松:《宋会要辑稿》职官78之61《罢免》,中华书局1957年版。

⑥ 施宿等撰:《嘉泰会稽志》卷2《太守》,中华书局宋元方志丛刊影印本。

⑦ 脱脱等:《宋史》卷385《葛邲传》,中华书局1977年版。

官,且已磨勘改为京官。绍兴十七年前,曾任右承奉郎、知建康府溧水县丞。二十四年,登进士第①。孝宗乾道七年(1171年)至八年六月,任左朝散郎、常州通判。后迁朝请郎、知抚州。淳熙八年(1181年)病死。著有《信斋词》传世②。次子葛郘,字周先,宣和六年也为右承务郎。绍兴十八年,考中进士甲科,任左承事郎、太平州州学教授③。

葛书思尚有多名曾孙,因史料的局限,不明是谁之子。如徽宗宣和六年已成长的葛邢、葛郁、葛郲,正在"举进士"或"习进士";葛郁和葛郛任登仕郎;葛邻任右承务郎,高宗绍兴十七年稍前任右承奉郎、临安府盐官县丞,十七年病死;葛邸,宣和六年任将仕郎④。

以上史实说明,江阴葛氏家族从北宋初年开始,便"世以儒学名家,高祖密至郕五世登科第,大父胜仲至郕三世掌词命"⑤。葛郕更是位至右丞相。应该说,葛氏家族达到了兴盛的顶峰。不过,葛郕这一房已经迁到了浙东湖州⑥。

江阴葛氏家族至葛胜仲之孙,即葛郕、葛郘等人这一代以后,便在历史上销声匿迹了。葛氏家族从顶峰跌到入低谷的时间,大约就在宋宁宗时期。

六、江阴另一房葛氏家族的兴衰

宋代江阴葛氏家族中,第四代尚有葛惟安的另一房。葛惟安从其"惟"字排行推断,与葛惟明和葛惟甫属同一辈份,可能是葛诱之子。

① 葛胜仲:《丹阳集》卷15,葛书思《行状》;卷24附录,葛胜仲《行状》,四库全书文渊阁商务影印本。
② 史能之:《咸淳毗陵志》卷9《秩官·郡官》;赵锦修、张衮纂:《嘉靖江阴县志》卷14《选举表第十一上》;唐圭璋:《全宋词》,中华书局1980年版,第1542页。
③ 葛胜仲:《丹阳集》卷15,葛书思《行状》;《(绍兴十八年进士)提名录》,四库全书文渊阁商务影印本。
④ 葛胜仲:《丹阳集》卷15,葛书思《行状》,四库全书文渊阁商务影印本;赵锦修、张衮纂:《嘉靖江阴县志》卷14《选举表第十一上》,天一阁藏明代方志选刊本。
⑤ 葛胜仲:《丹阳集》卷15,葛书思《行状》,四库全书文渊阁商务影印本。
⑥ 脱脱等:《宋史》卷385《葛郕传》,中华书局1977年版。

葛惟安生子葛中敏,葛中敏生子葛锡。葛锡与葛惟明之孙葛钧和葛铸、葛锴显然又为同一辈份,皆起单名,用"金"偏旁。葛锡和李氏生子葛师望。葛师望(1053—1132年),字兴周,少年时代"孤贫,自力学问","举进士,两荐开封"。哲宗绍圣元年(1094年)中第,调亳州卫真县主簿,改秩。历平定县令,知广德、吴县,监在京南炭场,筠、汀、扬、曹四州通判,主管南京敦宗院等,积官至中奉大夫。高宗绍兴二年(1132年)病死,享年八十。先娶闾丘氏为妻,后娶卫氏。生二子三女。二子为长子葛褆,次子葛祺。三名女婿为长婿赵格,二婿陆震,三婿洪兴祖(1090—1155年)①。

　　葛师望的二子只以恩荫得官,绍兴二年葛褆任右迪功郎、洺州永平县丞,葛祺任右从事郎、常州晋陵县尉。另有两名女婿即陆震和洪兴祖取得中级官职,也为葛师望一房争得了一些荣誉。但此后因无人在举业上有所成就,这一房很快就默默无闻了。

　　此外,在宋代江阴,还有一些葛姓子弟曾经应举登第,并取得一些官职,但因资料缺乏,无从理顺其世系,只得存而不论。如高宗绍兴五年(1135年)登第的葛温卿,字直儒,曾任广德丞。三十年登第的葛与国,字献可,太学上舍出身,曾任衢州西安县主簿。孝宗乾道五年(1169年)登第的葛兴宗,字仲抗,曾任泰州州学教授。宁宗嘉定元年(1208年)登第的葛廊,字师古,从其取名用右"阝"排行推断,可能与葛郯、葛邲为同一辈份,曾任沅黄县(案宋无此县名,待考)教授。十六年登第的葛兴孙,字景干,出任官职情况不详②。

七、江阴葛氏家族的婚姻关系

　　江阴葛氏家族可稽的史料,从葛涛起共有九代,能知其婚姻关系的,大致有七代。第一代葛涛、第二代葛彤娶妻情况不详。第三代葛

---

① 葛胜仲:《丹阳集》卷14《中奉大夫葛公墓志铭》,四库全书文渊阁商务影印本。
② 赵锦修、张衮纂:《嘉靖江阴县志》卷14《选举表第十一上》,天一阁藏明代方志选刊本。

详娶焦氏,第四代葛惟明娶承氏,葛惟甫娶吴氏,焦氏和吴氏显然出身于平民百姓,所以有关墓志铭和行状均不载其娘家的情况,仅葛书思《行状》载吴氏后来被追封陈留郡太君。承氏"世为江阴人,居其家以孝谨称。父讳怀,与择其里中人以行闻者而归之,遂嫁为处士葛君惟明之妻"①。也是平民出身。第五代葛宏娶耿氏,葛宫娶孙四娘子,葛密娶胡氏、陈氏,耿氏和胡氏、陈氏没有出身官宦之家的记载,仅孙四娘子是官僚之女。孙四娘子之父孙冕,在太宗雍熙间进士及第,历任秘书丞、直史馆、判度支勾院,荆湖南路转运使,度支副使、刑部员外郎,知寿州、苏州。孙冕是"江南端方之士","节概清直","甫及引年,大写一诗于厅壁","题毕,拂衣归九华。以清节高操,羞执百事之类。朝廷高其风,许再任,诏下,已归,竟召不起"。在士大夫中传为美谈②。孙冕择葛宫为婿,是看到葛宫二十余岁"以文词中甲科,为州将幕官,指期可得贵仕"③。在葛氏第五代时,已成为当地的"大姓",虽然葛宏等五兄弟中只有葛宜因上书论事获得官职,但其姊妹大都嫁给了官员,其中凌景阳在庆历二年任屯田员外郎;五年,由晏殊推荐而召试馆职,但因谏官王素、欧阳修论其"粗亲文学,本实凡庸,近又闻与在京酒店户孙氏结婚","乞不与馆职",故只升转一官,知和州④。凌景阳为何再婚,情况不得而知。蔡襄十八岁"以农家子举进士,为开封第一,名动京师",仁宗天圣八年(1030年)考中进士甲科,历知谏院、福建路转运使、起居舍人、知制诰、知开封府等,是宋代著名的书法家之一,"其残章断稿,人悉珍藏"。其妻葛氏,封永嘉郡君⑤。凌景阳,尤其是蔡襄,在当时算得上已功成名遂,无疑会使葛氏家光大门楣。

第六代葛书思娶侍其氏,葛书举娶夏侯氏。侍其氏家族"世以武

① 蔡襄:《端明集》卷38《葛处士夫人墓志铭》,四库全书文渊阁商务影印本。
② 徐松:《宋会要辑稿》职官77之34《致仕上》,中华书局1957年版。
③ 蔡襄:《端明集》卷39《瑞昌县君孙氏墓志铭》,四库全书文渊阁商务影印本。
④ 《欧阳修全集·奏议集》卷1《论凌景阳三人不宜与馆职奏状》,世界书局本。
⑤ 《欧阳修全集·居士集》卷35《端明殿学士蔡公(襄)墓志铭》,世界书局本。

显,族大且贵闻天下"。侍其氏之兄侍其玮,皇祐二年(1050 年)进士及第,官至左朝散大夫、知池州。夏侯氏之父夏侯淇,曾任司门员外郎。显然,侍其氏和夏侯氏也出身于高、中级官僚家庭。这时,葛氏"族大且显,凡女子许字,必求天下名士"。如葛密选婿,相中了金陵人徐安道。徐曾从学于王安石,"以才识为高第",考中治平间进士甲科,"隐然有隽杰之称"。历监察御史等,官至中大夫、京西路转运副使,为人"风节端亮,名誉尊显"①。葛氏也选中进士陈贤义为婿,陈后来的经历无考。

　　第七代的葛权娶妻康氏,葛权本人是没有"功名"的士人,康氏也属平民。另一房的葛次仲先娶孙氏,后娶卢氏,"皆有贤操",两人的出身无考②。葛胜仲所娶张濩,字靖姜,常州宜兴人,父张磐,官至朝散郎,母姚氏。"宜兴之张,世以儒学显,而姚氏在金坛为旧门"。父、母都是当地名宦大族。张濩的大妹嫁礼部侍郎张某,张后知徐州;二妹嫁徽宗朝尚书右丞王安中③。葛次仲的三名姊夫或妹夫:慕容彦逢,字叔遇,哲宗元祐三年(1088 年)进士及第,调池州铜陵县主簿,迁知鄂州崇阳县。绍圣三年(1096 年),考中博学宏词科,迁淮南节度推官、越州州学教授。徽宗时,除起居舍人,擢中书舍人,拜权翰林学士。后又历任吏部侍郎兼侍讲、刑部尚书等。积官至通奉大夫。"自居从官,凡翰苑缺员,辄被旨兼领,所草内制,自成一集"。政和七年(1117 年)病死,享年五十一。有《摛文堂集》传世④。侍其锷,苏州长洲人,朝散大夫致仕,侍其玮之次子。徽宗崇宁五年(1106 年),任通州司法参军。"⑤张潆,为葛胜仲外舅张磐之子,葛胜仲之妻张濩之

---

① 葛胜仲:《丹阳集》卷 13《朝散大夫致仕、柱国、赐紫金鱼袋侍其公(玮)墓志铭》;卷 14《徐太令人葛氏墓志铭》,四库全书文渊阁商务影印本。

② 葛胜仲:《丹阳集》卷 15,葛次仲《行状》,四库全书文渊阁商务影印本。

③ 葛胜仲:《丹阳集》卷 14《妻硕人张氏墓志铭》,四库全书文渊阁商务影印本。

④ 《永乐大典》卷 539《容字》;《宋史翼》卷 27《文苑二·慕容彦逢传》,中华书局影清本。

⑤ 葛胜仲:《丹阳集》卷 13《朝散大夫致仕、柱国、赐紫金鱼袋侍其公(玮)墓志铭》,四库全书文渊阁商务影印本。

兄,官至礼部侍郎①。说明葛氏在第六、七代,主要是葛宫和葛密两房的子弟,随着科举登第者的增加、官位的上升,其结姻对象的家庭也明显提高了层次。

第八代葛立方娶樊氏。樊氏之父樊滋,字德渊,高宗绍兴二年至三年任宣州通判,五年任右朝散大夫、主管台州崇道观。樊氏之母蔡氏,其父蔡邦直曾任沅州军事判官。樊氏的兄弟樊国辉,绍兴五年任右迪功郎、江州录事参军。樊氏和蔡氏都是衢州西安县的"望族","凤通婚姻"。葛立隆的妹夫冯晋,徽宗宣和三年任宣教郎、提举京东路盐香公事②。宣和六年(1124年),冯晋"以课息增羡","特除直秘阁"。高宗绍兴十二年(1142年)底,任左朝请大夫、知通州,因"臣僚言晋缘王黼亲党,冒请故也",朝廷下令"放罢"③。葛立方的妹夫,一为许旸,徽宗宣和四年,任文林郎、越州州学教授。高宗绍兴十九年稍后,任左朝请大夫、主管台州崇道观。二为刘封,宣和四年,任左承务郎、监登闻鼓院。三为章倧,字道祖,高宗绍兴八年与葛立方同榜进士登第。绍兴十九年稍后,任左奉议郎、权通判绍兴军府事④。

葛胜仲的孙女中,有葛立方之一女嫁张本。张本最初应举,高宗绍兴十年(1140年)七月,因"献《佑政篇》可采",特补右迪功郎。后进士登第,绍兴十九年稍后,任左奉议郎、主管台州崇观道。葛胜仲的另两名孙女,在这段时间里,一嫁沈洵,沈洵任右修职郎、监台州支盐仓;一嫁章湜,章湜任右迪功郎,未注差遣⑤。此两人皆任子补官,当然都出身于官僚家庭,不过还弄不清楚他们谁是葛立方之婿,或葛立中之婿。

① 葛胜仲:《丹阳集》卷15《祭外舅张朝散文》、《再祭外舅文》、《祭张侍郎文》,四库全书文渊阁商务影印本。
② 徐松:《宋会要辑稿》食货7之41至42《水利三》,中华书局1957年版;葛胜仲:《丹阳集》卷14《樊宜人蔡氏墓志铭》、卷15,葛次仲《行状》,四库全书文渊阁商务影印本。
③ 徐松:《宋会要辑稿》食货25之23《盐法》;职官70之27《黜降七》,中华书局1957年版。
④ 葛胜仲:《丹阳集》卷14《妻硕人张氏墓志铭》、卷24附录,葛胜仲《行状》;《归愚集》卷6《蛛砚铭》,四库全书文渊阁商务影印本。
⑤ 葛胜仲:《丹阳集》卷24附录,葛胜仲《行状》,四库全书文渊阁商务影印本。

葛惟安的一房,第六代葛锡所娶李氏,第七代葛师望所娶闾丘氏和卫氏,均不知其出身情况。不过,第八代的三女都嫁给士人或官员。如高宗绍兴二年时,赵格是进士,陆震任左正言,洪兴祖任驾部员外郎①。陆震,字允敷,福州侯官人。直徽猷阁、知均州陆恺之子。徽宗大观四年(1110年),"试中学冠"。次年,登第。历太常博士、礼部郎官,召为右正言,不拜;再被召,病死②。洪兴祖,字庆善,镇江府丹阳人。徽宗政和八年(1118年),登上舍第,为湖州士曹,改官为左宣教郎。高宗绍兴二年(1132年)十二月,召试,获第一,授秘书省正字③。四年,任驾部员外郎,因上疏论"朝廷纪纲之失,为时宰所恶",与其叔父礼部尚书兼权吏部尚书洪拟相继罢官④,主管太平观。约十年,起知广德军,迁江东路提点刑狱。十八年,知真州。徙知饶州。二十一年(1151年)三月,任左朝奉大夫、殿试参详官⑤。二十四年(1154年)十二月,任左朝散大夫、主管台州崇道观,因曾撰程瑀《论语解序》,"语涉怨望",被谏官所劾,押送昭州编管。次年八月,病死⑥。享年六十六。秦桧死后,于二十六年诏复洪兴祖官,特赠直敷文阁⑦。洪兴祖"好古博学",著有《老庄本旨》、《周易通义》等多种⑧。

元代学者尤玘撰《万柳溪边旧话》说:"文献公(笔者案:即尤辉,登哲宗绍圣元年毕渐榜)二姊,皆适葛氏兄弟也。二子各生四男,皆有文章,盛名江左,称'葛氏八麟'。胜仲、次仲同登何昌言榜进士,后文献公一科耳。师仲、正仲继之,亦一时衣冠之盛,而其后举者亦十余人,咸

① 葛胜仲:《丹阳集》卷14《中奉大夫葛公墓志铭》,四库全书文渊阁商务影印本。
② 梁克家:《淳熙三山志》卷27《人物类二·科名》,中华书局宋元方志丛刊影印本。
③ 李心传:《建炎以来系年要录》卷61,绍兴二年十二月戊戌,中华书局1956年版。
④ 李心传:《建炎以来系年要录》卷73,绍兴四年二月辛卯;卷69,绍兴三年十月壬午朔,中华书局1956年版。脱脱等:《宋史》卷333《洪兴祖传》,中华书局1977年版。
⑤ 徐松:《宋会要辑稿》选举20之10《举士十七》,中华书局1957年版。
⑥ 李心传:《建炎以来系年要录》卷167,绍兴二十四年十二月丙戌;卷169,绍兴二十五年八月癸巳,中华书局1956年版。
⑦ 李心传:《建炎以来系年要录》卷171,绍兴二十六年正月甲子,中华书局1956年版。
⑧ 脱脱等:《宋史》卷433《儒林三·洪兴祖传》,中华书局1977年版。

得外家之教。"尤辉的二姊皆嫁葛氏兄弟,且各生四子,但不清楚这两位"葛氏兄弟"是谁。葛胜仲确是四兄弟,但其父葛书思所娶乃侍其氏,而非尤氏;葛师仲、次仲也没有娶尤氏之女。但不管怎样,葛氏家族曾"盛名江左",其子弟在事业上的成功得力于"外家之教",则是事实。

综观葛氏家族七代的缔结婚姻情况,可知其子弟娶妻出于官宦之家者四人,家庭情况不详者十二人;其女子所嫁的对象,有十五人是官僚,二人是士人。这一现象表示葛氏家族为了保证本族的持续兴旺,除鼓励自己的子弟读书应举,获取官职外,又通过联姻,一方面娶其他官僚家庭的女子为妻,另方面将自己家族的女子嫁给官僚为妻。

八、葛氏家族对佛教的崇信

从宋初开始,大多数统治者提倡佛教。在此影响下,民间普遍信仰佛教,士大夫群体也不例外。江阴葛氏家族更有众多的佛教的虔诚信徒。

葛氏家族第三代葛诱,如前所述,自称是佛门的"信心弟子"。他曾出巨资雕印《观音经》五千多卷,死后,这些佛经都留给子女们诵读。第五代葛宫之妻孙四娘子也是一位佛教信徒。她既然出身于仕宦之家,就有优越的条件读书识字,所以蔡襄在为她所撰《墓志铭》中说她:"喜诵浮图书"。她死后,其遗属将她生前喜欢诵读的佛经都作为随葬品下葬,所以她的墓中保存了许多佛经。其中《金光明经》一部四卷,每卷卷尾都有墨书"孙氏女弟子经"六字;《金刚般若波罗蜜经》一卷,卷尾有墨书题记:"瑞昌县君孙氏四娘子谨舍净财权赎此经,永世供养。至和元年十一月。"字迹端庄隽秀,疏朗悦目。可以肯定,这些都出自她的手笔。而葛诱所题《佛说观世音经》,也作为她的遗物葬入她的墓中①。第六代中,徐安道之妻葛氏,平生"崇信释氏,日课其书,且奉

---

① 朱瑞熙:《关于江阴北宋墓的墓主孙氏娘子》,《文物》1984 年第 9 期。另见《文物》1982 年第 12 期,第 29 页。

其斋戒"。凡遇亲属的忌日，必定"蔬食阅经，以资其福，尽齿不懈"，达到了自始至终、至死不愧的程度①。第六代葛书思，平生"笃信释氏，奉其戒律，晨兴香火，持诵不辍。"凡遇亲属始丧，亲自"日诵《大藏经》，以追冥福"②。第七代葛胜仲、张濩夫妇更是虔敬的佛教门徒。葛胜仲"尤喜释氏书，谓与吾儒同道，究其奥旨。每宴坐，凝然终日，或至夜分不寐"。他曾"诵《金刚经》满二藏"。临终前，他"数闻异香，索水盥手，合爪掌跏趺端坐久之，乃北首右胁而卧，薨于正寝，合夫释典所为如来涅槃相者"。张濩也"喜浮屠学，日诵其语，食不击鲜。奉观世音尤力，课所谓大悲咒者数以万亿计。尝得寒疾滨死，观世音现白衣璎珞像，升卧榻，以杨枝荆芥被其体，寻汗浃顿愈，人士纪以诗文者甚众"。在汝州，曾"力疾朝中岳。既还，一夕神识去体，家人环泣，诸子若妾媵各剔股燧臂灼顶以祷，观世音像复现，光相满室。黎明，骤苏"③。反映全家老少无不笃信佛教。

　　葛氏家族随着应举中第者的增多，全族男女的文化素养都保持在较高水准。从现有材料看，仅有第五代葛密之婿徐安道追随王安石学习"新学"，其余人与当时流行的理学似乎毫不相关；反之，他们却热衷于佛学，这一现象不能不引起我们的注意。

九、葛氏家族常盛不衰的原因

　　唐代中期以后，逐渐形成了新的社会阶级结构，新兴的官僚地主取代了旧的门阀士族。官僚地主由于不再享受世袭固定官职和财产的特权，能够累世显达即世代做官的为数并不很多。宋代的普遍情况是官僚地主的"富贵"较少长达三世以上的。北宋理学家张载和南宋人阳

---

①　葛胜仲：《丹阳集》卷14《徐太令人葛氏墓志铭》，四库全书文渊阁商务影印本。

②　葛胜仲：《丹阳集》卷15，葛书思《行状》，四库全书文渊阁商务影印本。

③　葛胜仲：《丹阳集》卷24附录，葛胜仲《行状》、卷16《诵"金刚经"满二藏偶作》、卷14《妻硕人张氏墓志铭》，四库全书文渊阁商务影印本。

枋、吕皓等都注意到这一现象①，这就是说大部分官僚地主只能两三代或者数十年保持他们的官位和财产，嗣后，由于子孙的穷奢极欲，腐败之极，或者由于子孙众多，瓜分家产，或者由于地主阶级内部争权夺利的斗争，而迅速衰落破败，代之而起的是另一批新的官僚地主。这种情况与前代的门阀士族"虽朝代推移，鼎迁物改，卬然以门第自负，上之人亦缘其门地而用之"②的状况颇不相同。既然宋代大部分官僚地主难以世代保持固定的官位和产业，那么为什么小部分官僚地主像江阴葛氏家族又能常盛不衰呢？笔者发现葛氏家族并没有像其他一些家族那样，依靠编修本族的族谱、设置义田庄等族产、修建祠堂、制订族规、推举族长等，来结合全族族人，维持本家族的稳定，而是采用另外一些措施。这些措施之一，是鼓励本族子弟读书应举，获取官职，跻入士大夫的行列，不仅可以享受官府的俸禄，养活全家老小，而且可以封妻荫子，荣宗耀祖，提高本族的社会地位。如前述第四代葛惟明，在继承其父葛详"累致"的巨资的基础上，在一次应举失败后，便回乡广购书籍，教导子孙研读。其子葛宏在少年时代便"能去纷侈，从乡党之学"。第六代葛书思"善教子，言谕而身率之，以故诸子秀拔有立，俱为清议所重"③。葛书思还为诸子聘请贤士为师，在家授课，当发现老师不能胜任时，又及时另择名师。其子葛胜仲自幼"警敏"，稍长，葛书思在"宾朋会集"时，必使之侍立左右，学习一些书本上无法学到的东西④。葛氏家族在这种学习气氛的熏染下，无不读书应举，从第五代葛宫和葛密"以甲科起家"开始，连续五代"世世有人"进士登第。葛密写诗赠其子书思云："传家何用富金籯，教子何如只一经。庆历科名今已继，更教来叶嗣前馨。"葛密系庆历二年进士及第，因此勉励葛书思继承父业，

① 阳枋：《字溪集》卷9《杂著·辨惑》，四库全书珍本初集本；吕皓：《云溪稿·上邱宪宗卿书》，续金华丛书本；《张载集·经学理窟·宗法》，中华书局1978年版。
② 马端临：《文献通考》卷34《选举七·任子》，中华书局影印本。
③ 慕容彦逢：《摛文堂集》卷15，葛书思《墓志铭》，四库全书文渊阁商务影印本。
④ 葛胜仲：《丹阳集》卷24附录，葛胜仲《行状》，四库全书文渊阁商务影印本。

发扬光大。葛立方也曾赋诗赠葛邲云："吾家五世十三人，竞撷丹枝撼月轮。庆历贤科开后裔，隆兴儒业继前尘。"最后一句是指葛邲在隆兴元年登第，因而诗中说"继前尘"。葛立方从其曾祖父葛密算起，加上其子"若孙、若曾孙在桂籍者"，其中包括葛邲，其五代十三人已经科举中第①。如果加上别房的子弟，葛氏家族科举中第者至少达十八人，平均每一代有近四人中第做官。加之高、中级官员还能荫补自己的亲属，虽然其子弟所得仅是低级官衔，但毕竟已经进入仕途，这样，葛氏家族中这种子弟为数更多。所以，葛氏家族从定居江阴后能连续九代兴旺，并成为当地颇有名望的家族。从第十代开始，或许因为历史资料湮没，或许因为无人在举业上有所成就，因此逐渐衰落了。

　　这些措施之二，是在族内宣扬孝悌精神，实行互助互济。第五代葛宫生"性敦厚，恤录宗党，抚孤嫠，赖以存者甚众"②。其妻孙四娘子"守礼法，动止有度，举族姻内外，无有不得其所"③。葛密"居官奉亲"以"清德孝行著闻"④。葛密之女嫁徐安道，陪伴丈夫和儿子仕宦四方，"中外宗姻，靡日不婴念"⑤。第六代葛书思，是位孝子。为了对老父尽孝道，宁愿"投劾"辞官，"自尔居亲侧积十余年，不治田园，不事游览，专以供养为职"，亲自负责老父的饮食起居⑥。对待本族的"昆弟若从子孙，内外千指"，身"处尊卑间，友爱惇笃，无不顺适"。"诸妹择命士之贤者归之，问抚馈饷，恋恋靡懈"⑦。葛书举也是为人"笃于孝悌，毅然有守，不为利害所移"。这时，葛氏"阖门百口，有古雍睦之风"，人们每谈起"东南大族，称孝友者"，无不赞美"江阴葛氏"⑧。第七代葛权虽

---

① 葛立方：《韵语阳秋》卷 18，上海古籍出版社影宋本 1984 年版。据现有史料统计，葛立方的直系亲属子弟科举中第者不及此数，待考。

② 脱脱等：《宋史》卷 333《葛宫传》，中华书局 1977 年版。

③ 蔡襄：《端明集》卷 39《瑞昌县君葛氏墓志铭》，四库全书文渊阁商务影印本。

④ 葛胜仲：《丹阳集》卷 24 附录，葛胜仲《行状》，四库全书文渊阁商务影印本。

⑤ 葛胜仲：《丹阳集》卷 14《徐太令人葛氏墓志铭》，四库全书文渊阁商务影印本。

⑥ 葛胜仲：《丹阳集》卷 15，葛书思《行状》，四库全书文渊阁商务影印本。

⑦ 慕容彦逢：《摛文堂集》卷 15，葛书思《墓志铭》，四库全书文渊阁商务影印本。

⑧ 秦观撰：《淮海集》卷 33，葛书举《墓铭》。

然在举业上是失败者,但他"专营资业以奉亲,养生送终无悖礼,姻族缓急辄赒贷之,空无者每折其券"①。凭藉自己雄厚的资产,尽力救济本族的贫困者。葛胜仲如前所述,看到从弟葛济仲"贫甚",便首先将"郊恩官之";族中有孤女"不能自存者",则"为具食囊,选婿归之"。江阴田地每年所收租米,全部"推以畀同产"。在杭、兖二州任官,"得俸不敢轻用一毫,菲衣粝食,寸积铢累,以嫁二妹"。"阖门数百指,共室同炊,而姻戚并时显仕。岁时燕集,轩骑填里门",葛胜仲之妻张渼"虽处介妇,而调娱承顺,曲致恩意,中外无怨訾一辞"②。通过富贵者对贫困者不断地解衣推食,使全族保持着比较稳定的状态,从而使族内的佼佼者陆续脱颖而出,在举业上连连中捷,在仕途中飞黄腾达,这一些又反过来促使全族一直处于稳定的状态而又蒸蒸向上。应该说,这就是宋代江阴葛氏家族常盛不衰的主要原因。

黄宽重先生的论文《科举、经济与家族兴衰:以宋代德兴张氏家族为例》③提出:"自宋以后,家族的发展,如果未能在科举上取得优势或在家族产业有永续经营,即使有计划的联婚,仍不能长期居于优势。这也说明,科举与经济仍是中国传统家族兴衰的重要指标之一。"笔者通过对江阴葛氏家族的个案研究,得出了与黄先生相同的结论:在宋代特定的历史条件下,家族组织必须每一代都在科举或经济上获得成功,才能保持常盛不衰的状态。

附记:写完拙稿后,深感对葛氏家族的研究因史料的局限,有些问题只是浅尝辄止,无以深入,实为憾事。附录《宋代江阴葛氏家族世系表》中,凡暂无确切史料证明其上下父子关系,而又能肯定其左右同辈份者,皆用虚线表示。

---

① 葛胜仲:《丹阳集》卷14《葛君(权)墓志铭》,四库全书文渊阁商务影印本。
② 葛胜仲:《丹阳集》卷24,附录,葛夫人《行状》;卷14《妻硕人张氏墓志铭》,四库全书文渊阁商务影印本。
③ 载《第二届宋史学术研讨会论文集》,中国文化大学史学研究所、史学系1996年版。

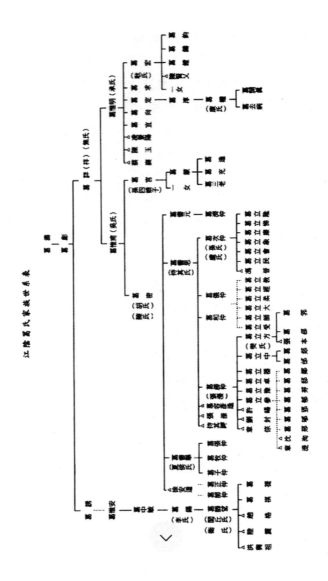

江陰葛氏家族世系表

（本文刊载于《中国近世家族与社会学术研讨会论文集》，
中央研究院历史语言研究所会议论文集之五，台北 1998 年版。
后又载于《江阴文博》1999 年创刊号、2000 年第 2 期）

朱熹和陈亮"义利之辩"的启示

　　中国封建社会进入唐、宋之际,出现了重大的变革。一方面,形成了新的社会阶级结构和新的封建土地所有制、新的剥削方式;另一方面,农业和手工业、商业、科学技术都取得了前所未有的新成就。新的社会经济结构的出现,宋朝的上层建筑出现了相应的变革,大致在太祖、太宗时,基本完成了政治和军事制度的第一次改革,其中科举制度稍迟至真宗时大致确立。在仁宗时,基本完成了教育制度的初次改革。思想领域的变革则稍迟一些,仁宗时出现了"疑经"的风气,随后逐步形成儒学的新形态即理学的各派,直到南宋孝宗时才由朱熹集其大成,并在理宗时受到统治阶级的推崇,取得思想上的统治地位。

　　宋朝商业发达,高额的利润吸引了许多达官贵人、士人、军人、市民等纷纷参与经商。在浓郁的商业气息的影响下,在理学家中出现一些学者对传统的"重义轻利"观念和"厚本抑末"政策表示异议,要求统治者重视"功利";同时,又有一些学者针对当时社会上盛行的"重利轻义"和急功近利的倾向提出批评,指出其危害性。前者的代表人物是陈亮,后者的代表人物是朱熹。他们都在摸索构建符合当时需要的伦理道德原则。

一、朱熹和陈亮的义利观

　　朱熹认为义和利的涵义是:"义者,天理之所宜。利者,人情之所欲。"①意谓人们按照"天理"行事,使万物各得其所,便是"义";反之,仅按自己的愿望去做,就是"利"。他又提出,第一,儒者很少讲利,但又不能不讲利。"所以罕言者,正恐人求之,则害义矣"。但"若不言,则人又理会不得如何是利。……故不可不言。但虽不言利,而所言者无非利"。第二,认为"利最难言,利不是不好"。第三,认为"利谁不要?"即人人都需要利,"若说全不要利,又不成特地去利而就害"②。第四,认为"不可先说道利,不可先有个利心"③,即不可把利视为行事的目的。第五,对于国家而言,"利不必专指财利"④。

在义和利的关系上,朱熹认为两者应互相统一,彼此包含,同时义先利后。首先,他认为义利互相渗透,义在利中,利在义中。他批评苏洵提出的武王伐纣"惨杀为义,必以利和之"的观点,指出"若如此说,则义在利之外,分截成两段了"⑤。又说义中"有大利存焉"⑥。还说"义中自有利","利是那义里面生出来底"⑦。其次,认为"利物足以和义","义和处便是利"⑧。第三,认为"义利只是个头尾"的关系。"君子"往往"处得其宜,则自无不利矣",他们只"理会个义,却不曾理会下面一截利";"小人"则只"见得下面一截利,却不理会事之所宜",即不去管义⑨。此处"君子"和"小人"并非指统治阶级和劳动人民,而是指士大夫群体中的两种人。这表明朱熹认为义和利互相渗透,你中有我,我中有你,密不可分。

然而,当朱熹将义利观运用到学者治理国家和自身的道德修养时,却把义理(天理)和利欲(人欲)完全对立起来。他说:"仁义根于人心之固有,天理之公也;利心生于物我之相形,人欲之私也。循天理,则不

① 《论语集注》卷2《里仁第四》。
② 《朱子语类》卷36《论语十八》。
③⑥ 《朱子语类》卷51《孟子一》。
④ 《朱子语类》卷16《大学三》。
⑤⑦ 《朱子语类》卷68《易四》。
⑧ 《朱子语类》卷36《论语十八》。
⑨ 《朱子语类》卷27《论语九》。

求利而自无不利;殉人欲,则求利未得而害已随之。"①又说:"义理之心才胜,则利欲之念便消。"②还说:"人之一心,天理存则人欲亡,人欲胜则天理灭,未有天理、人欲夹杂者。"③将义理与天理等同,利欲与人欲等同,又将义理(天理)与利欲(人欲)彼此割裂、对立。在他看来,人们的"小利害"、"小便宜"、眼前的"功效"、"私利"等都属于"利欲"或"人欲"的范围④。

关于陈亮的义利观,他主要运用到治国方面。第一、强调功利,将功利放在仁义之上。《宋元学案》卷56《龙川学案》记载,陈亮说:"禹无功,何以成六府? 乾无利,何以具四德?"表示即使圣贤也要先有功利,才会拥有物质和精神财富。他又把"仁义"看成人之"道",由此分为帝道和王道、霸道等。他提出"本朝专用儒以治天下","王道之说"因而一统天下,但"德泽有余而事功不足"。南渡后,"儒者犹言王道",而视富国强兵之说为"不可行"。他认为"王霸之杂,事功之会,有可以裨王道之缺而出乎富强之外者"⑤,认为光讲"仁义"流于空洞,应讲事功。第二、认为仁义与礼乐刑政相辅相成,可以"正人心",保证国家的长治久安。他认为仁义与法制都是"帝王之所以维持天下之具也"。三代所行仁义,表现在实行井田和封建制度,是当时的"大法",成为维系国家的和谐和秩序,保证政治和经济正常运行的基本规则⑥。他还向宋光宗提出,"师道"应以"仁义孝悌""率先天下",而"君道"应以"礼乐刑政""董正天下","二者交修而并用,则人心有正而无邪,民命有直而无枉,治乱安危之所由以分也"⑦。把仁义等看作"教化"的根本。此外,他提出过"正人心"之说,要求学者"当知其严义利之辨于毫

---

① 《孟子集注》卷1《梁惠王章句上》。
② 《朱子语类》卷53《孟子》。
③ 《朱子语类》卷13《学七》。
④ 《朱子语类》卷42《论语二十四》。
⑤ 《陈亮集(增订本)》卷15《策问·问皇帝王霸之道》。
⑥ 《陈亮集(增订本)》卷13《策问·问汉唐及今日法制》。
⑦ 《陈亮集(增订本)》卷11《廷对》。

厘之际"①,显示他又有重义轻利的主张。不过,这可能是他早期的
著作。

二、朱熹和陈亮的"义利之辩"

　　宋孝宗淳熙十一年至十三年(1184年至1186年),朱熹和陈亮在
义利观方面展开了一场激烈的辩论。双方言词甚多,现概括其主要论
点如下。朱熹认为,第一、三代"专以天理行",汉、唐时"专以人欲行"。
汉高祖和唐太宗都是以"私意"或"人欲"行事,汉、唐的英雄只是利欲
之徒,"在利欲场中头出头没"。唐太宗所以能立国并传世长久,是因他
"假借仁义以行其私",故"得以成其功"。第二、"道"是"常存"的,是"亘
古亘今常在不灭之物"。汉、唐以后近1500年间,世界虽"被人作坏",但
"道"始终"殄灭他不得",不过也"只是架漏牵补过了时日"②。

　　陈亮认为,第一、"才有人心,便有许多不净洁"。三代时既然有人
心,自然会有利欲。他指出现今的《诗》、《书》"载得如此净洁",是因为
"经孔子一洗,故得如此净洁"。三代以后,曹操还算得上"是专以人欲
行",但以此推断汉、唐"以智力把持天下","专以人欲行","岂不冤
哉"!汉高祖和唐太宗"岂能心服于冥冥乎!天地鬼神亦不肯受此架
漏!"第二、"道"不会脱离人而单独存在。他说:"天地之间,何物非道?"
如果没有人,天、地便"不能以独运";如果舍弃天、地,就"无以为道矣"。
如果说"天地而可架漏过时,则块然一物也;人心而可牵补度日,则半死
半活之虫也。"他反问:如果真是这样,"道于何处而常不息哉"③?

　　朱熹一开始就在信中劝陈亮"绌去义利双行、王霸并用之说,而从
事于惩忿窒欲、迁善改过之事,粹然以醇儒之道自律"④。陈亮自然不

---

① 《陈亮集(增订本)》卷10《语孟发题·孟子》。
② 《朱熹集》卷36《与陈同甫》,四川教育出版社版。
③ 《陈亮集》(增订本)卷28《答朱元晦秘书各书》。
④ 《朱熹集》卷36《与陈同甫》之四。

会接受。陈亮在与朱熹争辩的过程中,曾写信给挚友陈傅良,说明争辩的实质所在。陈亮说,他所论"本非为三代、汉唐设,且欲明此'道'在天地间,如明星皎月,闭眼之人开眼即是,安得有所谓暗合者乎!"说明"道"始终没有中断。又说:"天理、人欲岂是同出而异用,只是情之流乃为人欲耳。人欲如何主持得世界?"表示人欲只是"情"的流露,仅靠人欲不可能立国①。

陈、朱的"义利之辩"以双方坚持己见、不为对方所动而偃旗息鼓。

三、朱熹、陈亮的"义利之辩"给我们的启示

作为宋朝儒学两个流派的代表人物,朱熹和陈亮的思想理论都是祖国传统文化思想宝库的珍贵财富。他们的"义利之辩",曾在中国古代有着深远的影响。笔者以为,应该按照历史唯物主义原理,对他们的思想理论进行细致分析,如实评价,切忌将一方推上圣坛,而将另一方踩到脚下的随意性。事实上,他们受历史条件的局限,在思想理论上既有突出的成功之处,又有明显的失误。

朱熹的义利观,属于道德修养理论范畴,主要是向官僚士大夫及其后备力量的士人提出人生观方面的要求。他提出:"学无浅深,并要辩义利。"又说:"看道理,须要就那个大处看。……而今须要天理人欲、义利、公私分别得明白。将自家日用底与他勘验,须渐渐有见处。若不去那大坛场上行,理会得一句透,只是一句,道理小了。"②他将天理与义、公等同。他经常把"天理之公"与"人欲之私"或"天理"与"私欲"相对。在他看来,人的耳目鼻口的"欲",包括言语、动作、坐立、饮食等,要区分好坏、是非、正当与不正当、正常与不正常。凡属好的、是的、正当的、正常的,就属天理和义、公;凡属坏的、非的、不正当的、不正常

① 《陈亮集》(增订本)卷29《与陈君举》。
② 《朱子语类》卷13《学七》。

的,就属人欲和利、私①。这说明他主张克服和消除坏的、不对的、不正
当的、不正常的欲望。换言之,即以义求利,用天理消除人欲,用公心克
服私心,他所批判的私欲、私利的主要锋芒是针对唯利是图、见利忘义、
舍义取利等。必须指出,他的义利观是为官僚士大夫和士人设计的人
生观,并非要求劳动人民克尽欲望、心甘情愿地听任统治阶级的压迫和
剥削。

　　朱熹适应时代的需要,在传统伦理思想方面,为统治阶级提出了新
的义利观。他将伦理道德与政治融为一体,主张官僚士大夫和士人要
"义"字当头,做无私的君子,不做一心求利的自私小人;提倡官员不论
大小,都要秉公从政;不要贪生畏死,等等,从而使传统伦理学说中关于
个体与群体、国家、社会之间关系的论说进一步深化。他在强调官僚士
大夫和士人道德修养的自觉性的同时,又强调官僚士大夫和士人道德
实践的自觉性。他的这一理论包含了反对道德形式主义的合理因素,
应予肯定。

　　当然,朱熹的义利观在理论上也是有缺陷的。这主要表现在:第
一、在将义利引申到天理人欲时,他把利与欲、人欲、私欲、私利等混淆,
将义与义理、天理完全等同,而且将天理与人欲完全割裂,彼此对立起
来,不免在客观上使人们以为他重义轻利、贵义贱利,甚至误以为他提
倡禁欲主义。第二、在评价三代至汉唐的历史时,他把三代过分地理想
化,说三代时只行天理,而将汉、唐的历史看成一片漆黑,说汉、唐帝王
之心全是人欲等等。这自然不符合历史事实,不能使人信服。

　　至于陈亮,他在辩论中所表达的历史观显然要比朱熹高明。但是,
他的利义观同样也存在缺陷,这主要表现在:第一、他的义利观也存在
重义轻利的倾向。如前所述,他曾提倡"正人心",要求人们"知其严义
利之辨于毫厘之间",显示他主张远利欲、重仁义。这与朱熹所持并无
二致。第二、在与朱熹辩论中,他主张"义利双行",但在道德修养理论

───────────────

① 见拙作:《论朱熹的公私观》,载《朱子研究》1995 年第 2 期。

方面似乎没有提出系统的理论，也不曾明确界定义理和功利的涵义。人们不清楚他的"功利"究竟是指社会成员的公共利益，还是指个人利益，或者极端的利己主义。但他提出"才有人心，便有许多不净洁"，似乎听任物欲横流。所以，在朱熹看来，陈亮的功利意识有急功近利、急功好利的倾向，其流弊是心浮气躁，追名逐利。朱熹认为陈亮的理论"在利欲胶漆盆中"，又说陈亮之学"可畏，可畏！"朱熹为什么觉得"可畏"呢？他将陈亮的学术与江西陆九渊进行比较，说："江西之学只是禅，浙学（按指陈亮、叶适之学）却专是功利。禅学，后来学者摸索一上，无可摸索，自会转去。若功利，则学者习之，便可见效，此意甚可忧。"①。表明朱熹最担心的是陈亮的功利学说一旦被广泛接受并付之实践，必将导致人们只去追求立竿见影的功效，从而目光短浅，热衷于眼前利益，甚至见利忘义、舍义取利等，这自然对整个国家、社会是有弊无利的。

　　通过朱、陈这场辩论，可以看出双方的义利观是瑕瑜互见的。从这场辩论中，我们得到哪些启示呢？笔者认为，当前的社会主义精神文明建设的任务之一，是要加强思想道德建设，提高全民族的思想道德素质。为了更好地促进精神文明建设，我们应该发展马克思主义的新义利观，对传统的义利观包括朱熹和陈亮的学说加以扬弃。提倡义利统一、义利并重的义利观，使义和利融为一体，相辅相成；反对将义、利割裂和对立起来，避免片面化、绝对化。任何重利轻义，或者重义轻利的观点，认为义利之间有轻有重、有主有次，在理论上是错误的，在实践上是有害的。在现实生活中，要认识重义轻利的危害性。物质利益是人们的正常需要，忽视人们不断增长的正当物质利益要求，会挫伤人民群众的创造力，扼杀人民群众的进取精神，是不利于社会的不断发展的。同时，更要重视"功利"意识的消极倾向即重利轻义、纵欲主义的危险性。不受"理义"约束的"利欲"，无限膨胀的享受欲望，忽视社会公德

① 《朱子语类》卷123《陈同父》。

和职业道德、家庭美德教育,只会导致拜金主义、唯利是图观念甚嚣尘上,促使社会犯罪率上升,社会安定遭到破坏。对于那些滥用公共权力、不顾国家和全民利益而一味追求小集体或个人非正当利益的做法,对于那些只顾眼前利益而忽视长远利益的种种短期行为,应该及时发现,并加以制止和纠正。

（本文刊载于《上海师范大学学报》1998 年第 3 期）

宋朝的休假制度

宋朝的休假制度,涉及当时的职官制度、军事制度、教育制度、法律制度、社会风俗等,它既是当时官僚政治制度的一个组成部分,又是当时社会生活的一个组成部分。

宋朝凡由官府按照"令式"规定的假期,一概称为"式假"①。管理"式假"的官署,在宋神宗元丰官制改革前,一是祠部:宋真宗规定,祠部郎中和员外郎所管全年节假日共 100 天,其中包括旬休日 36 天②。二是鸿胪寺:宋神宗熙宁四年(1071 年)十二月下诏,凡鸿胪寺所管式假,并令太常礼院行遣③。元丰改制后,鸿胪寺不再经管"式假"之事,完全由祠部负责,全年节假日共 76 天④。

各社会群体因职业的不同,诸如官员、胥吏、军队、学生、编配囚徒、丁夫等享有不同的假期,其具体情况论述如下。

一、官员的休假制度

官员的休假,大致分为公假和私假两大类。公假有节假、旬假、国忌假、外官上任假、唱名后假、朝假,还有特殊情况给假等。私假有婚嫁

---

① 《宋会要辑稿》职官 60,中华书局 1957 年影印本。
② 脱脱:《宋史》卷 163《职官三》,中华书局 1985 年版。
③ 《宋会要辑稿》职官 25,中华书局 1957 年影印本。
④ 庞元英:《文昌杂录》卷 1,丛书集成初编本。

假、丧假、病假、探亲假、私忌假等。

1. 官员的公假

第一，官员的节假。北宋初年，官员的节假有岁节（元旦）、寒食、冬至各七日，休务各五日。圣节、上元、中元各三日，休务各一日。春社、秋社、上巳、重午（端午）、重阳、立春、人日、中和节、春分、立夏、三伏、立秋、七夕、秋分、授衣、立冬，各假一日，不休务。夏至、腊日，各假三日，不休务。诸大祀，皆假一日，不休务。这里的"假"日是指在京的官员免予朝参，"休务"是指各级官署停止办公。此后，宋朝"或因旧制，或增建庆节、旬日赐沐，皆令休务者，并著于令"①。宋真宗时，规定每年大祀、忌日、大忌前一日，皇帝均不坐殿，即在京官员免予朝参，亦即放朝假。元日、冬至、寒食仍各放假七日，诞圣节、元夕等放假皆依旧。新增了天庆节、先天节、降圣节，各放假五日；天祺节、天贶节各放假一日②。大中祥符元年（即景德五年，1008年）建天庆节和天祯（天祺）节、天贶节，五年（1012年）建先天节和降圣节，规定各休假五日。宋仁宗康定元年（1040年）二月，因西夏主元昊率兵侵扰西北部边境，下诏中书门下和枢密院、三司，自今大节、大忌给假一日，其他小节等"并赴后殿奏事"③。规定中央最高官署减少假期。直到庆历五年（1045年）六月，因"西兵解严"，才重新恢复天庆、天祺、天贶、先天、降圣五个节日的"休务"制度④。庆历六年十二月，规定三元节即上元、中元、下元以及夏至、腊日"自今并休务"⑤。原来每逢夏至和腊日官员只放三天朝假，且休务，官员真正享受了假期。嘉祐三年（1058年），御史中丞包拯上疏说：冬至、年节、寒食前后各假一日（按：应为三日），皇帝虽不御殿，即令二府、百司入衙"视事如常"。若皇帝"行幸"或举办燕宴，第二天官员"歇泊"，而"不遇休务者，更不别为假日；或观书、阅礼

---

① 《宋会要辑稿》职官60，中华书局1957年影印本。
② 脱脱：《宋史》卷163《职官三》，中华书局1985年版。
③ 李焘：《续资治通鉴长编》卷126，中华书局1985年版。
④ 李焘：《续资治通鉴长编》卷156，中华书局1985年版。
⑤ 李焘：《续资治通鉴长编》卷159，中华书局1985年版。

物之类,毋得早归私第"。宋仁宗依奏①。据庞元英记载,"冬至假七日,前后各三日,宰相宅引,百司厘务。初,包拯为三司使,上言每节假七日,废事颇多,请今后只给假五日,自此始也"。庞元英所说包拯提议减少节假,是包拯任御史中丞之日,不是任三司使时。经过包拯的提议,冬至的假期减为五日②。到宋神宗元丰五年(1082 年),祠部重定官员休假制度,元日、寒食、冬至,各七日;天庆节、上元节、同天圣节、夏至、先天节、中元节、下元节、降圣节、腊日,各三日;立春、人日、中和节、春分、春社、清明、上巳、天祺节、立夏、端午、天贶节、初伏、中伏、立秋、七夕、末伏、秋社、秋分、授衣、重阳、立秋,各一日。另有大忌十五日、小忌四日。对于皇帝而言,每逢天庆、夏至、先天、中元、下元、降圣、腊日,皆在前、后一天坐后殿办公,当天不坐。每逢立春、春分、立夏、夏至、立秋、七夕、秋分、授衣、立冬、大忌,前一日,也坐后殿。其余假日,皆不坐,因为"百司休务焉"③。以上节假,加上旬假(每月三日,全年三十六日),全年共 124 天。这些假日实际都只是免除上朝,并不全部"休务"。宋徽宗政和四年(1114 年),新定十一月五日为天应节,依照天祺、天贶节先例,作休务假一日④。

　　南宋初期,因为战乱,官员的节假实际被取消,凡遇节假,"百司"官员"皆入局治事"⑤。高宗绍兴初年以后,随着政局逐渐稳定,节假开始转入正常。绍兴二十七年(1157 年),王十朋在殿试策的《论休假札子》中指出,现今"边事未靖",正是"君臣相与有为,日不暇给"之时。但朝廷仍然遵循"平时故事","假故稍多",因此"有妨机务"。他要求宋高宗除照常"未明坐殿,日晏而退"外,到"放假故之日,宜常御便殿,不拘早晚,引见宰执、侍从、台谏、群臣,赐以从容访问时务,事有可采,即时施行"。同时,要求命令"朝廷""不可似常时作假,宰执日入朝堂,

①　李焘:《续资治通鉴长编》卷 178,中华书局 1985 年版。
②　庞元英:《文昌杂录》卷 3,丛书集成初编本。
③　庞元英:《文昌杂录》卷 1,丛书集成初编本。
④　《宋会要辑稿》礼 57,中华书局 1957 年影印本。
⑤　《宋会要辑稿》职官 60,中华书局 1957 年影印本。

百僚各任其职"。"庶几事务不废,共致中兴"①。在官员的各类假日中,节假所占比重最大,王十朋提议减少假日,当然首先是要节假首当其冲,归入减少之列。宋孝宗时,罗愿针对当时下诏全国增加中秋节的假期,上疏提出,御史台掌管将每月坐朝和百司入局的情况报告宰执,称为"月报"。从月报看,官员们"一月之中,休暇多者殆居其半,少者亦十余日"。国家的大事,诸如"四时孟享,侍从以上有扈从之劳,则为之休务可也。"以往"国家全盛之时,上下燕安,亦有天祺、天贶之属以文太平,历世承平,循而不敢废"。但是,自从"艰难以来,臣民日思淬励,何暇相从于娱乐之事,而独为休告于官府,失其实矣"。同时,"国家法度在有司者,关报截会,比前代为密。休暇既多,则远方之人常困于守待,而事亦因循失时,有不振之弊"。所以,他建议明诏"有司","取承平以来一时以庆事名节者,存其名勿废,而使百司得治事如常日",以便集中精力"恢崇祖宗之功业"。待到"天下复平",然后"复举旧令为休暇如承平时"②。罗愿的建议是否获准,现不得而知。到宋宁宗时,据这时的法典《庆元条法事类》"假宁格"规定,节假中,元日、寒食、冬至,共五日,前、后各二日。圣节、天庆节、开基节、先天节、降圣节、三元、夏至、腊日,共三日,前、后各一日。天祺、天贶节、二社、土(上)巳、重午、三伏、中秋、重阳、人日、中和、七夕、授衣、立春、春分、立秋、秋分、立夏、立冬,一日。该法典"假宁令"还规定:"诸假皆休务。人日、中和、七夕、授衣、立春、春分、立秋、秋分、立夏、立冬、单忌日,并不休务。天庆、开基、先天、降圣、三元、夏至、腊前后日,准此。"③与北宋时期相比,南宋官员的节假减少较多,主要是元日、寒食、冬至各由七日减为五日。元日、寒食、冬至的假期,共七日时,规定前、后各三日;共五日时,规定前、后各二日。如北宋时的"假宁格"规定,清明节前二日

---

①　王十朋:《梅溪王先生文集·廷试策并奏议》卷3。
②　黄淮、杨士奇等:《历代名臣奏议》卷195《戒佚欲》,上海古籍出版社1989年影印本。
③　《庆元条法事类》卷11《给假》,中国书店1990年影印本。

为寒食节;寒食节前、后各放假三日,共七日①。这样,清明节正在寒食节的后二日,清明节的假日恰纳入寒食节的假期内。元日、寒食、冬至虽减为各五日,但官员实际皆享受全部假期。据《嘉泰事类》规定,该三大节各假五日,"诸假皆体务"②。

在皇帝登殿视事(办公)的日子,有关官员必须上朝,参见皇帝。比如宋神宗元丰改制后,实行官员"六参"制度。六参,又称"望参",即每逢一日、五日在京大小职事官和不厘务官,"趁赴望参"。这些官员"不得连三次请假"③。朝廷下令免予官员朝参,称"放朝假"。放朝假的日子,有时官署停止办公,官员休息;有时官署照常办公,官员不能休息。如上述宋宁宗庆元间制定的《庆元条法事类》,规定天庆节休朝假三天,实际情况是此时临安府已不像北宋开封府那样,宫观连续斋醮数日,而是"未尝举行,亦无休假"。而外地各州府长官至时必定率员前赴天庆观朝拜,"遂休务,至有前、后各一日"。降圣、天祺、天贶诸节的庆祝和官员放假情况大致也如此④。

第二,官员的国忌假。宋朝的国忌,是指由朝廷特定的本朝先帝、先后逝世纪念日。国忌分为大忌和小忌两种。宋太祖建国之初,即建隆元年(960年)三月,追尊僖祖(即赵朓,太祖和太宗的高祖)以下四庙,规定僖祖十二月七日忌,其妻文懿皇后(崔氏)六月十七日忌;顺祖(即赵珽,太祖和太宗的曾祖)正月二十五日忌,其妻惠明皇后(桑氏)五月二十一日忌;翼祖(即赵敬,太祖和太宗之祖父)四月十二日忌,其妻简穆皇后(刘氏)十月二十日忌;宣祖(即赵弘殷,太祖和太宗之父)七月二十六日忌。其中以宣祖为大忌,其余皆为小忌。建隆二年,宋太祖和太宗之母杜太后逝世,次年五月,下诏以其六月二日忌日为大忌⑤。自此以后,凡皇帝和皇后死后,皆由新皇帝将其忌辰立为大忌。

① 陈元靓:《岁时广记》卷15《寒食上》,丛书集成初编本。
② 陈元靓:《岁时广记》卷16《寒食下》,卷38《冬至》,丛书集成初编本。
③ 赵昇:《朝野类要》卷1《班朝》,知不足斋丛书本。
④ 洪迈:《容斋五笔》卷1《天庆诸节》,上海古籍出版社1978年版。
⑤ 《宋会要辑稿》礼42,中华书局1957年影印本。

有时,一次增加四名已故皇后的忌辰为大忌。如宋神宗元丰六年(1083年),一次下诏将孝惠(太祖贺皇后)、孝章(太祖宋皇后)、淑德(太宗尹皇后)、章怀(真宗潘皇后)四后的忌日"依大忌例"加以纪念,实际皆立为大忌。随着时间的推移,宋朝也实行废忌。如宋真宗时一度罢宣祖大忌。宋英宗治平三年(1066年),废罢僖祖和文懿皇后的忌日;神宗元丰八年(1085年),废罢顺祖和惠明皇后的忌日。但至徽宗崇宁四年(1105年),又恢复僖祖和文懿皇后的忌辰,稍前还恢复翼祖和简恭皇后、简穆皇后的忌日。宋神宗熙宁三年(1070年),国忌共有四小忌、十五大忌,四小忌为顺祖、翼祖、惠明皇后、简穆皇后,十五大忌为宣祖、太祖、太宗、真宗、仁宗、英宗、昭宪、孝明、明德、懿德、元德、章穆、章宪、明肃、章懿皇后①。此外,国忌还有双忌和单忌之分,单忌是一天只有一位先帝或先后的忌辰,双忌则同一天有两名或两名以上的先帝或先后的忌辰。如昭宪皇后、淑德皇后、懿节皇后的忌日同在六月初二日,僖祖和慈圣光献皇后(仁宗的曹皇后)的忌日同在十月二十日②。

宋太祖初次立国忌,规定凡逢其日,"禁乐,废务,群臣诣佛寺行香修斋"。逢大忌,中书门下的官员全部参加纪念活动;逢小忌,轮派一名官员去佛寺烧香修斋。"天下州府军监亦如之"。同时,规定大忌之前一日,皇帝不坐殿视事。"自后太祖、太宗忌,亦援此例,累朝因之"③。这说明大忌前一天,皇帝不坐殿视事,在京官员即放朝假。到忌日那天,各官署休务,官员去佛寺烧香后即可回家。宋真宗景德三年(1006年),要求枢密使、副使,三司使、副使,翰林学士、枢密直学士等遇大忌,随中书门下一起去佛寺烧香④。宋仁宗时,逢真宗、庄懿皇太后的忌日,往往前后三天到二天皇帝不视事,实际是放在京官员七天到五天的朝假⑤。宋神宗元丰六年(1083年),下诏规定大忌日,六曹诸司

---

① 《宋会要辑稿》礼42,中华书局1957年影印本;陆游:《老学庵笔记》卷10,中华书局1979年版。
② 《宋会要辑稿》礼42,中华书局1957年影印本。
③ 王栐:《燕翼诒谋录》卷2,中华书局1981年版。
④ 李焘:《续资治通鉴长编》卷62,中华书局1985年版。
⑤ 《宋会要辑稿》礼42,中华书局1957年影印本。

"不得假执政官早出，诸司官不得随出"①，要求各司官吏照常上班。

南宋时，可能因国忌日益增多，出现了逢双忌、单忌不同的休假方法。按照规定，在京文武百官只在双忌放假，因为烧香跪拜的礼数很多，待全部仪式结束，时间已晚；单忌仅三省官员"归休"，其余"百司坐曹决狱，与常日亡异"②。宋孝宗时，罗愿上疏要求减少官员假期，如双忌日，百官"不过行香一时之顷，退而入局，盖未害也"③。实际上建议取消双忌百官休假的规定。

第三，官员的旬假。宋朝沿袭前代，实行官员旬假制度。宋太祖开宝九年（976年），开始规定每遇旬假，皇帝不登殿视事，赐百官休沐一天④。所谓旬假，是每十天中休息一天，一般放在每旬之末。史称"每旬唯以晦日休务"，即每月的十日、二十日、三十日或二十九日（小月）休假⑤。宋仁宗康定元年（1040年）二月，因西夏主元昊反叛，边防紧张，下诏中书门下和枢密院、三司，自今逢大节、大忌给假一日，其余小节、旬休"并赴后殿奏事"⑥。这就是说命令百官暂停旬假。同年六月，翰林学士丁度上疏提出为了安定人心，"请休务如故，无使外夷窥朝廷浅深"，乃决定恢复旬假⑦。宋高宗建炎初年，因战事频繁，凡遇旬休和其他假日，百官照常入局治事。稍后，改为每月最后一天休务。至绍兴元年（1131年），下令朝廷各司每旬仍休息一天，但其他假期依旧停放⑧。宋宁宗时，《庆元条法事类》"节假"中规定，每旬放假一天⑨。

① 李焘：《续资治通鉴长编》卷335，中华书局1985年版；庞元英：《文昌杂录》卷4，丛书集成初编本。
② 《容斋随笔》卷3《国忌休务》；王栐：《燕翼诒谋录》卷2，中华书局1981年版。
③ 黄淮、杨士奇等：《历代名臣奏议》卷195《戒佚欲》，上海古籍出版社1989年影印本。
④ 李焘：《续资治通鉴长编》卷17，中华书局1985年版；《宋会要辑稿》职官60，中华书局1957年影印本。
⑤ 《宋会要辑稿》职官60，中华书局1957年影印本。
⑥ 李焘：《续资治通鉴长编》卷126，中华书局1985年版。
⑦ 李焘：《续资治通鉴长编》卷127，中华书局1985年版。
⑧ 《宋会要辑稿》职官60，中华书局1985影印本；《建炎以来系年要录》卷41，中华书局1956版。
⑨ 《庆元条法事类》卷11《职制门八·给假》。

　　第四，外官的上任假。宋朝沿袭唐制，外官上任规定期限，"限满不赴者"有罚①。官员接受新的差遣后，有一定的假期休息，然后赴新任。宋太宗淳化二年（991年）正月，下诏京朝官"厘务于外者，受诏后给假一月浣濯，所在州府以赴上日闻，违者有罪"②。宋真宗咸平元年（998年）十二月，又下诏京朝官被差任知州、通判、知军、监县场及监临物务者，在差遣确定后，"不得更赴朝参"，即不得继续在京城逗留，"限五日朝辞"。除去路途上的时间，再与一个月的假期。如果到任超假三天以上，"别具闻奏"③，即朝廷将依法加以惩罚。

　　第五，法官给假。宋朝有些官员因职务特殊，平日公事繁忙，每逢假日，只得照常办公，或者另外补假。如宋仁宗天圣二年（1024年），因审刑院案牍较多，遇到天庆、乾元等五节，仅三天暂停奏申大辟公案；其他公案，仅在这五节的当天"住奏"④。宋哲宗时，户部遇到假日，还派少数官吏去审理杖以下的一些案件⑤。又如曾任开封府判官的曹修古曾写《六月清心堂睡起》诗云："天府鞫囚三节日。"注云："修古初为开封府判官，凡在京百官正、冬、寒食皆休务，惟判官刑狱倍多，不得休。"⑥推想假日不休的官员当有补假的办法。

　　第六，特殊给假。在特殊情况下，朝廷也临时给官员休假。如宋真宗在大中祥符七年（1014年）二月，从亳州回京城，特赐随驾"东封西祀"的文武官员休沐假三日⑦。宋仁宗次子赵昕在庆历元年（1041年）病死，仁宗停止视朝五日，表示哀悼⑧。庆历六年（1046年）三月，在御试完毕，公布录取进士、诸科名单后，下诏"依宴后一日例，放歇泊假一

① 窦仪等：《宋刑统》卷9《职制律》，中华书局1984年点校本。
② 王栐：《燕翼诒谋录》卷3《外官给告浣濯》，中华书局1981年版。
③ 《宋会要辑稿》仪制9，中华书局1957年影印本。
④ 《宋会要辑稿》职官15，中华书局1957年影印本；李焘：《续资治通鉴长编》卷102，中华书局1985年版。
⑤ 李焘：《续资治通鉴长编》卷477，中华书局1985年版。
⑥ （明）周瑛等：《兴化府志》卷4《吏记》，清同治十年刻本。
⑦ 《宋会要辑稿》职官60，中华书局1957年影印本。
⑧ 李焘：《续资治通鉴长编》卷131，庆历元年三月庚戌朔，中华书局1985年版。

日,前、后殿不坐,永为定式"①。同年四月,仁宗赴金明池,并刈麦和各处游宴,下诏第二天"并放歇泊沐务假,并后殿不坐,永为定式"②。皇帝不坐殿办公,有关官员即放朝假,且可"歇泊"一天。南宋时,在御试唱名后,也给有关考试的官员放歇泊假三天③。

2. 官员的私假

宋朝官员的私假名目很多,也形成一定的制度。同时,官员的大部分私假实际享受公假的待遇。

第一,官员的婚嫁假。据《庆元条法事类》记载,官员自身结婚,朝廷规定给假九日。官员的期亲(如亲兄弟、姊妹、侄子、叔父等)结婚,给假五日;大功亲(如孙、堂姊妹、堂兄弟等)婚嫁,给假三日;小功亲(如堂侄、堂孙、堂姑等)婚嫁,给假二日;缌麻亲(如堂侄孙、曾孙、玄孙等)婚嫁,给假一日④。对于有些官员的婚嫁假,因其职务繁忙,朝廷另有规定。如宋太宗淳化三年(992年),规定大理寺断官"婚姻亦假三日"⑤。

第二,官员的丧葬假。宋朝提倡孝道。宋初法律规定,人们如闻父母丧或周亲尊长、大功以下尊长丧而"匿不举哀者",将受到严惩⑥。对于官员,自然更要求严格遵行。文官遇父母亡故,一般都要解除官职,持服三年(实际为二十七个月)。武官遭父母丧,宋初照例不解除官职,也没有给假的日限。至宋仁宗天圣八年(1030年),开始规定,武臣遇父母丧,卒哭(即死后第一百天)后,便允许朝参⑦。实际上,规定三司副使以上及班行使臣,遭父母亡故,都给假一百天⑧。嘉祐四年(1059年),由于武臣普遍"不持丧",这种情况引起了朝廷大臣们的注

①　《宋会要辑稿》选举8,中华书局1957年影印本。
②　《宋会要辑稿》职官60,中华书局1957年影印本。
③　周必大:《文忠集》卷7《次韵陈叔晋舍人殿试笔记》,四库全书文渊阁影印本。
④　《庆元条法事类》卷11《职制门八·给假》。
⑤　《宋会要辑稿》职官24,中华书局1957年影印本。
⑥　窦仪等:《宋刑统》卷10《职制律·匿哀》。
⑦　李焘:《续资治通鉴长编》卷109,中华书局1985年版。
⑧　李焘:《续资治通鉴长编》卷177,中华书局1985年版。

意,于是经过两制和台谏官的商议,决定阁门祗候、内殿崇班以上持服,
供奉官以下不必持服①。宋哲宗元祐七年(1092年),又下诏命武臣丁
忧者,现任管军处或担任路分总管、钤辖、都监、知州县城关使、县尉、都
监、寨主、监押、同巡检、巡检驻泊、巡防驻泊及管押纲运大使臣等,皆不
解除官职(其中系沿边任职和押纲者,给假十五日),一律给假一百天。
此外,原来不应解除官职而自愿解除官职行服者,除沿边任职者须奏申
朝廷待批外,一概准许②。宋孝宗时,"吏部选法"规定,小使臣遭丧不
解除官职,给"式假"一百天。内侍官丁忧时,也如此给假。不过,这时
又补充规定,凡小使臣中荫补子弟、取应宗室,武举出身人,捧香、戚里、
宗室女夫等"诸色补官"人,"皆合遵三年之制"③。宋宁宗时,《庆元条
法事类》规定,"武臣丁忧,不解官",给假一百日;其中正在"缘边任
使"、"押纲"者,给假十五日。一般"非在职"的文官遭丧,按亲等给假:
期亲三十日,大功二十日,小功十五日,缌麻七日,降而服绝三日;其中
"无服之殇"(指未满八岁而夭折,无丧服之礼),期亲五日,大功三日,
小功二日,缌麻一日。下葬时,期亲五日,大功三日,小功二日,缌麻一
日。除服(脱去丧服,不再守孝)时,期亲三日,大功二日,小功、缌麻一
日。一般在职的文官遭丧:期亲给假七日,大功五日,小功、缌麻三日,
降而服绝、无服之殇一日。遭本宗及同居无服亲之丧,给假一日。"丁
忧不解官"时,至大祥(父母丧后二十五月的祭名)和小祥(父母丧后十
三月的祭名)七日,禫(父母丧后二十七月的祭名,从此免除丧服)五
日,卒哭(父母丧后一百天)三日,朔、望各一日④。

　　对于有些职务忙碌的官员,朝廷在丧假方面有特殊的规定。如宋
真宗天禧元年(1017年)规定,在京城的场、务、坊的监官,遇期亲丧给
假五日,闻哀二日;遇大功或小功丧,给假三日,闻哀一日;遇缌麻亲丧,

① 范镇:《东斋记事》卷2,中华书局1980年版。
② 李焘:《续资治通鉴长编》卷470,中华书局1985年版。
③ 《宋会要辑稿》礼36,中华书局1957年影印本。
④ 《庆元条法事类》卷11《职制门八·给假》。

给假一日①。

有关官员的丧葬假，还有一些具体的规定，其中比较重要的有：（一）"诸遭丧给假，以遭丧日为始；闻丧者，以闻丧者为始。"规定了丧假起始的日期。又规定"闻丧"给假比"遭丧"减少三分之一。（二）在沿边任职而"遇军期者"，不给祥、禫、卒哭、朔望假。（三）凡丧、葬在他处者，在职官不准离任；如欲奔赴或护丧，如能在自己婚嫁中还假者，允许离任。"非在职人"，仍加给路程假②。

第三，官员的私忌假。宋太祖开宝九年（976年）规定，"应常参官及内殿起居职官等，自今刺史、郎中、将军以上，遇私忌请准式假一日"③。真宗景德三年（1006年），下诏"文、武官私忌并给假一日"，"忌前之夕、听还私第"④。扩大至所有官员遇私忌，都给假一日。仁宗庆历初，因西北边境战事吃紧，暂停在朝宰执等私忌假，至庆历五年（1045年）六月才依旧⑤。"私忌"一般是指官员亲生父母的忌日。宋神宗"元丰令"规定："诸私忌给假一日，逮事祖父母者准此。""逮"指"及"，即"谓生而及见祖父母者也"⑥。到宋宁宗时，更明确规定私忌是指祖父母和父母的忌日，祖父母内还包括"逮事曾、高同"⑦。

第四，官员的病假。宋朝官员请病假，法律上称"寻医"。官员申请寻医，必须找两名同级现任官员担保，保证其"别无规避"，所在官署验实保明，奏申朝廷。在任的官员寻医，实际上给予病假一百天。满一百天后，如继续请假，所在官署"勘验"确"无规避"，即准许离任，然后申报原来差举的官署。其中通判、路分都监以上，要具奏听旨。暂时没有差遣的寄禄官，则申报御史台。官员在赴阙或赴任、请假、离任等途

① 李焘：《续资治通鉴长编》卷89，中华书局1985年版。
② 《庆元条法事类》卷11《职制门八·给假》。
③④ 《宋会要辑稿》仪制13，中华书局1957年影印本；李焘：《续资治通鉴长编》卷17，中华书局1985年版。
⑤ 李焘：《续资治通鉴长编》卷159，中华书局1985年版。
⑥ 《文昌杂录》卷5。
⑦ 《庆元条法事类》卷11《职制门八·给假》。

中患病后痊愈,经所在州衙自陈验实,发给公凭,申报原任官署。如病假满一百天,或者已经痊愈,而续假累计达二百天以上,则申报在京所属官署。官员犯赃而装病寻医者,依照"诈疾病有所避律"加罪两等,监司和郡守"徇情故纵者"与之同罪①。

第五,官员的探亲等假。现任官员遇父母患病、病危而请探亲假,应离任"省视"者,由所属官署查明,除去路程外,给假最多不超过一个月。离任后,申报吏部。如遇"急难"或搬家,须离任者,也查实确"无规避",保明申报吏部②。

除上述有关官员的公假和私假的许多具体规定以外,还有一些较为重要的规定。诸如(一)按照宋高宗绍兴六年(1136年)二月敕的规定,凡官员以三年为任者,允许每任请假两个月;以两年为任者,允许每任请假一个月。超假时间的俸禄、职田租米之类,一概停发;如违,以贪赃论处。(二)"考课令"规定,"诸准格令给假(谓应给而非乞假者),其月、日理为在任。"表明凡官员在"式假"以外所请之假,在考课时不计入其任职时间内③。(三)官员请事假或延长假期,要事先向主管官署或吏部递呈札子,写明请假或展期的理由④。

二、军队和学校的休假制度

1. 军队的休假制度

军队的休假,也形成一定的制度。如宋宁宗时,《嘉泰事类》"军防格"规定,每遇寒食节,"诸军住教三日";遇中元节,"诸军住教一日"⑤。

2. 学校的休假制度

学校的休假制度,从北宋到南宋逐步严格。宋仁宗庆历二年(1042年),在整顿国子监的过程中,天章阁侍讲、史馆检讨王洙上疏

---

① ② ③　《庆元条法事类》卷11《职制门八·寻医侍养、给假》。
④　方逢辰:《蛟峰文集》卷1《乞假札子》、《抵家乞宽假一月》,四库全书文渊阁影印本。
⑤　陈元靓:《岁时广记》卷16《寒食下》、卷30《中元下》,丛书集成初编本。

指出，当时国子监"殊无国子肄习之法，居常讲筵无一二十人听读者"。建议凡在本监听读的生徒在授业的学官处"亲书到历。如遇私故出入，或疾告归宁，并于判监官处具状乞假，候回日，于名簿开记请假日数。若满一周年已上，不来参假者，除落名籍"①。表明允许国子生连请一年的长假，但如果超过一年而又不来国子监销假，即予除名。庆历四年（1044年），正式设置太学。至宋徽宗时，太学生有病得向所在的斋请假，称"斋假"；因故暂时不能上学，应请"长假"②。一次元夕节，太学生廉布等"告假"后才能"出游"，至第二天黎明返回③。太学的外学生如晚上不回学住宿，须请"宿假"，不然不敢在外住宿④。南宋时，太学依旧实行太学生请长假，扣除回乡的路程，超过一年者，必予除籍的规定⑤。但在宋高宗绍兴二十五年（1155年）权相秦桧病死以前，太学生请假制度较为松弛，太学生在学"听读日少，在告日多"，即使请长假延长到三年也无人禁止。到绍兴二十六年七月，才实行太学生"请长假满百日之人，并依条检举填缺"的办法，即由别的学生填补他的名额⑥。宋孝宗乾道四年（1168年），进一步规定"诸请长假，已填缺而参假者，候有缺拨入"⑦。允许被取消名额的原太学生再等候缺额入学。

南宋太学和武学还放节假。上巳，太学放假一日，武学三日；清明，太学放假三日，武学一日。对上述"两学暇日"，南宋学者周密也觉得"殊不可晓"⑧。

至于各地州学，同样也有一定的请假制度。宋仁宗至和元年（1054年）制订的京兆府（治今陕西西安）"小学规"规定："应生徒依府学规，

① 《宋会要辑稿》崇儒1，中华书局1957年影印本。
② 《宋会要辑稿》选举4、选举16，中华书局1957年影印本。
③ 洪迈：《夷坚乙志》卷15《京师酒肆》，中华书局1981年版。
④ 《夷坚丁志》卷11《蔡河秀才》。
⑤ 《宋会要辑稿》选举4、选举16。
⑥ 《建炎以来系年要录》卷164、卷173。
⑦ 《宋会要辑稿》崇儒3。
⑧ 周密：《癸辛杂识后集·两学暇日》，中华书局1988年版。

岁时给假,各有日限。如妄求假告及请假违限,并关报本家尊属,仍依例行罚"。宋徽宗时,"学制甚严",蔡州州学的学生七八人在"黄昏潜出游,中夕乃还",他们"未尝谒告,不敢外宿"①。

三、其他人员的休假制度

宋朝其他人员的休假制度,主要是编配囚徒和服役丁夫以及一般的"工作"人员等休假的规定。

宋宁宗时,《庆元条法事类》"假宁令"规定:"诸配流、编管、羁管移乡人,在道闻祖父母、父母丧及随行家属有疾,或死若产者,申所在官司,量事给住程假。"②允许被判配流、编管、羁管而移乡的人(主要是官员),在路途中得悉祖父母、父母亡故,或者随行家属患病、亡故、生产,申报所在官署,酌情给予"住程假"。同书"假宁格"规定,"流囚居作"者,每旬给假一日,元日和寒食、冬至各给假三日③。

对于服役的丁夫,宋朝官府也给予一定的休假时间。如宋真宗大中祥符六年(1013年),下诏"诸煎盐井役夫,遇天庆等四节并给假"④。宋哲宗元祐四年(1089年)六月,因大热,特"给在京工役假三日"⑤。绍圣四年(1097年)六月,哲宗亲自批示:"为暑热,应在京工役去处,并放假三日"⑥。宋宁宗时,《庆元条法事类》规定,凡"役丁夫",元日、寒食、冬至、腊日各放假一日⑦。

对于从事一般"工作"的工匠,也定期给假。宋真宗景德四年(1007年),始"诏诸处钱监铸匠,每旬停作一日;愿作者,听之"⑧。规

---

① 《夷坚丙志》卷13《蔡州禳灾》。
② 《庆元条法事类》卷11《职制门八·给假》、卷75《编配流役》。
③⑦ 《庆元条法事类》卷11《职制门八·给假》。
④ 李焘:《续资治通鉴长编》卷81,中华书局1985年版。
⑤ 李焘:《续资治通鉴长编》卷429,中华书局1985年版。
⑥ 李焘:《续资治通鉴长编》卷489,中华书局1985年版。
⑧ 李焘:《续资治通鉴长编》卷67,中华书局1985年版。

定各官办的钱监铸匠每旬休假一天，如不愿休假，也允许。宋宁宗时，《庆元条法事类》规定，"工作"人每逢元日、寒食、冬至三大节各休假三日，逢圣节、每旬、请衣、请粮、请大礼赏各休假一日[1]。

　　对于佛、道教的童行、行者以及赐紫衣者，宋朝规定了请假的条件和期限。宋真宗天禧元年（1017 年）颁布的诏书规定："道士童行，不由课试而披戴者，自今五年内不得离宫观。"必须满五年后，才准许请假往外。同时，又规定"特赐紫衣者"，三年以内不准"妄托假故外出"，即使"求省亲者"，也"计程给假"[2]。显示获赐紫衣的僧人和道士请探亲假，要按来回路程给予一定的假期。宁宗时，《庆元条法事类》"道释令"规定：僧人和道士"因特赐及圣节、非因试经而度未满五年，紫衣或师号求（未？）满三年者"，"不得判凭行游"。行游者离开本州界，扣除路上的时间，规定给 90 天行游假；如行游至千里以外，给半年假[3]。

（本文刊载于《学术月刊》1999 年第 5 期）

---

① 《庆元条法事类》卷 11《职制门八·给假》。
② 李焘:《续资治通鉴长编》卷 89;《宋会要辑稿》道释 1,中华书局 1957 年影印本。
③ 《庆元条法事类》卷 51《道释门二·行游》。

宋代官员公费用餐制度概述

　　中国古代官员的公费用餐制度,可以追溯到汉代。此后,经过近10个世纪的逐步发展,到宋代终于建立起一套较为完整的制度。从西汉至五代十国,官员公费用餐制度初具规模,大致为官员在经过的地点,由地方官府负责供应公费膳食①;京师各司和各州郡用一部分"公廨本钱",供应官员和六宫的膳食;官员平时在官府办公,享用"公厨"提供的工作午餐②;宰臣在政事堂的专门餐厅用餐,称"堂食"③;常参官每逢朝见皇帝,由朝廷供应一顿午饭,称"常食"或"廊餐"、"廊下餐"④,等等。到宋代,因为官员众多,该制度对各类、各级官员的公费用餐作出了种种规定;同时,对许多官员每月发给固定的膳食津贴,或发给一些临时的膳食津贴。该制度的主要特点是将官员挥霍公款吃喝、吃喝妨碍公务等纳入刑罚的制裁范围,在一定程度上扼制了官员乱花公款吃喝的行为,减少了公费的无谓消耗,阻止了社会风气的迅速污染。但宋代毕竟未能彻底制止官员的不正当公费用餐,在朝廷政治腐败的时期,官员的公款吃喝之风就更盛。该制度对后代也带来一定的影响。

---

① 《汉书》卷8《宣帝纪》;程大昌:《演繁露》卷9《厨传》。
② 王溥:《唐会要》卷93—94《诸司诸色本钱上、下》;《唐会要》卷57《尚书省》,卷64《集贤院》。
③ 《唐会要》卷53《崇奖》;司马光:《资治通鉴》卷225;《旧唐书》卷98《卢怀慎传》。
④ 《文献通考》卷107《王礼二》;《五代会要》卷6《廊下餐、常朝》。

一、宋代各类、各级官员公费用餐规定

宋代的官员公费用餐制度,在前代的基础上,经过不断完善,显得更加完整、严密。各类、各级官员公费用餐的规定有以下几个方面:

第一、朝会酒食。在朝会结束后,由朝廷招待官员午餐。北宋初,每月初一,在文德殿举行入阁仪式,最后由"阁门使宣放仗,皆再拜,赐廊下食"。"其赐廊下食,自左、右勤政门北东、西两廊,文东武西,以北为上立定。中丞至本位,西南一揖,乃就坐食"①。严仁宗景祐三年,知制诰李淑等重定"阁门仪制":"文武百僚、待制、三司副使同自左、右勤政门北两廊,文东武西,北上立定。御史中丞至本位,南向一揖。就坐食。""诸军校,赐食于左、右勤政门南两廊;其宰臣、枢密使以下至龙图阁直学士于中书;亲王、使相、节度使于赐食厅;留后、观察使至刺史于客省厅;管军节度使至四厢都指挥使于幕次。"②官员在用膳时,有"阁内弹奏官"负责"廊下食行坐失仪、语喧"。孝宗时,规定"朝会赐酒食不如法",归御史台前司负责弹劾③。

第二、堂食。北宋时,正、副宰相在办公之日,在政事堂享用工作午餐。魏泰《东轩笔录》记载:"寇准拜中书侍郎、平章事,丁谓参知政事,尝会食于中书,有羹污准须,谓与拂之,准曰:'君为参预大臣,而与长官拂须耶?'谓顾左右,大愧恨之。"堂食由堂厨负责操办,堂厨的经费每月有定额。高宗绍兴二十九年(1159年)十二月前,堂厨每月1 300贯,一年共15 600贯④。

第三、朝廷省、寺官员外出宴聚。神宗熙宁九年(1076年)九月,下

① 《宋会要辑稿》(以下简称《宋会要》)仪制1之19—20。
② 《宋会要》仪制1之24—26。
③ 《宋会要》仪制8之26、42。
④ 江少虞:《宋朝事实类苑》卷11《名臣事迹·寇莱公》之四;《宋史》卷281《寇准传》;《宋会要》职官57之75。

诏："今后将作、都水、军器监，如遇差出勾当公事官出外，并不得赴筵宴。"①此处并未明确规定"筵宴"是公费或私费，但一律禁止参加。宁宗庆元间，谢深甫等编《庆元条法事类·迎送宴会》"职制敕"规定，朝廷或者省、台、寺、监"差官出外"，如在所辖处和干办处"预妓乐宴会"，"并依监司法"，即"各徒二年"。"其辖下干办处官司，各减犯人罪三等"②。

　　第四、限制各级司法官员参加公费或私费的宴会。仁宗景祐元年（1034 年），诏书规定："天下狱有重系，狱官不得辄预游宴、送迎。"③宁宗时，"断狱令"规定，各州凡有"大辟"案件正在审理，"狱官不得赴宴会"。"职制敕"规定，各州"有徒以上囚禁（寄禁非）"，而狱官参预"非公使妓乐宴会"，准照"路分兵官将副法"惩处④。

　　第五、限制路级官员享用公费饮食。真宗景德四年（1007 年）四月，复置各路提点刑狱官，规定"州郡不得迎送聚会"⑤。仁宗初年，诏书规定"诸道守任臣僚，无得非时聚会饮燕，以妨公务"；同时，规定"其转运使、副巡历所至，除遇公筵，方得赴坐"⑥。据朱弁记载，神宗元丰前，州郡虽有公使库，而"皆畏清议，守廉俭，非公会不敢过享"。但"元丰以来，厨传渐丰，馈饷滋盛，而于监司特厚。故王子渊在河北，州郡供送，非时数出，谓之爆巡。"直到哲宗元祐元年（1086 年），监察御史韩川上疏，才揭露了此事⑦。

　　宋宁宗时，《庆元条法事类·迎送宴会》对路级长官的公费用餐作了比较细致的规定：一、界定了享用公费膳食的范围。其中"职制令"规定，各发运司、监司遇到圣节（"开启道场同"）或"传宣使命（赐妓乐、

①　《宋会要》刑法 2 之 35、41。
②　《庆元条法事类》卷 9《职制门六·迎送宴会》。
③　《续资治通鉴长编》（以下简称《长编》）卷 115，景祐元年十月癸酉。
④　《庆元条法事类》卷 9《职制门六·迎送宴会》。
⑤　《长编》卷 66，景德四年七月癸巳。
⑥　《长编》卷 109，天圣八年正月；《宋大诏令集》卷 161《置诸路提刑诏》。
⑦　朱弁：《曲洧旧闻》卷 2。

衣袄、特支银鞋同）"，"国信使、副"，准许"赴公筵"；如因"点检"或商议"公事"，也允许"赴酒食"；"巡历所至，薪、炭、油、烛、酒食并依例听受"。"公用令"规定，各监司及其官属（帅司等处的官属及其所差干办公事官同）"于廨宇所在，应赴筵会而不赴者，听送酒食"。二、限制参加某些宴会。"职制敕"规定，各发运使、监司"预妓乐宴会（自用或作名目"邂逅使令及过茶汤"之类同）"，"各徒二年"。"即赴所部及寄居官用家妓宴会者，加二等（知州、县令准此）"。这些违法犯罪行为"不以失及去官原减"。"不应赴酒食而辄赴（以职事为名而往亦是）"，"各杖一百"。其中"近城安泊，因公事往彼会议者，非"，即不属禁止之列。还规定"其辖下官司，各减犯人罪三等"。又规定，各制置司、提点司、提举司长官及属官，发运、监司、经略安抚、总管、钤辖司的属官，在所辖处和干办处"预妓乐宴会"，"并依监司法"，即"各徒二年"。三、规定举行公宴的经费来源。"厩库敕"规定，各发运司、监司或提点、总领等官员，凡"遇圣节，辄以本司钱排办宴设者，以违制论"。

　　第六、州、县官员享用公费饮食的规定。宋代州、县官享用的公费膳食，有旬设、款待过往官员、犒劳军校、本地官员聚宴等数种名目。州、县官公费饮食的经费主要来源于公使钱。宋代的公使钱分为朝廷颁给的正赐钱和本地自筹的非正赐钱两种，正赐钱由朝廷拨付系省窠名的钱物，非正赐钱由本地拨付非系省的地方性收入。公使钱用于款待过往官员、犒劳军校等①。王栐《燕翼诒谋录》记载："祖宗旧制，州郡公使库钱酒，专馈士大夫入京往来与之官、罢任旅费，所馈之厚薄，随其官品之高下，妻孥之多寡。此损有余，补不足，周急不继富之意也。"至于公使库酒，"其讲睦邻之好，不过以酒相遗，彼此交易，复还公帑。苟私用之，则有刑矣"。官员获邻州所赠酒，"一瓶不敢自饮"，都"归之公帑"②。如果当地未设公使库，则按规定动用系省钱，或由朝廷另拨经

① 俞宗宪：《宋代公使钱研究》，载《宋史研究论文集》（1984年年会编刊），浙江人民出版社1987年版。
② 王栐：《燕翼诒谋录》卷3。

费。如太宗淳化元年(990 年)九月,下诏:"诸州、军、监、县无公使处,遇诞降节给茶宴钱:节度州百千,防、团、刺史州五十千,监、三泉县三十千,岭南州、军以幕府州县官权知州十千。"①朝廷拨付茶宴钱,是为了资助那些无公使钱的地区举办庆贺"圣节"的公费宴会。

所谓旬设,顾名思义是每旬一次用公费设宴款待本地的文武官员。《宋史·兵制八》指出:"屯兵州军,官赐钱宴犒将校,谓之旬设。"参加者有一定的范围,真宗大中祥符元年(1008 年)十月以前,"诸州旬设,驻泊禁军诸校其本军员,皆不获预",从是年十月开始下诏"宜并及之",允许参预②。旬设一般使用公使钱,如不够,则可动用其他经费。仁宗庆历六年(1046 年)下诏规定:"天下旬设,其无公使钱处,自今以系省钱给之。"③开始允许使用系省钱筹办旬设。

各州平时必须用公费招待来往的官员。仁宗时,范仲淹说:"国家逐处置公使钱者,盖为士大夫出入,及使命往还,有行役之劳,故令郡国馈以酒食,或加宴劳。盖养贤之礼,不可废也。"④王明清也说,由于各州设置公使库,"承平时,士大夫造朝,不赍粮,节用者犹有余以还家;归途礼数如前,但少损"⑤。宋代以士人知州,且一般至外地任职以及任期较短,官员往返路途实际由各州公使钱补贴部分差旅费。林积知泗州时,"泗当宾客之会,饰厨传,悦往来,郡守之先务也"⑥。仁宗庆历七年,河北各州军及总管司等"争饰厨传,以待使客,肴膳果实,皆求多品,以相夸尚。盖承平日久,积习成风,稍加裁损,遂兴谤议,为守将者,不得不然"⑦。

本地官府定期或不定期举办宴会,这些宴会主要是公费开支。

---

① 《宋史》卷 172《职官十二·公用钱》。
② 《长编》卷 70,大中祥符元年十月壬寅。
③ 《长编》卷 159,庆历六年十一月丁丑朔。
④ 《范文正公奏议》卷上《奏乞将先减省诸州公用钱却令依旧》。
⑤ 王明清:《挥麈后录》卷 1,中华书局 1961 年版。
⑥ 黄裳:《演山集》卷 33《中散大夫林公墓志铭》。
⑦ 《宋会要》刑法 2 之 28。

庆历三年,有臣僚上疏:"益州每年旧例,知州以下五次出游江并山寺。"①宁宗时,《庆元条法事类》"公用令"规定,各州知州和通判、兵官、幕职官、巡检、捉贼使臣、将副、部将、队将、押队及各军将校,"每月一赐酒食",因公出差和不能离岗者,"给其所费","仍并以转运司钱充"②。

　　州、县官的宴会一般还用妓乐助兴。宁宗时,《庆元条法事类·迎送宴会》规定:一、"职制令"规定,每年二月十五日各州、县守令"出郊劝农",不得"辄用妓乐宴会宾客"。二、"职制敕"规定,各州、县官"非遇圣节及赴本州公筵若假日,而用妓乐宴会者,杖八十(州郡遇使命经过应管待者,非)";各州、县的守令"劝农,辄用妓乐及宴会宾客者,徒一年";各州的主管常平官,参加"属县镇寨官妓乐及家妓宴会,依监司法"定罪,如果"赴非公使酒食者,杖八十,不以失减";州学教授"预妓乐宴会者,杖八十(圣节及他官兼者,非)"。三、"杂敕"规定,各州、县"因筵会接送,辄抑人户充乐人百戏者,杖一百"。

　　第七、有关武官享用公费膳食的专条。《庆元条法事类·迎送宴会》除规定各州的武官、将校等"每月一赐酒食"外,还规定:一、凡遇圣节、元日、冬至等节庆贺,各州轮流派武官参加宴会,同时另派武官带兵"量持兵仗,躬亲巡警,仍分兵守护甲仗、军资库"。正在岗位"巡警之官,不得预宴集"("职制令")。二、孝宗淳熙四年,采纳臣僚的建议,规定为不影响御前诸军主兵官都统制、统制正常训练军队,只准统制"以次将佐合赴圣节宴设,本州逐时管待,许令依旧"。淳熙九年,又颁敕规定:各路"训练路钤,每岁按季(教?),不许趁赴筵会、收受折送并犒设等。仰帅臣、每(监)司常切觉察,加(如)有违戾,按劾以闻。"("随敕声明")这显然是为了保证军队的训练正常进行,不受干扰。

---

① 《宋会要》刑法2之26。
② 《庆元条法事类》卷9《职制门六·迎送宴会》。

第八、其他官员公费用餐的规定。《庆元条法事类·迎送宴会》还对监当、助教、巡警等官的公费用餐立出具体的条法:一、监当官:各仓库的监官,如设 2 员以上,"遇圣节或公筵(谓兼犒设将校者)",允许"互赴",但有的官员必须坚守岗位而"不可离者,不用此令",即不准赴宴("职制令")。二、助教:各州"进纳授摄助教及本州助教之类",凡"遇公筵,听预坐"("仪制令")。三、巡警官:各州遇圣节、元日、冬至节"庆贺宴集","辄废巡警者,徒一年;或虽巡警而不躬亲者,杖一百"("职制敕")。要求在上述三大节期间照常巡警,而不玩忽职守。

二、宋代官员的各种膳食津贴

宋代官员还按月领取膳食津贴。膳食津贴最初有餐钱或食钱,后来逐步增多,有厨食钱(食钱)、厨料米面、折食钱等数种。真宗大中祥符二年(1009 年),规定大理寺官员的食钱:判寺一人,每月 15 千;少卿一人,12 千;断官 8 人,各 10 千;法直官 2 人,各 6 千。天禧五年(1021年),重定大理寺的餐钱,每月共 260 千,"均给众官"。"其员缺在假者,留充公用"。神宗元丰官制改革前,在京官员餐钱如下:一、按照职位每月给予一定的餐钱。其中宰相和枢密使、宣徽使、知枢密院,每人50 千。参知政事,35 千。枢密副使、同知枢院、签书枢密,各 25 千。秘书监、判三馆、谏舍以上任三馆职者,各 5 千。天章阁侍讲,10 千。崇政殿说书,7 千。修撰、宜馆阁、校理、直龙图阁、检讨、校勘官,各 3 千。国子监判监、直讲,各 5 千。知审刑院,15 千。审刑院详议官,10 千。二、依机构为单位,每月给予一定的餐钱。其中三司,共 200 千;学士院,共 100 千;中书堂后官,共 120 千;枢密院承旨以下,共 270 千;宣徽院吏属,共 30 千。这些餐钱均给本机构的官吏①。元丰间(1078—1085

---

① 《宋会要》职官 24 之 3、4,57 之 16。

年），枢密院的官属，如检详诸房文字，每人每日给厨食钱 500 文；计议官和编修官，每人每月给第三等折食钱 25 贯，每日给厨食钱 500 文。选人中，承直郎和儒林郎、文林郎，每人每月给厨料米 6 斗、厨料面 1 石 5 斗；从事郎和从政郎、修职郎，每人每月给厨料米、麦各 2 石；迪功郎每人每月给厨料米、麦各 1 石 5 斗。武官中，横行的副使（正侍郎至右武郎）、诸司副使（武功郎至武翼郎），每月厨料米、面各 1 石①。哲宗时，执政每人每月定支厨钱 35 千，枢密院每年给予"添厨钱"1 700 贯②。徽宗宣和间（1119—1125 年），规定六部尚书而下职事官，依照等第支给"厨食钱"，从每月 15 贯到 9 贯共 4 等。同时，"修书官"按"自来体例"给予"折食钱"，如监修国史每月 40 千，史馆修撰、直史馆、本省长贰 37 贯 500 文，检讨、著作 35 贯③。此制到高宗绍兴四年（1134 年）依然沿用不变④。宣和七年，由"讲议司措置，以合破太仓食纽价支钱"，秘书监的监、少监的厨食钱为第二等，每月各 15 贯；著作郎、干办三馆秘阁为第三等，每月各 12 贯；丞、郎、著作佐郎、校书郎、正字为第四等，每月各 9 贯⑤。秘书监的官员厨食钱不设第一等，不过第二等的钱数已与六部尚书以下职事官的第一等相同，说明它的官员们在厨食钱上是颇受优待的。

宋高宗绍兴元年（1131 年），有官员提出历来"请给各有定格"，现今京师的"局、所官吏"，每月除请给、添支几项外，又领取"御厨折食钱"。折食钱依照东京物价的高低，"每月旋估支价"。这时，临安府的物价"踊贵"，但"尚循旧例，其所折钱，往往增过数倍，暗侵财计"。于是下诏"裁定则例，永为定法"。该法共定 11 等，每等比"旧例"都有减少，现列出下表⑥：

---

①③ 《宋史》卷 172《职官十二》。
② 《长编》卷 502，元符元年九月丁未。
④ 陈骙等：《南宋馆阁录》卷 9《廪禄》。
⑤ 程俱：《麟台故事》卷 5《禄廪》。
⑥ 《宋会要》职官 57 之 66—67。

等　第	原折钱数	现折钱数
第一等	84 贯 620 文	40 贯文
第二等	74 贯文	37 贯 500 文
第三等	68 贯 383 文	35 贯文
第四等	51 贯 800 文	32 贯 500 文
第五等	47 贯 460 文	30 贯文
第六等	42 贯 832 文	27 贯 500 文
第七等	41 贯 800 文	25 贯文
第八等	38 贯 226 文	22 贯 500 文
第九等	33 贯文	20 贯文
第十等	31 贯 395 文	17 贯 500 文
第十一等	30 贯 900 文	15 贯文

　　这一记载显示：一、京师官员的折食钱全称"御厨折食钱"，又称"折食钱"。二、共分 11 等，原定第一等为 84 贯多，第十一等 30 贯多；新法第一、二、十一等比原定减少了一半左右。三、此制从北宋时已经实行，此时只是恢复旧制，从而减少了数额，以减轻财政负担。与神宗元丰间枢密院计议官和编修官月支第三等折食钱 25 贯相比，新法定为 35 贯，实际比元丰间增加了 10 贯。与徽宗宣和间"依自来体例"比较，修史官的折食钱为每月每人 40 贯、37 贯 500 文、35 贯三等，其中监修国史(宰相兼职)40 贯显然是其中的第一等，可见新法正是恢复了北宋的旧制，而北宋旧制的折食钱也是总共 11 等。四、以前折食钱依照当月京师市场物价的涨落而增减，从此时开始，立为定额。绍兴二十九年十二月，由台谏、给舍"同议裁减""应干兼局添破请给、折食等钱"，如诸司粮审院列具"行在百司人吏每月所请兼职添破折食等钱"，原每月计钱 3 676 贯 450 文，每年共 44 117 贯 400 文，现每月减支 1 590 多贯文以外，"其余实系兼职人，欲依旧"①。孝宗隆兴(1163—1164 年)、宁

---

① 《宋会要》职官 57 之 75—76。

宗开禧(1205—1207年)以后,职事官每月有膳食津贴称"厨食钱",负责"纂修者"有"折食钱"①。如孝宗淳熙四年(1177年)的监和少监,每月各领厨食钱12贯;丞、著作郎、秘书郎、著作佐郎、校书郎、正字每月各9贯,明显比徽宗宣和七年都降低了一等②。

三、宋代官员公费用餐制度的主要特点

为了保证各级政府机构的正常运转,宋代统治者把供应公费膳食作为激励官员们勤政的手段;同时,又多方控制他们的各种宴会支出,制定了较为详尽的条法,甚至不惜绳之以法,作为促使他们廉政的手段。与前代相比,宋代政府将官员挥霍公款吃喝和吃喝妨碍公务等纳入刑罚的制裁范围,而实际又仅给予种种行政处罚,这就是宋代官员公费用餐制度的主要特点。

从原则上讲,朝廷要求官员平时宴饮不致妨碍公务。真宗大中祥符二年(1009年),诏书规定"中外群臣非休假,无得群饮废职"③。天禧三年(1019年),依照礼仪院的提议:"自今文武官丁父母忧起复,不赴宴会外,自余服制式假满日,并赴。"④宁宗时,《庆元条法事类·迎送宴会》"职制敕"规定:在任官员"游从宴会妨公务者,杖一百"。此敕估计是北宋以来的旧制,说明官员如游宴过度而荒废公务,将受到刑罚的惩处。

具体而言,宋代官员公费用餐的种种条法,并非一纸具文。宋代确有一些官员因为乱用公款宴请客人,受到制裁。仁宗庆历四年(1044年)正月,权知凤翔府滕宗谅降一官,改知虢州。原来,监察御史梁坚"弹奏滕宗谅于庆州用过官钱十六万贯,有数万贯不明,必是侵欺入

---

① 《宋史》卷172《职官十二》。
② 陈骙等:《南宋馆阁录》卷9《廪禄》。
③ 《宋史》卷7《真宗二》。
④ 《长编》卷94,天禧三年十一月庚辰。

己,及邠州宴会并泾州犒设诸军,乖越不公"。参知政事范仲淹为滕宗谅辩解,向仁宗上疏说:经过太常博士燕度审理,滕宗谅在庆州"所用钱数分明,并无侵欺",滕虽毁掉泾州"前任公用历",但"亦不显入己",故请求仁宗对滕"免重劾"①。"邠州宴会"成为滕的罪状之一。稍后,御史中丞王拱辰"论奏不已",滕"复徙岳州"②。

同年十一月,宋朝发生了震动朝野的"奏邸狱案"。这又是一件涉及挥霍公款用餐的案件。原来,宰相杜衍之婿集贤校理、大理评事苏舜钦这时任监进奏院。九月末,他与另一位监进奏院、右班殿直刘巽一起"循前例,用鬻故纸公钱召妓女,开席会宾客"。御史中丞王拱辰得悉此事后,指使其属提出弹劾,"事下开封府治"。于是苏舜钦和刘巽"俱坐自盗","并除名勒停";参加这一宴会的其他人如直龙图阁兼天章阁侍讲王洙,集贤校理刁约和江休复、王益柔等10多位"知名士"都被"斥逐"③。苏舜钦因为动用卖废纸款没有入账,而用来聚餐,所以被依法定为"主守""自盗",不仅要加倍偿还用去的款项,而且被除名为民。

在奏邸狱案发生后,直到当代,曾有许多文人学士为苏舜钦等人鸣不平,甚至称此案为"冤案",但此案的处理在客观上对澄清当时的吏治起过一定的作用,使官员们在动用公款吃喝方面有所收敛,以免触犯刑律。

此外,还有一些官员因过度游宴或违法吃喝而被朝廷查处。孝宗乾道二年(1166年),知静江府张孝祥由于被殿中侍御史王伯庠弹劾其"专事游宴",被罚罢职④。张孝祥在随后的一份奏状中承认自己的过错说:"昨者广西,罪戾盈积,劾章既上,谓当投窜。圣慈宽宥,此从罢免,至于贴职,复与全存。"⑤乾道五年,新知峡州郭大任因在知袁州任期内"日事饮宴,殊不事事",被撤职。淳熙二年(1175年),知衢州曹总

① 《长编》卷146,庆历四年正月辛未;《宋会要》职官64之43。
② 《宋史》卷303《滕宗谅传》。
③ 魏泰:《东轩笔录》卷4;《苏舜钦集编年校注》卷9《上集贤文相书》、《上执政书》、《与欧阳公书》。
④ 《宋会要》职官71之14。
⑤ 张孝祥:《于湖居士文集》卷18《辞免知潭州奏状》。

因"耽饮嗜闲,不修郡政"而被"放罢"。次年,新知嘉州陆游因在前摄嘉州时"燕饮颓放",被撤销"新命"①。淳熙十年,知辰州胡介因在知光州时"惟务酣燕",被"言者"揭发,受责撤职,为祠禄官。同年,知邵阳军潘才卿因在守澧阳时"奢僭自肆,日事燕饮",被罢官。淳熙十二年,知湖州刘藻由于"言者论其在任专事筵宴,库帑告竟",被责"降两官,放罢"②。淳熙十四年,知平江府王希吕与祠禄官范成大、胡元质经常相聚宴饮,"一饮之费,率至千余缗","孝宗怒而诎之"③。光宗绍熙元年(1190年),浙东安抚使张杓奏申朝廷:知秀州华亭县柳棨"日赴所部燕饮,恣为大言,陵轹州县",柳棨因而改差监潭州南岳庙。宁宗嘉定六年(1213年),臣僚奏告监尚书六部门沈谧"尝为漕幕,日事燕饮",因此被责为祠禄官。嘉定九年,殿中侍御史黄序弹劾监行在左藏西库郑浦在以前"经营版曹差檄,往福建劝谕和籴","以王人自居,州县官奔趋迎(送),折俎馈遗,安然受之",郑浦立即被解职,"与祠禄"④。知建宁府崇安县某人,"日日宴饮,必至达旦,命妓淫狎,靡所不至",平时"不理民事,罕见吏民",加上其他一些"非理不法"之事,被福建转运使陈增奏劾,降职为本县主簿⑤。

宋代还有一些官员因为违法多领膳食津贴而受罚。神宗元丰三年,侍御史知杂事何正臣等揭露军器监官员仿佛集体尸位素餐,"详定法式"一拖就是7年,"一司敕"也搁了5年,"尚未成书"。这些官员慢条斯理地工作,是因为"利于添给",即多领各项津贴,其中包括食钱。所以,神宗立即下诏命"三司勘会逐官自置局后支过食钱,并令回纳,仍于月俸内克一半"⑥。神宗命令军器监官员全部退回在设立本司立

① 《宋会要》职官71之23,72之14、15。
② 《宋会要》职官72之38、43;谈钥《嘉泰吴兴志》卷14《郡守题名》。
③ 李心传:《建炎以来朝野杂记》甲集卷17《财赋四·公使库》;范成大:《吴郡志》卷11《本朝牧守题名》。
④ 《宋会要》职官72之56,73之46、50。
⑤ 《名公书判清明集》卷2《官吏门·澄汰·知县淫秽贪酷且与对移》。
⑥ 《长编》卷310,元丰三年十一月庚戌。

法机构后所领取的食钱,规定先扣除各人的月俸一半,直到扣完为止。元丰六年,御史中丞舒亶兼权直学士院职,"违法请厨钱"。尚书省向神宗揭露此事,且指出"台察官朋蔽不言,乞并付有司推治"。神宗即命大理寺负责审。数月后,"诏狱"认定:"学士院公使时悉罢,而亶辄以本院厨钱自给,复坐计赃,杖九十。"舒亶的这一罪名与仁宗庆历间"奏邸狱案"中苏舜钦相似。神宗告诉近臣说:"(舒)亶学士院自盗赃罪,情至轻而法重。"加上舒亶的另一件诈伪事,神宗决定对舒亶"论如法",舒亶终于被降寄禄官2阶,"勒停","免除名"①,比苏舜钦所受惩罚要轻得多。

以上事例显示,宋代统治者为保证各级机构的正常运作,反对官员整天吃喝玩乐、不理政事;同时,反对他们不分公私胡乱吃喝,挥霍公款。在法律上,规定了严重挥霍公款吃喝和过度吃喝的官员将被绳之以法,受到刑罚的制裁。但是,即使真正判刑,充其量也多者不过判2年徒刑,少者杖100或80下。笔者在有关文献中,尚未寻到官员因挥霍公款吃喝或过度吃喝而被判刑罚的一例,所有事例的当事人都只是受到了行政处罚,就像受罚最厉害的苏舜钦也不过是削职为民,而更多的官员只是降官或降职。所以,对宋代官员公费用餐制度的贯彻执行的程度不能估计过高。

笔者发现,宋代多数官员都是心安理得地享用各种公费膳食和领取膳食津贴。其中有一些官员本属饕餮之徒,每天举行宴会,觥筹交错,乐此不疲,却并不受到惩罚。比如高宗时,宰相秦桧专权,其妻王氏娘家的子弟"皆用事"。其中"有王子溶者,为浙东仓司官属,(平江府)郡宴必与提举者同席,陵忽玩戏,无所不至,提举者事之反若官属。"以后,王子溶又知吴县,"尤放肆。郡守宴客初就席,子溶遣县吏呼伎乐人,即皆驶往,无敢留者。上元吴县放灯,召太守为客,郡治乃寂无一

---

① 《长编》卷332,元丰六年正月乙未;卷334,元丰六年三月癸卯;卷335,元丰六年五月辛卯、六月己酉。

人"①。慑于秦桧的权势,路、州长官反而听命于官属,他们举办的公宴就必然失控,费用也无以限制。孝宗淳熙九年(1182年),浙东提举常平茶盐公事朱熹奏劾前知台州唐仲友不法不公事。唐在知台州时期,"其子亲会宴集经月,姻族内外,一文以上皆取办于公库"。唐每次举办宴会,必召妓女劝酒,甚至与之"逾滥"②。但唐与丞相王淮为姻家,王淮为唐辩护,唐因而仅撤销江西提刑新任。再如宁宗时,成都府路监司公费用餐的费用很多。嘉泰三、四年(1203—1204年),该路的监司"三司"(转运、提刑、提举)"互送","一饭之费,计三千四百余缗"。至于寓治建康府的江南东路"六司"(帅、漕、总赋、武骑二司帅等)则"乃倍之",即达6 800多贯③。像地方官王子溶、唐仲友等人,由于在朝有高官做靠山,虽然违法公款吃喝,但不仅未被诉诸法律,而且几乎未受行政处罚。由此可见,宋代官员公费用餐尽管已经形成一套比较完整制度,但实际上惩治不适时,打击不严厉,所起作用有一定限度。

(本文刊载于《上海师大学报》1999年第4期)

---

① 陆游:《老学庵笔记》卷5,《学津讨原》第15集本。
② 《朱熹集》卷19《按唐仲友第三状》,四川教育出版社1996年版。
③ 《建炎以来朝野杂记》乙集卷12《御笔严宪监司互送之禁》。

宋代官员公费用餐制度初探

  中国古代官员的公费用餐制度,可以追溯到汉代。此后,经过近10个世纪的逐步发展,到宋代终于建立起一套较为完整的制度。宋代官员众多,该制度对各类、各级官员的公费用餐作出了种种规定;同时,对许多官员每月发给固定的膳食津贴,或发给一些临时的膳食津贴。该制度的主要特点是将官员挥霍公款吃喝、吃喝妨碍公务等纳入刑罚的制裁范围,在一定程度上扼制了官员乱花公款吃喝的行为,减少了公费的无谓消耗,阻止了社会风气的迅速污染。但宋代毕竟未能彻底制止官员的不正当公费用餐,在朝廷政治腐败的时期,官员的公款吃喝之风就更盛。该制度对后代也带来一定的影响。

一、宋代以前的官员公费用餐制度

  宋代以前的官员公费用餐制度,最早可以追溯到西汉时期。汉宣帝元康二年(前64年)五月,下诏:"(吏)或擅兴徭役,饰厨传,称过使客,越职逾法,以取名誉,比犹践薄冰以待白日,岂不殆哉!"厨和传是指食、宿两件事,韦昭注曰:"厨谓饮食,传谓传舍。言修饰意气,以称过使而已。"①宋代学者程大昌进一步解释汉宣帝此诏的厨、传二字说:"厨、传,两事也。传者,驿也,具车马,资行役,则为饰传也。今人合厨、

---

① 《汉书》卷8《宣帝纪》,中华书局1962年版。

传为一,概谓丰膳为厨传,非也。"①可见西汉时期已初步建立起地方官府招待过往官员的制度。不过,地方官府为了取悦客人,往往"逾法"即违反制度,擅自提高接待客人饮食和住宿的规格,其中"饰厨"正是官员公费用餐制度的内容之一。

隋、唐时期,朝廷在京师和各州郡都留有公廨本钱,由专人经营谋利,以供给官俸和吏禄、官厨食料、藩夷赐宴、六宫餐钱等费用②。宋人王溥《唐会要·诸司诸色本钱》记载,唐高宗武德元年(618 年)十二月,"置公廨本钱,以诸州令史主之,号'捉钱令史'。每司九人,补于吏部,所主才五万钱以下,市肆贩易,月纳息钱四千文,岁满授官。"这是一种京师各司和地方官府设置的小金库,其中一部分经费用于官员和六宫的正常膳食开支以及宴请周邻族国君长和使臣,同书还记载,官员办公时在官厅"公厨"用餐,这种公费的午饭称"厨食"或"公食"③,筹办这些官厨的经费称"厨本钱"或"厨料"④。

唐代官员在上朝时还享有一种公费的午餐。元人马端临《文献通考》记载,自唐太宗贞观间(627—649 年)开始,"常参官每日朝退,赐食,谓之廊餐"⑤。王溥《五代会要》记载:"唐室升平日,常参官每日朝退赐食,谓之'廊餐'。"又记载:"唐朝令式,南衙常参官、文武百官每日朝退,于廊下赐食,谓之'常食'。"又记载,后唐庄宗同光元年(923 年)十二月,中书门下奏:"准本朝故事,朝退于廊下赐食,谓之'廊餐',百官遂有谢食拜,唯两省官本省有厨,不赴廊餐。……伏自僖宗幸蜀回,以多事之后,遂废廊餐"⑥。说明唐代常参官每逢退朝后,朝廷给予"廊餐"或"常食"。这一举措已经形成制度,常参官享用廊餐的地点就在皇帝举行"常朝"的宫殿的廊下。同时,中书和门下二省因为常设公

① 程大昌:《演繁露》卷 9《厨传》,文渊阁四库本,台北商务印书馆影印本。
② 《中国历史大辞典·隋唐五代史》"公廨本钱"条,上海辞书出版社 1995 年版。
③ 王溥:《唐会要》卷 93—94《诸司诸色本钱上、下》,上海古籍出版社 1991 年版。
④ 《唐会要》卷 57《尚书省》,卷 64《集贤院》。
⑤ 《文献通考》卷 107《王礼二》,中华书局 1986 年影印本。
⑥ 《五代会要》卷 6《廊下餐、常朝》,上海古籍出版社 1978 年版。

厨,该二省的官员在朝参后回到本省的公厨用餐。至唐僖宗从蜀中回京,便取消了廊餐。

唐代宰相在任职期间,还可在政事堂享用特殊的午餐。唐高宗龙朔二年(662年),"诸宰臣"认为政事堂"供膳珍美",商议适当"减其料"。东台侍郎张文瓘提出反对,说:"此食,天子所以重机务,待贤才也。吾辈若不任其职,当即陈乞以避贤路,不可减削公膳以邀求名誉也。"众人乃停止议论。此外,当时皇帝还每天派人将一份"御膳"送到宰相家,以示优遇。唐代宗时,元载、王缙为相,"上日赐以内厨御膳,可食十人,遂为故事"。大历十二年(777年)八月,常衮提议停止赐膳,获得批准。有些宰相如唐玄宗朝的卢怀慎,遇"事皆推而不专",被人议为"伴食宰相"①。

五代时期,据《五代会要·开延英仪》记载,每逢"内中有公事商量",即开延英殿,"如中书有公事敷奏",宰相在奏事毕,"就即中书吃食";如"两省官转对",两省官在奏事毕,即"于客省就食"。其他官员在"各奏所司公事"后,也到客省"就食"②。后唐明宗天成元年(926年)五月,诏"百官朔、望入阁,赐廊下食。"开始恢复供应"廊餐",但限于每月初一和十五日举行"入阁"仪式之后。据后晋高祖天福二年(937年)四月御史台奏,唐明宗时的两省官都在文明殿前廊下"赐食"③。

概括以上宋代以前的官员公费用餐制度,可以知道:第一、官员在经过的地点,由地方官府负责供应公费膳食。第二、京师各司和各州郡用一部分"公廨本钱",供应官员和六宫的膳食。第三、官员平时在官府办公,享用"公厨"提供的工作午餐。宰臣在政事堂的专门餐厅用餐,称"堂食"。第四、常参官每逢朝见皇帝,由朝廷供应一顿午饭,称

① 《唐会要》卷53《崇奖》;司马光:《资治通鉴》卷225大历十二年八月癸卯,中华书局1986年版;《旧唐书》卷98《卢怀慎传》,中华书局1975年版。
② 《五代会要》卷6《开延英仪》。
③ 《旧五代史》卷36《明宗纪二》,中华书局1976年版;《五代会要》卷6《廊下餐》。

"常食"或"廊餐"、"廊下餐"。

二、宋代各类、各级官员的公费用餐规定

宋代在沿袭唐、五代官员公费用餐制度的基础上,使之更加完整、详密。各类、各级官员公费用餐的规定大致有以下几个方面:

第一、朝会酒食。与唐、五代基本一样,在朝会结束后,由朝廷招待官员午餐。宋代的最高决策机构是皇帝坐殿视朝听政。每次皇帝坐殿听政,实际就是召开一次御前会议,同时还接受在京文武升朝官的参见。如北宋初,每月初一,在文德殿举行入阁仪式,最后由"阁门使宣放仗,皆再拜,赐廊下食"。"其赐廊下食,自左、右勤政门北东、西两廊,文东武西,以北为上立定。中丞至本位,西南一揖,乃就坐食"①。仁宗景祐三年(1036 年),知制诰李淑等重定"阁门仪制",更详细地规定了百官廊下食的座次:"文武百僚、待制、三司副使同自左、右勤政门北两廊,文东武西,北上立定。御史中丞至本位,南向一揖。就坐食。""诸军校,赐食于左、右勤政门南两廊;其宰臣、枢密使以下至龙图阁直学士于中书;亲王、使相、节度使于赐食厅;留后、观察使至刺史于客省厅;管军节度使至四厢都指挥使于幕次。"②官员在用膳时,有"阁内弹奏官"(即左、右巡使和阁门使、宣徽使)负责"廊下食行坐失仪、语喧"。孝宗时,规定"朝会赐酒食不如法",归御史台前司负责弹劾③。

从宋真宗朝起,皇帝每五天一次坐内殿(垂拱殿),接受文武官的朝参。朝参结束后,赐给臣僚茶酒④。仁宗初年,刘太后在承明殿垂帘听政,官员登殿奏事者很多,有一天轮到第九班,"日已过中",乃"诏赐辅臣食于崇政殿门"。食后,继续奏事⑤。

---

① 《宋会要辑稿》(以下简称《宋会要》)仪制 1 之 19—20,中华书局 1957 年影印本。
② 《宋会要》仪制 1 之 24—26。
③ 《宋会要》仪制 8 之 26、42。
④ 《宋会要》仪制 2 之 7—9,8 之 42。
⑤ 《宋会要》仪制 6 之 8。

　　第二、堂食。北宋时,正、副宰相在办公之日,在政事堂享用工作午餐。魏泰《东轩笔录》记载:"寇准拜中书侍郎、平章事,丁谓参知政事,尝会食于中书,有羹污准须,谓与拂之,准曰:'君为参预大臣,而与长官拂须耶?'谓顾左右,大愧恨之。"①堂食由堂厨负责操办,堂厨的经费每月有定额。南宋高宗建炎三年(1129年)至绍兴三年(1133年),吕颐浩两次任相期间,"堂厨每厅日食四千",继续实行宰执分厅会食制。至绍兴八年,秦桧第二次入相,取消此制,他自己的"堂厨每食折四十余千,余执政有差,于是始不会食。"显然,秦桧撤销了堂厨,宰执们按等第领取折食钱。这里说秦桧每餐折食钱40多贯,似乎有误,因为每厅每天的食钱不过4贯,加之后述绍兴元年所定折食钱第一等每月也是40贯,所以"堂厨食折"应理解为"堂厨每月折食"。可见,秦桧为了独揽大权,取消了政事堂宰执会食制。因此,侍郎胡寅说:"虽欲伴食,不可得矣。"直到绍兴二十五年(1155年)秦桧病死,才恢复宰执们的会食制。又据记载,在绍兴二十九年(1159年)十二月前,堂厨每月1 300贯,一年共15 600贯②。宰臣们吃堂食时,由一名吏人逐道朗读菜谱,宰臣点中后,堂厨立即做成送上,据说:"此礼旧矣"。徽宗时,菜谱中有菜羹一味,因读音与宰相蔡京姓名相近,特改称"羹菜",后来就成为"故事"③。蔡京曾设讲议司,官吏数百人。某天,"集僚属会议,因留饮,命作蟹黄馒头。饭罢,吏略计其费,馒头一味为钱一千三百余缗"④。蔡京的这类会食极为铺张浪费,在经费上难免常常突破常规,出现超支。这种会食制度,在宰执共同执政时,可以联络感情,协调行动,增加磋商的机会。

　　第三、朝廷省、寺官员外出宴聚。神宗熙宁九年(1076年)九月,

① 　江少虞:《宋朝事实类苑》卷11《名臣事迹·寇莱公》之四,上海古籍出版社1981年版;《宋史》卷281《寇准传》。

② 　周必大:《文忠集》卷164《龙飞录》,文渊阁四库本,台北商务印书馆影印本;《宋会要》职官57之75。

③ 　丁传靖辑:《宋人轶事汇编·蔡京》,中华书局1981年版。

④ 　曾敏行:《独醒杂志》卷9,上海古籍出版社1986年版。

下诏：“今后将作、都水、军器监，如遇差出勾当公事官出外，并不得赴筵宴。”①此处并未明确规定“筵宴”是公费或私费，但一律禁止参加。哲宗元符元年（1098年），下诏指出：“近闻省、寺官多私谒后族之家，或以邂逅为名，诸处宴聚，不可不戒。”②前此太皇太后高氏（宣仁太后）临朝听政，权势熏赫，许多省、寺官员想与后族结交，借各种名义与之“宴聚”，因此颁布诏书加以限制。宁宗庆元间（1195—1200年），谢深甫等编《庆元条法事类·迎送宴会》“职制敕”规定，朝廷或省、台、寺、监“差官出外”，如在所辖处和干办处“预妓乐宴会”，“并依监司法”，即“各徒二年”。“其辖下干办处官司，各减犯人罪三等”③。

第四、限制各级司法官员参加公费或私费的宴会。仁宗景祐元年（1034年），诏书规定：“天下狱有重系，狱官不得辄预游宴、送迎。”④要求在全国范围内凡有重要案件且犯人在押的情况下，审讯官不得参加游宴等活动。孝宗淳熙三年（1176年），大理正李端友上疏建请：“本寺左断刑人吏，未有禁入酒肆之文，乞依右治狱禁止。”于是下诏“令敕令所立法”⑤。宁宗时“断狱令”规定，各州凡有“大辟”案件正在审理，“狱官不得赴宴会”。“职制敕”规定，各州“有徒以上囚禁（寄禁非）”，而狱官参预“非公使妓乐宴会”，准照“路分兵官将副法”惩处。又规定，各路监司每年派遣官属“诣所部点检，催促结绝现禁罪人”，“若被委官于所诣处，及决狱未毕，缘路赴宴会者，各徒二年”⑥。限制各级司法官参加公、私宴会，甚至禁止进入酒肆会宴，主要目的是防止他们受到外界的影响，避免执法不公。

第五、限制路级官员享用公费饮食。真宗景德四年（1007年）四

---

① 《宋会要》刑法2之35
② 《宋会要》刑法2之41。
③⑥ 《庆元条法事类》卷9《职制门六·迎送宴会》，中国书店影印本。
④ 《续资治通鉴长编》（以下简称《长编》）卷115，景祐元年十月癸酉。
⑤ 《宋会要》职官24之34。

月，复置各路提点刑狱官，规定"州郡不得迎送聚会"①。仁宗初年，诏书规定"诸道守任臣僚，无得非时聚会饮燕，以妨公务"；同时，规定"其转运使、副巡历所至，除遇公筵，方得赴坐"②。要求各路官员不得随便赴宴，免得妨碍公务；转运使、副使外出巡视，只可参加公宴。神宗时，文彦博判大名府，汪辅之新任该路转运判官，依照"旧例，监司至之三日，府必作会"，由监司治所的州府长官举办公宴招待，表示欢迎。文彦博故事怠慢汪辅之，不举行宴会③。这一"旧例"说明，在转运使、提刑等官设置后又逐步形成了州府欢迎其到任的宴会制度。据朱弁记载，神宗元丰（1078—1085 年）前，州郡虽有公使库，而"皆畏清议，守廉俭，非公会不敢过享"。但"元丰以来，厨传渐丰，馈饷滋盛，而于监司特厚。故王子渊在河北，州郡供送，非时数出，谓之獶巡。"直到哲宗元祐元年（1086 年），监察御史韩川上疏，才揭露了此事④。随后，至元祐四年，因为尚书省的建请，决定"改正发运、转运、提刑预伎乐宴会徒二年法"，⑤但旧"法"如何规定和新"法"如何改正，皆不得其详。徽宗大观二年（1108 年），针对"诸路监司贪饕无厌，冒法受馈，鲜廉寡耻"的状况，有"臣僚"向朝廷提出"自今后，监司并属官，帅司等处差勾当公事官，于廨宇所在遇筵会，许折送供不尽酒食。其余巡历所至，止许收例册内馈送。仍乞今后于旧例册外，别作诸般名目收受，并同监主自盗法，立赏许人陈告，仍不以赦降去官原减。……走马承受、屯田、安抚副使亦乞依此。"徽宗赞同此见，下诏"宜修立法禁，遍行诸路，先次条具以闻"⑥。命令立法机构制定条法。根据"臣僚"的提议，可知从此监司和帅司及其官属等，在办公的"廨宇"遇有公费宴会，准许收取"折送供不尽"酒食；在巡视的地点，只准收取"例册"规定的酒食等；否则，如以

---

① 《长编》卷 66，景德四年七月癸巳；《宋大诏令集》卷 161《置诸路提刑诏》，鼎文书局 1972 年版。
② 《长编》卷 109，天圣八年正月。
③ 邵伯温：《邵氏闻见录》卷 10，中华书局 1983 年版。
④ 朱弁：《曲洧旧闻》卷 2，丛书集成初编本。
⑤ 《宋会要》刑法 2 之 38。
⑥ 《宋会要》刑法 2 之 48。

别的名目收取酒食等,将依"监主自盗法"惩处。政和六年(1116 年)刑部制定了"诸监司(依监司例人,凡可按刺州县者同)辄赴州郡筵会,及收受上下马供馈者,各徒二年等条"①。

宋宁宗时,《庆元条法事类·迎送宴会》对路级长官的公费用餐作了比较细致的规定:一、界定了享用公费膳食的范围。其中"职制令"规定,各发运司、监司遇到圣节("开启道场同")或"传宣使命(赐妓乐、衣袄、特支银鞋同)","国信使、副"准许"赴公筵";如因"点检"或商议"公事",也允许"赴酒食";"巡历所至,薪、炭、油、烛、酒食并依例听受"。"公用令"规定,各监司及其官属(帅司等处的官属及其所差干办公事官员)"于廨宇所在,应赴筵会而不赴者,听送酒食"。二、限制参加某些宴会。"职制敕"规定,各发运使、监司"预妓乐宴会(自用或作名目'邂逅使令及过茶汤'之类同)","各徒二年"。"即赴所部及寄居官用家妓宴会者,加二等(知州、县令准此)"。这些违法犯罪行为"不以失及去官原减"。"不应赴酒食而辄赴(以职事为名而往亦是)","各杖一百"。其中"近城安泊,因公事往彼会议者,非",即不属禁止之列。还规定"其辖下官司,各减犯人罪三等"。又规定,各制置司、提点司、提举司长官及属官,发运、监司、经略安抚、总管、钤辖司的属官,在所辖处和干办处"预妓乐宴会","并依监司法",即"各徒二年"。三、规定举行公宴的经费来源。"厩库敕"规定,各发运司、监司或提点、总领等官员,凡"遇圣节,辄以本司钱排办宴设者,以违制论"。

《庆元条法事类·馈送》还有部分敕与官员公费用餐有关。"职制敕"规定,各路监司每年巡历所属州县,如"因疾故未遍复出(虽已遍而别因公事复出同),辄再受到、发酒食,并依'例外受馈送法'"。说明监司视察州县,只能在到达和离开时接受各一次公费酒食款待。否则,依"例外受馈送法"定罪,即"以自盗论"。又规定各发运、监司"在路受排顿者,徒二年"。"排顿"与排当之意相近,即设宴招待。还规定,各路

---

① 《宋会要》刑法 2 之 67。

帅臣、监司、守令的子弟和随行亲属、门客，在"非所处饮宴者，杖八十（本罪重者，自从重）。知情容纵，与同罪；不知情，减三等"。连同官员本人也将受到惩罚。

《庆元条法事类·监司巡历》①也对各路监司的公费用餐作了具体规定，有的条制与《馈送》"职制敕"的内容基本相同，有的条制则从别的角度加以规定。如"职制敕"规定，各发运、监司巡视时，随行吏人如"所在受例外供馈，以受所监临财物论"。"厩库敕"规定，各发运、监司巡视时，如"以所得酒卖易，杖一百"。

第六、州、县官员享用公费饮食的规定。宋代州、县官享用的公费膳食，有旬设、款待过往官员，犒劳军校、本地官员聚宴等数种名目。州、县官公费饮食的经费主要来源于公使钱。宋代的公使钱分为朝廷颁给的正赐钱和本地自筹的非正赐钱两种，正赐钱由朝廷拨付系省窠名的钱物，非正赐钱由本地拨付非系省的地方性收入。公使钱用于款待过往官员、犒劳军校等②。王栐《燕翼诒谋录》记载："祖宗旧制，州郡公使库钱酒，专馈士大夫入京往来与之官、罢任旅费，所馈之厚薄，随其官品之高下、妻孥之多寡。此损有余，补不足，周急不继富之意也。"至于公使库酒，"其讲睦邻之好，不过以酒相遗，彼此交易，复还公帑。苟私用之，则有刑矣。"官员获邻州所赠酒，"一瓶不敢自饮"，都"归之公帑"③。如果当地未设公使库，则按规定动用系省钱，或由朝廷另拨经费。如太宗淳化元年（990年）九月，下诏："诸州、军、监、县无公使处，遇诞降节给茶宴钱：节度州百千，防、团、刺史州五十千，监、三泉县三十千，岭南州、军以幕府州县官权知州十千。"④朝廷拨付茶宴钱，是为了资助那些无公使钱的地区举办庆贺"圣节"的公费宴会。

所谓旬设，顾名思义是每旬一次用公费设宴款待本地的文武官员

---

① 《庆元条法事类》卷7《职制门四·监司巡历》。

② 俞宗宪：《宋代公使钱研究》，载《宋史研究论文集（1984年年会编刊）》，浙江人民出版社1987年版。

③ 王栐：《燕翼诒谋录》卷3，中华书局1981年版。

④ 《宋史》卷172《职官十二·公用钱》。

和士兵。《宋史·兵志八》指出："屯兵州军,官赐钱宴犒将校,谓之旬设。"但实际上不一定以旬为准,有的州一个月多达5次,主要视本地公使钱的储存多寡而定。旬设的场所为各州的"设厅",即州衙的正厅。史能之《咸淳毗陵志》记载,常州州衙的正厅"亦谓设厅,相传谓旧为燕犒将吏之所,谓之旬设,故公厨亦曰设厨"①。福州的设厅原为前代闽王的宫殿,北宋初"守臣避不敢居,以为设厅,凡敕设宴集,乃就焉"②。苏州的设厅也是"规模宏壮"③。

　　旬设的参加者有一定的范围。真宗大中祥符元年(1008年)十月以前,"诸州旬设,驻泊禁军诸校其本军员,皆不获预",从是年十月开始下诏"宜并及之",允许参预④。仁宗庆历三年(1043年),陕西同、解、乾、耀等9州军"虽条贯有旬设之名,逐州每月一次举行,军员各给得钱一百文已来、官务薄酒二升"。韩琦和范仲淹在奏疏中提出,之所以出现这种情况,是因为各州公使钱太少,以致旬设徒有其名,实际"既无公用,更不赴筵,亦不张乐,岂朝廷宴享将校之意"⑤!尽管陕西同州等地每月的旬设仅仅一次,而且并不设宴和张乐,但已扩大到所有将校。同年,渭州的主兵官和通判等官员80多人,"逐月五次聚食,一次张乐,共约钱三十贯文。每季一次大排,管设军员,二百贯"⑥。渭州的每月5次公费聚餐,共80多人参加,其中有主兵官(知州)、通判、职官、参谋等近20人,指使、使臣、州虞候以上60多人。至于渭州的一般将校只能在每季举办一次"大排"(即规模较大的排当)时享用公费饮食。由此判断,各州旬设招待的范围可以不同,主要是根据各自拥有公使钱的多寡而定。

①　史能之:《咸淳毗陵志》卷5《官寺一·州治》,中华书局1990年影印本。
②　梁克家:《淳熙三山志》卷7《公廨类一·府治》,中华书局1990年影印本。
③　范成大:《吴郡志》卷6《官宇》,中华书局1990年影印本。
④　《长编》卷70,大中祥符元年十月壬寅。
⑤　《长编》卷141,庆历三年五月乙未;范仲淹:《范文正公奏议》卷上《奏乞将先减省诸州公用钱却令依旧》,《范文正公全集》,浙江文艺出版社1998年影印本。
⑥　尹洙:《河南先生文集》卷25《分析公使钱状》,四部丛刊初编本。

　　旬设一般使用公使钱,如不够,则可动用其他经费。仁宗庆历六年(1046年)下诏规定:"天下旬设,其无公使钱处,自今以系省钱给之。"①开始允许使用系省钱筹办旬设。徽宗宣和三年(1121年),中书省和尚书省上言指出,各州、军公使库置办筵会,"多是不支现收买,只出头子,于行户取索,动经岁月,不即支还价值"②。这些"头子"只是地方官府开出的白条,无法兑换现钱。归根到底,公宴实际逼迫行户出资筹办。

　　各州平时必须用公费招待来往的官员。宋仁宗时,范仲淹说过:"国家逐处置公使钱者,盖为士大夫出入,及使命往还,有行役之劳,故令郡国馈以酒食,或加宴劳。盖养贤之礼,不可废也。"③王明清也说,由于各州设置公使库,"承平时,士大夫造朝,不赍粮,节用者犹有余以还家;归途礼数如前,但少损"④。宋代以士人知州,且一般至外地任职以及任期较短,官员往返路途实际由各州公使钱补贴部分差旅费。林积知泗州时,"泗当宾客之会,饰厨传,悦往来,郡守之先务也"⑤。仁宗庆历七年,判北京贾昌朝上疏,指出河北各州军及总管司等"争饰厨传,以待使客,肴膳果实,皆求多品,以相夸尚。盖承平日久,积习成风,稍加裁损,遂兴谤议,为守将者,不得不然"⑥。

　　本地官府定期或不定期举办宴会,这些宴会自然主要是公费开支的。庆历三年,有臣僚上疏指出:"益州每年旧例,知州以下五次出游江并山寺。"⑦徽宗政和六年(1116年),一份诏书说:"访闻成都府大慈寺门楼……其帅府、监司七夕率皆登临宴饮,无复忌惮,不可以训。今后七夕排当登寺门事可罢。"⑧宁宗时,《庆元条法事类》"公用令"规定,各州知州和通判、兵官、幕职官、巡检、捉贼使臣、将副、部将、队将、

①　《长编》卷159,庆历六年十一月丁丑朔。
②　《宋会要》刑法2之82。
③　《范文正公奏议》卷上《奏乞将先减省诸州公用钱却令依旧》。
④　王明清:《挥麈后录》卷1,中华书局1961年版。
⑤　黄裳:《演山集》卷33《中散大夫林公墓志铭》,文渊阁四库本,台北商务印书馆影印本。
⑥　《宋会要》刑法2之28。
⑦　《宋会要》刑法2之26。
⑧　《宋会要》刑法2之66。

押队及各军将校，"每月一赐酒食"，因公出差和不能离岗者，"给其所费"，"仍并以转运司钱充"①。

州、县官的宴会一般还用妓乐助兴。哲宗元祐八年（1093 年），新知兴州孙贲因为在知真州期间"以筵会为由，昵近娟女"，遭到弹劾，改知淮阳军②。显示知州在举办宴会时可召妓乐。徽宗政和七年（1117年），李元弼撰《作邑自箴》提出知县"筵会使妓弟，须整肃，罢即公人押归其家。稍晚，即给烛，仍防不测"③。看来知县举办宴会时，也准许召集妓乐。宣和元年（1119 年），臣僚上言："欲望出自宸断，唯知、通许用妓乐，其次郡县官除赴本州公筵，及遇外邑圣节开启，与旬休日，听用伎乐外，余乞并依教授法。"徽宗在诏书中认为"郡县官公务之暇，饮食宴乐未为深罪，若沉酣不节，因而废事，则失职生弊。"要求有关机构"措置立法"④。从臣僚所言，可知知州、通判宴会时可用妓乐，其余的州、县官则在一、参加本州公宴时；二、遇到外县庆祝圣节开启道场时；三、逢旬休日，允许使用妓乐。其他场合如用妓乐，将依州学教授参预妓乐宴会法治罪。高宗绍兴二十四年（1154 年），前权发遣阆州王湛"乞守令每遇劝农，不得辄用妓乐宴会宾客"⑤。绍兴二十六年，侍御史汤鹏举上疏说："近年州县许用妓乐，遂用达旦之会。……此风起于通判，行于司理，至于盗用官钱、官酒，苦刻牙人、铺户，恣纵市买，以至县官筵会之费，尽科配于公吏。"他提请今后除在天申节（高宗生日）和"人使"（金朝使臣）往来之处、"守臣休务之日"（即旬休），"许用妓乐于公筵"外，"其余自总管、谋议官、通判以下并不许擅用、借用；违者，委监司、郡守即时具奏"⑥。明确规定召用妓乐的 3 种宴会和官员的等级。以上

① 《庆元条法事类》卷 9《职制门六·迎送宴会》，中国书店影印本。
② 《长编》卷 480，元祐八年正月壬寅。
③ 李元弼：《作邑自箴》卷 1《正己》，四部丛刊续编本。
④ 《宋会要》刑法 2 之 76。
⑤ 《宋会要》刑法 2 之 152。
⑥ 李心传：《建炎以来系年要录》卷 172，绍兴二十六年三月己未，中华书局 1956 年版；《宋会要》刑法 2 之 153。

条法大都编入当时的法典。据宁宗时《庆元条法事类·迎送宴会》，具体规定如下：一、"职制令"规定，每年二月十五日各州、县守令"出郊劝农"，不得"辄用妓乐宴会宾客"。二、"职制敕"规定，各州、县官"非遇圣节及赴本州公筵若假日，而用妓乐宴会者，杖八十（州郡遇使命经过应管待者，非）"；各州、县的守令"劝农，辄用妓乐及宴会宾客者，徒一年"；各州的主管常平官，参加"属县镇寨官妓乐及家妓宴会，依监司法"定罪，如果"赴非公使酒食者，杖八十，不以失减"；州学教授"预妓乐宴会者，杖八十（圣节及他官兼者，非）"。三、"杂敕"规定，各州、县"因筵会接送，辄抑人户充乐人百戏者，杖一百"。

第七、有关武官享用公费膳食的专条。《庆元条法事类·迎送宴会》除规定各州的武官、将校等"每月一赐酒食"外，还规定：一、凡遇圣节、元日、冬至等节庆贺，各州轮流派武官参加宴会，同时另派武官带兵"量持兵仗，躬亲巡警，仍分兵守护甲仗、军资库"。正在岗位"巡警之官，不得预宴集"（"职制令"）。二、孝宗淳熙四年（1177年），采纳臣僚的建议，规定为不影响御前诸军主兵官都统制、统制正常训练军队，只准统制"以次将佐合赴圣节宴设，本州逐时官待，许令依旧"。淳熙九年，又颁敕规定：各路"训练路钤，每岁按季（教？），不许趁赴筵会、收受折送并犒设等。仰帅臣、每（监）司常切察觉，加（如）有违戾，按劾以闻。"（"随敕声明"）这显然是为了保证军队的训练正常进行，不受干扰。

第八、沿边官员公费用餐的规定。仁宗庆历八年（1048年），依据翰林学士苏绅的建议，下诏："沿边臣僚宴会，自今并毋得以女妓祗应。"①禁止沿边的官员在公宴时召唤女伎助兴。皇祐四年（1052年），又下诏："河北、河东、陕西沿边，今后不得夜间筵会，及今（令）逐路经略安抚使、转运、提刑司觉察；如违，奏裁。"②禁止北边三路官员在夜

① 《长编》卷134，庆历元年十元癸卯。
② 《宋会要》刑法2之30。

间举办宴会,是为了时刻对辽朝和西夏保持警惕。宁宗时,《庆元条法事类·迎送宴会》也有关于不准沿边官员参加妓乐宴会的规定:凡沿边安抚"出巡",如在所辖处和干办处"预妓乐宴会",将"依监司法"受到处罚,即"各徒二年"。又规定缘边官员夜筵,杖一百。同书《馈送》规定,沿边州和镇、寨"应干办官属,唯听受到、发酒食。其余供馈及一季内再至,虽酒食,各不得受。违者,杖一百。所送官司,罪亦如之。"规定这些下级官员在差出办事时,只能享用到达和离开时各一次公费酒食。

第九、其他官员公费用餐的规定。《庆元条法事类·迎送宴会》还对监当、助教、巡警等官的公费用餐立出具体的条法:一、监当官:各仓库的监官,如设 2 员以上,"遇圣节或公筵(谓兼犒设将校者)",允许"互赴",但有的官员必须坚守岗位而"不可离者,不用此令",即不准赴宴("职制令")。二、助教:各州"进纳授摄助教及本州助教之类",凡"遇公筵,听预坐"("仪制令")。三、巡警官:各州遇圣节、元日、冬至节"庆贺宴集","辄废巡警者,徒一年;或虽巡警而不躬亲者,杖一百"("职制敕")。要求在上述三大节期间照常巡警,而不玩忽职守。

三、宋代官员的各种膳食津贴

宋代官员还按月领取膳食津贴。膳食津贴最初有餐钱或食钱,后来逐步增多,有厨食钱(食钱)、厨料米面、折食钱等数种。真宗大中祥符二年(1009 年),下诏规定大理寺官员的食钱:判寺一人,每月 15 千;少卿一人,12 千;断官 8 人,各 10 千;法直官 2 人,各 6 千。天禧五年(1021 年),重定大理寺的餐钱,每月共 260 千,"均给众官"。"其员缺在假者,留充公用"①。神宗元丰官制改革前,在京官员餐钱如下:一、

---

① 《宋会要》职官 24 之 3、4。

按照职位每月给予一定的餐钱。其中宰相和枢密使、宣徽使、知枢密院，每人50千。参知政事，35千。枢密副使、同知枢院、签书枢密，各25千。秘书监、判三馆、谏舍以上任三馆职者，各5千。天章阁侍讲，10千。崇政殿说书，7千。修撰、直馆阁、校理、直龙图阁、检讨、校勘官，各3千。国子监判监、直讲，各5千。知审刑院，15千。审刑院详议官，10千。二、依机构为单位，每月给予一定的餐钱。其中三司，共200千；学士院，共100千；中书堂后官，共120千；枢密院承旨以下，共270千；宣徽院吏属，共30千。这些餐钱均给本机构的官吏。三、京城诸司库务仓场的监官，依照升朝官和京官、诸司使副、承制等不同的官阶，每月分为若干等，每等给予一定的餐钱。其中升朝官，分为20千至5千（原文五千作"五十千"，误）共8等；京官，分15千至4千，共5等；诸司使副、承制、崇班，分20千至4千；共7等；阁门祗候、三班，分15千至2千，共9等；内侍，分8千至2千，共7等①。

宋仁宗嘉祐五年（1060年），内宫诸阁分的内侍之一的"内品"，除每月领取"身分俸"、"本阁料钱"等外，还领取"折食价钱"②。此处"折食价钱"看来就是后来的"折食钱"的全称。神宗熙宁四年（1071年），司天监和太学的官员普增食钱，如判司天监每月7千、五官正3千③。元丰二年（1079年），判大宗正司宗旦依"旧例，添厨食料"④。元丰间（1078—1085年），枢密院的官属，如检详诸房文字，每人每日给厨食钱500文；计议官和编修官，每人每月给第三等折食钱25贯，每日给厨食钱500文。选人中，承直郎和儒林郎、文林郎，每人每月给厨料米6斗、厨料面1石5斗；从事郎和从政郎、修职郎，每人每月给厨料米、麦各2石；迪功郎每人每月给厨料米、麦各1石5斗。武官中，横行的副使（正

① 《宋会要》职官57之16。
② 《长编》卷192，嘉祐五年十一月辛卯。
③ 《长编》220，熙宁四年二月戊寅；卷227，熙宁四年十月戊辰。
④ 《长编》卷229，元丰二年八月辛酉。

侍郎至右武郎）、诸司副使（武功郎至武翼郎），每月厨料米、面各 1
石①。哲宗元祐三年（1088 年），下诏规定横行正使和副使若无兼职者，
允许兼一处宫观，每月给"食直钱"正使 15 贯，副使 10 贯②。这时，执
政每人每月定支厨钱 35 千，枢密院每年给予"添厨钱"1 700 贯③。徽
宗崇宁间（1102—1106 年），"蔡京秉政，吴居厚、张康国辈于奉钱、职钱
外，复增供给食钱等钱"④。显然，这时官员的食钱等有较大幅度的提
高。宣和间（1119—1125 年），规定六部尚书而下职事官，依照等第支
给"厨食钱"，从每月 15 贯到 9 贯共 4 等。同时，"修书官"按"自来体
例"给予"折食钱"，如监修国史每月 40 千，史官修撰、直史馆、本省长
贰 37 贯 500 文，检讨、著作 35 贯⑤。此制到高宗绍兴四年（1134 年）依
然沿用不变⑥。宣和七年，由"讲议司措置，以合破太仓食纽价支钱"，
秘书监的监、少监的厨食钱为第二等，每月各 15 贯；著作郎、干办三馆
秘阁为第三等，每月各 12 贯；丞、郎、著作佐郎、校书郎、正字为第四等，
每月各 9 贯⑦。秘书监的官员厨食钱不设第一等，不过第二等的钱数
已与六部尚书以下职事官的第一等相同，说明它的官员们在厨食钱上
是颇受优待的。

宋高宗绍兴元年（1131 年），有官员提出历来"请给各有定格"，现
今京师的"局、所官吏"，每月除请给、添支几项外，又领取"御厨折食
钱"。折食钱依照东京物价的高低，"每月旋估支价"。这时，临安府的
物价"踊贵"，但"尚循旧例，其所折钱，往往增过数倍，暗侵财计"。于
是下诏"裁定则例，永为定法"。该法共定 11 等，每等比"旧例"都有减
少，现列出下表⑧：

———————————

① 《宋史》卷 172《职官十二》。
② 《长编》卷 415，元祐三年十月庚子。
③ 《长编》卷 502，元符元年九月丁未。
④ 《宋史》卷 171《职官十一》。
⑤ 《宋史》卷 172《职官十二》。
⑥ 陈骙等：《南宋馆阁录》卷 9《廪禄》，文渊阁四库本，台北商务印书馆影印本。
⑦ 程俱：《麟台故事》卷 5《禄廪》，文渊阁四库本，台北商务印书馆影印本。
⑧ 《宋会要》职官 57 之 66—67。

等　第	原折钱数	现折钱数
第一等	84 贯 620 文	40 贯文
第二等	74 贯文	37 贯 500 文
第三等	68 贯 383 文	35 贯文
第四等	51 贯 800 文	32 贯 500 文
第五等	47 贯 460 文	30 贯文
第六等	42 贯 832 文	27 贯 500 文
第七等	41 贯 800 文	25 贯文
第八等	38 贯 226 文	22 贯 500 文
第九等	33 贯文	20 贯文
第十等	31 贯 395 文	17 贯 500 文
第十一等	30 贯 900 文	15 贯文

　　这一记载显示:一、京师官员的折食钱全称"御厨折食钱",又可简称"折食钱"。二、共分 11 等,原定第一等为 84 贯多,第十一等 30 贯多;新法第一、二、十一等比原定减少了一半左右。三、此制从北宋时已经实行,此时只是恢复旧制,从而减少了数额,以减轻国家财政负担。与前述神宗元丰间枢密院计议官和编修官月支第三等折食钱 25 贯相比,新法定为 35 贯,实际比元丰间增加了 10 贯。与前述徽宗宣和间"依自来体例"比较,修史官的折食钱为每月每人 40 贯、37 贯 500 文、35 贯三等,其中监修国史(宰相兼职)40 贯显然是"自来体例"中的第一等,可见新法正是恢复了北宋的旧制,而北宋旧制的折食钱也是总共 11 等。四、以前折食钱依照当月京师市场物价的涨落而增减,从此时开始,立为定额。如前所述,秦桧任相后,取消宰执分厅会食制,改领折食钱。绍兴二十九年十二月,由台谏、给舍"同议裁减""应干兼局添破请给、折食等钱",如诸司粮审院列具"行在百司人吏每月所请兼职添破折食等钱",原每月计钱 3 676 贯 450 文,每年共 44 117 贯 400 文,现每月减支 1 590 多贯文以外,"其余实系兼职人,欲依旧"①。孝宗隆兴

①　《宋会要》职官 57 之 75—76。

（1163—1164年）、宁宗开禧（1205—1207年）以后，职事官每月有膳食津贴称"厨食钱"，负责"纂修者"有"折食钱"①。如孝宗淳熙四年（1177年）的监和少监，每月各领厨食钱12贯；丞、著作郎、秘书郎、著作佐郎、校书郎、正字每月各9贯，明显比徽宗宣和七年都降低了一等②。

　　官员除每月从有关机构领取固定的膳食津贴外，还可领取临时的膳食津贴。如前述徽宗大观二年十二月，规定监司和帅司及其官属等在"廨宇所在"遇有公宴，允许收取"折送供不尽酒食"。既然是"折送"，就必定折成现钱，不可能"吃不了兜着走"即领取食物。宁宗时，《庆元条法事类·迎送宴会》"公用令"规定：一、"诸州筵会，宾客听折送。"二、"诸公使筵会，并不得折算价钱（诸州筵会宾客者，依本法）。"这两条专法只在各州举办宴会时，宾客允许折送，而各机构在动用公使钱举办宴会时，则不允许计算价钱折送。前述孝宗淳熙九年敕规定各路训练路钤每年按教，不准赴宴并"收受折送"。同书《馈送》"职制令"也规定，各路监司巡历所到之处，"应受酒食之类，辄受折送钱者，许互察。"显而易见，监司在巡视地点只能接受地方的宴请（也有限制），但不准接受折送的现钱。

四、宋代官员公费用餐制度的主要特点

　　为了保证各级政府机构的正常运转，宋代统治者把供应公费膳食作为激励官员们勤政的手段；同时，又多方控制他们的各种宴会支出，制定了较为详尽的条法，甚至不惜绳之以法，作为促使他们廉政的手段。笔者以为，与前代相比，宋代政府将官员挥霍公款吃喝和吃喝妨碍公务等纳入刑罚的制裁范围，而实际又仅给予种种行政处罚，这就是宋代官员公费用餐制度的主要特点。

---

① 《宋史》卷172《职官十二》。
② 陈骙等：《南宋馆阁录》卷9《廪禄》，文渊阁四库本，台北商务印书馆影印本。

　　从原则上讲,朝廷要求官员平时宴饮不致妨碍公务。真宗大中祥符二年,诏书规定"中外群臣非休假,无得群饮废职"①。天禧三年(1019年),依照礼仪院的提议:"自今文武官丁父母忧起复,不赴宴会外,自余服制式假满日,并赴。"②在官员丁父母忧而起复的一段时间里,暂时不准参加各种宴会。宁宗时,《庆元条法事类·迎送宴会》"职制敕"规定:在任官员"游从宴会妨公务者,杖一百"。此敕估计是北宋以来旧制,说明官员如游宴过度而荒废公务,将受到刑罚的惩处。

　　具体而言,宋代官员公费用餐的种种条法,并非一纸具文。宋代确有一些官员因为乱用公款宴请客人,受到制裁。仁宗庆历四年(1044年)正月,权知凤翔府滕宗谅降一官,改知虢州。原来,监察御史梁坚"弹奏滕宗谅于庆州用过官钱十六万贯,有数万贯不明,必是侵欺入己,及邠州宴会并泾州犒设诸军,乖越不公"。参知政事范仲淹为滕宗谅辩解,向仁宗上疏说:经过太常博士燕度审理,滕宗谅在庆州"所用钱数分明,并无侵欺",滕虽毁掉泾州"前任公用历"但"亦不显入己",故请求仁宗对滕"免重劾"③。"邠州宴会"成为滕的罪状之一。稍后,御史中丞王拱辰"论奏不已",滕"复徙岳州"④。

　　同年十一月,宋朝发生了震动朝野的"奏邸狱案"。这又是一件涉及挥霍公款用餐的案件。原来,宰相杜衍之婿集贤校理、大理评事苏舜钦这时任监进奏院。九月末,他与另一位监进奏院、右班殿直刘巽一起"循前例,用鬻故纸公钱召妓女,开席会宾客"。御史中丞王拱辰得悉此事后,指使其属提出弹劾,"事下开封府治"。于是苏舜钦和刘巽"俱坐自盗","并除名勒停";参加这一宴会的其他人如直龙图阁兼天章阁侍讲王洙,集贤校理刁约和江休复、王益柔等10多位"知名士"都被"斥逐"⑤。魏泰《东轩笔录》记载这一"奏邸之会"经过说:"京师百司

---

①　《宋史》卷7《真宗二》。
②　《长编》卷94,天禧三年十一月庚辰。
③　《长编》卷146,庆历四年正月辛未;《宋会要》职官64之43。
④　《宋史》卷303《滕宗谅传》。
⑤　《长编》卷153,庆历四年十一月甲子。

库务,每年春秋赛神,各以本司余物货易,以具酒膳,至时吏史列坐,合乐终日。庆历中,苏舜钦提举进奏院,至秋赛,承例货拆封纸以充。舜钦欲因其举乐,而召馆阁同舍,遂自以十千助席,预会之客,亦醵金有差。酒酣,命去优伶,却吏史,而更召两军女妓。……舜钦以监主自盗论,削籍为民。"①苏舜钦和刘巽用卖进奏院废纸的钱会餐是否合法呢?叶梦得认为:"京师百司胥吏,每至秋必醵钱为赛神会,往往因醵饮终日,苏子美进奏院会正坐此。"②可见进奏院举行秋季赛神会,是京城各官衙长期沿袭的风俗,本身无可厚非。问题关键在于卖废纸款可否用在请客吃饭上?据苏舜钦在写给朝廷大臣的几封信中自辩,其理由大致有四:一、废纸款共四五十贯,而苏、刘另出俸钱10贯,"相兼使用"。二、此款的使用"两曾奏闻本院"。三、此款"自来支使,不系诸处帐籍,如外郡货卖杂物以充公用之类"。四、此款"无一物入己"。据此,他认为这是一次"公宴"。他又认为,依据律文(即《宋刑统》)的"正条","私贷官物有文记准盗论","不至除名",充其量不过判处"署者"即主管者贪赃5匹,杖90,"其法甚轻"③。显然,苏舜钦自己认为是受冤了。但是,除了枢密副使韩琦曾在仁宗面前为苏舜钦等人辩解过外,苏舜钦的岳父杜衍以及他的许多好友为何都三缄其口,不为他鸣冤叫屈呢?根据《宋刑统》"假借官物不还"门的规定:"诸监临主守以官物私自贷若贷人及贷之者""有文记准盗论(原注:文记谓取抄署之类),立判案减二等"。接着"议曰":"有文记者准盗论,并五匹徒一年,五匹加一等,立判案减二等,谓五匹杖九十之类。"如果苏舜钦当初将卖废纸款登记入账,即可能按"有文记者"量刑,那么法官将会依此判决。但是,法官援引同一门"无文记以盗论者"条量刑,而此条的"议曰"解释:即"文记谓取抄署之类,谓虽无文案,或有名簿,或取抄及署领之类皆

① 魏泰:《东轩笔录》卷4,中华书局1983年版。
② 叶梦得:《石林燕语》卷5,中华书局1984年版。
③ 《苏舜钦集编年校注》卷9《上集贤文相书》、《上执政书》、《与欧阳公书》,巴蜀书社1991年版。

同。"又解释说:"即主守私贷,无文记者依盗法,即与真盗同,加常盗二等,征倍赃,有官者除名,故云'依盗法'。"①苏舜钦因为动用卖废纸款没有入账,而用来聚餐,所以被依法定为"主守""自盗",不仅要加倍偿还用去的款项,而且被除名为民。

尽管在奏邸狱案发生后,直到当代,曾有许多文人学士为苏舜钦鸣不平,甚至称此案为"冤案",但此案的处理在客观上对澄清当时的吏治起过一定的作用。使官员们在动用公款吃喝方面有所收敛,以免触犯刑律。

此外,还有一些官员因过度游宴或违法吃喝而被朝廷查处。孝宗乾道二年(1166年),知静江府张孝祥由于被殿中侍御史王伯庠弹劾其"专其游宴",被罚罢职②。张孝祥在随后的一份奏状中承认自己的过错说:"昨者广西,罪戾盈积,劾章既上,谓当投窜。圣慈宽宥,止从罢免,至于贴职,复与全存。"③乾道五年,新知峡州郭大任因在知袁州任期内"日事饮宴,殊不事事",被撤职④。淳熙二年(1175年),知衢州曹总因"耽饮嗜闲,不修郡政"而被"放罢"。次年,新知嘉州陆游因在前摄嘉州时"燕饮颓放",被撤销"新命"⑤。淳熙十年,知辰州胡介因在知光州时"惟务酣燕",被"言者"揭发,受责撤职,为祠禄官。同年,知邵阳军潘才卿因在守澧阳时"奢僭自肆,日事燕饮",被罢官。淳熙十二年,知湖州刘藻由于"言者论其在任专事筵宴,库帑告竭",被责"降两官,放罢"⑥。淳熙十四年,知平江府王希吕与祠禄官范成大、胡元质经常相聚宴饮,"一饮之费,率至千余缗","孝宗怒而诎之"⑦。光宗绍熙

①　窦仪等:《宋刑统》卷15《假借官物不还》,中华书局1984年版。
②　《宋会要》职官71之14。
③　张孝祥:《于湖居士文集》卷18《辞免知潭州奏状》,上海古籍出版社1980年版。
④　《宋会要》职官71之23。
⑤　《宋会要》职官72之14、15。
⑥　《宋会要》职官72之38、43;谈钥《嘉泰吴兴志》卷14《郡守题名》,中华书局1990年影印本。
⑦　李心传:《建炎以来朝野杂记》甲集卷17《财赋四·公使库》,丛书集成初编本;范成大:《吴郡志》卷11《本朝牧守题名》,中华书局1990年影印本。

元年(1190年),浙东安抚使张枃奏申朝廷:知秀州华亭县柳楸"日赴所部燕饮,恣为大言,陵轹州县",柳楸因而改差监潭州南岳庙。宁宗嘉定六年(1213年)臣僚奏告监尚书六部门沈谧"尝为漕幕,日事燕饮",因此被责为祠禄官。嘉定九年,殿中侍御史黄序弹劾监行在左藏西库郑浦在以前"经营版曹差檄,往福建劝谕和籴","以王人自居,州县官奔趋迎[送],折俎馈遗,安然受之",郑浦立即被解职,"与祠禄"①。知建宁府崇安县某人,"日日宴饮,必至达旦,命妓淫狎,靡所不至",平时"不理民事,罕见吏民",加上其他一些"非理不法"之事,被福建转运使陈增奏劾,降职为本县主簿②。

　　宋代还有一些官员因为违法多领膳食津贴而受罚的事例。神宗元丰三年(1080年),侍御史知杂事何正臣等揭露军器监官员仿佛集体尸位素餐,"详定法式"一拖就是7年,"一司敕"也搁了5年,"尚未成书"。这些官员慢条斯理地工作,是因为"利于添给",即多领各项津贴,其中包括食钱。所以,神宗立即下诏命"三司勘会逐官自置局后支过食钱,并令回纳,仍于月俸内克一半"③。神宗命令军器监官员全部退回在设立本司立法机构后所领取的食钱,规定先扣除各人的月俸一半,直到扣完为止。元丰六年,翰林学士邓润甫自己"觉举"即坦白"违法支用本院厨钱",神宗以为可以不予追究,下诏御史台"勿劾"④。同年,御史中丞舒亶在实行官制改革后,兼权直学士院职,"违法请厨钱"。尚书省向神宗揭露此事,且指出"台察官朋蔽不言,乞并付有司推治"。神宗即命大理寺负责审理。监察御史顿起、王桓上疏提出将各自"居家待罪",乞求神宗将他们"先次罢黜"。数月后,经过"诏狱"的审理,认定"学士院公使时悉罢,而亶辄以本院厨钱自给,复坐计赃,杖九十"。舒亶的这一罪名与仁宗庆历间"奏邸狱案"中苏舜钦相似。

①　《宋会要》职官72之56,73之46、50。
②　《名公书判清明集》卷2《官吏门·澄汰·知县淫秽贪酷且与对移》,中华书局1987年版。
③　《长编》卷310,元丰三年十一月庚戌。
④　《长编》卷333,元丰六年二月甲戌。

神宗告诉近臣说："（舒）亶学士院自盗赃罪，情至轻而法重"。加上舒亶的另一件诈伪事，神宗觉得对舒亶"论如法"，舒亶终于被降寄禄官2阶，"勒停"，"免除名"①，比苏舜钦所受惩罚要轻得多。

以上事例显示，宋代统治者为保证各级机构的正常运作，反对官员整天吃喝玩乐、不理政事；同时，又反对他们不分公私胡乱吃喝，挥霍公款。在法律上，规定了严重挥霍公款吃喝和过度吃喝的官员将被绳之以法，受到刑罚的制裁。但是，即使真正判刑，充其量也多者不过判2年徒刑，少者杖100或80下。笔者在有关文献中，尚未寻到官员因挥霍公款吃喝或过度吃喝而被判刑罚的一例，所有事例的当事人都只是受到了行政处罚，就像受罚最厉害的苏舜钦也不过是削职为民，而更多的官员只是降官或降职。所以，对宋代官员公费用餐制度的贯彻执行的程度不能估计过高。

笔者发现，宋代多数官员都是心安理得地享用各种公费膳食和领取膳食津贴。其中有一些官员本属饕餮之徒，每天举行宴会，觥筹交错，乐此不疲，却并不受到惩罚。比如高宗时，宰相秦桧专权，其妻王氏娘家的子弟"皆用事"。其中"有王子溶者，为浙东仓司官属，（平江府）郡宴必与提举者同席，陵忽玩戏，无所不至，提举者事之反若官属"。以后，王子溶又知吴县，"尤放肆。郡守宴客初就席，子溶遣县吏呼伎乐伶人，即皆驰往，无敢留者。上元吴县放灯，召太守为客，郡治乃寂无一人"②。慑于秦桧的权势，路、州长官反而听命于官属，他们举办的公宴就必然失控，费用也无以限制。孝宗淳熙九年（1182年），浙东提举常平茶盐公事朱熹奏劾前知台州唐仲友不法不公事。唐在知台州时期，"其子亲会宴集经月，姻族内外，一文以上皆取办于公库"。唐每次举办宴会，必召妓女劝酒，甚至与之"逾滥"③。但唐与丞相王淮为姻

①　《长编》卷332，元丰六年正月乙未；卷334，元丰六月三月癸卯；卷335，元丰六年五月辛卯、六月己酉。
②　陆游：《老学庵笔记》卷5，学津讨原第15集本。
③　《朱熹集》卷19《按唐仲友第三状》，四川教育出版社1996年版。

家,王淮为唐辩护,唐因而仅撤销江西提刑新任。再如宁宗时,成都府路监司公费用餐的费用很多。嘉泰三、四年(1203—1204年),该路的监司"三司"(转运、提刑、提举)"互送","一饭之费,计三千四百余缗"。至于寓治建康府的江南东路"六司"(帅、漕、总赋、武骑二司帅等)则"乃倍之",即达6 800多贯①。像地方官王子溶、唐仲友等人,由于在朝有高官做靠山,虽然违法公款吃喝,但不仅未被诉诸法律,而且几乎未受行政处罚。由此可见,宋代官员公费用餐尽管已经形成一套比较完整的制度,但实际上对违法者惩治不适时,打击不严厉,所起作用仍有一定的限度。

　　为了刹住官员挥霍公款吃喝的风气,宋朝廷还屡次发布一些照应性诏书。如孝宗隆兴二年(1164年),下诏:"诸州饮燕之费,丰侈过当,伤财害民。自今各令务从省约,敢有违戾,必置之罚,仍令户部条约行下。"②但是否有效,不得而知。此外,还有一些颇有远见卓识的地方官,目睹官场中的腐败性消费日甚一日,看到它的危害性,所以从道德的角度加以劝诫。如高宗时,有一位官员撰《州县提纲》一书,他提出:"为县官者,同僚平时相聚,固有效郡例,厚为折俎,用妓乐倡优,费率不下二三十缗者。"县官们一次公费聚餐就要花去20至30贯文,他们是效法州官的惯例。又说:"夫郡有公帑,于法当用,县家无合用钱,不过勒吏辈均备耳。夫吏之所出,皆民膏脂。以民之膏脂,而奉吾之欢笑,于心宁亡愧? 兼彼或匮乏,典衣质襦,以脱捶楚,吾虽欢笑于上,而彼乃蹙额于下。"③宋代有些县衙不设公使库,县官无法像州官那样合法地吃喝,但上行必然下效,县官们为了吃喝,就采用向吏胥勒索的办法筹措费用,而吏胥则通过敲剥百姓来供应上司的需要。理宗时,胡太初撰《画帘绪论》。他在该书《尽己篇》中提出,"莅官之要,曰廉曰勤"。作为县令,"喜声誉,则饰厨传以娱宾",这样"虽欲廉,得乎?"他提倡县

① 李心传:《建炎以来朝野杂记》乙集卷12《御笔严监司互送之禁》,丛书集成初编本。
② 《宋会要》刑法2之156。
③ 佚名:《州县提纲》卷1《燕会宜简》,丛书集成初编本。

196　朱瑞熙文集　学术论文(中)

令要节俭,做到了这一步,才能"燕宾不必科吏财以取乐也,苟苴不必讲,厨传不必丰也"①。《州县提纲》的作者和胡太初试图劝谕县官实行廉政,尽量减少各种公费用餐的开支。

五、对金代的影响

宋代官员公费用餐制度对金代产生了一定的影响。金章宗明昌二年(1191年)颁敕:"司狱毋得与府、州、司、县官筵宴往还,违者罪之。"②泰和五年(1205年),又"定鞫勘官受饮宴者罪"③。严禁司狱官与地方官会餐,严禁鞫勘官即审讯官接受他人的宴请,这两条禁令显然是为了防止司法官在吃喝玩乐之间徇私舞弊,制造冤假错案。这两条禁令无疑是宋代有关制度影响的产物。

(本文刊载于《文史》第49辑,中华书局1999年第4辑)

①　胡太初:《画帘绪论·尽己篇第一》,丛书集成初编本。
②　《金史》卷9《章宗一》,中华书局1975年版。
③　《金史》卷12《章宗四》。

宋代皇储制度研究

一、皇子的培养

两宋摒弃了秦汉以来帝王即位就册立太子的传统,实行长期空虚储位的政策,一方面为了避免储位既正而引起的皇子间血腥争斗的局面,另一方面也体现了两宋帝王为了帝国的长治久安而奉行的教条:国家的兴衰在于皇室,皇室的兴衰在于皇子,皇子善恶优劣在于皇子培养,尤其是皇子教育。有鉴于此,宋代历朝帝王有意迟开东宫,积极培养皇储候选人,以形成百舸争流的盛况,从而择其优贤,以固万世不摧之业。

（一）皇子的教育机构

宋代皇子出生并不即刻封王,必须年长至出阁才能获封王的权利。皇子教育主要分为两个阶段,其中以十五岁为界,通常是八岁入小学,十五入大学①。但这里的小学、大学只是一种泛称。真正的教育机构主要有四种。

其一,宫学。初创于太宗至道元年（995 年）,当时太宗为了皇侄等设置师傅以成教养而立,又称诸王宫学。北宋时,宫学只设小学,诸王宫子孙从八岁到十四岁皆可以入学,每天背诵二十个生字,所以,教学

---

① 朱熹:《四书章句集注·大学章句序》,中华书局 1983 年版。

只停留在识字记事的启蒙阶段①。大中祥符年间,皇子的入学年龄基本上稳定在十岁,但仍然规制不全,管理混乱。嘉祐元年(1056年)八月,枢密使韩琦上疏仁宗,要求另建内书院,"选宗室贤者升于内学",想让仁宗收养宗子进宫学学习,但未被批准②。崇宁元年(1102年)十一月,在宰相蔡京的建议下,宫学终于从单一制小学扩展到大、小学并存,并且增设了教授两员,规定"应宗子年十岁以上入小学,二十以上入大学,年不及而愿入者,听从便"③。这样,就把皇子入大学年龄一下子提高到二十岁。但事实上,由于北宋后期宗室数量的剧增,宫学不仅仅是皇子的学校了,五服以内的皇亲子弟都可以入学,并且成了学生主体。两宋之交,战事不断,宫学一度废止。高宗绍兴五年(1135年),钱观复奏请朝廷重立宫学,并且进一步扩大校舍,创立学规,使其正规化。但由于高宗朝后,皇子人数较少,因此通常只在资善堂就学,这样宫学就成了单一的宗室学校。宁宗嘉定九年(1216年),正是考虑到宫学已经成了宗子学校,与宗学设置重叠,所以将宫学并入宗学④。淳祐三年(1243年),由于理宗无子,又在宫中设立内小学,以待皇子诞生或宗子过继。大理少卿蔡仲龙力请理宗收养宗子入内小学,称"须早为权宜之计,以系天下之心"⑤。可见内小学实际上是皇储的准东宫性质学校。

其二,资善堂。是宋代皇子肄学的主要场所。在宋代并非所有皇子都能入资善堂学习,只有那些有可能立为太子的皇子才能进入学习,因此它也是东宫学习的准备期。资善堂设立于真宗大中祥符九年(1016年),初建于元符观南面,真宗亲自为堂竣工作记,并刻在堂中的石碑上,赐名"资善"⑥,取"资良士赞导为善"之意⑦。当时为寿春郡王

①④　脱脱等:《宋史》卷157《选举三》,中华书局1977年版。
②　吕祖谦:《类编皇朝大事记讲义》卷8《仁宗皇帝·教宗英·立储嗣》,清道光钞本。
③　徐松:《宋会要辑稿》帝系5之17,新文丰出版社1976年版。
⑤　佚名:《宋史全文续资治通鉴》卷33《理宗三》,文海出版社版。
⑥　李焘:《续资治通鉴长编》卷86,大中祥符九年二月甲午条,中华书局1995年版。以下简称《长编》。
⑦　王应麟:《玉海》卷130《官制·宗戚》,清光绪九年浙江书局本影印本。

的赵祯(即后来的仁宗)成为资善堂第一位学生。以后每逢皇子出外就傅,就选择官员兼领资善堂讲读。元丰八年(1085年),哲宗初开讲筵,"诏讲读官日赴资善堂,以双日讲读,仍轮一员宿值"。因此形成了资善堂逢双开讲,晚间留人以备询问的故事①。政和元年(1111年)二月,太史局决定:定王桓、嘉王楷于三月前往资善堂听读。靖康元年(1126年),太子谌亦在资善堂设立学舍,并受国子监督学。绍兴中,重建资善堂,皇子令瑗入读。理宗朝,资善堂就设在内小学里,孟启曾往堂中就学。

其三,皇太子宫小学。实际上是皇孙学习场所,创立于绍兴三十年(1160年)。当时孝宗被封为建王,皇孙庄文魏王愭和光宗出外入学,以王十朋为皇太子宫小学教授,辅导皇孙学业。淳熙七年(1180年),英国公扩就学,亦进入东宫小学,以秘书省正字杨辅兼小学教授②。

其四,宗学。主要是皇室疏属子弟就学之所,但由于宋代皇室屡缺后嗣,故历朝都有收养皇子的习惯,而这些皇子的早期教育通常是在宗学中完成的,所以,宋代对宗学教育也很重视。元祐六年(1091年)宗室令铄奏请创建宗学,但是工程完成后,却将校舍赐给了宰相蔡确。崇宁初,又曾重建宗学,但由于种种原因,终及北宋一代,宗学未能成功。绍兴十四年(1144年),在宗子的共同要求下,"始建宗学于临安……置诸王宫大小学教授一员"③。生员共一百人,其中大学生五十人,小学生四十人。在学者皆"南宫北宅子孙也。若亲贤宅近属,则别置教授,以馆职兼,不在宗学之列"④。嘉定七年(1214年),宗学再度扩建,宗学教授亦改称为宗学博士,另设立宗学谕一员。两年后,由于宫学的并入,宗学隶宗正寺管辖,使宗子从学之风彬彬可观⑤。正是由于宗学的设立,使统治者在挑选宗子入继皇统的时候有了可靠的依据,也使未来

① 脱脱等:《宋史》卷162《职官二·资善堂》,中华书局1977年版。
② 王应麟:《玉海》卷129《官制·储官》,清光绪九年浙江书局本影印本。
③ 脱脱等:《宋史》卷157《选举三》,中华书局1977年版。
④ 李心传:《建炎以来朝野杂记》甲集卷13《取士·宗学》,丛书集成初编本。
⑤ 佚名:《续编两朝纲目备要》卷14《宁宗皇帝》,嘉定七年八月癸巳,中华书局1995年版。

的皇子能够继续接受正规教育,保证了皇子的择优选择。

(二) 皇子学官的设置

尽管皇子学校形式不一的设立了,但事实上许多学校都是临时设立或就某一朝特设而已,加上史料短缺有些已无法得知。宋代皇子主要就读的是宫学和资善堂,其中担任讲读的官员通常是兼任,并且要求是"天下有学行"之士①。讲筵官一般由在任讲读官或执政大臣推荐,经皇帝亲自接见并且以经术考试后才委以重任。嘉祐六年(1161 年),王猎被吴奎推荐为诸王宫侍讲,宰相韩琦称赞王猎,认为只有他与当时得宠的孟恂"不通私谒,足见其有守"②。

宋代宫学讲筵官设置约有八种:傅、长史、司马、谘议参军、友、记室参军、王府教授、小学教授。而事实上"傅及长史、司马,有其官而未尝除"③。太平兴国八年(983 年),太宗诸子出阁时,楚王府曾置谘议参军两员,陈王府置一员;天禧二年(1018 年),昇王府置谘议一员,主要是备皇子询问之用。诸王府友设立于大中祥符九年,当时仁宗被封为寿春郡王,年龄还不到十岁。宰执们希望设立翊善等官,但真宗认为一旦设立王府官,府属都要拜见郡王,为了培养仁宗谦逊尊师的善习,真宗明示"朕欲令尊礼师友,相见相拜,故以王友命之"④。所以,命张士逊、崔遵度二人为王友。嘉祐八年(1063 年),淮阳郡王顼开府置官,吕诲认为"王今未出阁,当且设师友,不宜遂置僚属。臣欲朝廷先正陶等名位,名位既正,则礼分自安"⑤。可见王友通常在皇子年幼未出阁前设立,达到尊师敬友目的。记室参军是记录皇子日常言行、功过的官员,以便为日后的储位选择提供参考,因此通常擢用"词翰之选"⑥。雍熙

① 司马光:《温国文正司马公文集》卷 26《乞令皇子伴读提举左右人札子》,四部丛刊初编本。
② 李焘:《续资治通鉴长编》卷 195,嘉祐六年十月癸巳条,中华书局 1995 年版。
③ 脱脱等:《宋史》卷 162《职官二》,中华书局 1977 年版。
④ 王应麟:《玉海》卷 129《官制·储官》,清光绪九年浙江书局本影印本。
⑤ 李焘:《续资治通鉴长编》卷 199,嘉祐八年九月壬戌,中华书局 1995 年版。
⑥ 赵汝愚:《国朝诸臣奏议》卷 60《百官门·东宫官属》,张方平:《上英宗乞推择颍王府翊善》,文海出版社 1970 年版。

二年(985年),诸王出阁,太宗除拜虞部郎中王龟从兼陈王府记室参军,毕士安兼冀王府记室参军等,认为"诸子生长宫庭,未闲外事,年渐成人,必资良士赞导,使日闻忠孝之道"①。其余王府宫中侍讲、王府教授、小学教授主要以讲解经史为主,他们是真正的教育者,自宋初设立后,职位相对稳定。治平二年(1065年),都官员外郎孙永为王府侍读,屯田员外郎孙固为王府侍讲。除上述常设官员外,宋代有时还设立一些临时官员,以履行监督、劝学的职能。真宗咸平三年(1000年),昇王府就曾以张旻为学长,张景宗副学长,杨崇勋等为学察②。在慎重选择王府官后,皇帝便对他们加倍信任,寄以辅导皇子的厚望。淳化五年(994年),姚坦任益王府翊善,由于他为人耿直,每事必加劝谏,所以与宫中官吏关系不和。有人便唆使益王称病不朝,企图让皇帝降罪于姚坦。太宗在查明真相后,对各级官吏一并拖至后院,各杖数十以示惩罚,说:"吾选端士为王僚属,固欲辅佐王为善。今王不能用规谏而又诈疾;欲使朕逐去正人以自便,何可得也?"③

　　资善堂官属设有翊善、直讲、赞读、说书、皇太子宫小学教授、资善堂小学教授。其中"翊善、赞读、直讲皆旧制,说书而下,中兴以后增置"④。翊善主要是辅佐皇子行善积德的官员,地位尤为重要。太平兴国八年(983年),以戴元、杨可法为皇子翊善;治平二年(1065年),邵亢为颍王府翊善,英宗特地在群玉殿召见,询访世务,大称其"学士,真国器也"⑤。后来邵亢又擢升为谏官。绍兴五年(1135年),建国公从学时,范冲为翊善,此人学识渊博,厚德稳重,"朝论以为极天下之选"⑥。宁宗在王邸,黄裳日日教诲宁宗要收复失土,亲自做成浑天仪和舆地图,并且赋诗词,勉励宁宗学习要像"天之运行而不息,及念祖

① 脱脱等:《宋史》卷281《毕士安传》,中华书局1977年版。
② 李焘:《续资治通鉴长编》卷47,咸平三年十月辛亥,中华书局1995年版。
③ 陈模:《东宫备览》卷6《规谏》,四库全书文渊阁本商务影印本。
④ 脱脱等:《宋史》卷162《职官二·资善堂》,中华书局1977年版。
⑤ 李焘:《续资治通鉴长编》卷204,治平二年正月甲申,中华书局1995年版。
⑥ 王应麟:《玉海》卷129《官制·储官》,清光绪九年浙江书局本影印本。

宗郡国大半陷为贼区"，培养宁宗忧国忧民之心①。赞读，宋初称为皇子侍读，太平兴国二年设立，八年又设立皇子位伴读。但至道立储后，由于与太子侍读相同，故改名赞读。仁宗朝以后，一旦封立皇子，便设立皇子位伴读、皇子位说书等。但这些官员并非日赴资善堂，管理很松散。司马光针对这一情况指出："今（王）陶等虽为皇子之官属，若不日日得见或见而遽退，语言不洽，志意不通，未尝与之论经术之精微，辨人情之邪正，究义理之是非，考行已之得失。教者止于供职，学者止于备礼。"②形成了有名无实的状况。南渡后，资善堂教育才受到普遍重视，各类官职一应俱全，教育效果也相对提高。皇太子宫小学教授设立于淳熙七年（1180 年），当时皇孙英国公就傅，诏立王十朋为小学教授。资善堂小学教授设立于庆元六年（1200 年），时以国子监博士萧遂兼任。由于当时皇子年幼，未设立翊善，而皇太子宫小学教授又是皇孙的师傅，所以宁宗以资善堂小学教授命之，从此成为定制③。嘉泰三年（1203 年），著作佐郎邹应龙兼任小学教授。

（三）皇子的教育

　　作为天下之本——太子的候选人，皇子的教育程度高低，将直接影响到太子的才能素质，因此宋代对皇子教育也极为重视。从皇子一出生，一系列的学前教育便随之展开。由于皇子幼年教育史料的短缺，现难以重现详细情况，但作为封建王朝的一部分，宋代也继承了历代幼子保育方法，让其耳闻目染正道之事，以此达到皇子正太子正，太子正天下正的统治目的。一旦小皇子长到六至八岁，教育问题也便提上了议事日程。宋初由于统一战争的缘故，对皇子教育无暇顾及。真宗朝才引起重视，真宗勉励皇子勤于学习，认为"惟学读书最为好事，朕遵行

---

① 楼钥：《攻媿集》卷 99《志铭·端明殿学士致仕、赠资政殿学士黄公墓志铭》，四部丛刊初编本。
② 吕祖谦：《宋文鉴》卷 48《请令皇子伴读提举左右人》，上海古籍出版社 1994 年版。
③ 佚名：《续编两朝纲目备要》卷 6《宁宗皇帝》，庆元六年四月，中华书局 1995 年版。

之未尝失坠。令(今)诸院能奉承先训,亦皇族盛美之事"①。他将皇族中优秀的书法、诗歌收藏于秘阁,以示恩宠。大中祥符二年,真宗召集皇室子弟参观龙图阁藏书,并且对宁王元偓勤学《尚书》、《论语》褒扬一番②。仁宗时,将督促皇子教育一事专门授权于大宗正事,要求"自今帅诸宗子励翼一心,周旋六艺,以废学为耻,以饬身为贤"③。皇帝一面勉励皇子求学,一面又亲自擢用王府官。诸王府侍讲孙奭博学古今,端拱年间还只在国子监任直讲,太宗视察国子监时,诏令孙奭讲解《尚书·说命》,虽然孙奭年少位卑,但却讲解清晰,声音宏亮。太宗赞叹道:"天以良弼贲商,朕独不得邪?"④遂擢为王府官。寿春郡王开府时,诏令宰执推荐端方纯明、有德行大臣为王友,经过层层筛选,最后以张士逊、崔遵度为王友。史称遵度"与物无竞,口未尝言是非,清洁完如,不喜名势……善琴,得古人深趣,着《琴笺》十篇"⑤。孝宗为皇子时,王十朋任小学教授,高宗常自称"十朋皆朕亲擢"⑥。王府官选定后,皇帝并非听任其便,相反要经常监督教育质量的好坏。雍熙中,侍讲邢昺献《分门礼选》二十卷于太宗,太宗采用《文王世子》篇询问入内西头供奉官卫绍钦,"昺为诸王讲说,曾及此乎?"卫绍钦回答说:"诸王常时访昺经义,昺每至发明君臣父子之道,必重复陈之。"⑦太宗这才欣然宽慰。真宗一日对宰相说:"朕每戒宗子作诗习射,如闻颇精习,将临观焉。"⑧因此,到节、朔日,便令皇室子弟表演学艺,以考查他们学业如何。理宗朝对皇子的监督尤为重视,时度宗刚入内小学肄学,理宗常令李昴英禀奏教学进程,自称"朕于小学之教甚留心"⑨。因此,南宋涌现一批像王

① 徐松:《宋会要辑稿》帝系4之2,新文丰出版社1976年版。
② 徐松:《宋会要辑稿》帝系4之1,新文丰出版社1976年版。
③ 徐松:《宋会要辑稿》帝系4之6,新文丰出版社1976年版。
④ 司马光:《涑水记闻》卷4,中华书局1997年版。
⑤ 文莹:《玉壶清话》卷1,中华书局1984年版。
⑥ 脱脱等:《宋史》卷387《王十朋传》,中华书局1977年版。
⑦ 徐松:《宋会要辑稿》帝系2之3,新文丰出版社1976年版。
⑧ 脱脱等:《宋史》卷245《宗室二·镇恭懿王元偓》,中华书局1977年版。
⑨ 佚名:《宋史全文续资治通鉴》卷34《理宗四》,文海出版社。

十朋、黄裳一样兢兢业业、辅导皇子的王府官。王府官也通常因辅导有劳而倍受礼遇,但一旦发生失误便行贬黜。昭成太子元僖病殁后,有人告发元僖之死是被嬖妾张氏所迷惑以及种种张氏专恣之事,真宗立即将辅导元僖的官僚一并贬谪,"开封府判官、右谏议大夫吕端,推官、职方员外郎陈载并坐裨赞有失,端黜为卫尉少卿,载为殿中侍御史。许王府谘议、工部郎中赵令图,侍讲、库部员外郎阎象,并坐辅导无状,削两任免"①。

　　皇子教育主要侧重于未成年以前,多数在宫廷小学中学习,而小学又是"学事亲、学事长"的场所,因此,皇子所学科目也以人伦孝道为主,有《尚书》、《周易》、《孝经》、《论语》等启蒙教材②。王府官除讲经授课外,还经常伴随皇子出入,"居处燕游,讲论道义,耸善抑恶"③。以身体力行规谏皇子。楼钥在上疏中要求府属多进一些金玉良言,并让其成为考核府属优劣的标准。他说:"臣窃闻祖宗时,应东宫王府官属每五日必使进嘉言善行一条。臣愚欲望睿旨申行故事,使臣等每五日必以一事进,如有己见,因而详论其是非当否,不问兴衰治乱,帝王臣子。凡古人言行可以劝、可以戒者,采于百家,择其机要,以奉太子,则上性愈明,辅成储德。"④可见皇子教育内容虽然浅显,但所涉及范围极广。黄裳在王邸时,辅导尤为尽心,自天文地理人事以及三代、汉唐治乱得失原因,本朝典章制度人才议论之要,没有不向宁宗一一阐明的,并随时规劝。宁宗即位后,高度评价黄裳敢于进谏的作风,"黄翊善之言亦难堪,惟我则能受之"⑤。综览两宋皇子教育,主要侧重于四个方面:

　　第一,训诫皇子知孝悌之道。宋代尤其注重孝义,人们认为"先王

---

① 脱脱等:《宋史》卷245《宗室二·昭成太子元僖》,中华书局1977年版。
② 王应麟:《玉海》卷129《官制·储官》,清光绪九年浙江书局本影印本;《宋会要辑稿》职官7之42。
③ 王应麟:《玉海》卷129《官制·储官·嘉祐皇子位伴读、说书》,清光绪九年浙江书局本影印本。
④ 祝渊:《古今事文类聚》遗集卷4《东宫官部》,四库全书文渊阁本商务影印本。
⑤ 佚名:《续编两朝纲目备要》卷16《宁宗皇帝》,嘉定十七年闰八月丁酉,中华书局1995年版。

有至德要道,以训天下,民用和睦"。"孝,德之本也,教之所由生也"①。深深意识到要使赵氏长存,必使臣僚尽孝,欲使臣僚尽孝,必使天下尽孝。因此皇子的孝道教育便成了天下百姓行孝的楷模。徽宗设立的三舍法中,以八行、八刑作为考核学生标准,其中八行为孝悌、睦姻、任恤、忠和,以"孝悌忠和为上,睦姻为中,任恤为下"②。将孝悌放在教育的第一位,足见其重视程度。益国公孟启入资善堂就学,左丞相谢方叔认为"进善不特教以章句,凡事皆当训导,使知孝悌、知田务"③。

第二,告诫皇子不得荒于游玩。当太宗子兖王元杰花费巨资营建假山,众人皆奉承称好时,只有翊善姚坦冷冷地说:"但见血山耳,安得假山?"神宗在颍王府,韩维担任记室参军,每遇询访,必悉心答对。有一天韩维陪同颍王读书,宦官将一种特制的舞蹈靴子进献颍王,韩维为防止颍王沉湎游玩,厉声斥责宦官:"王安用舞靴?"颍王自知理亏,当场将靴毁掉④。真宗开资善堂时,明令伴读官不得在堂中嬉戏杂耍,严禁在堂中放置玩具⑤。有力地防止了皇子年幼不识事务,放纵游乐,耽误学业的弊端出现。

第三,叮嘱皇子要恪守祖宗家法。宋代是儒学发展的又一个高峰时期,历朝推行的右文政策使士大夫空前活跃,但另一方面也导致了政治上保守、怯弱,不敢革新的局面。宋代家法内容庞杂,其中之一便是注重儒学传统教育。治平中,颍王将自己新抄录的《韩非子》交给府属校对,王府官孙永以此书并非儒学传统书目为理由,批评道:"韩非险薄无足观。"事实上,韩非是战国时期著名的法家代表,主张变法革新,这和以祖宗家法为历朝宝典的宋代格格不入,因此,颍王只好找借口说:"录此备藏书之数,非所好也。"⑥

---

① 唐明皇撰、邢昺疏:《孝经注疏》卷1《开宗明义第一疏》,四库全书文渊阁本商务影印本。
② 黄以周等:《长编拾补》卷27,大观元年三月甲辰,上海古籍出版社1986年版。
③ 佚名:《宋史全文续资治通鉴》卷34《理宗四》,淳祐十二年二月丁巳,文海出版社。
④ 李焘:《续资治通鉴长编》卷202,治平元年六月戊午,中华书局1995年版。
⑤ 李焘:《续资治通鉴长编》卷86,大中祥符九年二月甲午,中华书局1995年版。
⑥ 李焘:《续资治通鉴长编》卷206,治平二年十月戊申,中华书局1995年版。

　　第四,传授皇子礼仪知识。历代王朝都有自己相应的一套繁琐礼仪,以此月来区别贵贱,划分社会等级,皇子的礼仪知识教育主要体现在君臣有别和尊师尊亲上。宋代统治者并不像唐代一样努力抬高皇子地位,使他们自幼培养帝王风范,形成权力意识,相反是处处贬抑皇子,使其深知谦逊礼让、君臣有分之道,以免发生像唐代一样皇子权高震主图谋不轨等家庭悲剧。英宗在王府中时,每次拜见教授,都要齐整衣冠,恭恭敬敬,深以为"师也,敢弗为礼"①。正是在皇帝的勉励、王府官的辅导下,皇子们逐渐形成了好学之风,兢兢求学,他们学习书法、词章,讲论孝道,友爱兄弟。史称兖王元杰"颖悟好学,善属词,工草、隶、飞白,建楼贮书二万卷"②。益端献王頵喜好医学,亲自著成《普惠集效方》③。政和中,定王桓好学不逸,认为资善堂讲读时间太少,主动要求徽宗延长讲读时间,他在奏疏中称:"如臣之愚,正当力学,不可旷日,岂应拟视经筵? 兼臣问安视膳之外,还过府第,绰有余暇。况不同往日,深在禁严,出入不敢自便。今欲乞圣慈许令每日不拘早晚,但稍有间隙,即请学官赴厅讲读,所贵为学日益,有以副圣慈眷抚之意。"④但总体上宋代皇子教育还是比较轻松,拥有大量的闲暇时间,这与清代皇子读书相比,的确差了许多。据史书记载,乾隆时皇子读书极为刻苦,赵翼以为"本朝家法之严,即皇子读书一事,已迥绝千古。余内直时,届早班之期,率以五鼓入,时部院百官未有至者,惟内府苏喇数人往来。黑暗中残睡未醒,时复倚柱假寐,然已隐隐望见有白纱灯一点入隆宗门,则皇子进书房也。……乃日日如是。既入书房,作诗文,每日皆有课程,未刻毕,则又有满洲师父教国书,习国语及骑射等事,薄暮始休"⑤。

---

①　脱脱等:《宋史》卷13《英宗纪》,中华书局1977年版。
②　脱脱等:《宋史》卷245《宗室二》,中华书局1977年版。
③　脱脱等:《宋史》卷246《宗室三》,中华书局1977年版。
④　徐松:《宋会要辑稿》帝系2之19,新文丰出版社1976年版。
⑤　赵翼:《簷曝杂记》卷1《皇子读书》,丛书集成续编本。

（四）皇子的管理

宋代皇子的管理隶属于宗正寺和大宗正司,主要负责对皇子学习的监督、皇族谱牒的修录、出阁仪制以及收养皇子时的推荐等事务。宗正寺历代都有,宋承袭唐而设,主要修定谱牒图籍。仁宗时,随着皇室成员的增加,宗正寺已不再适应现状,大宗正司应运而生。景祐三年(1036年),创建大宗正司,掌"训导,纠违失。凡宗族之政令皆关掌,奏事毋得专达,先详视可否以闻"①。在皇子教育中,大宗正司有监督职能,凡"子弟不率教,俾教授官、本位尊长具名申大宗正司,量行戒责。教授官不职,大宗正司密访以闻"②。因此,大宗正司除了监督皇子学习外,还有监督王府官是否尽职。英宗时,判大宗正事允弼修定了《皇亲听书等赏罚规式》,从而使赏罚有文可依,纳入制度化③。此外,亲王诸宫司还负责各王宫出纳财务事,以诸司使兼任,如果缺任便由内臣充都大管勾或都监④。

皇子到一定年龄就应该离开内宫,出外开府设僚属,称作出阁。由太史局选定黄道吉日并讨论具体仪制。皇子出阁年龄应为十六岁。如钦宗生于元符三年(1100年),政和五年(1115年)出阁;孝宗生于乾道四年(1168年),淳熙十一年(1184年)出阁。但皇子到了出阁年龄并非一定要出阁,有时由于皇帝宠爱,也可适当延长。

宋代皇子夭折现象普遍,正如清代学者赵翼所说的"宋皇后所生太子皆不吉"⑤。因此,皇室经常收养宗子于宫掖,以系天下之心,等待皇子诞生,一旦皇子不诞,这些宗子便以皇子身份入居储位。在收养宗子过程中,选择推荐优秀的近属宗子是大宗正司不可推卸的职责,因为他们每天都要记录宗子功过,只有他们最清楚每位宗子的品质优劣。嘉祐中,知谏院范镇曾促请仁宗"以太祖之心,行真宗之故事,择宗室

---

① 李焘:《续资治通鉴长编》卷119,景祐三年七月乙未,中华书局1995年版。
② 脱脱等:《宋史》卷162《职官二·亲王府》,中华书局1977年版。
③ 徐松:《宋会辑稿》职官20之17,新文丰出版社1976年版。
④ 徐松:《宋会辑稿》职官7之37,新文丰出版社1976年版。
⑤ 赵翼:《廿二史札记》卷24,世界书局1939年版。

贤者，异其礼物而施之政事，俟有圣嗣，复遣还邸"①。高宗时，又设立南外、西外宗正寺。绍兴中，西外宗正寺曾推荐太祖后代五、六人以备高宗挑选。根据《宋史》记载，两宋期间共收养八位宗子以备储位，其中三位皇子后来登基称帝。咸平六年（1003年），信国公祐病情加剧，真宗遂收养商王元份之子允让于宫中，仁宗出生后才以隆重仪式送回旧邸。仁宗朝共收养宗子两位，其中允初是章献明肃太后收养，根据张方平在吕夷简神道碑中记载："明肃章献尝自言梦周王祐（真宗长子，早夭）来告，将脱生荆王宫中。时允初始生（允初，荆王少子，所谓五相公者），太后欲取入宫养之，吕夷简争之，乃止。"②允初幼年常陪侍仁宗诵读，而当时仁宗亦年少，朝廷上下以为太后要废立仁宗，加上章献一些逾越礼制的行为，使朝廷内外人心惶惶。幸亏吕夷简巧言进谏，认为"上富春秋，所亲非儒学之臣，恐亡益圣德"③。才将允初送还王邸。皇子宗实自幼养于宫中，后来温成张妃有宠，宗实复归旧邸。嘉祐末年，仁宗仍无子嗣，再度入继宗实，册为皇子，即后来的英宗。高宗亦收养了两位皇子。建炎三年（1129年），皇子旉去世后，由于时局动荡，大臣再次请高宗选宗子继立。文林郎娄寅亮率先上疏，希望高宗"于伯字行下，遴选太宗诸孙有贤德者，视秩亲王，使牧九州，以待皇嗣之生。退处藩服，更加广选宣祖、太宗之裔，材武可称之人升为南班，以备环列"④。高宗迫于形势，选宗子伯琮、伯玖入继，并且命婕妤张氏、才人吴氏保养。绍兴十五年（1145年），伯琮、伯玖出阁，官属礼制相等，号称东、西府。绍兴三十二年（1162年），伯琮被立为太子，即后来的孝宗。宁宗朝收养皇子二人。庆元四年（1198年），兖王去世，宁宗收养与愿在宫中，赐名曮，听读资善堂，后封为太子，嘉定十三年病死⑤。宁宗再次选择太祖十世孙贵和入宫，赐名竑。嘉定十七年宁宗去世，史弥

① 吕祖谦：《类编皇朝大事记讲义》卷8《仁宗皇帝·教宗英·立储嗣》。
② 苏辙：《龙川别志》卷上，中华书局1982年版。
③ 李焘：《续资治通鉴长编》卷112，明道二年四月己未，中华书局1995年版。
④ 李心传：《建炎以来系年要录》卷45，绍兴元年六月辛巳，中华书局1988年版。
⑤ 佚名：《续编两朝纲目备要》卷5《宁宗皇帝》，庆元四年是岁条，中华书局1995年版。

远矫诏立赵昀为帝,即为理宗,皇子竑由于霅川之变亦被赐死。理宗无子,于淳祐六年(1246 年)收养同母弟之子孟启在宫中,后立为皇子,景定五年登基称帝。

二、太子的选拔与册立

经过皇子学校的初步教育以及王府官、大宗正司乃至皇帝本人的监督和观察,皇子的品德、才能、健康状况能够大致了解。当皇子年龄渐长,立储问题也日益显得急迫,正如唐太宗贞观年间所询问的那样:"当今国家何事最急?"褚遂良说:"今四方无虞,唯太子诸王宜有定分最急。"①但太子的选拔必须极其慎重,一旦选用非人,王朝安危只在顷刻之间,因此宋代帝王对于太子选拔尤其重视,宁可延缓不可草就。

(一)选拔权力的归属

宋代皇帝通常不主动提出建储事宜,而是由臣僚成为立储舆论的造就者,但并非任何臣僚都可以上书请求帝王立储。其中一个明显的限制就是武臣不得言立储事,否则将被认为僭越。鉴于唐代历史,宋代严厉禁止皇太子与武臣来往,以免两相勾结,谋国篡位。南宋岳飞曾上书请"皇子出阁,以定民心",实际上是请高宗立储。高宗则以"此事非卿所当预"一句话打断了岳飞②。根据统计,两宋建言立储的官员以中书宰相和台谏官为主,一来他们位高而言有力,二来身居言职,乃其分内之事。仁宗时,知谏院范镇上书立储,"伏惟陛下拔其尤贤者,优其礼数,试之以政,……与图天下之事,以系天下人心"③。

章奏十九上,被罢为纠察在京刑狱。嘉祐中,张昇(康节)任御史中丞,深知仁宗在立储一事上举棋不定,心情烦闷,他便采用巧妙的方

---

① 范祖禹:《唐鉴》卷 5《太宗三》,丛书集成初编本。

② 黎靖德编:《朱子语类》卷 127《本朝一·高宗朝》,中华书局 1986 年版。

③ 吕祖谦:《宋文鉴》卷 47《奏疏》,上海古籍出版社 1994 年版。

式向他建言。有一天，仁宗对张昇说："卿孤寒，凡言照管。"张昇认为仁宗才是孤寒之士，他说："臣家有妻孥，外有亲戚，陛下惟昭阳二人而已，岂非孤寒？"①仁宗因此感慨不已，遂立志选定皇储。经过台谏官的屡次进言，使朝廷上下在立储一事上形成了共识，这时两府宰相才开始出面劝皇帝立储。乾道六年（1170年），虞允文请求退朝后留班奏事，力请孝宗立储，"自古人君即位，一二年后必建立储贰，以隆万事之统……况今日圣志已定，将大有为于天下，若一旦虏败盟，连兵两淮，六飞必须顺动，监国抚军，谁任其责？临事之变，仓卒议之，当有不如人意处"②。鉴于宋初故事，臣僚一般也不在皇帝即位后马上建言立储，总要在耐心等待几年甚至十几年后才敢建言。他们采取各种方式暗示皇帝立储，避免直谏招来雷霆之怒。在皇子屡屡夭折情况下，他们又通过各种祭祀方法来祈求皇子诞生。仁宗时，著作佐郎何鬲上书请取柴氏谱系中尊长以祭祀周朝皇灵。神宗朝，又立程婴、公孙杵臼庙，以旌扬忠义，使国统后继有人。③在进谏中多数臣僚为避免猜忌，只是泛泛而言，并不指名皇储姓名。除非当皇子已公认为皇储接班人只是未册立而已时，才敢指名道姓。英宗即位后，淮阳郡王仲针居长，吕诲在建言时就直接指明淮阳郡王。元丰七年（1084年），神宗与群臣赐宴，令延安郡王侍立一边，在宋代只有太子才能享受这种待遇，因此次年神宗被疾时，王珪在奏疏中也指明立延安郡王，"愿早建东宫"。④尽管臣僚频频上言立储，但真正册立太子却很晚，这一点与宋以前各代差异很大。太宰徐处仁认为，"昔汉文帝从代来即位，才数月之间，有司固请预建太子。唐太宗内禅，未逾两月，亦立太子"⑤。太宗即位后，冯拯等上书

①　丁传靖：《宋人轶事汇编》卷1《仁宗》，引《画墁录》作"张文节嘉祐间长宪台"，"文节"乃张知白谥号，中华书局1981年版。据《宋史》卷310《张知白传》，张于仁宗天圣六年（1028年）病逝。另据朱弁：《曲洧旧闻》、《长编》卷184，嘉祐元年九月癸卯条，时张昇任御史中丞。张昇死后谥'康节'。
②　佚名：《续编两朝纲目备要》卷1《光宗皇帝》，中华书局1995年版。
③　江少虞：《宋朝事实类苑》卷18《典礼音律》，上海古籍出版社1981年版。
④　李焘：《续资治通鉴长编》卷351，元丰八年二月癸巳，中华书局1995年版。
⑤　汪藻：《靖康要录》卷4，靖康元年二月二十六日，文海出版社1967年版。

奏请立太子,因言词不谨,被太宗怒斥之岭南,从此,"中外无敢复言者"。仁宗时,大臣请立太子,认为若不早立,将有"播迁之祸"。仁宗大怒,欲加贬窜,幸有宰执极力解释,才幸免于难①。所以,耿直大臣一旦奏请皇帝立储,便惶惶不可终日。陈洙在递呈奏状后,连后事也向家人作了交代,他说:"我今日入一文字,言社稷大计。若得罪,大者死,小者贬窜,汝辈当为之备。"不久,送奏状的人还没有返回,陈洙便忧心如焚,暴病而死②。南渡以后,这种状况才有所改变,皇帝也不再追究论罪。孝宗认为皇储册立乃天经地义之事,无须忌讳猜疑,并在实际立储行动上表明了这一观点。

　　在臣僚屡次进言立储后,皇帝便授意两府大臣共议建储之事。此时宰执"由朝廷出别旨"共赴枢密院南部的议事厅或中书门下的议事堂,甚至在皇帝病床前直接商议。宋代政治比较开明,"无事付之外庭,采于公论,左右便嬖,绝不预政"③。对于皇储的预立,皇帝不仅不会听从近习之语,相反严格禁止。两府大臣也只有在皇帝授意下才能议立皇储,而且必须保证绝对保密。宋初宰相权力较重,"台谏、侍从莫敢议己"④,加上宰执与台谏有避猜忌之嫌,所以宰执通常自成一派。英宗在即位前被任命为大宗正时,宰执经商议后请仁宗"不恤恶怒……正名皇子"。当仁宗举棋不定受内臣谗间时,韩琦"密与仁宗议定立嗣",并说:"事若行,不可中止,陛下断自不疑,乞内中批出。"⑤事后,富弼、文彦博、王尧臣再度商议立储,并秘而不宣,连英宗本人也不知道。直到神宗朝尧臣子王同老奏明才知此事。每逢皇帝病危,宰执通常连夜住在禁中,以防不测。仁宗病危,两府大臣虽然身在禁中,但仍然不知皇上病情,文彦博愤怒地训斥内臣为什么不让他们预知皇上

---

① 张端义:《贵耳集》卷下"昔闻仁宗时"条,中华书局1958年版。
② 李焘:《续资治通鉴长编》卷195,嘉祐六年九月,中华书局1995年版。
③ 陈傅良:《止斋先生文集》卷26《中书舍人供职后初对札子》,四部丛刊初编本。
④ 罗大经:《鹤林玉露》丙编卷2《论事任事》中华书局1983年八月版。
⑤ 洪迈:《容斋三笔》卷10《禁中文书》,上海古籍出版社1978年版。

近况,说:"天子违豫,海内寒心。彦博等备位两府,与国同安危,岂得不预知也?"严令内臣随时禀告,否则以军法论处①。元符三年(1100年),哲宗去世,为了立储问题,宰执与太后发生了激烈争论。当时太后欲立端王赵佶,但宰相章惇认为赵佶轻佻又非嫡长不当立。由于事出仓卒,宰执间并未商议达成一致意见,曾布便以"章惇并不曾与众商量"为理由支持太后②。光宗即位后,由于与孝宗矛盾,未能尽孝,使朝廷上下一片混乱。宰执赵汝愚和韩侂胄密谋内禅,并获太后支持,顺利导演了一幕绍熙内禅③。除了共议立储外,宰府大臣在皇帝去世而皇子尚未册封为太子时,还具有一定的监督作用。他们充当了顾命大臣的角色,以保护皇帝生前属意的皇子入继正统。仁宗去世时,皇子宗实和皇后之间由于内臣挑拨关系紧张,皇后对着宰臣们哭诉:"怎奈何?相公,官家无子。"言下之意欲另立皇子。韩琦一看事态严重,马上厉言安稳皇后"皇后不可出此言,皇子在东宫,何不便宣入!"但皇后却认为宗实只是一名宗子,如果拥立必然会引起他人争夺。韩琦斩钉截铁地打断了皇后的话,并召学士草制。殿帅郝质为证明是否是宗实即位,叮嘱仪仗队要在他声呼万岁后才准许山呼④。宁宗病重时,召宰执大臣入禁中定议建储,由于史弥远和皇子竑矛盾渐深,弥远屡次在宁宗前中伤皇子竑。皇子竑对史弥远的跋扈专行极为不满,弥远特地买了一位鼓琴女子送给竑进行监视。皇子竑经常指着地图上的琼崖说:"吾他日得志,置史弥远于此。"⑤史弥远为宁宗去世后自己的仕途忧心忡忡,他一面诋毁竑"溺女嬖,狎群小,傲诞淫亵"⑥,一面又积极培养接班人,他挑选宗子昀为沂靖王后嗣,令国子学录郑清之大力辅导,并约定

---

① 司马光:《涑水记闻》卷10,中华书局1997年版。
② 曾布:《曾公遗录》卷9,四库全书文渊阁本商务影印本。
③ 罗大经:《鹤林玉露》甲编卷4《绍熙甲寅内禅》,中华书局1983年版。
④ 李焘:《续资治通鉴长编》卷198,嘉祐八年四月壬申,中华书局1995年版。
⑤ 脱脱等:《宋史》卷246《宗室三·镇王竑》,中华书局1977年版。
⑥ 佚名:《宋史全文续资治通鉴》卷31《理宗一》,文海出版社。

事成之后许以宰相之位。嘉定十七年（1224 年），宁宗去世，史弥远矫诏立昀为皇帝，皇子竑被赐死。刘克庄作诗讽刺道："杨柳春风丞相府，梧桐夜雨济王家。"①

尽管宰执可以共议定储，但其性质只是提供一种参考，以佐证皇帝的选择，故朱熹在评论皇太子选拔时，认为宰执只是"力赞于外"。宋代是皇权高度集中的年代，皇权具有绝对不可侵犯性，无论是宰相还是后妃、外戚。下面这段对话是最好的反映：仁宗有一次在庭院中散步，偶而听到墙外两个卫士的谈话，其中甲说："人生富贵，在命有无。"乙说："不然。今日为宰相，明日有贬削为匹夫者；今日为富家，明日有官籍而没之者，其权正在官家耳。"②淳化五年（994 年），太宗问左谏议大夫寇准该立谁为太子时，寇准巧妙地回避了这一问题，并奏请太宗为天下择皇储，"谋及妇人宦官，不可也，谋及近臣，不可也。惟陛下择所以副天下之望者"③。明确表示只有皇帝才拥有立储的决策权。司马光希望仁宗在择储时不要听从近臣之言，自己决择，决而不疑。吕诲明确表示在立储大事上"人臣安得陈露事机"，除非他想邀功自居④。当皇帝病重口不能言时，为了防止外臣矫诏策立，皇帝通常亲手书写皇储名字。英宗病危时，韩琦要求英宗早立太子以安人心，英宗亲手书写"立大王为皇太子"，为避免产生歧义，又在后面补上颍王顼⑤。但此时英宗已精疲力尽，汗如黄豆。孝宗被立为太子时，高宗向群臣郑重声明，立储出自本人意志，并非他人强迫。一旦大臣干扰立储，必将受到惩处。理宗欲立孟启为皇太子，但宰相吴潜屡屡上书反对，理宗一怒之下将吴潜贬往循州，后病死于贬所。对于宦官干政，更是严惩不怠。天禧四年（1020 年）周怀政兄弟与客省使杨崇勋等密谋发动政变，准备杀丁

① 吴莱：《三朝野史》，《说郛》卷 49。
② 曾敏行：《独醒杂志》卷 2，上海古籍出版社 1986 年版。
③ 李焘：《续资治通鉴长编》卷 38，至道元年八月壬辰，中华书局 1995 年版。
④ 李焘：《续资治通鉴长编》卷 195，嘉祐六年九月壬申，中华书局 1995 年版。
⑤ 李焘：《续资治通鉴长编》卷 208，治平三年十二月辛丑，中华书局 1995 年版。

谓,立仁宗,不料事泄,周怀政被诛杀,其他涉及人一律远贬边地①。

由于太子册立较晚,有些皇帝在生前还来不及册立便去世了,这样,太后在册立太子上就拥有相当大的权力。作为先皇的正宫,皇太后在家族中威望极高,在群臣中又为先皇的代言人,故备受尊重。太祖开国初,昭宪太后就有金匮之盟的约定,要求太祖"传位汝弟,四海至广,能立长君,社稷之福也"。太祖哭泣着说:"敢不如母教。"并让赵普书写于纸放置金匮中令宫人保存②。尽管金匮之盟的真实性仍待考证,但它客观地反映了太后在皇储册立上的权力。神宗晚年,邢恕、蔡确欲另立继承人,但他们首先考虑到要拉拢宣仁皇太后,才能确保事成。邢恕以家中白桃盛开为神宗疗疾为借口,将皇后侄子公绘、公纪邀到府上,劝说道:"上疾不可讳,延安(即哲宗)冲幼,宜早有定论,雍、曹皆贤王也。"③妄图通过两位侄子达意于宣仁,但宣仁并没有答应,邢恕等反戈一击,诬陷宣仁,酿成十几年的宫廷纷争。哲宗去世时,皇太后不同意章惇之意,认为"俱是神宗之子,岂容如此分别? 于次端王当立。兼先帝尝言端王有福寿,又仁孝,不同诸王"④。最终在曾布等支持下,由太后定夺。高宗时张婕好、吴才人分别抚养伯琮、伯玖,当时高宗欲立伯琮,但显仁太后嘱意伯玖,故此事久久未决。直到孝宗册立时,高宗才吐出真言"第恐显仁皇后意所未欲,故迟迟至今"⑤。光宗四十岁时仍为太子,头发已白,经常发牢骚,宪圣太后从中斡旋,孝宗才决计内禅。史弥远矫诏册立皇侄昀,事先也是联合杨皇后侄子杨谷、杨石传意皇后,在得到杨皇后首肯后才敢行事。

据统计,唐代二十一位帝王中,按皇储制度即位的只有两位,由权臣策立的一位,因宦官而立的多达九位,由母后干政登基的也有五位,是导致整个唐朝政治动荡的内在因素。而宋代太子的选拔是以大臣建

① 脱脱等:《宋史》卷466《宦者一·周怀政》,中华书局1977年版。
② 李焘:《续资治通鉴长编》卷2,建隆二年六月甲午,中华书局1995年版。
③ 脱脱等:《宋史》卷471《奸臣一·邢恕》,中华书局1977年版。
④ 李焘:《续资治通鉴长编》卷520,元符三年正月己卯,中华书局1995年版。
⑤ 李心传:《建炎以来系年要录》卷184,绍兴三十年二月甲子,中华书局1988年版。

言为缘起,宰执共议提供参考并监督实施,皇帝拥有最终裁决权,在皇帝仓卒去世时又由太后一手主持的。这种三位一体的选拔机制是在确保皇权至高性的前提下实施的,为皇权的平稳交接创造了前提,从而改变了东汉、李唐以来"女主、宦官、外戚之祸者,以立天子之权尽出其手"的局面①。

(二) 太子选拔的标准

皇子经过系统的教育后,随着年龄的长大,选拔成为太子作为皇位的继承人是理所当然的事。但皇子并非只有一位,而太子只有一位,怎样才能保证被选中的皇子能嗣承重任,这直接关系到皇权的绵延。宋代在三百年的统治中,逐渐形成了一套行之有效的选拔制度,成为选拔、评定太子优劣的主要标准。

第一,宋代基本上遵行嫡长制选拔制度。宋以前历代皇朝都严格奉行嫡长制,人们认为"立嫡以长不以贤,立子以贵不以长"②。"圣人制礼,尊嫡卑庶,谓之储君……庶子体卑,不得为例,所以塞嫌疑之渐,除祸乱之源"。真宗排行第三,长兄汉王元佐患疾被废,次兄元僖早薨;仁宗为真宗第六子,但五位长兄都早亡;仁宗三子早亡,收养宗实为皇子,即为英宗;神宗以英宗嫡长子即位;哲宗排行第六,五位兄长早亡,哲宗仅有一子夭折,立弟徽宗为帝;钦宗以嫡长子登基;其后太子谌、太子勇都是嫡长子;孝宗以养子即位,光宗乃孝宗第三子,但长兄愭早亡,次兄恺有疾病;宁宗以嫡长子入继;此后理宗、度宗皆以养子即位。可见宋代虽然承袭了嫡长制,但并非盲目、呆板地照搬无误,一旦发现嫡长子有不足胜任之处便另行选择,主动换选太子。其中汉王元佐、简王似、魏惠宪王恺都是因疾病而未能入选。所以,尽管立储政策有了灵活性、实际性,但嫡长制仍然是贯穿立储的准则。乾道元年,光宗为恭王,时夫人李氏生子,王府官王淮对大臣说:"恭王夫人李氏四

① 吕祖谦:《类编皇朝大事记讲义》卷4《太宗皇帝·立太子》,清道光钞本。
② 陈立:《公羊义疏》卷1《隐元年正月》,商务印书馆1936年版。

月十五日生皇长嫡孙"。但当时邓王憪还未去世,孝宗即指出"不合称嫡孙,只令称皇孙。"钱端礼也认为"嫡庶具载《礼经》,所以别嫌疑,明是非,定犹豫"①。王淮被出任外官。自宋以后,嫡长制逐步松动,到了清代雍正元年(1723年)则完全废弃。雍正将皇储姓名写于绢书上,藏在盒中,放在乾清宫"正大光明"御匾后,直到皇帝去世才可打开,确立了秘密立储制②。而宋代恰好是这一变化的过渡期。

第二,注重皇子的孝悌贤德,知书达礼。皇帝很重视平时对皇子学业、德行的考察,每次喜庆节日,都要在崇政殿或太清楼宴请时出题让皇子应对,采用射、歌、诗各种形式,并让宗子也参加,互相竞争③。英宗被收养入宫中,当时允初也在宫中,英宗便自觉地"远其外诱,习其家法",使自己在皇子中卓然不群④。神宗在王府,侍读李柬之严格将礼仪规范一一传授。有一次,神宗在拜受英宗所赐生日礼物时,接物拜谢与礼制处处相符,得到朝臣一片赞叹之声。高宗时,孝宗和恩平郡王璩同养宫中,当时显仁太后主张立璩,高宗为了慎重,对他们进行了几次考察。一次,高宗亲自抄写《兰亭序》两篇,要求二王依样抄写五百本。孝宗抄了七百本,而璩早已将此事遗忘⑤。又一次,高宗各赐宫女十人给二王,教授史浩告诫孝宗应以礼相待,谨慎奉侍。几天后,高宗果然召回宫女询问,发现"恩平十人皆犯之,普安者完璧也"⑥。通过这两件事的考查,使高宗坚定了选立普安郡王的决心。史称孝宗自幼入宫近三十年,"左右未尝见有喜愠之色。趋朝就列,进止皆有常度,骑乘未尝妄视,平居服御俭约,每以经史自适"⑦。

第三,皇子应该沉稳持重,有帝王风范。嘉祐中,仁宗仍未生子,左

① 佚名:《续编两朝纲目备要》卷1《光宗皇帝》,中华书局1995年版。
② 《清世宗实录》卷10,雍正元年八月甲子,华文书局1968年版。
③ 范镇:《东斋记事》卷1"予尝修玉牒"条,中华书局1980年版。
④ 王夫之:《宋论》卷4《仁宗》,《船山遗书》第11册,岳麓书社1992年版。
⑤ 张端义:《贵耳集》卷上,"孝皇同恩平在潜邸"条,中华书局1958年版。
⑥ 周密:《齐东野语》卷11《高宗立储》,中华书局1983年版。
⑦ 李心传:《建炎以来系年要录》卷184,绍兴三十年二月甲子,中华书局1988年版。

右推荐燕王元俨之子允初为候选人,仁宗召允初入宫,赐茶。允初初入皇宫,慌张不堪,语无伦次,仁宗以为"允初痴骏,岂足任大事乎"①? 伯琮、伯玖被选入宫时,伯琮起初因为瘦弱被认为没有福气而落选,幸亏高宗事后又想重新挑选,命令二人叉手并立以回答问题。这时恰有猫从房中走过,伯玖忍不住踢了猫一脚,高宗认为伯玖轻躁不稳重,说"此猫偶尔而过,何为遽踢之? 轻易如此,安能任重耶"②? 史弥远为了排斥济王竑,让余天锡另外挑选宗子两人进行考查,以确定培养人。他将二人关进一个小黑屋中,自己隔着窗户观看。到晚上时,一位宗子已焦躁不安,而另一位却凝然不动,不形于色。史弥远最终决定将后一位宗子留下培养,即后来的理宗③。这种以稳重为选择标准的思想,其实也是宋代家法的一种反映,它要求帝王处事不能意气用事,讲究以稳治国,反对革新,才能永保天下。

宋代还改变了唐代皇子出生即封王的现象,将储位寓在京尹职位上。宋太祖只授诸子以防御使,到太祖去世,德昭、德芳仍未封王。陈傅良认为,太祖此举"起百世之后,独追古意,自王礼杀而为防御使,非圣人能之乎"④? 此后,历朝因循,皇子初除一般从防御使到国公、节度使、郡王,到出阁后才兼两镇封王。经过长期考查,皇帝让属意的皇子担任过京尹以练习政务,两宋十八朝,太宗、真宗、钦宗、光宗都担任过京尹,他们正是从京尹的职位上,锻炼处理政事能力,进而登上皇位的。

(三) 选拔中的防范机制

为了确保皇帝的立储权不受其他势力的干扰乃至逾越,宋代制定了一系列防范措施。

首先是严密宗室法,阻止宗室成员跨越雷池一步。唐朝初年,诸王

① 司马光:《涑水记闻》卷8,中华书局1997年版。
② 王明清:《挥麈后录余话》卷1,中华书局1961年版。
③ 《宋季三朝政要》卷3《理宗》,景定五年冬十月,丛书集成初编本。
④ 马端临:《文献通考》卷277《封建考十八·宋诸王》,中华书局1975年版。

普遍领有兵权,王府常驻的甲兵也有数百乃至数千人,足可以发动一场兵变。太子承乾和魏王泰争斗加剧时,承乾就曾召刺客刺杀魏王,事败后又"谋以兵入西宫"①。太子建成私募骁勇及长安恶少两千人为宫中卫士,号称西林兵。鉴于唐代血腥争夺储位这一历史教训,宋太祖明令"宗室不领兵"②。即使战事初开也严禁宗子领兵。建炎元年(1127年),宗室赵叔近知秀州,招降在杭州起事的士兵陈通,却被人诬告谋乱,高宗不加查验,就令张俊诛杀③。与此同时,禁止宗室与臣僚来往,以免相互勾结形成势力集团。凡是宗室人员出外,必须向宗正寺汇报,当天就归,发现不轨,即予处罚。仁宗曾向韩琦询问宗室中何人可负重任,韩琦无可奈何地说:"宗室不与外人接,臣等何由知其人。"④当有人告密说秦王廷美欲发动政变时,太宗毫不心软地剥夺王爵,将亲弟弟贬为涪陵县公,房州安置。此外严禁宗室干政,将宗室摒弃于朝堂之外。张方平在奏疏中说:"我国家祥符之前,皇亲尚出临郡,后绝外授。"⑤因此,神宗以后,宗室诸院极少出外领民事。仁宗即位时年幼,素有威名在外的八大王元俨避免章献太后猜忌,"深自沉晦",闭门不出,假装发狂不参加朝谒⑥。但明道二年(1033年),有人传语八大王为天下兵马大元帅时,章献立刻大兴刑狱,逮捕了数百人严刑拷问。神宗熙丰变法引起朝廷上下一片议论。一天,他和祁王拜见太皇太后后,太皇太后认为变法有诸多不对之处,祁王在一边连连附和,神宗立刻怒斥祁王:"是我败坏天下耶?汝自为之。"结果不欢而散⑦。靖康后时局动荡,知宗正寺赵仲湜为了向高宗表明自己无意政治,曾作诗自贬其容:"性比山麋,貌同野叟。随圆就方,似无惟有。惟忠惟孝,不污不苟。皓月清

① 欧阳修等:《新唐书》卷80《太宗诸子·常山愍王承乾》,中华书局1975年版。
② 张端义:《贵耳集》卷上《本朝故事》,中华书局1958年版。
③ 王明清:《挥麈录·第三录》卷2《赵叔近守秀州》。
④ 李焘:《续资治通鉴长编》卷395,元祐二年二月丁亥,中华书局1995年版。
⑤ 张方平:《乐全集》卷10《刍荛论五·宗室论·皇族试用》,四库全书文渊阁本商务影印本。
⑥ 脱脱等:《宋史》卷245《宗室二》,中华书局1977年版。
⑦ 邵伯温:《邵氏闻见录》卷3。

风，良朋益友。湛然灵台，确乎不朽。"①正因为皇帝对宗室的层层防备，使宗室游离于皇权统治之外，成了贵族化的寄禄阶层，和唐代宗室"入为宰辅，出为牧伯"，形成了天壤之别。清代顾炎武在评价宋代宗室时说："名曰天枝，实如弃物。"

其次是严禁后妃和外戚干预政事。两宋后妃干预政事虽然比较多，但多数因为帝王病重无力处理政事，一旦皇帝恢复健康，后妃便自动交出权柄，所以，后妃干政只是一种夫妻式的贤内助。仁宗曾令大臣不得执行宫闱旨令，并且认为立储大事"岂可使妇人知之?"哲宗时，章惇诬告宣仁太后当年有废立哲宗之意，而孟皇后当时奉事宣仁，必有牵连，从而构成大狱，逮捕宫女、宦官三十多人，拷打得四肢断裂。御史董敦逸在复查案件时，罪犯已奄奄一息，"无一人能出声者"。后来孟皇后亦被废除。因此，有宋一代，后妃干政并未产生严重的政治危机，相反成了皇权顺利交接的保护者。吕大防在评论宋代后妃时认为"本朝宫禁严密，内外整肃，此治内之法也。前代外戚多预政事，常致败乱，本朝皇后之族皆不预事，此待外戚之法也"②。

此外，宋代还严禁宦官干预立储。如果宦官与"外朝官非亲戚往来，或出谒接见宾客者，并流二千里"③。皇帝也常常自我警告，认为宦官干政是唐代弊政，怎么能够重蹈覆辙。同时，朝臣对宦官也严密监督。宦官任守忠在仁宗晚年曾干预立储，司马光罗列了十条罪名，指责任守忠"阴蓄奸心，沮坏大策。忌国家立长立贤，自欲于仓猝之际居中建议，拥幼弱昏懦之君，以邀大利，如有唐之季'定策国老，门生天子'。"任守忠被贬蕲州④。为了避免宦官知晓外事，偷听朝堂政务，臣僚们一致要求宦官在上朝时退避远处，认为"内臣不过去御座数步，君臣对问之言皆可听闻，恐漏泄机事非便"⑤。孝宗朝后，鉴于童贯领兵

① 叶绍翁：《四朝见闻录》甲集《恭孝仪王大节》，中华书局1989年版。
② 李焘：《续资治通鉴长编》卷480，元祐八年正月丁亥，中华书局1995年版。
③ 谢深甫监修：《庆元条法事类》卷4《职制门·禁谒》，中国书店1990年影印本。
④ 李焘：《续资治通鉴长编》卷202，治平元年八月丙辰，中华书局1995年版。
⑤ 李焘：《续资治通鉴长编》卷195，嘉祐六年九月壬戌，中华书局1995年版。

招来祸害,明令宦官不得兼武职。两宋对于影响立储的可能因素进行了最大程度上的防范,保证了立储的顺利进行。

（四）太子的册立

　　皇帝经过深思熟虑决定立储时,通常命令中书宰相宣翰林学士起草诏书。如果是在晚上,则由当班的学士负责。由于立储事关重大,为了防止宰相假传圣旨,学士通常要面见皇帝亲耳所闻后才敢起草,以示慎重。仁宗末年,中书宣召学士王珪起草诏令,王珪认为"此大事也,必须面奉圣旨"。英宗病危,已不能说话,宰相韩琦宣学士张方平起草,张方平亲自走到病榻前受命。但英宗口齿不清,方平听不清楚,便请英宗亲笔书写,可是英宗体力不支,字迹模糊,无法辨认。方平再请英宗书写,并大声说:"必颍王也,嫡长而贤,请书其名。"英宗乃"力疾书以付"方平①。学士在肯定立储出于皇帝后,便回到翰林学士院,锁上院门,用白麻纸起草,每行只写四个字,也不加盖印文。起草完毕,由皇帝审批后到天子正衙文德殿宣读,并公告天下,官告也只用白麻纸上原文②。然后由太常寺选择黄道吉日准备册立庆典。册立太子的殿堂在宋代主要为乾元殿或大庆殿。当天皇帝服衮冕,设黄麾仗以及宫廷乐队于殿中,百官一早按班就位。太子则常服乘马,到殿门外帐篷中,换下常服,穿朱明衣,戴远游冠,手执桓圭,由三师、三少引进大殿,拜见皇帝。太常博士引导摄中书令在西阶解剑、履,到太子位东,南向称"有制",太子再拜皇帝。然后由翰林学士宣读册立诏书,并由中书令将诏书授予太子,太子交右庶子保存,再将太子宝交于左庶子,最后从黄道出殿,换上常服回宫。至此,册立庆典结束,百官宗王朝服入东宫参贺太子③。此外,宋代对那些作为皇储候选人但又夭折的皇子通常予以追赠,但并非像唐代一样比比皆是,因为宋代士大夫认为"太子君

①　苏轼:《苏轼文集》卷14《张文定公墓志铭》,中华书局1986年版。
②　江少虞:《宋朝事实类苑》卷29《词翰书籍·白麻》,上海古籍出版社1981年版。
③　马端临:《文献通考》卷257《帝系考八》;《宋史》卷111《礼十四·册命皇太子仪》。

之贰,将以付畀宗庙社稷之重,非官爵也"①。不主张追赠太子,这样有
悖于礼制。所以,两宋三百年间只赠了三位太子,分别为昭成太子元
僖、悼献太子祐、献愍太子茂。

　　宋代在太子册立上表现出的一个明显特点是晚立太子。一方面,
由于历史原因造成的,因为唐代太子和皇子间互相倾轧,废置无常,所
以从唐中叶以后"人主始有恶闻立嗣者,群臣莫敢发言,言则刑戮随
之"②。另一方面,皇帝也认为"储位既正,人性易骄,便自纵逸,不勤于
学,浸有失德,不可不虑"③。因此,他们希望皇子能经练世务,通晓古
今治乱,避免像唐太子承乾一样表面一套,背后又一套,"每临朝视事,
必言忠孝之道;退朝后,便与群小褒狎"④。真宗册封后拜见太庙,都人
争先观看,有一位老人感慨地说:"我昔频睹是传呼,今久不闻此声
矣。"⑤高宗册立嘉王伯琮(孝宗)时,由于事出匆忙,伯琮应召入宫,福
州百姓便"排旧邸以入,争持所遗,谓之扫阁"⑥。光宗时,大臣建言立
储,光宗不从。后来光宗故意表示赞同,结果宰相立即上言,光宗这才
训斥宰相,说:"储不预建,建即代矣。朕第欲卿知其妄耳。"⑦现将宋代
太子册立时间排列如下:

庙号	出生年	册立时间	登基时间	在储位时间
真宗	乾德六年(968年)	至道元年(995年)	至道三年(997年)	三年
仁宗	大中祥符三年(1010年)	天禧二年(1018年)	乾兴元年(1022年)	三年
神宗	庆历八年(1048年)	治平三年(1066年)	治平四年(1067年)	一月
哲宗	熙宁九年(1076年)	元丰八年(1085年)	元丰八年(1085年)	几天

①　范祖禹:《唐鉴》卷9《玄宗中》,丛书集成初编本。
②　《国朝诸臣奏议》卷30《帝系门·皇太子上》,司马光:《上仁宗乞早定立策》。
③　佚名:《续编两朝纲目备要》卷1《光宗皇帝》,中华书局1995年版。
④　刘昫等:《旧唐书》卷76《太宗诸子·恒山王承乾传》,中华书局1975年版。
⑤　蔡絛:《铁围山丛谈》卷5《皇太子始册拜》,中华书局1983年版。
⑥　叶绍翁:《四朝见闻录》甲集《宪圣拥立》,中华书局1989年版。
⑦　罗大经:《鹤林玉露》甲编卷4《绍熙内禅》,中华书局1983年版。

(续表)

庙号	出生年	册立时间	登基时间	在储位时间
钦宗	元符三年(1100年)	政和五年(1115年)	宣和七年(1125年)	十一年
孝宗	建炎三年(1129年)	绍兴三十二年(1162年)	绍兴三十二年(1162年)	一月
光宗	绍兴十七年(1147年)	乾道七年(1171年)	淳熙十六年(1189年)	十九年
度宗	嘉熙四年(1240年)	景定元年(1260年)	景定五年(1246年)	五年
太子谌	政和七年(1117年)	靖康元年(1126年)		
太子旉	建炎元年(1127年)	建炎三年(1129年)		
太子愭	绍兴十五年(1145年)	乾道元年(1165年)		
太子曮	庆元元年(1195年)	开禧元年(1205年)		

该表显示,宋代共册立太子十二名,其中四位早亡,只有八位太子登基。这八位太子中,多数在成年之后册立,相对于唐代要晚上十多年,太子平均册立年龄在二十岁左右,而在位年月相当短,平均只有五年,其中神宗、哲宗、孝宗都是在先帝去世时匆匆册立,旋而登基的。清康熙在评论皇储册立时说:"宋仁宗三十年未立太子,我太祖皇帝并未预立太子,太宗皇帝亦未预立太子。汉、唐以来,太子幼冲,尚保无事,若太子年长,其左右群小,结党营私,鲜有能无事者。"①言语之间对宋代晚立太子是很赞赏的。

三、东宫的管理

皇子册立为太子后,便以皇位继承人的身份入主东宫,开始接受全方位的教育。但东宫的设置与管理比较松散,在北宋东宫一般不另外建造,只是将原来皇子居住的王府等视于东宫。政和五年(1115年),钦宗升储时,就只称太子府,命太常少卿葛胜仲兼太子右谕德②。因

① 《光绪会典事例》卷304《礼部》,新文丰出版公司影印清光绪本。
② 葛胜仲:《丹阳集》卷24《附录》,四库全书文渊阁本商务影印本。

此,史学家李心传在记载中称:"东宫旧无有。"东宫的专设要到绍兴三十二年(1162 年),孝宗被立为太子时才建。当时临安城小,东宫建在丽正门内,地方狭隘。此后,太子愭、光宗都在这里备位皇储①。孝宗曾对辅臣说:"今后东宫不须创建,朕宫中宫殿,多所不御,可移修之。"②淳熙二年(1175 年),又在东宫内建造了射堂,以供太子游玩,另外还有革观、玉渊、清赏等殿堂。无论是北宋的太子府还是南宋的东宫,都配备了一套官僚机构来辅佐太子,称作东宫官,负责东宫的日常管理及太子教育。虽然形式上仍然承袭了汉、唐旧制,但其实却发生了较大的变化。

(一) 东宫官属的设置与职事

东宫官属主要分为四类,第一类是荣誉官称,指太子三师、三少,他们不领实职,只是皇帝对一些德高望重的老臣授予的一种荣誉职衔。其中三师指太子太师、太傅、太保,三少指太子少师、少傅、少保。但宋代三师三少并不常设,经常用来封赐致仕大臣,杨万里说:"国朝百官致仕,庶僚守本官,侍从转一官,宰执换东宫官。"③太平兴国二年(977年),太宗就曾经以赵普为太子少保。可见东宫三师、三少"在祖宗时为散秩。"④洪迈指出:"国初以来,宰相带三公居位,及罢去,多有改他官者。范质自司徒、侍中改太子太傅,王溥自司空改太子太保,吕蒙正自司空改太子太师是也。"⑤天禧二年仁宗升储,参知政事李迪升为集贤相,并兼任太子少傅,开始了宰相兼东宫官。不久,宰相丁谓兼少师,枢密使曹利用兼少保,从而形成了两府大臣兼东宫官的局面。徽宗朝三师、三少除拜较滥,使蔡京、童贯等飞扬跋扈。

第二类为太子教师,指太子宾客、詹事、侍读、侍讲、左右庶子、左右

① 李心传:《建炎以来朝野杂记》乙集卷 3《上德三·东宫楼观》,丛书集成初编本。
② 脱脱等:《宋史》卷 154《舆服六·宫室制度》,中华书局 1977 年版。
③ 杨万里:《诚斋挥麈录》卷上,《宋代笔记小说》,河北教育出版社 1995 年影印本。
④ 李心传:《建炎以来朝野杂记》乙集卷 13《官制一·宰相兼东宫三少》,丛书集成初编本。
⑤ 洪迈:《容斋随笔》卷 9《三公改他官》。

谕德。太子宾客、太子詹事,他们并非专职教师,负责东宫礼仪以及规谏太子,实际上是东宫的总领,他们可以随时向皇帝汇报东宫近况。至道元年(995年)真宗升储,置宾客两人,以尚书左丞李至、礼部侍郎李沆兼为太子宾客。但宾客自宋室"南渡后不置"①。直到度宗升储,才以朱熠、皮龙荣、沈炎三人兼宾客。詹事一职始于真宗朝,通常也只设两人,每逢东宫讲读日便陪侍太子听读,由于詹事亦无实务,因此除假日外,每两天入宫一次。太子左庶子、右庶子平时不设,只有建储后才设,也各设两员,作为太子侍从。乾道中,孝宗频频设立左庶子,在位期间先后设立十五人,通常"除左不除右"②。乾道以后,臣僚因庶子闲置,主张"以庶子或谕德一员兼讲《春秋》、《二礼》"③。从而使庶子也担任了讲读工作。左右谕德"掌谕皇太子以道德、随事讽谏……列侍左右阶,出入骑从"④。他们也担任讲官,淳熙十一年《皇太子宫讲堂状》声称"目今谕德再讲《尚书》"。在孝宗朝谕德和庶子轮流讲解极为普遍。葛胜仲任右谕德时,"以仁、孝、学三言各着一谕,献之。复采春秋、战国以来历代太子善恶成败之迹,日进数事"⑤。东宫诸官中,专职教师当数太子侍讲、侍读。尽管他们品秩不高,却因经常接触太子而使其地位颇显重要。太子侍读因唐而设,专力"导以经术"⑥。由于宋初诸王府和东宫讲读官都称侍读,无法区别等级,为了规范礼仪,中书认为"太子有侍读,诸王亦有侍读,无降杀之礼"。从而改称王府的侍读为教授⑦。太子侍讲始设立于英宗朝,以阐明历代帝王治乱兴衰为己任。在讲读礼仪上,由于宋初没有定制,故基本上仿照皇帝经筵,只是在某些方面少杀其礼。每次讲读时,詹事以下依官职序坐两边,太子坐

① 《钦定续通典》卷34《职官·太子宾客》,清光绪十二年浙江书局本。
②④ 章汝愚:《群书考索》后集卷11《官制门》,日本中文出版社影印本。
③ 徐松:《宋会要辑稿》职官7之29,新文丰出版社1976年版。
⑤ 王应麟:《玉海》卷129《官制·储官》,清光绪九年浙江书局本影印本。
⑥ 陈模:《东宫备览》卷2《讲读》,四库全书文渊阁本商务影印本。
⑦ 李焘:《续资治通鉴长编》卷37,至道元年正月戊申,中华书局1995年版。

正席,然后由讲读官轮流站着讲课,讲罢复回坐其座位。除了讲读外,太子侍读、侍讲还担负着监督东宫官的责任,一旦发现有邪恶小人杂处其间,便可有权向皇帝汇报,"即时斥逐,不令在侧"①。正因为讲读官对太子的辅导最大,历代对讲读官设立较多,一有不中意便行更换。太子的教师除讲读外,每天必须有一位官员入东宫当值,从辰时入一直到酉时出,"以备咨问,以称辅导之实"。

第三类是办事官员,指太子中舍人、舍人。宋初并不常置,"神宗正官制复置之",南渡后屡有废置②。中舍人主要"掌侍从、献纳、启奏",相当于唐代的司议郎,负责"侍奉规谏,驳正启奏,并录东宫记注"。成为太子的记过之史官③。而太子舍人则主要起草东宫的书令表,相当于秘书。

第四类为阶官,用来表示官员的等级,而无实际职掌的官称,故又称寄禄官。有关东宫官的阶官官称,文官指太子左右赞善大夫、太子洗马、太子中允,元丰改制后称为通直郎。武官指太子诸率府率、副率等④。

此外,太子左、右春坊是东宫的实际管理机构,下设管勾左、右春坊事二人,南宋后为避高宗讳,改为主管左右春坊事,以宦官兼任。他们是左右春坊的首脑。另外,还设有同主管左右春坊事二人,以武臣兼;承受官一人,以宦官兼;左春坊谒者一人,"掌宣传导引之事"。谒者在唐代由宦官兼领,但宋太宗至道中,由于执政的失误,曾任左清道率府副率王继英兼领,此后便由宦官长期担任⑤。政和五年(1115年),还曾设立提举左右春坊事,但并非常制⑥。左右春坊又可以篆刻印章和设立吏员,以负责东宫一切零杂事务,如指使使臣、书表司、司楷书、直省

① 真德秀:《西山先生真文忠公文集》卷 37《上皇子书》之二,四部丛刊初编本。
② 高承:《事物纪原》卷 5《持宪储闱部》,中华书局 1989 年版。
③ 《唐会要》卷 67《左春坊·司议郎》,上海古籍出版社 1991 年版。
④ 脱脱等:《宋史》卷 169《职官九》,中华书局 1977 年版。
⑤ 李焘:《续资治通鉴长编》卷 38,至道元年八月癸巳,中华书局 1995 年版。
⑥ 徐松:《宋会要辑稿》职官 7 之 24,新文丰出版社 1976 年版。

官、主管弓写文字等。

（二）东宫官的人选及委任

汉代贾谊在《保傅传》中说道："天下之命系与太子。太子之善，在于早喻教与选左右，教得而左右正，则太子正，太子正而天下定矣。此天下之至言，万世不可易之定论也。"贾谊在强调太子的重要性后，进一步强调了东宫官人选的重要性，他认为东宫官都应该"上之必得周公、太公、召公、史佚之流，乃胜其任；下之犹必取孝悌博闻有道术者。不幸一有邪人厕其间，则必逐而去之"。只有这样，才能使皇太子朝夕居处，出入左右，"无非正人，未尝见一恶行"①。正是本着祖宗所创基业的珍惜，历代帝王对东宫官人选尤为重视。

宋代通常任命品位相当的京朝官担任东宫官。据《宋会要辑稿》职官七统计，太子三师、三少一般由宰执兼任，宾客则由执政或六部尚书、侍郎、翰林学士兼任，詹事由六部尚书、侍郎、给事中、起居郎、中书舍人兼，侍讲、侍读由少卿监、六部员外郎、起居舍人兼，左右庶子由谏议大夫、开封府判官、宗正少卿兼，左右谕德也由起居舍人、开封府推官、六部员外郎兼。能够入选为东宫官在宋代亦是一种荣耀，在选用时虽没有成文的制度，但长久下来也便形成了一些稳定的选拔标准。

第一，东宫官必须是贤德稳重毫无钻营之心的儒学之士。宋代长期推行右文政策，拥有一个庞大的文官集团，他们认为选拔太子以长不以有功，有德不以有众，要培养太子仁德，东宫官首先应具备仁德之节。皇帝也遵循古训，更愿意起用那些"忠贞清正，老而不衰"的寒苦之士，因为只有他们才"寒门笃行，学问素士，更履险易，节义足称"②。太平兴国八年（983年）太宗就下令："丞郎谏以上，举年五十以上通经者备宫僚。"元丰六年（1083年），黄履奏称："臣闻古之至治之时，太子虽在孩提、有识之间，必选天下孝悌博闻之士以卫翊之。盖欲其见正事，闻

---

① 王应麟：《玉海》卷128《官制·储官》，清光绪九年浙江书局本影印本。
② 黄淮等：《历代名臣奏议》卷71《储嗣》晋阎缵疏，上海古籍出版社1989年影印明永乐本。

正言,行正道也。"①真宗为太子时,崔遵度、张士逊被选为宫官,二人端方纯明、德才兼备。在他们的辅导下,太子以孝仁礼义为本,容貌谈吐、衣服器用,皆有法度。淳熙中,东宫侍读缺员,詹事余端礼、葛邲在推荐臣僚时,主张"凡经营者皆削其姓名"②。使一些携礼物奔走豪门的官僚纷纷落选,录用了不喜名势的杨万里。

第二,东宫官多为精通文学、词采洋溢之士。科举制的盛行,使宋代士大夫题诗作赋多有独到之处,太子左庶子晏殊七岁就能著文,景德中便以神童闻名于朝。太傅寇准年少英迈,十九岁举进士。太宗极其器重寇准,常常以擢用寇准为朝廷美事,认为"朕得寇准,犹文皇之得魏征也"③。

第三,东宫官多为政绩卓著,拥有丰富政治经验之人。历代帝王都希望起用一些政绩显赫的大臣入辅东宫,不但能让太子熟悉治理天下,还能在危急时刻,让他们挑起顾命大臣的重任。真宗时,太子詹事张士逊曾任射洪县令,当他调任郡县时,"民遮马首不得去,因听还射洪。安抚使至梓州,问属吏能否,知州张雍曰:'射洪令,第一也。'"④

第四,东宫官通常由王府官升入,继续辅佐太子。随着皇子被立为太子,王府官的大部分也顺利迁入东宫,这种现象在南宋极为普遍。真宗在襄王府,杨砺为王府记室参军,至道立储后,杨砺进迁太子右谕德。有时尽管所在王府皇子并未被册立太子,但一些王府官由于辅导有加,依然能入辅东宫。太宗时,毕士安为冀王府记室参军,真宗升储后,他也升为太子右庶子。有些东宫官在太子即位后,又可以兼任皇帝经筵官。南宋后,东宫官由王府入选几乎成了定制,因此,当皇帝在任命非王府旧臣担任东宫官时,通常被大臣拒绝。周必大在拒绝任东宫官的奏状中说:"近岁以来,非老成端谅,然为世所推,则必于近臣中择尝任

① 《国朝诸臣奏议》卷60《百官门·东宫官属》,黄履《上神宗乞为皇太子立傅》。
② 《杨万里集》卷112,《东宫劝读杂录》,传世藏书·集库·别集六,1996年版。
③ 脱脱等:《宋史》卷281《寇准传》,中华书局1977年版。
④ 脱脱等:《宋史》卷311《张士逊传》,中华书局1977年版。

王府讲读及宫僚者就兼是职。苟或异此，宁虚其官。如臣不肖，行为能薄，既无素望，又非旧人，骤预选抡，实骇群听，此臣所以彷徨震怖，不敢自恕而但已也。"①

在高度集权的宋代，皇帝总是把任免权紧紧掌握在手中，防止宫僚与太子结党营私，威胁皇权。在选用东宫官时，皇帝通常让宰执、大臣或现任东宫官推荐，但有时则直接去考试挑选，让王府旧臣参加策论、诗赋考试，评选优劣，然后定夺。端拱中，太宗诏令王府官各献上所写文章，太宗亲自批阅，他对近臣说：他们"其才已见矣，其行孰优？"②在任命时，皇帝可以不向大臣咨询，直接委任官员。仁宗除拜晏殊为宫官，史称："一日选东宫官，忽中批除晏殊，执政莫谕所因。"③

（三）东宫官的待遇及历史特征

东宫官作为太子官属，在社会上享有较高地位和声誉，但因他们多半属于兼职，俸禄并不显得优厚。据《宋会要辑稿》职官 57 记载，元丰改制前，太子三师每月俸料九十千，布匹为春冬季绫十匹，绢二十五匹，另加七石米、十石面、十口羊、五匹马；三少俸料为六十千，春冬绫七匹，绢二十匹；宾客俸料四十五千，绫七匹、绢二十匹；詹事俸料四十五千，绫三匹、绢十五匹；左右庶子俸料三十千，谕德三十五千，绢十三匹。其余太子率更令、中舍人、舍人俸料十八千，绢七匹；左右卫率府率俸料十三千，绢五匹、冬绵十五两④。《宋史·职官十一》记载，元丰改制前，东宫三师俸料九十千，绫五匹，绢二十匹；太子三少俸料六十千；太子宾客俸料四十五千，春冬绫各五匹，绢十七匹；詹事俸料四十五千，春冬绫三匹，绢十五匹；左右谕德俸料三十五千；左右庶子俸料三十千，春冬绢都是十三匹；其余太子率更令、中舍俸料十八千⑤。

---

① 周必大：《文忠集》卷 123《淳熙二年·辞免兼詹事奏状》。
② 脱脱等：《宋史》卷 281《毕士安传》，中华书局 1977 年版。
③ 祝渊：《古今事文类聚》遗集卷 4《东宫官部》。
④ 徐松：《宋会要辑稿》职官 57 之 1—9，新文丰出版社 1976 年版。
⑤ 脱脱等：《宋史》卷 171《职官十一·俸禄制上》，中华书局 1977 年版。

　　东宫官尽管俸禄不高,但他们辅导的是声势显赫的太子,在政治上享有一定特权。许多宫官从王府旧臣入主东宫通常都要加官进爵。一旦太子即位,前途更是不可限量。毕士安就曾位至辅相,杨砺后荣升翰林学士、枢密副使,当他去世时,真宗亲自冒雨临奠,由于巷道狭窄,真宗特地步行前去致哀。这种仕途上的一帆风顺无疑在一定程度上得荫于东宫旧属。同时,每当东宫官讲解一书结束,宫属及各色官级都可享受转官待遇。光宗在太子位十七年中,讲官所授书目最多,转官机会也最多。孝宗乾道二年(1166年),"诏皇太子宫讲《周易》终篇,詹事、庶子、谕德、侍读、侍讲、承受官、左右春坊特与转一官,及指使使臣、客司、书表司、楷书、直省官诸色人、兵级、讲堂使臣、主管书写文字、供检奏报文字等祗应有劳,各得与转一官资"①。淳熙中,还出现了讲完一书升转四官,有的在两三个月内就升转了两次,这种待遇是其他官员望尘莫及的。除了仕途上的顺利外,东宫官的资本也成了他们的保护伞,遇到坐罪论刑,皇帝通常念及旧情,法外开恩。少师丁谓被贬往崖州后,暗中托人向皇帝求情,企图起复回京,在上表中自称:"虽滔天之罪大,奈立主之功高。"仁宗果然下旨复官移知光州②。张士逊在曹汭案中受牵连,当时章献太后准备罢免士逊,幸好仁宗一边好言相劝,让他出知江宁府,并以犀带相赠,章献去世后再度拜相③。在礼节上,詹事以下只用宾礼参见太子,并依次序坐、节朔日也不需要参贺。使东宫官和太子的关系建立在良好的宾友基础上,而非等级森严的君臣之礼。真宗在东宫时,王继忠一直备位宫僚,历事最久,对宫中处理不当之事,经常规劝真宗。真宗即位后,每事都能"敛容听纳,特加礼遇"④。当东宫官去世后,皇帝有时为那些成绩卓著者立碑篆文,如晏殊去世时,仁宗篆其碑为"旧学之碑";王曾之碑为"旌贤之碑",并将其故乡改名为"旌贤乡"⑤。以表

---

① 徐松:《宋会要辑稿》职官 7 之 40,新文丰出版社 1976 年版。
② 邵伯温:《邵氏闻见录》卷 7。
③ 脱脱等:《宋史》卷 311《张士逊传》,中华书局 1977 年版。
④ 王曾:《王文正笔录》,《宋代笔记小说》,河北教育出版社 1995 年影印本。
⑤ 脱脱等:《宋史》卷 310《王曾传》,中华书局 1977 年版。

示皇帝对旧臣的恩宠及怀念。

在皇权的逐步加强中，无论是地方还是中央权力逐渐缩小，相互之间的联系也日益削弱，宋代东宫官就是在这个大背景下继续行使职能的，它的转变无不反映出这一历史总趋势。首先，东宫官规模远远小于唐代。在官职设置上，根据《唐六典》统计，唐代东宫官种类达三百零五种，按编制人数可达二千七百四十七人，而《宋史·职官志》中所载仅有四十四种，况且每种只设一至二人，只及唐代的百分之五左右。朱熹在评论唐东宫时说："《唐六典》载太子东宫官甚详，如一小朝廷。置詹事以统众务，则犹朝廷之尚书省也。置左右二春坊以领众局，则犹中书、门下省也。左右春坊又皆设官，有各率其属之意。崇文馆犹朝廷之馆阁，赞善大夫犹朝廷之谏议大夫，其官职一视朝廷而为之隆杀。"①而对于宋代，朱熹则称"今之东宫极苟简。左右春坊，旧制选贤德者为之，今遂用武弁之小有才者。其次，惟有讲读数员而已"。可见唐代东宫完全比拟朝廷创立，一旦太子监国，东宫官便按比拟对象实际运行起来。此外，宋代东宫官品秩也普遍低于唐代，可从下表中窥知一二②：

	太子三师	三少	宾客、詹事	左、右庶子	左、右谕德	太子侍读、侍讲	太子舍人
唐代	正一品	正二品	正三品	正四品上	正四品下	正五品上	正六品上
宋代	从一品	从二品	从三品	从五品	正六品	正七品	从七品

为了避免帝子间互相猜忌，太子还常常主动上奏减少宫官属，降低讲读礼仪等级，认为"东宫官吏不必具备，诸司庶局颇令兼摄。至于闲徒冗卒，旧例有者亦可蠲除，务从简约"③。在这种情形下，东宫更无扩大规模之可能，太子也图个清心省事。

其次，东宫官多以他官兼任。宋代平时不设东宫官，只有在储位册

---

① 黎靖德编：《朱子语类》卷112《朱子九·论官》，中华书局1986年版。
② 马端临：《文献通考》卷66《职官二十》；卷67《职官二十一》。孙逢吉：《职官分纪》卷27、28，中华书局1988年影印本。
③ 陈模：《东宫备览》卷5《崇俭》，四库全书文渊阁本商务影印本。

立后才拜官,加上太子晚立,故宫官有种走马观花,匆匆上任匆匆下任的感觉,形成了权、试、兼的局面。正所谓"随宜制官,以备僚寀,多以他官兼领"①。在为数不多的宫官中,只有讲读官和左右春坊领一些实职,其余皆成摆设。到了南宋还出现了一官兼多职的现象,如邵知柔兼太子左庶子又兼太子侍读;同时,东宫官之间可以一职多能,太子侍读、庶子、谕德可以负责讲读经史。像陈良翰、王十朋两人专为太子詹事,不兼他职,则"非非常制也"②。尤其是太子三师、三少完全是虚设而已,从来"未闻调护太子,训导诸王。坐食俸钱,诚为尸禄"③。这里不妨借用诗人白居易所作一诗加以描绘,实为恰当不过,"不劳心与力,又免饥与寒,终岁无公事,随月有俸钱"④。

东宫官的形同虚设,使他们权限极小,毫无干预朝政的可能,只能将精力专注于太子的品德、学识教育上,为宋代培养了一位又一位仁德博学的皇位继承人。

四、皇太子教育

由于两宋太子多半在成年后才册立,年龄的相差悬殊,使皇子教育与太子教育不尽相同。皇子教育多在十五岁以前,是以事亲事长为主的小学教育,而太子教育则更多的是成人教育,学习"穷理、正心、修己、治人之道"⑤。宋代太子教育可以分成两部分,其中以东宫讲读官为主的课堂式教育,称为东宫教育;另一部分则是来自皇帝、后妃的言传身教、潜移默化式的教育,称为家庭教育,这两种教育方式的完美结合,为皇室培养了一代又一代接班人。

---

① 脱脱等:《宋史》卷 162《职官二》,中华书局 1977 年版。
② 《钦定续通典》卷 34《职官·太子詹事》,清光绪十二年浙江书局本。
③ 《全宋文》卷 8,张昭:《请妙选东宫师傅疏》,巴蜀书社 1988 年版。
④ 白居易:《白氏长庆集》卷 52《格诗杂体·中隐》,四部丛刊初编本。
⑤ 《朱熹集》卷 76《大学章句序》,四川教育出版社 1996 年版。

（一）东宫教育

在历史的长河中，两宋是中国封建社会皇权加强的转折期，因此历代帝王政务繁忙，无暇花费大量时间亲自教育太子。但他们明知太子教育不可荒废，意识到"欲斯民之皆得其所，本原之地亦在乎朝廷而已"。他们将太子教育全权委托给东宫官，督促官属以诗书礼乐辅佐太子。侍读吕公著指出太子之学与众不同，"分文析字，声律章句，此世之儒者以希利禄取科级耳，人主所不当学也"。而太子应该"观古人之用心论，历代帝王所以兴亡治乱之迹，求立政事之要，讲受民利物之本"。从教育内容上将太子之学与士庶之学进行了区分。太子学习以经史为主，因为经史之书"有国家之龟鉴，保邦治民之要"①。徽宗时，考虑到太子年幼曾让讲读官罢讲史书，左庶子李訏立刻自陈己见，认为史书所载"善恶兼列，治忽并载"，主张太子读史，对于史书中有些不足为太子学习处，也提出要有所甄别②。东宫讲读的主要书目有《尚书》、《礼记》、《周礼》、《春秋》、《周易》、《孝经》、《尔雅》、《论语》、《孟子》、《陆贽奏议》、《汉书》等经史，其中《周礼》在宋代被认为是周公致太平之书，必读不可。对于《春秋》中记载的败政乱政，皇帝也主张不可以因忌讳而省略，自有借鉴之处。汉代贾谊认为："《春秋》而为之耸善而抑恶，以革劝其心。教之《礼》，使知上下之则……教之《乐》，以疏其秽，而填其浮气；教之《语》，使明于上世，而知先王之务明德于民也。"③除了历代经史外，东宫官还教授本朝著作，其中以《三朝宝训》、《资治通鉴》、《唐鉴》为主，借古喻今，阐发义理。此外，东宫官还自己著书，随时进献故事。东宫教育主要从五个方面实施：

其一，培养太子好学之心，促成学业。东宫官深刻认识到要变太子被动学习为主动，关键在于太子好学习惯的养成，发自内心，日精于心。

---

① 江少虞：《宋朝事实类苑》卷3《祖宗圣训·真宗皇帝》，上海古籍出版社1981年版。
② 陈模：《东宫备览》卷2《讲读》，四库全书文渊阁本商务影印本。
③ 贾谊：《新书·傅职》，《贾谊集》，上海人民出版社1976年版。

他们主张遵循古训，"知之者不如好之者，好之者不如乐之者"①。同时，他们认为学习是太子的首要大事，"帝王之德，莫大于务学"。否则骄逸放纵，完全忘却了祖宗匹马创建天下的辛苦，以为天下太平，却不知祸乱将要从天而降。因此东宫官身体力行，讲读不厌其烦。真宗在回忆东宫生活时，感叹当时宫官邢昺诲人不倦，曾将《尚书》讲解了十四遍②。在宫官的鞭策下，太子也孜孜于学，蔚然成风。真宗在储位，特别喜欢收藏古书，对一些珍本善本，便派人四处寻访，并且亲自参加校对。景德四年（1007 年），他率领群臣观书玉宸殿时，个人藏书已达八千卷③。英宗还特地将吴充进献的《宗室六箴》书写在卧室中的屏风上，随时告诫自己。神宗学习的时候，常常废寝忘食，每次都要由内侍提醒用饭。但神宗仍然乐不释卷，毫不感到饥饿，最后只能由英宗出面才可停止。所以，宋代帝王大多有较高的文学造诣，他们词采绚丽，文章优美，并且在书法、艺术等方面也成就不小。

其二，训诫太子恪守祖宗家法。宋代是一个恪守祖宗家法的王朝，所谓祖宗家法就是北宋初期历朝皇帝在处理各类政事中所采取的一系列方法，因为互相参考因袭，逐步稳定下来，成为行为准则。宋朝家法内容庞杂，范祖禹在《仁皇训典》中以为："仁宗在位最久，德泽最深，宜专法仁宗。盖汉、唐而下言家法之粹者，莫如我朝，我朝家法之粹者，莫如仁宗。"④杨万里在批评王安石的"三不足"说时指出：历代都有一家之法，宋代家法包括薄赋敛、简力役、退小人、省刑狱、广纳谏、近习不预政事等各方面⑤。东宫官在实行教育时，首先告诫太子不得奏请领兵。宋代明文规定"太子不可将兵"⑥。自古以来，军队总是被认为不祥之物，更何况当太子拥有军队时，所潜藏的祸患是不可限量的。金海陵王

---

①　周必大：《文忠集》卷 157《东宫故事一》，淳熙二年十一月十四日。

②　范祖禹：《帝学》卷 3。

③　江少虞：《宋朝事实类苑》卷 3《祖宗圣训·真宗皇帝》五年条，上海古籍出版社 1981 年版。

④　吕祖谦：《类编皇朝大事记讲义》卷 19《哲宗皇帝·家法》，清道光钞本。

⑤　《杨万里集》卷 112，《东宫劝读杂录》，传世藏书·集库·别集六，1996 年版。

⑥　李心传：《建炎以来朝野杂记》乙集卷 1《上德一·壬午内禅制》，丛书集成初编本。

完颜亮率军南侵时，孝宗奏请高宗让他担任先锋，太子亲征与金兵决一死战。尚在病榻上的东宫官史浩不顾病重，急往东宫，问："孰为大王计，误矣。"他以唐肃宗灵宝之变为借鉴，劝说孝宗国难当头，父子怎能相分离，更何况要带兵打仗。孝宗这才感悟，连忙让史浩草奏请求为高宗陪侍，以尽人子之责①。其次，叮咛太子要安守本分，除了侍膳问安外，其他事不得干预。神宗在王邸，曾与韩维讨论建功立业一事，韩维赶忙劝说道："圣人功名因事始见，不可有功名心。"②言下之意是让太子不要去干预政事，以免功高震主，加深帝子间猜忌。相反皇帝也总担心东宫势力强大威胁皇权，因此他们一方面培养太子，一方面又必须警告太子所处的地位，时时加以防范。隋文帝立杨勇为太子，百官都去东宫祝贺，隋文帝立刻意识到大权旁落，责问朝臣："近闻（冬）至日内外百官相帅朝东宫，此何礼也？"太常少卿辛亶急中生智说："于东宫，乃贺也，不得言朝。"③历史竟是如此的巧合，事隔四百年后，当真宗被册为太子时，京师为之欢呼，但太宗却怒气冲冲地说："四海心属太子，欲置我何地？"④幸好寇准在一边好言相劝，才使太宗平了怒气。在这种浓重的猜忌氛围下，东宫官反复叮嘱太子处事要三思而行，事无大小一定要取得皇帝同意后才能执行，切勿擅作主张，否则"利害之端，常伏于思虑之所不到；疑间之萌，每开于提防之所不及"⑤。陈模在编写《东宫备览》时，特地将《辨分》另立一卷，此良苦用心卓然可观。

此外，东宫官也告知太子不要让宗室干预政事，作为皇室亲族，他们拥有一定的特权，一旦他们拥有了政权，祸害将远大于其他各类危机。黄裳在讲解《郑伯克段于鄢》时，询问宁宗假如自己是郑伯将如何处置这事。宁宗年幼一时未答，黄裳便援古论今，说："象，舜弟也，舜封之有庳，不及以政。凡亲亲之道，但当富贵之，不可使之预政事，此舜与

① 楼钥：《攻媿集》卷93《神道碑·纯淳厚德元老之碑》，四部丛刊初编本。
② 周必大：《文忠集》卷160《东宫故事四》，淳熙五年二月十二日。
③ 司马光：《资治通鉴》卷179，中华书局1976年版。
④ 李焘：《续资治通鉴长编》卷38，至道元年八月壬辰，中华书局1995年版。
⑤ 尤袤：《梁溪遗稿》卷2《献皇太子书》，四库全书文渊阁本商务影印本。

郑伯之得失之。"①黄裳以郑伯为例,深刻地阐明了宋代对宗室之法,以理服人,事半功倍。最后,还要求太子遵守国家法律,不要以身试法。昭成太子元僖尹京时,被御史中丞弹劾,元僖认为自己是皇帝的儿子不应受罚,请求太宗宽宥。不料太宗毫无私情,狠狠训斥道:"此朝廷仪制,孰敢违之,朕若有过,臣下尚可纠摘,汝为开封尹,可不奉法邪?"②诏令按律论处。曹彦约特地根据《三朝宝训》内涵著成《经幄管见》以示祖宗法令不可违背。故司马光在《正家札子》中指出:"法者天下之公器,若屡违诏命,不遵规矩,虽天子之子亦不可得而私。"③正是在恩威并重下,太子谨守法规,一意务学,导致两宋稳定的政治局面,但另一方面也造成了太子不思改作,墨守成规的弊病。

其三,启发太子深知民间疾苦,养成勤俭仁爱之心。历来太子生于宫中,长于宫中,物质条件优越,对于民间生活状况一无所知,容易产生骄纵游逸心理,直接危及王朝统治的稳定。因此,东宫官必须让太子知道百姓苦难,知道天下得之不易,守之更不易的道理。他们首先强调百姓的重要性,认为"所谓天者,非谓苍苍莽莽之天也。君人者,以百姓为天,百姓与之则安,辅之则强,非之则危,背之则亡"④。向太子灌输水能载舟亦能覆舟的道理,要求太子在处理天下事务时:"莫大于恤民"⑤。楼钥在暑日讲读时,理宗感触地说:"今日甚热,禁廷深邃尚尔,闾阎细民岂能堪之。"楼钥见理宗如此体恤百姓,便及时开陈,讲述农民的辛苦劳作,使太子理宗加深了了解。为了便于太子直接生动地体会到民间耕作的辛苦,楼钥还将伯父楼璹画的两幅耕织图进献给太子,并赋上诗歌,希望天子在"究知世务"的基础上,深知"惟是农桑为天下大本"⑥。他们还教导太子要以仁待人,不能滥用刑罚,否则滥狱渐开,

① 楼钥:《攻媿集》卷99《端明殿学士致仕、赠资政殿学士黄公墓志铭》,四部丛刊初编本。
② 徐松:《宋会要辑稿》帝系2之3—4,新文丰出版社1976年版。
③ 司马光:《温国文正司马公文集》卷21《正家札子》,四部丛刊初编本。
④ 周必大:《文忠集》卷157《东宫故事一》,淳熙三年三月二十四日。
⑤ 《朱熹集》卷11《庚子应诏封事》,四川教育出版社1996年版。
⑥ 楼钥:《攻媿集》卷33《进东宫耕织图札子》,四部丛刊初编本。

百姓冤声满天下，统治便难以长久。此外，东宫官要求太子在日常生活中养成勤俭的好习惯，放弃奢侈，认为自古帝王，没有一个好奢侈而能长久的。周必大讲授《汉书·帝纪》时，以孝文帝即位二十三年不修宫院、不修服饰为基础，教导太子不要滥用民力，如果大兴土木，财力枯竭，必然会引起"赋敛重则民力屈，民力屈则祸乱作"等一系列恶性后果①。仁宗时，王洙曾进献《无逸图》，劝导太子不以寻欢作乐为业。太宗时，宾客李至发现太子真宗和诸王在教坊嬉戏，就以唐文宗责打伶人教育太子为故事，要求真宗以求学为荣，切不可沉湎于游玩。于是真宗立即将此事"白于上而禁止之"②。

其四，传授太子治国之术。为了使太子登基后能迅速熟练地处理政务，东宫官便及时地传授太子治理国家的一些基本方法。他们要求太子博览群书，遍观历代帝王治乱兴衰之事，并亲自著书立说，加以阐明。詹事余端礼将司马光的言论编成一书，指出太子修身养心要讲求仁、武、明，治理国家要善于用人，赏罚分明。并让太子将书放在坐榻旁，朝夕观阅③。娄寅亮还将以往写的《历代帝王总要》重新润色加以处理，将上下三千年君王治国之道一一评述，提纲挈领，并请楼钥作序，供太子参用。宁宗嘉定中，赵彦逾也建议讲读官将历代帝王治乱的事迹编成一书，分成十个门类，分别是畏天、爱民、法祖宗、圣孝、用贤能、远小人、勤俭、听言、明赏罚、谨边防④。从而使太子在历史事实中不断总结出经验教训，取长补短，不仅仅要擅于诗文词赋，更要把"上下千古成败理乱已了然于胸中"。为了避免重现唐代藩镇割据、君王如木偶的现象，东宫官加强了太子在驾驭群臣、集中皇权方面的教育。黄裳从讲授《春秋·王正月》中发挥旨意，告诉太子如果国王不能号令诸侯，那么国王就不足以称王；皇帝不能统御全国郡镇，那么皇帝就不足

---

① 周必大：《文忠集》卷158《东宫故事二》，淳熙三年七月十二日。
② 江少虞：《宋朝事实类苑》卷17《忠言谠论·李南阳》，上海古籍出版社1981年版。
③ 《杨万里集》卷114《宋故少保、左丞相、观文殿大学士、赠少师、郇国余公墓铭》，传世藏书·集库·别集六，1996年版。
④ 徐松：《宋会要辑稿》职官7之44，新文丰出版社1976年版。

以称帝。并且联系到南宋现状,向太子分析"今天下境土,比祖宗时不能十之四,然犹跨吴、蜀、荆、广、闽、越二百州。任吾民者,二百州守也;任吾兵者,九都统也,苟不能统御,则何以服之?"①杨万里在讲授《陆宣公奏议》时,顺便提及南宋的边备问题,由于北方金兵时常侵袭,使边境上战事不断。加上南宋内部财力空虚,军事力量薄弱,只能采取防守的战略。杨万里教导太子要选择良将足以安抚士兵,并且通过军纪严加管束,只有这样才能"耀德以佐威,能通以柔远,禁侵掠之暴以彰吾信,抑攻取之议以安戎心。"②陈希点在陈述西蜀兵事时,认为西蜀驻兵过多,朝廷难以驾驭,"今汉中三大军无虑十万,而成都之兵不满百,何以制末大之患?"③果然未过多久,吴曦便举兵叛宋。为了太子日后能获得忠正大臣的倾心辅佐,宫官们要求太子能虚心纳谏,虚怀若谷,唯有这样才能进用贤人,退却邪恶之人。唐太宗时,宫官于志宁曾著《谏苑》二十卷上太子承乾,太宗为此盛赞志宁,认为"若无忠谏者为说,何由行得好事?"④尤其是长于深宫不谙民瘼的太子,更是不知人情世故,不识人间善恶,只有克己励业,容纳谏诤,才有助于统治。元丰二年(1079年),太师赵概也将平生所著《谏林》奉献太子。真德秀深信太子只有以诚相待才能兼听则明,他将诚分为"无妄"、"不欺"、"悠久不息"三部分,要求太子对待臣僚应慎重持稳,不加猜忌,持之以恒。臣僚才会敢于进谏,乐于进谏⑤。为了帮助少年太子尽快分辨善恶,明辨是非,存贤去邪,宫官们根据自己的经验将善恶分以特征详细说明,从概念上教育太子。周必大将朝臣分为正、邪两派,其中每派又分成六种,六正是指圣、良、忠、智、洁、直,六邪指具、谀、奸、谗、贼、亡⑥。要求太子细细观察,以辨正邪,否则邪臣进入朝廷,将危及社稷江山。兼嘉王

① 脱脱等:《宋史》卷39《黄裳传》,中华书局1977年版。
② 《杨万里集》卷112,《东宫劝读杂录》,传世藏书·集库·别集六,1996年版。
③ 楼钥:《攻媿集》卷98《中书舍人·赠光禄大夫陈公神道碑》,四部丛刊初编本。
④ 吴兢:《贞观政要》卷4,四部丛刊续编本。
⑤ 《西山先生真文忠公文集》卷37《上皇子书(辛巳)》之一。
⑥ 周必大:《文忠集》卷161《东宫故事五》,淳熙六年正月二十七日。

府直讲彭龟年针对元祐末故事,指出小人进,则君子退的道理,嘉王赞同说:"君子小人不可参用,参用则小人胜。"①他认为小人诡计多端,而君子行事光明磊落,不计名利,一旦小人中伤,君子将无以自明。宁宗为了表示谢意,亲自写成《邪正辨》赠于龟年。

其五,反复告知太子要孝悌仁义,以人伦为本。孝道自古以来一直为太子学习之根本。东晋时,王敦企图废除明帝时,威胁东宫率温太真附和自己,更问太真:"太子何以称佳?"温太真却不卑不亢地说:"钩深致远,盖非浅识所测,然以礼侍亲,可称为孝。"②结果一个孝字使明帝险保皇位。宋代是理学的鼎盛时期,朱熹创立的理学体系对三纲五常进行了详细说明,主张"父子有亲,君臣有义,夫妇有别,长幼有序,朋友有信,此人之大伦也。庠、序、学、校,皆以明此而已。"③他严厉批评了汉、唐以来,学校在教育中偏离三代教学宗旨的现状,指出秦、汉以来圣学不传,儒学人士只知道章句训诂,不知阐明性命道德大义,"怀利去义,而无复先王之意"④。周必大在评价汉代晁错时批评他"专欲太子知术数。夫谓圣人之道为道术则可,谓之术数可乎"⑤? 他在讲解《旧唐书·刘宪传》时向太子积极灌输人伦思想,主张"孝于亲,使天下之人知父子之道矣;尊于君,使天下之人知君臣之义矣;敬其长,使天下之人知长幼之节矣。"所以,陈模认为太子入学第一件事就应该学习"君臣父子之伦,尊卑长幼之序"⑥。在这点上,宋代在唐代基础上进一步发扬,我们可以从两朝册立太子诏令中看出:唐太宗册立晋王治的诏书中是这样写的:"才惟明慎,至性仁孝,淑哲惠和。凤著梦日之祥,早流乐善之誉。好礼无倦,强学不息。"⑦体现了唐代选拔太子注重的才、

① 楼钥:《攻媿集》卷96《宝谟阁待制致仕、特赠龙图阁学士忠肃彭公神道碑》,四部丛刊初编本。
② 刘义庆:《世说新语》卷中之上《方正第五》,上海古籍出版社1982年版。
③ 朱熹:《孟子集注》卷5《滕文公章句上》,中华书局1983年版。
④ 《朱熹集》卷78《静江府学记》,四川教育出版社1996年版。
⑤ 周必大:《文忠集》卷157《东宫故事一》。
⑥ 陈模:《东宫备览》卷1《入学》,四库全书文渊阁本商务影印本。
⑦ 《唐大诏令集》卷27《皇太子·立太子》,商务印书馆1959年版。

孝、仁、礼、学五个方面,尤其以才为主,所以历观唐代政治,皇帝多半锐于进取,但又受制于中期以后皇权旁落的局面故未能成功。宋徽宗册立定王桓的诏令中"孝友得于天资,温良成于日就,出学外傅,率履无违……"[1]。将孝义仁慈作为选拔太子的主要标准,因此,宋代皇帝多半是典型的温文尔雅仁厚可亲的儒学帝王。英宗看到公主下嫁后,身为大臣的公公还要向儿媳施礼时主动免了这种礼仪,深以为公主"岂可以富贵之故,屈人伦长幼之序也"[2]?

(二) 家庭教育

　　太子虽然生活在以宫僚为主体的东宫中,但这只是行政职能上的、带有强制性的教育,太子接受来自各级官僚的传道授业,成为太子教育的一个主体部分。但太子依然拥有一个包括父皇、母后等在内的血缘关系网,在这个关系中享受温情脉脉的家庭温暖。作为一国之君的皇帝,尽管政务繁忙,但他们仍然会不失时机地诲晓太子,警钟长鸣。皇帝对太子的教育常见的一种形式就以敕文、诏令告诫太子什么是应该做的,什么是不应该做的。汉高祖曾经在临终前亲自撰写《手敕太子文》,谕示太子勤学向上。曹操曾写下《诫子植》敕文,告诫曹植要奋发图强,建立功业。宋代皇帝为了让太子尊崇师傅,养成仁和谦逊之风,诏令亲王上朝阶班在宰相之后,每次接见宾客,必须用师傅礼,"每见必先拜迎,常降阶及门,动皆咨询,至有答问政笺"[3]。仿效唐房玄龄、萧禹撰写《三师仪注》,以确定太子拜见三师礼仪。为了让太子深知民间生活艰苦,提倡勤俭节约。仁宗在景祐年间连下几道诏令,要求"内自掖庭,外及宗戚,当奉循于明令,无故习于偷风,其锦背、绣背及遍地密花透背段子并宜禁断"[4]。此后,又诏令禁止宫室内陈设金珠手饰,

① 宋敏求:《宋大诏令集》卷25《皇太子·建立·政和五年立皇太子制》,鼎文书局1972年版。
② 脱脱等:《宋史》卷13《英宗本纪》,中华书局1977年版。
③ 王应麟:《玉海》卷129《官制·储官》,清光绪九年浙江书局本影印本。
④ 宋敏求:《宋大诏令集》卷199《政事五十二·禁约下》,鼎文书局1972年版。

并制定了宫室物玩制度，以绝奢侈之风。

其次，皇帝更注重以自己的言传身教来教育太子，以影响他们的处世观念。他们以身作则、身体力行，力争使自己的形象成为太子效法的榜样。太祖时，魏国长公主身穿贴绣铺翠襦进宫谒见太祖，太祖见她衣着奢华，狠狠批评了一顿，要求长公主自今以后不能再穿此衣，否则必然招来"宫闱戚里皆相效"①。太祖以事明理，处处以社稷安危相告诫，使其自敛。太宗在回忆往事时自称"朕即位以来，十三年矣。朕持俭素，外绝游观之乐，内却声色之娱"。并且效仿唐太宗，遇物即诲，要求太子每穿一件衣服就要想到蚕妇劳作的辛苦；每用一餐，就要想到农夫田作之艰，赖此永保富贵，以保终吉。同时，告诫太子开言纳谏，坚信"逆吾者是吾师，顺吾者是吾贼"的内涵②。元丰中，神宗特意召饶州神童朱天赐入内宫，背诵《七经》，以此勉励哲宗好好学习③。皇帝还间接地授意宫僚如何教育太子。淳化中，太宗对李至强调要注意太子的嗜好，引导太子有正确的嗜好，否则上行下效，滋生是非，并以符彦卿嗜好射猎驰逐为例，告诫李至教导太子"不使嗜欲形见于外，则奸佞无自入焉"④。在帝王的谆谆教导下，太子的确获益不少。仁宗在回忆真宗对他的教导时，特地作诗盛赞"先皇教善敞东闱，非德承宗赖庆晖……畴日学文亲政地，仰怀慈训倍依依"⑤。除了言传外，皇帝更注重以身示范的身教。彭龟年为宫官时，主张"陛下以身教，臣以言教者也"⑥。让太子长期在皇帝的影响下，耳闻目睹，自然而然地从效仿走向自我约束。唐太宗对西苑守监犯法问斩，太子李治急忙劝谏要求宽恕从轻发落。太宗当时高兴地对长孙无忌说："夫人久相与处，自然染习……皇

---

①　江少虞：《宋朝事实类苑》卷1《祖宗圣训·太祖皇帝》，魏咸信言条，上海古籍出版社1981年版。
②　徐松：《宋会要辑稿》帝系2之3，新文丰出版社1976年版。
③　李焘：《续资治通鉴长编》卷345，元丰七年四月丁丑，中华书局1995年版。
④　周必大：《文忠集》卷160《东宫故事五》，淳熙五年八月十八日。
⑤　江少虞：《宋朝事实类苑》卷4《祖宗圣训·仁宗皇帝》七月壬子条，上海古籍出版社1981年版。
⑥　楼钥：《攻媿集》卷96《宝谟阁待制致仕、特赠龙图阁学士忠肃彭公神道碑》，四部丛刊初编本。

太子幼在朕膝前,每见朕心悦谏,因染以成性,固有今日之谏耳。"①宋代皇帝明于此理,为了劝勉太子好学,他们身先示范,太宗自称性喜读书,开卷有益。高宗在阅政之暇日读《春秋》《史记》《尚书》,从早至晚一刻不停。对于皇子中违法乱纪之事,皇帝通常绳之以法,以血的教训告诫太子要遵守法律,维持纲纪五常,如有不逊,必加追究。元佐火烧王府事发后,太宗毫不留情地将他废除王爵,怒斥道:"汝富贵极矣,乃尔凶悖,国家典宪,我不敢私。父子之情,从此断矣。"②元佐之废,在很大程度上影响了此后历朝太子唯唯诺诺,恭恭谨谨,不敢越雷池一步。为了让太子懂得勤俭持国,皇帝本人也以勤俭为处世准则。仁宗病危时,两府大臣到寝殿问安,发现仁宗所用器服简陋,床上帐幕、被褥都已退色发暗,连盛药的盘子也只是瓷器。仁宗深以为任何器物都是"生民之膏血也",不可轻费③。为了让太子尊师敬友,皇帝在经筵上优礼大臣,不仅赐"御书"或"赐宴",而且每位讲读完毕,必令赐坐并赏汤茶润喉。范镇感慨这种礼遇"虽执政大臣亦莫得与也"④。

最后,为了让家庭教育更加理论化,皇帝还亲自著书立说,专门教育太子。唐太宗亲撰的《帝范》堪称帝王著书的典范。《帝范》连序共十三章,分为君体、建亲、求贤、审官、纳谏、去谗、诫盈、崇俭、赏罚、务农、阅武、崇文十二条,唐太宗以这十二条是帝王治国之纲,"安危兴废,咸在兹焉"⑤。宋代继承了这一传统,但由于年代久远,保存不善,资料少而不全。真宗在阅读《青宫要纪》时发现其中尚有许多地方不曾详备,于是博采群书,亲自撰成《承华要略》二十卷,每卷后加上评语,他认为太子是天下之本,必须习染帝王之道,然后谨习事奉父母、和睦宗亲、崇师求儒等基本要素。要求太子以明理为先,然后讲求德行、

---

① 周必大:《文忠集》卷157《东宫故事一》,淳熙三年二月六日。
② 徐松:《宋会要辑稿》帝系2之2,新文丰出版社1976年版。
③ 李焘:《续资治通鉴长编》卷198,嘉祐八年二月丙戌,中华书局1995年版。
④ 范镇:《东斋记事》卷1,崇政殿之西条。
⑤ 唐太宗:《帝范》卷4《崇文十二》,四库全书文渊阁本商务影印本。

仁义、勤志、恭谨、兢懥、正容、治身、聪智、清心、养性①。真宗又在历代经史基础上,采其精华著成《正说》五十篇,成为仁宗的东宫教材。天禧三年(1019年),真宗又著成《元良述》赐于太子,要太子以学为先,修身全德②。除了正规的著书外,真宗在听政之暇阅读大量书籍,每看一书便咏诗作赞。长期下来,积累了大量诗文,如《看尚书诗》三章、《看周礼》三章、《看毛诗》三章、《看礼记》三章、《看孝经》三章等③。此外,真宗还以诗歌叙事,启发义理,他将劝学、修身、怀俭约、慎所好、恤黎民、勿矜伐、守文七篇诗歌送给太子④。仁宗即位后,著成《危竿论》,采魏征居安思危之意,告诫太子要处处提防隐藏的危机,并书十三轴,分叙三十五事,以资教育⑤。

皇帝处心积虑地让太子在东宫教育和家庭教育的双重辅导下迅速成长起来,同时又要时常监督太子的学业。这种监督主要通过询问东宫官和亲自考查太子学业进行实施。太祖时,虽然未册立太子,但太祖对皇弟皇子教育十分关注,有时询问"秦王学业何如"⑥。真宗尹开封时,因宠纳蜀妇刘氏而损害了健康,太宗就疑惑不解地询问乳母,当得知原委后,太宗即令太子将刘氏逐出内宫,"太子不得已,置于殿侍张耆之家"⑦。理宗时,对太子教育监督严格,史称"理宗家教甚严"。他常常询问宫官太子近况,郑飞雄在答对时认为理宗经常性的训示是太子谨诵习的内在动力。理宗还当面要求太子复述当天讲课内容,如果太子对答如流,便赐坐赐茶;如太子未曾精晓,便亲自帮助太子分析,反覆讲解;如果太子还不明白,理宗就断定太子没有用心听讲,加以处罚,并令宫官明日重新讲解。

① 周必大:《文忠集》卷157《东宫故事一》,淳熙二年十二月十一日。
② 王应麟:《玉海》卷129《官制·储官》,清光绪九年浙江书局本影印本。
③ 吴处厚:《青箱杂记》卷3,中华书局1985年版。
④ 范祖禹:《帝学》卷4《仁宗上》,四库全书文渊阁本商务影印本。
⑤ 江少虞:《宋朝事实类苑》卷4《祖宗圣训·仁宗皇帝》,帝于迩英阁条,上海古籍出版社1981年版。
⑥ 陈模:《东宫备览》卷3《广海》,四库全书文渊阁本商务影印本。
⑦ 司马光:《涑水记闻》卷5,中华书局1997年版。

五、皇储的练政与登基

宋建国以后,对唐以来弊政进行了大刀阔斧的改革,某些方面甚至矫枉过正。在皇储制度方面,宋代更注重将东宫教育和家庭教育相结合,从理论上向太子输送明君治国思想,而在实际政务中操练极少,将太子职责只定位在"问安视膳而已"①。皇帝禁止太子蓄养士人、训练士兵,指出唐初亲王广置幕僚,以致"高祖若木偶之尸位于上,而无可奈何"②。的确有唐一代,尤其在唐初,太子权重盖主,另一方面皇帝也愿意放权让太子自立。唐太宗允许"皇太子出用库物,所司勿为限制"③。当礼部尚书王珪在奏疏中要求免除三品以上官僚途中下马回避亲王时,太宗怒气冲冲地说:"卿辈皆自崇贵,卑我儿子乎?"④这种现象直到肃宗朝后才有所改变。宋代一反唐制,帝子间猜忌严重,皇帝严密防范,太子则畏缩谨守规矩。宣和中,太子劝徽宗不要盲目崇尚道学,徽宗本有意放弃,但佞臣杨戬却诬告太子家令杨冯将策动太子图谋不轨,徽宗大怒,诛杀杨冯,太子劝言亦废⑤。建炎三年明受之变,太子旉才三岁,不谙事理,但事变平定几月后太子便暴死。正史以钟鼎落地巨声惊吓太子为借口,企图掩去真实情况,但此说显得虚诞,不经推敲。时人在野史中对太子旉之死深表同情,并谴责了当时位居勋臣的张浚、范宗尹没有尽力保全,说:"春宫未辨菽麦,而魏公在建业,乃受而殒之,过矣。唐睿宗尝帝数年,又为皇嗣者十余载;中宗复位,以亲王就列;德王裕为刘季述等迫立,昭宗反正复归东宫。"⑥但太子训练处理政事是不可或缺的,只是在权限上予以更大程度的限制。宋代太子训练

---

① 王十朋:《梅溪王先生文集·奏议》卷4《除太子詹事上殿札子》之一,四部丛刊初编本。
② 王夫之:《读通鉴论》卷20《唐高祖》十一,《建成·世民之废立》。
③ 《唐会要》卷4《储君》,上海古籍出版社1991年版。
④ 刘昫等:《旧唐书》卷71《魏征传》,中华书局1975年版。
⑤ 李幼武:《宋名臣言行录》续集卷3《程振》,四库全书文渊阁本商务影印本。
⑥ 《朝野遗记》,《说郛》卷49。

政务主要有三种方式：

　　其一、朝堂侍立听政。太子成年后，皇帝通常在上朝时让太子侍立一边观看皇帝本人处理政务，一方面是让朝廷大臣与皇太子相识，另一方面也让太子在观看中揣摩学习治国之道。神宗时，延安郡王年龄尚小，只是在仪式上未册立为太子，但神宗仍让他侍立听政。嘉定三年（1210年），宁宗诏令太子侍立朝堂，使“与闻国论，通练事几，以增茂储德”①。并且将临时侍立改为经常性侍立，一直沿用至理、度两朝。景定元年（1260年），理宗诏令太子：“参稽旧制，皇太子当俾习知政事，每遇听朝，可令侍立。”②通常情况下，太子只是侍立一边，并无发言权，但有时皇帝也会让太子决策，以考查太子对政务处理能力。孝宗时，前汉州知州贾伟任满回京述职，弹劾鄂州大将郭杲掊克军饷，但事后郭杲只承认军中非法榷酤一事，并揭发贾伟当初贩卖布匹三千被他拒绝而怀恨在心，要求和贾伟当廷辨明。孝宗就将此案交给太子审理，结果太子经过细致周查后处理得当，在向孝宗汇报处理结果时，他说：“将臣固不可以一言动摇，亦不可以言罪伟，罪伟则言路自此壅于上闻矣。”③

　　其二，担任京城尹。宋代太子主要的练政机会就是担任京城府尹。北宋以开封为都城，先后由太宗、秦王廷美、昭成太子元僖、真宗担任开封尹，府衙设在宣德门南街东面，故又称南衙④。皇帝又除拜朝廷大臣或东宫官为开封府判官、推官，一来辅导太子领政，二来又可以监督太子，防止太子胡作非为。宋代士大夫气节高尚，傲气而又恪守家法，如果太子有所不轨，别说太子即使皇帝他们也敢指责。王曾罢相时，章献太后以为王曾徘徊片刻是为了希望再度起用，言辞之间对王曾稍加讥讽，不料钱若水当廷驳斥章献：“王曾以道去国，未见有持禄意，陛下料人何薄耶？顾臣等弃此如土芥耳。”⑤当即撕破朝服，隐归嵩山。太宗

①　佚名：《续编两朝纲目备要》卷11《宁宗皇帝》，嘉定元年闰四月甲申条，中华书局1995年版。
②　佚名：《宋史全文续资治通鉴》卷36《理宗六》，文海出版社。
③　《杨万里集》卷112《东宫劝读杂录》，传世藏书·集库·别集六，1996年版。
④　徐松：《宋会要辑稿》职官37之4，新文丰出版社1976年版。
⑤　韩淲：《涧泉日记》卷上，上海古籍出版社1993年版。

出任京尹时,贾琰每每奉承附和,希合太宗旨意。府属窦称不堪同流合污,大声斥责说:"贾氏子巧言令色,岂不愧于心哉?"从而为太宗逐去邪恶之人①。真宗以太子尹开封,太宗特地挑选了耿直之士张去华、陈载,在赴职前于廷堂召见,嘱以辅成之意。淳化中,又任命杨微之、毕士安、乔维岳等入辅。太子在府,宫臣只须称臣,拜见亦不用三跪九叩,奏书除开封府上书由太子亲自书写外,其余皆由判官署名。对于案件审理,太子只须画诺以示批阅,此后又改诺为准②。因此,太子在担任府尹期间,实际上政务都有判官、推官摄理,太子只管签押而已。南宋以临安为"行在",庄文太子愭、光宗先后担任临安尹,但京尹的权力进一步削弱,可从下面几则史料中发现:

　　1. 治所若就临安府,即相去太远,今欲止就东宫,少尹等官属两日一次将职官赴东宫取禀。

　　2. 训谕风俗、观课农桑及应宽恤事件,并合禀自皇太子坐,奉令旨出榜施行,其余应干事务供应排办、收籴军粮、打造军器、刺填军兵,大者专委少尹同两判官,两日一次赴东宫取禀。

　　3. 通判、签判、职官职事,各以次分管,并禀少尹施行。

　　4. 本府文移朝省、台部,系少尹以下系衔具申。

　　5. 本府日生公事并系少尹受领,内命官犯罪及余人流以上罪具事因听裁酌,其徒罪具案判准枝罪,少尹一面裁决③。

　　以上史料显示,首先,太子失去了理政的治所,身为民事官而无官衙,其性质只是遥领而治,固有鞭长莫及之窘状,更逊于北宋。其次,太子被剥夺了一切重要民事权,包括田赋、征兵等,只能受理劝谕民风等琐事,成了宣扬皇恩浩荡的宣传人员。第三,太子无权除拜、管辖属官,

---

①　李焘:《续资治通鉴长编》卷21,太平兴国五年十一月癸亥,中华书局1995年版。
②　周必大:《文忠集》卷158《东宫故事二》,淳熙三年十二月二十四日。
③　徐松:《宋会要辑稿》职官37之6、7,新文丰出版社1976年版。

所有下属皆听命于被皇帝授与特权的少尹。第四,太子如有不当之处,便会被弹劾,其实质是处于下属的严密监督之中,无权过问上达的奏札、文书。第五,太子被剥夺了司法权,但最具讽刺意味的是拥有司法权者并非更高层机构,相反却是太子的下属。当一个既没有行政权,又无民事权、军权、司法权的太子尹京时,实质仍然是听政观政而已,只不过将地址从朝堂迁移到了都府。难怪乾道九年刚上任两年京尹的太子光宗就主动奏请辞去京尹一职,孝宗亦是顺水推舟,从此不再让太子尹京。

其三,太子监国。太子监国形式由来已久,自秦始皇统一中国后便应运而生,但当时只停留于留守形式,即太子不离开都城。北魏后才开始突破留守制,太子经常随军出征,形成抚军监国双重体制。唐代监国制度进一步完善,并趋于稳定。主要可以概括成三种,分别为皇帝交出全部权力,交出部分权力和特殊时期监国。其中前两种主要是训练太子处理政事能力,第三种是皇帝重病或暴死,太子来不及即位情况下的临时执政。两宋是高度集权社会,皇帝对政权、兵权视为身家性命,从不轻易授人,认为“兵权宜分不宜专,政权宜专不宜分,政权分则事无统,兵权专则事必变。”士大夫对太子监国也深有忌讳,以防不测,程颢对灵宝之变深为不满,认为安史之乱“非禄山叛,乃肃宗叛也。”黄庭坚在题写摩崖石刻时感叹道“抚军监国太子事,何乃趣取大物为”①? 可见宋代士大夫从心理上惧怕太子重权在手,僭越礼制。杨万里坚决反对太子监国,认为:民无二主,国无二君。“今陛下在上,而又置(太子)参决”,是国有二君也,“自古未有国贰而不危者”②。纵观宋代三百多年历史,太子监国共四次,分别在天禧和宣和、靖康、淳熙末年。天禧四年(1020年),真宗病情加剧,不能言语,寇准、杨亿等密议太子监国,但由于寇准酒后失言未能成功。此后,政事大都由皇后裁决,内侍周怀政图谋立太子废真宗,但事情又败露被诛杀。十一月,病入膏肓的真宗终

---

① 洪迈:《容斋五笔》卷2《诸公论唐肃宗》。
② 《杨万里集》卷62《上寿皇论东宫参决书》,传世藏书·集库·别集六,1996年版。

于下决心让太子监国,令太子在资善堂参决庶务,起初还欲令太子负责军队国防,但未被准许①。事实上,太子未真正挑起监国重任,政事多半由刘皇后裁决。宣和七年十二月,金兵大举攻打北宋,怕事的徽宗为逃避责任急令太子监国,并付以一切军政。靖康二年正月,钦宗去金营谈判,太子谌监国。淳熙十四年十月,高宗去世,孝宗为了尽孝,诏令太子"参决庶务",将内东门司改为议事堂,太子每两日一见宰执,并对太子权限作出了规定,允许太子参预差遣在内馆职,在外刺史以下官员,除各州知州(系侍从)和父臣监司、武臣钤辖外,其他官员皆在议事堂参辞、纳札子,其中"可行者,皇太子同宰执将上取旨",即须经孝宗同意后才可实行②。当陈亮请求孝宗委任太子为"抚军大将军"时,孝宗毫不犹豫地拒绝了③。可见,宋代四次太子监国都是属于特殊时期的监国,而且太子只能监国留守而无权出外抚军,即使授有军国重事,也只是名义上说说而已。太子也只能处理范围极小、品位极低的一小部分政事,并且时间极其短少,天禧、宣和、靖康中太子监国满打满算也只有两三个月,淳熙中虽然表面上时间相对长久,但事实上并未实行。所以,宋代太子监国无论从权力还是从时间上都是无法和唐代相比拟的,它只是为了皇权安全交接做出的临时决策。但从另一方面说来,太子毕竟获得了有生以来第一次名正言顺全权处理政务的机会,他们可以将东宫中所学的知识有的放矢施用在实际政务处理中,为登基治国进行最后一次相对有效的练政。

六、结　语

从皇子培养到东宫教育以及太子政事处理能力的训练,终于使皇位的继承人从理论上成长为一位合格的接班人,当老皇帝去世的时候,

---

① 吕祖谦:《类编皇朝大事记讲义》卷6《真宗皇帝·宰相、执政》。
② 佚名:《续编两朝纲目备要》卷1《光宗皇帝》,中华书局1995年版。
③ 刘时举:《续宋编年资治通鉴》卷10,淳熙十五年八月条,丛书集成初编本。

遗诏便会让太子登上皇位,进行又一轮的统治天下和培养太子。宋代在皇位继承上改变了历来父死子继的传统,从太祖到帝昺先后出现了四次内禅,即老皇帝未死便传位太子的情况,分别为徽宗、高宗、孝宗、光宗;此外兄终弟及的五次,为太宗、徽宗、高宗、帝㬎、帝昺;太子即位的八次;皇子即位的四次,为英宗、宁宗、理宗、端宗。皇权以和平、稳定的方式过渡交接,即使在明受之变、雪川之变的情形下,也没有引起全国性的政治危机和社会动荡,这种稳定的政治局面无疑为两宋经济的繁荣、文化的昌盛奠定了不可动摇的基石。

（本文与祝建平合作,刊载于《宋旭轩教授八十荣寿论文集》,论文集编委会编辑出版,2000 年。后以上、下两篇,刊载于《文史》2001 年第4 期和 2002 年第 1 期）

宋代官员礼品馈赠管理制度

在中国古代,馈赠又称馈遗、馈送、赠遗等,所赠礼品称为苞苴。在官场中,除合符规定的正常馈赠外,若带有贿赂性质的,则称赂遗。有关官员礼品馈赠的规定,汉、唐时就已出现。在此基础上,到宋代进一步趋于完善。

北宋建国伊始,统治者便注意制订管理官员礼品馈赠的有关条法。宋太祖建隆四年(963年),鉴于后周遗存下来的《大周刑统》条目浩繁,且有法意不明之处,遂命判大理寺窦仪会同权大理少卿苏晓主持修订。经过修订的这部法典称《重详定刑统》,又称《宋刑统》。在《宋刑统》中,就有针对官员礼品馈赠的四条规定,但这些规定基本上沿袭了《唐律疏议》的有关内容。此后,一直到南宋亡国,经历朝统治者根据新情况不断地进行增补、修改,逐渐形成了一整套较为系统和规范的管理制度。现将这一制度的基本情况论述如下。

一、公使供给例册与官员供给标准

宋代的例册种类很多,有断案的例册,行政处理公务事例的例册①,也有公使库的供给例册。如宋神宗熙宁八年(1075年),"命池州

---

① 断案的例册,见《续资治通鉴长编》(以下简称《长编》)卷151;行政方面的例册,见《长编》卷175。

司法参军孙谔编定《省府寺监公使例册条贯》",①即是。公使库的设置原是为了给来往的官员提供酒食和相应的资助,或者说是提供出差补贴②。王栐《燕翼诒谋录》记载:"祖宗旧制,州郡公使库钱酒专贻士大夫入京往来,与之官、罢任旅费。所馈之厚薄,随其官品之高下、妻孥之多寡。此损有余,补不足,周急不继富之意也。"③王明清《挥麈录》说,宋太祖时,"置公使库,使遇过客,必馆置供馈,欲使人无旅寓之叹"。"承平时,士大夫造朝,不赍粮,节用者犹有余以还家;归途礼数如前,但少损"。④这里所说的供馈,指供给和馈送两部分。供给是公使库给予的钱物,属官员的合法收入,后来逐步改为按月支付,支付的具体金额即由例册规定;馈送一般是指例册规定以外的礼金和礼物,属非法收入。凡按月领取"供给"的官员,称"有公使钱人"。仁宗时,陕西都转运使彭思永奏中:"据密院札子,贾渐起请,除旧例送酒食外,不得买置金帛,作土风赠遗。并省司参详,今后以公使钱置买珍异等物及现钱送与人者,并从违制定断;其收受人,坐赃论。其有公使钱人受还答之物入己,准盗论。"⑤即不准"有公使钱人"收受对方(指另一方官府)答谢的礼品。徽宗宣和七年(1125年),河北、河东、陕西路宣抚使童贯提议立出知州、监司等"每月所受公使库应干供给纽计钱数"的最高数额,以便"多寡得中,少抑扰民之弊"。其所定的供给数额是:监司、知州,每月200贯;总管、钤辖、通判,每月150贯⑥。高宗建炎三年(1129年),决定"裁减"供给。经过这次裁减的供给数额分别是:帅臣每月200贯;监司、知州军每月150贯;通判每月80贯;兵职官、监司属官每月30贯(京朝官40贯);判、司、簿、尉每月20贯;外县知县每月15贯;

①　《长编》卷267。
②　俞宗宪:《宋代公使钱研究》,载《宋史研究论文集》(1984年年会编刊),浙江人民出版社1987年版。
③　王栐:《燕翼诒谋录》卷3《公使库不得私用》。
④　王明清:《挥麈后录》卷1。
⑤　司马光:《温国文正司马公文集》卷21《论以公使酒食遗人刑名状》。
⑥　《宋会要辑稿·职官·俸禄五·杂录上》。

簿、尉、监当官每月 10 贯①。直到孝宗隆兴二年(1164 年)十二月,户部在一份奏状中说,"在法,公使库给供给"。自帅臣至监当官仍旧是上述数额,仅"外县知县"之后增加"县丞",同为"不得过一十五贯"②。

以上这些供给数额都编入公使库例册固定下来,作为一种制度执行,不准随意增添。同时,这些供给并未全部给现钱,而是有现钱,又有实物。如孝宗隆兴二年,有官员对朝廷刚颁布的一项"指挥"表示异议,其中有"切见已降指挥,诸州公库合支现任官供给,止许支酒,其违者,以违制论。臣谓自来州郡每月所支供给,有支现钱,有支本色,或作分数杂支,相承已久……"建议"且依旧例"云云③,说明例册供给既有现钱,也有公使酒。

宋宁宗时,《庆元条法事类》馈送类公用令规定:"诸公使,例册外听长官临时支用。非现任官,不得月给。非州,不得馈送过客。其正赐钱,不拘此令。"④对于公使钱(非正赐钱)在例册内和例册外的使用范围作了原则性的规定。至于正赐钱,"但不入己",可"从便使用"⑤。

二、有关各路监司和州级官员礼品馈赠的规定

按照宋代惯例,各路监司出巡,可以接受途经诸州供应的"例册"所规定的酒食。朱彧的《萍洲可谈》记载,滕宗闵知楚州时,有一位监司过境,楚州依例给他送酒食。不料在送酒食的单子上写有"臣名……"字样,于是监司奏告朝廷,朝廷设狱审理,原来是"书吏误用贺月旦表,无他意",但滕宗闵仍被罚"送吏部监当"⑥。不过,有关监司送

---

① 《宋会要辑稿·食货·公使酒》。
② 《宋会要辑稿·职官·俸禄》。
③ 《宋会要辑稿·食货·公使酒》。"已降指挥"指隆兴二年正月十四日的一份诏书,见《宋会要辑稿·刑法·禁约三》。
④ 《庆元条法事类》卷 9《职制门六》。
⑤ 范仲淹:《范文正公集》奏议卷下。
⑥ 《萍洲可谈》卷 3。

礼和受礼的规定，直到徽宗崇宁四年（1105 年）九月才见记载。是月，中书省上言："奉诏除依元丰旧制，设置监司外……严立出巡骚扰及受馈遗约束。"①估计这一"约束"早些时候已经制定，这时只是重申"严立"。次年春天，朝廷颁敕规定："诸与所部监司，若朝省所遣使命至本路，以香药馈送者，徒二年，折计价值，以自盗论。"②八月，又有诏书规定诸路监司属官"即有公事差委勾当者，径诣所差处。沿路不许见州县官，及受馈送。违者徒三年，仍不许赦降去官原减"③。亦即禁止监司属官出差时接受州县的馈赠。但是，这些约束并未达到预期的目的。如大观二年（1108 年）十二月，另一份诏书透露，"诸路监司贪饕无厌，冒法受馈，鲜廉寡耻"。当时有臣僚上言提出：今后监司及帅司"巡历所至，止许收例册内馈送。仍乞今后于旧例册外别作诸般名目收受，并同监主自盗法，立赏许人陈告，仍不以赦降去官原减。"同时，又要求"今后朝廷专差体量公事官，更不许收受逐处酒食、馈送，违者亦依此。伏乞立法施行。"于是朝廷下令，"宜修立法禁，遍行诸路，先后条具以闻"④。政和元年（1111 年），有诏书指出，虽崇宁五年春颁敕，禁止各地以香药馈送本路监司和朝省所派官吏，但一些"不顾廉耻之吏"采取对策，"巧作名目"，"将香药变为饮食之类，折等价钱"。为此，进一步规定："今后监司或朝廷所遣官至本路，虽非以香药馈送，并折计价值，而辄敢巧为别色名目收受者，并依上项崇宁五年敕条施行。"⑤政和六年十二月，刑部奏申："修立到诸监司……收受上、下马供馈者，各徒二年等条"，徽宗"从之"。将监司收取所属州、军的上马供馈和下马供馈者，处以两年徒刑等均正式立法⑥。

但宋徽宗朝是朝廷上下比较腐败的时期。宣和八年（1126 年），有官员上疏重新要求"今后诸路应差官吏，须择清廉介洁之人，除批券之

①③ 《宋会要辑稿·职官·监司提举郡守》。
②④⑤ 《宋会要辑稿·刑法·禁约》。
⑥ 《宋会要辑稿·刑法·禁约》；《宋会要辑稿·职官·监司提举郡守》。

外,其余馈送并不许接受,比以赃论"①。钦宗时,欧阳澈上书指出,监司每每出巡,实际是向州县勒索礼品。他说:"应监司受职之日愿陛下召而面遣,叮咛告戒……仍乞立法禁绝其出接州县,无以顷时受官吏裒聚金银出界迎接,先次交与,谓之'常例'。"②

南宋时期,朝廷不断重申禁止各路监司送遗的规定,要求严格遵守各项条法。如宋高宗绍兴三十一年(1161年)军器监主簿杨民望提出,监司存在三弊,其一为"公使互送,过于供给",请求"命监司、帅臣互察",朝廷"从之"③。孝宗淳熙三年(1176年),重申"禁监司交遗,及因行部,辄受诸郡折送,计所受悉以赃论"④。光宗绍熙二年(1191年),"又诏监司、郡守互送,以赃论"⑤。宁宗嘉泰三年(1203年),"上御笔严监司互送之禁"⑥。嘉定六年(1213年),再次"申严互送之禁"⑦。

宋宁宗时的《庆元条法事类》职制门馈送类对监司接受礼物和馈赠他人作出了详细的规定。其中"职制敕"规定了以下几方面:其一,监司"出巡,于所辖并干办处,越等及例外受供给、馈送者,以自盗论"。其二,监司(知州同)"非任满替移(在任二年以上非),虽有例册,辄馈送罢任之物及受之者,并坐赃论"。其三,监司(帅臣、知州同)子弟及随行亲属、门客,如在所部"干托骚扰,收取馈送",罚杖八十。其四,监司的属官"缘路见州县官,若受馈送者,各徒二年"。同书"厩库敕"规定:各监司(发运司同)"若朝省所遣官至本路","辄以香药馈送(非以香药,别为名目馈送者同),徒二年。折计价值,以自盗论"以上各条大多是北宋以来制定的,内容也基本相同,可以说《庆元条法事类》是这些条法的一个总结。

① 《宋会要辑稿·刑法·禁约》。
② 欧阳澈:《欧阳修撰集》卷2《上皇帝第二书》。
③ 《建炎以来系年要录》(以下简称《要录》)卷188。
④ 《皇宋中兴圣政》卷54《孝宗皇帝十四》。
⑤ 《续通典》卷107《刑一》。
⑥ 《建炎以来朝野杂记》乙集卷12《御笔严监司互送》。
⑦ 《宋史》卷39《宁宗三》。

　　就各州馈送上级官员和州级官员之间互赠礼品的规定而言,早在宋太祖乾德五年(967年),就"令诸州通判及钤辖、都监使臣,毋得受所在州官赐外添给钱物"①。仁宗天圣六年(1028年)四月,下诏温、鼎、广等州"岁贡柑,不得以贡余为名,饷遗近臣","犯者有罚"。原因是"承平时,温州、鼎州、广州皆贡柑子,尚方多不过千,少或数百",后来"州郡苞苴权要,负担者络绎。又以易腐多其数,以备拣择,重为人害"②。景祐三年(1036年),国子博士王正平上疏提出,各地州官"得替进发,逐处公文百姓,用金银花送路,贫者不免作债。乞今后止许用草花献送"。于是朝廷下诏:"外任官得替,毋得受民所献金银花。"③这里的金银花显然是用金、银制成的像生花,不然怎能一年四季都可"献送"州官,故朝廷下令只送真正的草花。庆历七年(1047年),御史何郯上言,谓"天下州郡每岁有例以贡奉所余果实等物送遗臣僚之处,旧虽著条约不许,缘诸处相承久例,未全止绝",要求仁宗"下有司,申明旧制,断自今后诸处更不得以贡余为名,将果实等物送遗臣僚",仁宗"从之"④。这里的"旧制"显然是指天圣六年四月的规定,所谓臣僚当然只是朝廷高官。嘉祐三年(1058年),包拯上疏建议禁止各州、军以公用钱物馈送,他说:"其互以公用酒食及匹帛之类往来相馈遗者,并望严赐止绝。如敢故犯,乞坐违制之罪。"⑤高宗绍兴二十六年(1156年),太学博士何俌上言:"近年监司、郡守盖有供给之外,递相送遗,公行博易……望下按察官司严行禁止,悉遵现行条法。"朝廷予以采纳⑥。自孝宗朝起,朝廷还不断下诏严禁州郡"循习旧弊,巧作名色馈送";或诏监司和知州"互送""以赃论"⑦。宁宗嘉定十六年(1223年)进一步采

---

①　《长编》卷8。
②　王栐:《燕翼诒谋录》卷5《禁以柑遗朝贵》;《长编》卷106。
③　《宋会要辑稿·刑法·禁约》;《长编》卷119。
④　《长编》卷161。
⑤　《包拯集》卷5《请罢天下公用回易等》;《长编》卷188。
⑥　《要录》卷174;《宋会要辑稿·刑法·禁约三》。
⑦　《皇宋中兴圣政》卷53《孝宗皇帝十三》;《续通典》卷107《刑一》。

纳臣僚的建议,重申"自今以往,一切互送,并行住罢"①。

宋宁宗时的《庆元条法事类》馈送类"厩库敕"规定:其一,各公使库"若例外巧作名目馈送,及受,并在任官月给有次而特送人,或以酒及应公使物馈送出本州界,各徒二年"。"以公使(正赐非)现钱、金帛、珍宝遗人,准盗论,减一等(例册内立定节仪非)。知而受之,并非果实、食物,更相遗送而入己,或知州、通判于月支供给外受时新、折送之类,坐赃论"。其二,各州"应供给、馈送监司(属官、吏人同),辄于例外增给,及创立则例者,以违制论"。规定各州馈赠监司的礼品应严格按照例册所定,不准例外增加和另创"则例"。其三,各沿边州和镇寨"于例外馈送,以违制论。受者准此。应干办官属,唯听受到发酒食,其余供馈(例册有者亦是)及一季内再至,虽酒食各不得受,违者杖一百。所送官司,罪亦如之"②。同样不准例外馈送和例外受礼。

三、有关帅臣、统兵官、内侍、走马承受等
官员礼品馈赠的规定

在帅司送礼和帅臣随从受礼方面,宋宁宗时,《庆元条法事类》馈送类"职制敕"规定:其一,"诸帅司(监司、守臣同)非法妄以犒设为名,辄馈送及受之者,并以坐赃论";其二,"诸帅臣……子弟及随行亲属、门客,于所部干托骚扰,收受馈送,……杖八十。知情容纵,与同罪;不知情,减三等"。同书"厩库敕"规定:各路帅臣如果"不因赏给将士,将犒赏钱物妄作名目馈送监司或属官机幕,及受之者,以坐赃论"。这就是说,不准帅司滥用职权,以"犒设"为名,乱送钱物;也不准帅臣将"犒赏"的钱物假借别种名义馈送监司等官;更不准帅臣的随从在当地收受礼物。

在统兵官受礼和送礼方面,宋真宗大中祥符二年(1009年)"群臣"

---

① 《宋会要辑稿·职官·戒饬官吏》。
② 《庆元条法事类》卷9《职制门六》。

奏报，军队中"诸军校御众……宽弛贪黩者，（至改迁日）乃共津送，馈遗钱物。军政如此，无所惩劝"。他们建议"自今厢主以下，至指挥使，员僚或转补出营者……乃禁止其馈遗"。于是真宗下诏殿前、侍卫、军头司及宣徽使"并依奏施行"①。即禁止统兵官调动工作时向其送钱送物。高宗绍兴二年（1132年），针对当时"官司差出干事及札探使臣，辄于诸军谒见兵官，收受馈送"的现象，命"除依条法断罪外，并许人告，赏钱五百贯。仰主兵官密具姓名申尚书省，仍于寨门首置立板榜晓示"②。限制一些使臣利用职权向统兵官索取礼物。孝宗乾道二年（1166年）下诏规定："诸路兵官，经由州军按教，辄以馈送私受钱物，并合坐赃论，仍令监司检察。"③宁宗时，《庆元条法事类》馈送类"职制敕"规定：其一，"兵官因按教而经由州军，辄以馈送准折钱物，并受之者"，"以坐赃论"；其二，"诸季点官，受所季点县、镇、寨官送馈者，徒二年。有公使而例外受者，准此"。同书"职制令"规定："诸押赐衣袄而辄受监当次序从义郎、亲民承节郎以下及将校、蕃官馈送者，所在具奏。"不准按教和季点、押赐军服的将官接受下属的馈赠。

　　在内侍官接受礼品馈送方面，鉴于自宋徽宗"崇宁以来，内侍用事，循习至今"的教训，高宗建炎三年（1129年）特下诏规定："自今内侍不许与主兵官交通、假贷、馈遗，及干预朝政，如违，并行军法。"④孝宗淳熙八年（1181年）正月，又重申了这一规定⑤。宁宗时，《庆元条法事类》馈送类"职制敕"规定："诸内侍官辄与现任主兵官交通、假贷、馈送者，流二千里；量轻重，取旨编置。其转归吏部内侍，辄往边守，及有上文违犯者，除名勒停。"严禁内侍官与统兵官相互馈送礼品，以防内侍官干预军政。

　　在走马承受的礼品馈赠方面，宋真宗大中祥符七年（1014年）"申

① 《长编》卷71、卷82。
② 《庆元条法事类》卷9《职制门六·馈送》。
③ 《宋会要辑稿·刑法·禁约三》。
④ 《要录》卷22。
⑤ 《皇宋中兴圣政》卷59《孝宗皇帝十九》。

禁诸路走马承受使臣纳诸路赠遗"①。仁宗景祐二年（1035 年），下诏命令各路走马承受"毋得受州郡馈遗，违者，以赃论"。不久，又下诏规定"若馈遗饮食者，听受之"②。言下之意，是不准收取现钱和其他实物，但允许接受所赠食物。

四、有关朝廷派出官员和涉外使臣礼品馈赠的规定

　　所谓朝廷派出官员主要是指奉朝廷之命出巡地方州郡的官员。宋徽宗政和元年（1111 年），有诏书指出："比年遣使，不计重轻，皆以'诏使'为名，凌胁州郡，甚非观风察俗之意。应文武臣僚奉使，只依所领职任称呼，其供馈依监司巡历。……如违，以违制论。"③也就是说，允许这些朝廷特使可以按照各路监司巡视本路的标准收受供给和馈送。但到了宁宗时，《庆元条法事类》馈送类"职制敕"又明确禁止这些朝廷特使接受供馈，其中规定："诸朝廷遣使出外，及专差体量公事官，所至辄受供给、馈送者，以自盗论。"同书"公用令"更为具体地规定："诸朝廷差出提、总之官（谓计置、划刷之类）"的供给和馈送，"视通判属官（谓干办公事、主管文字之类）"。其中，寄禄官为承务郎以上者，"视签判"；承直郎（升朝官最低阶）以下者，"视幕职官"；其余官员，"视监当"；指使，"视簿、尉"；吏人，"视本州吏人"。这里的"提、总之官"，虽官阶不算太高，但总是朝廷派出的专职官员，权力较大，所以对他们享有的供给和馈送作了大致的规定，以防止这些人随意敲诈和勒索地方。

　　与此类似的还有朝廷派出的涉外使臣收受外国礼品和回赠对方礼品的问题。宋真宗大中祥符二年（1009 年）稍前，契丹使臣萧知可等抵达白沟驿，将自己的坐骑赠送给宋朝的送伴使陈知微，又牵来另两匹马

---

① 《长编》卷 71、卷 82。
② 《长编》卷 116。
③ 《宋会要辑稿·刑法·禁约》。

让陈挑选,陈"固辞不受",以致宾主颇为不快。陈回朝复命,真宗认为这种"却之不恭"的行为十分不妥,为"务怀远俗",便于是年二月下诏:"自今契丹使有例外赠遗,接伴、馆伴使者再辞不已,则许纳之,官给器币为答。"①同年十二月,翰林学士晁迥为馆伴使,上疏说,契丹使馆伴使"有私觌马,马悉输官,而答礼皆己物",这无疑增加了馆伴使的经济负担。为此,真宗决定"自今馆伴使所得马,官给其值,副使半之"②。英宗病死后,王瓘等人为送伴北朝吊慰使,辽使"例外"送给王等人麝香,于是王等上疏提出:"今后馆伴接送,并入国使副,如北使例外送到微少麝香等,乞令逐番使副自备茶、果、纸、笔、香、药之类回答。"神宗"从之"③。宋朝官员不可以随便馈赠辽使物品,此处的茶、果、纸、笔等六类大概是法定的回赠物品名目。哲宗绍圣四年(1097年)有诏书规定:"入国、接送、馆伴使副,不得以无例之物送遗人使,仍立法。"④

南宋时,出现了新的情况,即宋朝接待金朝使臣的官员和随从,或者差往金朝的各种使臣,往往接受沿路州、军馈赠的礼物。为此,朝廷屡下诏禁止。如高宗绍兴十六年(1146年)四月十一日,诏书规定:"今后金国使人赴阙,所差指使、亲从、谭(译)语等人,除身份合得券食钱外,其沿路州军所送钱物,并不许收受。如违,以赃论。"同月十四日,接伴使副王循友等上疏说:"接伴使副沿路收受州郡馈送,及有数处犒设官吏等,欲乞今后不许收受。"高宗"从之"⑤。规定接待金朝使臣的接伴使以及随从的指使、亲从、译语等不准接受沿路州军馈赠的礼物,违者以贪赃罪论处。绍兴二十五年(1155年)十月八日,宋廷任命礼部侍郎王珉等为贺大金正旦使副,宗正丞郑楠等为贺生辰使副⑥。次日,殿中侍御史徐嘉建请:"欲自今后,差往金国贺正旦、生辰使副并三节人

---

① 《宋会要辑稿·职官·馆伴使》,另见《长编》卷71。
② 《长编》卷72。
③ 《宋会要辑稿·职官·祭奠使》。
④ 《宋会要辑稿·职官·国信使》;另见《宋史》卷18《哲宗二》。
⑤ 《宋会要辑稿·职官·国信使》。
⑥ 《要录》卷169。

等回,并不许收受供给、馈送钱物等。如辄受者,依'朝廷遣使出外辄受供给、馈送以自盗论'。供给者与同罪。"高宗予以采纳①。孝宗淳熙十六年(1189 年),再次下诏:"今来使人往来频仍,沿路州县不得馈送。如有违戾,并以赃论。"②

综上所述,从宋真宗朝起,在外事活动中,陆续规定了:(一)有关官员获赠的马匹,必须上缴,由朝廷给予相应的价钱;回赠辽国使臣的礼物,也由朝廷支付。(二)有关官员获赠的麝香,可以自备茶、果等礼物回赠。(三)有关官员不得随便以"无例之物"馈遗外国使臣。(四)有关官员不得沿路收受各州、军赠送的钱物,违反者以贪赃或自盗论处。

五、有关发运使、司法官及一般官员礼品馈赠的规定

宋代发运使馈送朝廷高官和属官、吏人受礼的现象屡见不鲜。如宋仁宗天圣七年(1029 年)淮南、江浙、荆湖制置发运使钟离瑾借上京"奏计"之机,"多载奇花怪石纳禁中,且赂权贵",遭到殿中侍御史鞠泳等人的弹劾。仁宗作为主要受益人,一方面"面谕瑾急还所部";另方面下诏命发运使以后"奏计京师,毋以土物馈要近官"③。神宗熙宁二年(1069 年)特赐淮南等路发运司每年一笔公用钱专款,共 300 贯,规定"只得管设支用,不得辄将馈送"④。宁宗时,《庆元条法事类》馈送类"职制敕"规定:发运司差官出外(属官同)在"干办处越等及例外受供给、馈送者,以自盗论";发运司(监司巡历同)"随行吏人,所在受例外供馈,以受所监临财物论"。

对于司法官员的受礼问题,《庆元条法事类》也制定了相应的条文。其中馈送类"断狱敕"规定:凡"被差鞫狱、录问、检法官吏(并谓罢

①② 《宋会要辑稿·职官·国信使》。
③ 《长编》卷 108。
④ 《宋会要辑稿·礼·赏赐》。

本职本役者），事未毕，与监司及置司所在官吏相见，或录问、检法与鞫狱官吏相见者，各杖八十。即受置司所在供馈，并与者，各加二等（所鞫事不相干者，事毕听受）"。为了确保司法官员不受干扰，公正地审理案件，不准他们在审理案件地点接受馈赠，如果违反，包括送礼者，都要罚杖100。

对于一般官员及其亲属的馈送和收礼，也有一系列的规定。宋徽宗宣和六年（1124年），中书省上言，根据官员的反映，以为"近岁士大夫奔竞成俗，馈献苞苴之风盛行于时，不可不禁"。徽宗乃"诏令立法"。中书省拟定"诸命官以金缯、珠玉、器用什物、果实、醯醢之类，送遗按察官及权贵，若受之者，并坐赃论"。徽宗"从之"。次年，又下诏："内外官以苞苴相赂遗，其赂遗并收受人，并以坐赃论。如有违犯，必行窜责。"①规定送礼者和受礼者都要按贪赃罪论处。宁宗时，《庆元条法事类》馈送类"职制敕"之一，照录上述宣和七年的诏书，仅删去"如有违法"以下三句，而又以小字注明"亲故相送馈者，非"。同书"公用令"规定，凡公使库供给，"命官权摄他官而两应供给，从一多"；"若兼局者，通本职路两处具差往他处权摄者，到、罢馈送共不得过所权月，给一月之数"。只允许"权摄他官"者享受一处公库供给，而临时"兼局"者，只允许享受任职时期的"到、罢馈送"。

六、有关官员礼品馈赠的其他规定

除上述针对不同官员的专门性规定外，在宋代官员礼品馈赠管理制度中，还有一些其他方面的规定。

关于现任官员生日受礼和送礼的规定。北宋时，每逢宰执生日，照例都由皇帝赐给羊、酒、米、面等礼物。《三槐王氏杂录》说："宋现任执政官生日，赐以酒饩。张文定（方平）以宣徽使在院，神宗特命赐之，非

---

① 《宋会要辑稿·刑法·禁约》。

例也。"徐度《却扫编》记载,"宰执生日礼物,旧多差亲属押赐"①。同时,朝廷也没有对官员生日受礼和送礼作出具体的规定。如太祖开宝年间(968—976年),一名绵州神泉县姓张的知县,刚到任,"外以廉洁自矜,内则贪黩自奉,其例甚多"。一天,在县衙门口张榜说:"某月某日是知县生日,告示门内与给事诸色人,不得有辄献送。"有一曹吏告诉县衙的其他吏人:"宰君明言生辰日,意令我辈知也。"大家点头称是。"至日,各持缣献之,曰'续寿衣'。宰无一所拒。"接着又告诉大家:"后月某日是县君(按即其妻)生日,更莫将来。"这名道貌岸然的知县,其实是"飞来疑似鹤,下处却寻鱼",十足的贪吏②。说明在号称严饬贪墨的宋太祖时期,对借生日之机迫使属下送礼的官员没有采取具体的约束措施。南宋高宗时,宰相秦桧权势薰赫,每逢他的生日,各地争相献上礼品。绍兴二十六年(1156年)九月,太学录万成象上言:"昨者大臣专国,权倾天下,乃于始生之日,受四方之献,宝货珍奇辐凑其门。"秦桧开此例,各级官员遂纷纷仿效。所以,万成象要求严行禁止。于是由刑部立法:"诸内外现任官,因生日辄受所属庆贺之礼,及与之者,各徒一年。所受赃重者,坐赃论。"同年闰十月,正式颁布此诏。由是开始明文禁止现任官员在生日时接受下属的礼品,也禁止人们送礼③。孝宗淳熙八年(1181年),又下诏命令"四川制置生日,庆贺之礼,如有循袭违戾,馈者、受者并置典宪"④。不准制置使在生日时收取礼品。宁宗时,《庆元条法事类》馈送类"职制敕"进一步规定:"诸内外现任官,因生日,辄受所属庆贺之礼(谓功德疏、放生之类),及与之者,各徒一年。诗、颂,减一等。所受赃重者,坐赃论。"在贺礼中,包括功德疏、放生、献诗、献颂等,都属禁止之列。

关于官员犯非法收取礼品和赠送礼品罪量刑的比附标准。《庆元

①　《永乐大典》卷13992《饩》;徐度:《却扫编》卷下。
②　李畋:《该(骇?)闻录》,《说郛》卷39;曾慥:《类说》卷19《该闻录·知县生日》。
③　《宋会要辑稿·刑法·禁约三》;《要录》卷175。
④　《宋会要辑稿·刑法·禁约》。

条法事类》迎送宴会和馈送类"旁照法",收入"盗贼敕"两条、"职制敕"一条。"盗贼敕"之一为:"诸窃盗得财,杖六十。四百文,杖七十;四百文加一等。二贯,徒一年;二贯加一等。过徒三年,三贯加一等。二十贯,配本州。"之二为:"诸监临主守自盗,及盗所监临财物,罪至流配本州(谓非除免者),三十五匹绞。""职制敕"一条是:"诸监临主司受(财)及乞取所监临赃百匹,命官奏裁,余配本城。"这些敕条其实都源自《宋刑统》,只是具体内容略有变化。如"盗贼敕"之二,系据《宋刑统》律文改写,原律文为:"诸监临主守自盗,及盗所监临财物者,加凡盗二等,三十匹绞。"①之二增加了"至流配本州",并改三十匹为三十五匹。"职制敕"也系据《宋刑统》所收后周显德五年(958 年)七月七日敕条:"起今后,受所监临赃及乞取赃过一百匹者,奏取敕裁。"②只是最后增加了"余配本州"的规定。

总之,有关各级各类官员礼品收受的一系列规定和条例的出现,表明宋代官员礼品馈赠的管理已经走向制度化。当然,其中经历了补充、修改和完善的过程,有时还不得不删繁就简,使之更切实用。如哲宗元祐元年(1086 年),判大名府韩绛提出:"公使供馈条禁太密,乞删去监司卖酒及三路馈遗条。"哲宗"从之,令刑部先次立法"③。监司卖酒和三路馈遗"条禁"究竟如何"太密",今天已难以弄清,但这至少说明有关馈遗条法在制度化的过程中,还做了条法的精选工作。不过,宋代官员礼品馈赠管理制度也存在着一些缺陷,如从总体上讲,立法不严,而执法更宽;对上宽而对下严,其大部分条法都是针对地方官员和中下层官员;没有规定允许官员受礼的最高限额;一般不对违法者实行经济制裁等等。因此,在徽宗朝和南宋时期,朝廷常常无法制止官员之间的违法送礼和受礼现象,许多官员也是有恃无恐,馈赠之风愈演愈烈。

(本文刊载于《学术月刊》2001 年第 2 期)

---

①② 《重详定刑统》(《宋刑统》)卷 19、11。
③ 《宋会要辑稿·食货·公使酒》;《长编》卷 373。

朱熹的服装观

　　中国传统服装发展到宋代，显示出许多新的时代特色，成为当时文化的一个组成部分。一代大儒朱熹在阐发自己学说的同时，也对当时人们的服装发表了独特的见解，并且对自古以来到宋代服装的变化及其特点进行概括和总结。但是，多年来中国学术界有一些学者认为由于程朱理学的影响，宋代的服装拘谨和保守，北宋的社会生活全面"复古"。笔者认为这不符合史实，宋代的服装既不拘谨和保守，北宋社会也根本不可能"全面复古"，朱熹更没有提出过服装要恢复古制的主张。

一、问题的提出

　　较早论述程朱理学与宋代服装关系的是周汛、高春明先生的著作《中国历代服饰》。他们在该书宋代部分以"程朱理学影响下服饰趋于拘谨和质朴"为标题，接着提出：

　　　　宋代衣冠服饰总的说来比较拘谨和保守，式样变化不多，色彩也不如以前那样鲜艳，给人以质朴、洁净和自然之感。这与当时经济、政治和思想文化的状况，尤其是程朱理学的影响，有密切的关系。

又进一步阐述：

> 奠基于程颢、程颐而由朱熹集其大成的理学，又叫道学，号称是继承孔孟道统的，它强调封建的伦理纲常，提出所谓"存天理"而"去人欲"。在宋代，理学逐步居于统治地位。在这种思想的支配下，人们的美学观点也相应变化。……在服饰上的反映更为明显，整个社会舆论主张服饰不应过分豪华，而应崇尚简朴，尤其是妇女服饰更不应奢华。

他们认为，一，宋代的服装比较拘谨和保守，式样变化不多，色彩不够鲜艳。二，宋代出现这种现象，是因为受到程朱理学的影响；程朱理学在宋代逐步居于统治地位。

数年后，赵联赏先生在《宋代儒礼思想与服饰制度》一文中，进一步将宋代的服装与理学联系起来。他说：

> 宋代的服饰制度，从整体上看是比较繁杂而保守的，似乎相当一部分服饰（官服）都外溢着一种古制的遗风，给人一种质朴、自然的复古感觉。宋代服饰这一风格的形成，与其统治者将儒学思想和宋代理学思想作为官民生活与行动准则的作法，有着密切的关联。

他还提出：

> 理学的兴起与繁荣既是北宋时期社会生活全面"复古"的必然结果，也为这种社会需求提供了新的理论依托。

宋代的服饰制度在按照古制礼仪之道厘定之后，又多次进行修订，以靠拢统治者界定的"天理"，从而使宋代的服饰制度形成了一个尽求

古制、追求等序、自上而下、由尊至卑、由贵至贱,等级划分十分严格的
制度体系,其繁杂程度超过了以往的任何朝代。

他认为,一,宋代的服装比较繁杂、比较保守,形成了尽求古制、追
求等序、自上而下,等级划分十分严格的制度。二,北宋的社会生活全
面复古。三,"理学的兴起与繁荣"为北宋社会生活的全面复古提供了
"理论依托"。

近来,姚伟钧先生在《中国文化对传统服饰的影响》一文中,基本
上转述周汛、高春明先生的观点。他这样写道:

> 儒家思想对服饰也有较大的影响,特别是宋代的程朱理学。
> 它强调封建的伦理纲常,提倡"存天理,去人欲"。在服饰制度上,
> 表现为十分重视恢复旧有的传统,推崇古代的礼服;在服饰色彩
> 上,强调本色;在服饰质地上,主张不应过分豪华,而应简朴。……
> 可见,在程朱理学影响下,宋人的服饰是十分拘谨和质朴的。

综上所述,可知以上数位学者认为宋代的服装"比较"拘谨、质朴、
保守,或者"十分"拘谨、质朴,有的还认为北宋的社会生活"全面复
古",而这一切都是因为理学影响的缘故。

二、宋代服装的新特点

据笔者所知,随着社会经济和科学技术的发展,宋代的社会生活比
前代更加丰富多彩。宋代的服装也并不拘谨和保守,而是异彩纷呈、绚
丽多姿。与前代相比,宋代的服装有如下一些新的特点:

首先,在宋代的现实生活中,民间往往突破朝廷规定的等级制度,
穿戴的衣冠上自皇帝、贵族、百官,下至士人、平民,没有绝对的严格差
别。比如隋、唐时期的幞头,发展到宋代,已成为男子的主要首服。人
们一般都戴幞头。只是皇帝和官员的幞头背后,装上两脚,用铁丝或琴

弦、竹篾等为骨,一般为直脚。从宋初开始,直脚逐渐加长至三尺左右。官员一般身穿"公服",这是一种圆领、大袖、下裾加一横襕的长袍。宋初规定三品以上公服用紫色,五品以上朱色,七品以上绿色,九品以上青色。宋神宗时,改为四品以上紫色,六品以上绯色,九品以上绿色。到南宋时,由幞头改用幅巾,甚至武将岳飞也以包裹幅巾为尚,冠帽之制渐衰。同时,百官的衣服由公服改为紫窄衫。紫窄衫原是军校的服装,官员为了应付"戎事",行动方便,都穿此服。赵彦卫说:"至渡江,方着紫衫,号为'穿衫尽巾',公卿皂隶,下至闾阎贱夫,皆一律矣。"宋高宗绍兴二十六年(1156年),朝廷下令禁止士大夫"以戎服临民",从此"紫衫渐废"。于是士大夫改服白色的凉衫,"以为便服矣"。到宋孝宗乾道初年(1165年),有官员上疏指出,凉衫"有似凶服",官员用以交际、居官、临民,"纯素可憎",请求加以禁止,规定除乘马道途许服外,不准服用。如穿便服,准用紫衫。"自后,凉衫只用为凶服矣"。

北宋和南宋时许多地方曾出现过服装上下混乱的情况。宋哲宗至徽宗时人张耒在《衣冠篇》中说,当时胥徒的冠服与知州、县令相差无几,公卿大夫与武官、技术官的衣冠没有太大区别。宋孝宗时人梁克家说,"福州地区三十年前自缙绅而下","衣服递有等级,不敢略相陵躐"。而后"渐失等威,近岁尤甚,农贩细民至用道服、褙子、紫衫者,其妇女至用褙子、霞帔"。朱熹也说过:"今衣服无章,上下混淆"。到南宋末年,临安府(今浙江杭州)民间"衣冠更易,有一等晚年后生,不体旧规,裹奇巾异服,三五为群,斗美夸丽"。年轻的"晚年后生"追求新异,自然喜爱新潮服装。这些情况显示,原来按照规定只能穿白色和皂色服装的庶人、公人、商贾等,常常违禁穿戴官员才有资格穿戴的衣冠,而许多年轻人更是不时推出新式服饰,所以朝廷越是不断下令禁止百姓"逾僭",越是证明这种"逾僭"的严重性和普遍性。

其次,崇尚素雅和大方、新颖。文化的发展使人们对衣冠色彩的爱好,从鲜艳和单纯改变为繁复而协调,对比色调日趋稳重和凝炼。宋代的服装,除官员的公服以外,民间一般服装更多地使用复杂而调和的色彩。当时出现了印花的丝织品,在木板上雕刻图案,然后印在丝织品上,称"缬帛"。又出现了加入金线编织的丝织品,称"销金"。织锦也进入了全盛时期。尽管官府三令五申,禁止民间雕刻和买卖缬板,禁止服用"皂斑缬衣",禁止民间男女穿戴销金衣帽,但并未奏效。宋徽宗时,孟元老《东京梦华录》记载,汴京大相国寺内,有尼姑公开出售"生色销金花样幞头帽子"。宋孝宗时,知台州唐仲友在州衙召集工匠"雕造花板,印染斑缬,凡数十片",运回老家彩帛铺使用。《梦粱录》里也描写了南宋后期临安府大街上有"销金裙"、"段(缎)小儿销金帽儿"、"挑金纱异巧香袋儿"等出售。

　　徽、钦时期,民间服装在色彩、款式、图案等方面出现了新的风格。宣和年间(1119—1125 年),士庶竞相以鹅黄色为腰腹围,称"腰上黄"。妇女的便服,不施衿(襟)纽(结带),紧身短小,称"不制衿"。开始从宫廷外传,迅速传遍全国,妇女"皆服之"。妇女的鞋底呈尖形,用双色合成,称"错到底"。宋钦宗靖康初年(1126 年),汴京妇女的首饰、衣服、丝帛等备有一年四季的节日礼物或花卉,称"一年景"。这些新式服装的竞相出现,表明当时民间已形成了一次突破服装旧格调、旧样式的新高潮。显然,这是当时社会经济发展的产物,是一种社会进步的现象。南宋时,有些文人视之为奇装异服,斥之为"服妖",与北宋的亡国联系起来,是没有道理的。

　　第三,吸取周邻少数民族的长处。宋代汉族人民充分吸收了周邻少数民族服饰的优点。宋仁宗、徽宗时,曾屡次下诏禁止士庶和妇女仿效契丹人的衣冠和装饰。如仁宗庆历八年(1048 年),禁止"士庶仿效胡人衣装,裹番样头巾,着青绿,及乘骑番鞍辔,妇人多以铜绿、兔褐之类为衣"。徽宗大观四年(1110 年),又下诏说:"京城内近日有衣装,杂以外裔形制之人,以戴毡笠子,着战袍,系番束带之类","宜严行禁止。"政和七年(1117 年)和宣和元年(1119 年),又两次下令禁止百姓穿戴契丹人服装,如毡笠、钓墪(即妇女的袜裤),违反者"以违御笔论"。这说明违禁者极多,已呈难以禁绝的趋势。据袁褧记载,徽宗崇宁间（1102—1106 年），汴京妇女们"作大餐方额"；政和（1111—1118年）、宣和（1119—1125 年）之际，"尚急扎垂肩"；宣和后，"多梳云尖巧额，鬓撑金凤"。还有"瘦金莲方"、"莹面丸"、"遍体香"，都是"自北传南者"。契丹服装的颜色，如"茶褐、墨绿诸品间色"，也在这时传入汴京，为汉族服色增添了新的色调。

必须指出，持宋代服装拘谨和保守论者，主要列举皇帝的冕服制度和进贤冠制，认为每次对冕服进行更改，都是以进一步恢复古制为原由。其实，所谓冕服只是皇帝在举行郊祀等重大典礼时穿戴的衮冕，百官的衮服也只是指朝服和祭服，进贤冠是朝服几种冠中的一种，平时很少穿戴。

三、朱熹主张服装要简便，反对复古

作为宋代理学的集大成者，在社会生活方面，朱熹是现实主义者，不是理想主义者。他对于当时的服装，并没有提出过恢复古代制度的主张。恰恰相反，他主张衣冠要"便身"和"简易"，否则自然而然会被淘汰。他在与学生们讨论丧服时说："某尝谓衣冠本以便身，古人亦未必一一有义，又是逐时增添，名物逾繁。若要可行，须是酌古之制，去其重复，使之简易，然后可。"认为衣冠首先要"便身"，如要推行一种新的衣冠制度，应以现行的衣冠为基础，参酌古代的制度，去掉重复，使其简易，然后可以通行。他还以"期丧"时期的帽子为例，指出持服时不妨暂且"依四脚帽子加绖（按："绖"即丧服上的麻布带子）"。这种帽子"本只是巾，前二脚缚于后，后二脚反前缚于上，今硬帽、幞头皆是。后来渐变重迟，不便于事。如初用冠带，一时似好。某必知其易废，今果如此。若一个紫衫、凉衫，便可怀袖间去见人，又费轻。如帽带、皂衫是多少费！穷秀才如何得许多钱？是应必废也。"提出衣冠要穿戴方便，而且费用还要便宜，否则只能流行一时，不久就会被人们丢弃。

朱熹在谈及宋代服装的渊源时，明确指出："今世之服，大抵皆胡服。如上领衫、靴鞋之类，先王冠服扫地尽矣。中国衣冠之乱，自晋五胡，后来遂相承袭。唐接隋，隋接周，周接元魏，大抵皆胡服。"如皂靴之类"乃上马鞋也，后世因袭，遂为朝服"。又指出宋代皇帝和官员的公服始于隋代："隋炀帝游幸，令群臣皆以戎服，五品以上服紫，七品以上服绯，九品以上服绿。只从此起，遂为不易之制"。这种"戎服"到了唐代就成为"便服"，又称"省服"；再到宋代，便改称"公服"。唐初的"便服"原来衣袖很窄，"全是胡服"，"中年渐宽，末年又宽"。他还指出，宋代吏人所戴的冠，就是唐代官员朝服中的"幞头，圆顶软脚"。士人所穿的服装，在宋徽宗宣和末年（1125年），京师的士人"行道间，犹着衫、帽"。"至渡江，戎马中，乃变为白凉衫。绍兴二十年间，士人犹是白凉衫。至后来军兴，又变为紫衫，皆戎服也"。至于古人的衣冠，"大率如今之道士，道士以冠为礼，不戴巾"。他从中国传统服装演变的历史总结经验说："而今衣服未得复古，且要辨得华夷。"显然，朱熹较为透彻地了解汉族的服装是不断变化的，所以他反对衣冠恢复古制，同时主张区分华夷（按："夷"指周邻少数民族），还有是要节省费用，穿着方便。

朱熹针对当时"衣服无章，上下混淆"的现状，提出现在即使不能"大定经制"，也应暂且"随时略加整顿"，这总比"不为"即无所作为要好。他的整顿设想有："小衫令各从公衫之色，服紫者小衫亦紫，服绯、绿者小衫亦绯、绿，服白则小衫亦白；胥吏则皆乌衣。余皆仿此，庶有辨别也。"主张将小衫的颜色改成与公服一致，以便各级官员和胥吏等易于识别。

除此以外，朱熹并没有主张对当时的社会生活全面实行古制，也就是全面"复古"。他曾经反复对自己的学生指出："礼乐废坏二千余年，若以大数观之，亦未为远，然已都无稽考处。""古礼如此零碎繁冗，今岂可行！亦且得随时裁损尔。"又说："居今而欲行古礼，亦恐情文不相称，不若只就今人所行礼中删修，令有节文、制数等威足矣。古乐亦难遽复……"认为古礼过于琐细繁冗，不过具文，即使在当时也"未必尽用"。到二千多年以后的宋代，自然更难实行。所以，他认为，只能以宋代当时人们所通行的礼制为基础加以删修，使之适合"今人"的需要。由此证明，朱熹并没有提出过在当时的社会生活中全面恢复古代的礼制。

四、不可过高估计程朱理学对宋代社会生活的影响

以上有的学者强调理学思想的"兴起和繁荣"（按："繁荣"一词似应改为"广泛传播"更为确切）导致了宋代社会生活的全面"复古"。笔者以为，此处宋代理学仅指程朱理学，程朱理学对宋代社会生活的影响并不像这几位学者想象中的那么严重。首先，程颢、程颐的理学上距北宋开国百余年后，晚至宋神宗、哲宗元祐年间（1086—1094 年）在社会上一度传播，但影响较小。到哲宗绍圣间（1094—1098 年），尤其是在徽宗时，程颐备受迫害，名列"元祐党籍"，一度被官府"收押，转送涪州（按：治今重庆涪陵）编管"。程颐家中的田产被官府籍没，到哲宗元符三年（1100 年），程颐已是"既老且病贫窭特甚，几无以为生"。朝廷还下令严禁其"聚徒传授"，各级学校也不准教授"元祐学术政事"。在宋神宗朝（1068—1085 年）和宋哲宗绍圣、元符（1098—1100 年）间以及宋徽宗朝（1101—1125 年），是王安石"新学"盛行的时期，在各级各类学校中，"非（王安石）《三经义》、《字说》，不登几案"。罗从彦也说过："当是时也，（王）安石方名重，自谓一世宗师，天下之人谁不愿从！故唱者雷震，应者风靡，遗风余泽沦入肌肤不可去，民无有被其泽者。"这说明二程的理学在北宋并没有占据统治地位，它怎么可能在仅仅"地下"传播的情况下，导致北宋社会全面复古呢？

其次，在南宋时期，朱熹的理学只在后期五十来年内真正被定于一尊，在学术思想、社会生活中产生影响。在南宋前期即宋高宗朝，赵鼎在绍兴四年至八年（1134—1138 年）任相期间曾经推崇程颐的理学，科举考试"有立说稍异者，皆不在选"。秦桧在绍兴元年至二年（1131—

1132 年）和绍兴八年至二十五年（1155 年）两次任相期间,则"阴佑王安石而取其说,稍涉程学者,一切摈弃"。朱熹的一生共 71 年,在地方或入朝真正担任差遣（实际官职）的时间并不多,充其量共九年,实际不过七年稍多,立朝仅四十天。其余近四十年时间,他大部分担任监司或主管、提举宫观一类的闲职,只领不多的俸禄;另一部分时间待缺。此外,他还辞去了许多官职。这样,他就保证自己有足够的时间去潜心学问。但是,在他治学和从政的半个世纪中,绝非一帆风顺,而是历尽坎坷。宋孝宗时,他受到过政治上的两次打击。宋宁宗时,再次受到了政治上的严重打击,前后持续了五年多时间。庆元六年（1200 年）,抑郁而终。直到嘉定元年（1208 年）,宋宁宗下诏为他平反昭雪,次年又在赐谥曰"文"的公文中肯定朱熹在思想学术上的贡献。但真正充分重视程朱理学,并使之取得思想学术方面的统治地位,则要迟至南宋后期的宋理宗朝（1225—1264 年）。所以,程朱理学真正在思想学术领域和社会生活发挥作用,是在南宋后期的五十来年内。由此笔者以为,过高估计程朱理学对宋代社会生活的影响是不符合史实的。

（本文刊载于朱杰人主编:《迈入 21 世纪的朱子学——纪念朱熹诞辰 870 周年、逝世 800 周年论文集》,华东师大出版社 2001 年版）

宋仁宗朝"奏邸狱"考述

　　北宋仁宗庆历四年（1044 年），汴京发生了一件震动中外的"奏邸狱"事件，这一事件涉及当时的一批"贤俊"、名士，尤其是当朝宰相杜衍之婿、文学家苏舜钦因此被削职为民。

　　从事件发生起，直到九百多年后的今天，人们仍在为该案的主角苏舜钦耿耿于怀，为他鸣冤叫屈。其中主要是中国文学史界的专家学者，他们认为"奏邸狱"是一件冤案，苏舜钦遭到了保守派的"诬奏"或"诬陷"，获罪除名①。至此，人们毕竟要问，"奏邸狱"是一件冤案吗？宋代官员公费用餐制度是怎样规定的？苏舜钦在这个案件中为何受到最严厉的惩处？等等。这些都是本文试图尽力详细回答的问题。

一、"奏邸狱"的时代背景

　　"奏邸狱"发生在宋仁宗庆历四年十月到十一月间。早在一年多前，即庆历三年八月，范仲淹升任参知政事，富弼升任枢密副使。九月，范仲淹根据宋仁宗的要求，草拟了十项革新纲领，这就是著名的《答手诏条陈十事》，从而揭开了"庆历新政"的序幕。这时，韩琦已经入朝担任枢密副使，杜衍担任枢密使，欧阳修和王素、蔡襄三人皆知谏院。庆

---

① （宋）龚明之：《中吴纪闻》卷 1《苏子美》，上海古籍出版社 1986 年版。傅平骧、胡问陶校注：《苏舜钦集编年校注》，"前言"第 2 页，附录二《苏舜钦年谱》第 733 页，巴蜀书社 1991 年版。

历四年九月,杜衍晋升同平章事兼枢密使后,与章得象同任宰相①。与此同时,一批在社会上颇有影响的青年饱学之士,如苏舜钦、王益柔、江休复、刁约、宋敏求等纷纷被杜衍、范仲淹等推荐至馆阁担任集贤校理或馆阁校勘。在这种形势下,"新政"的各项措施除"修武备"没有付诸实施外,都陆续一一实行了。

但是,"新政"的各项措施,如"抑侥幸"、"明黜陟"等侵犯了中高级官员和宗室的利益,于是他们的代言人、宰相贾昌朝、御史中丞王拱辰等纷纷发难,加以反对。"奏邸狱"正是贾昌朝、王拱丞等利用苏舜钦等人不够点检而向范仲淹等新法派发难的行动之一。

二、"奏邸狱"的经过

"奏邸狱"的经过并不复杂。北宋时,汴京各官署每逢春、秋两季,在本署进行祀神活动。魏泰《东轩笔录》卷4(中华书局1983年版)记载:"京师百司库务,每年春、秋赛神,……以具酒膳,至时,吏史列坐,合乐终日。"祀神的那天,聚集全署的官员和吏胥,进行聚餐。这种活动实际就是各署独自举行的官吏全体出席的联欢会。

北宋时,"奏邸"全称都进奏院,是朝廷中央设置的专门负责传递公文的官署。《两朝国史志》记载,它负责承转诏敕和各司符牒给各州府军监;同时,承接各地的奏章等公文"以奏御,分授诸司"。设监官二人,委任京朝官和三班使臣充当②。庆历四年九月至十月,都进奏院的监官为右班殿直(小使臣的官阶之一)刘巽和大理评事(京官的官阶之一)、集贤校理苏舜钦二人③。这完全符合当时的规定。

刘巽和苏舜钦筹划的这次秋季祀神活动是在庆历四年十月初举行的。在"奏邸狱"宣判后不久,苏舜钦写给欧阳修一封信,信中叙述那

---

① 《宋史》卷211《宰辅表二》,中华书局1985年版。
② 《宋会要辑稿》职官2之44《进奏院》,中华书局1957年影印本。另见《宋史》卷161《职官一》。
③ 《续资治通鉴长编》(以下简称《长编》,中华书局标点本)卷153,庆历四年十一月甲子。

次祀神活动经过说："九月末间,尝与子渐（按即尹源）、胜之（按即王益柔）邸中小饮,之翰（按即孙甫）、君谟（按即蔡襄）见过。胜之言论之间,时有高处,二谏（按即孙甫和蔡襄）因与之辨析,本皆戏谑,又无过言。不一二日,朝中喧然以谓谤及时政。吁,可骇也！故台中奏疏,天子辨其诬,不下其削。"①这里的"邸中小饮",从苏舜钦此信前后的叙述中,可知仅是都进奏院秋季祀神活动前的一次小型宴会,时间在九月末。王益柔在这次宴会上发表了他的高论,并与右正言、知谏院孙甫（时兼任秘阁校理）和秘书丞、知谏院蔡襄（时兼馆阁校勘）进行争辩。这次宴会上王益柔的言论很快传到朝廷,被认为诽谤朝政,于是御史台向宋仁宗递呈奏章加以弹劾,幸而宋仁宗不予理睬。接着,都进奏院进行了一年一度的秋季祀神,时间约在当年十月初。祀神活动的高潮是举行宴会,参加者有都进奏院的全部官员和吏胥以及馆阁的官员、专职演艺人员、女伎等。据魏泰记载,"（苏）舜钦欲因其举乐,而召馆阁同舍","酒酣,命去优伶,却吏史,而更召两军女伎"②。显然,宴会分为两步,最初是本院全部官吏和"馆阁同舍"以及邀请的演艺人员,然后是剩下苏舜钦、刘巽和"馆阁同舍"以及另外邀请的"两军女伎"。所谓两军女伎,就是开封府左、右军巡院所属的女演艺人员。

祀神活动结束后,"馆阁同舍"的高谈阔论迅速流传到外,反映最强烈的部门仍旧是御史台。据苏舜钦自述,御史台因为首次弹奏王益柔等人不被宋仁宗采纳,"台中郁然不快,无所泄愤,因本院神会,又意君谟预焉。于是再削,其削亦留中不出。诸台益忿,重以秽渎之语上闻,列章墙进,取必于君"③。经过御史台的两次劾奏,宋仁宗终于批准立案,"事下开封府治"④即由开封府审理。

一个多月后,即到十一月甲子（初七日）,显然得到宋仁宗的批准,

---

① 费衮：《梁溪漫志》卷8《苏子美与欧阳公书》,上海古籍出版社1985年版。
② 《东轩笔录》卷4。
③ 《梁溪漫志》卷8《苏子美与欧阳公书》。
④ 《长编》卷153,庆历四年十一月甲子。

朝廷公布审讯结果,监进奏院刘巽和苏舜钦等十二人受到除名勒停或贬官的处分①。

三、关于"告发"者李定和弹劾者

"奏邸狱"涉及许多官员,其中有"告发者"李定、负责弹劾的御史台官员等,宋代就有一些不同的记载,或者过于简略。

首先,关于"告发者"李定。魏泰《东轩笔录》卷 4 记载:"先是,洪州人,太子中舍李定愿预醵厕会,而(苏)舜钦不纳。定衔之,遂腾谤于都下。……坐客皆斥逐,梅尧臣亦被逐者也。尧臣作《客至》诗曰:'客有十人至,共食一鼎珍。一客不得食,覆鼎伤众客。'盖为定发也。"南宋史家李焘在《续资治通鉴长编》卷 153 记载"奏邸狱"时认为魏泰所说不甚可靠,理由是:"按(苏)舜钦等坐责,乃御史劾奏,又当时但借此以倾(宰相)杜衍尔,李定无与,今不取。"把李定排除在"奏邸狱"以外,即李定没有告发过苏舜钦等人。不过,也有一些南宋的学者持与李焘相反的观点,如王明清说:"李定,字仲求,洪州人,晏元献公(按即晏殊)之甥,文亦奇,欲预赛神会,而苏子美(按即苏舜钦)以其任子距之,致兴大狱,梅圣俞(按即梅尧臣)谓'一客不得食,覆鼎伤众宾'者也。"王明清还指出当时有三名"李定","世亦多指而为一",实际是不同时间的三人,所以"不可不辩"②。认为洪州人李定是"奏邸狱"的掀风作浪者。李定之父是李虚己,晚年曾知洪州,喜诗,数与其婿晏殊唱和。《宋史》记载,李定"为司农少卿,为吏颇有能名"③。又如洪迈说,在宋神宗元丰"官制未改之前,(选人)初升朝官,有出身人为太子中允,无出身人为太子中舍,皆今通直郎也。近时士大夫或不能晓,乃称中书舍人曰'中舍',殊可笑云。苏子美在进奏院,会馆职,有'中舍'者,欲预

①　《长编》卷 153。
②　王明清:《挥麈前录》卷 4,中华书局 1961 年版。
③　《宋史》卷 300《李虚己传》。

席。子美曰：'乐中既无筝、琶、筚、笛，坐上安有国、舍、虞、比？'因谓国子博士，舍谓中舍，虞谓虞部，比谓比部员外、郎中，皆任子官也。"①李定靠其父的恩荫得官，此时的官阶是太子中舍。苏舜钦等以与"任子官"伍为耻，所以拒绝他参加祀神聚会。

南宋时，还有一位学者陈鹄记载李定向御史中丞王拱辰等告发苏舜钦等人的经过情况如下："自苏子美监奏邸，旧例鬻故官纸以赛神，因而宴客。时馆阁诸名公毕集，独李定不预，遂捃摭其事，言于中丞王拱辰、御史刘元瑜，迎合时宰之意，兴奏邸之狱，一时英俊斥逐殆尽，有'一网打尽'之语。故梅圣俞有诗云：'一客不得食，覆鼎伤众宾'，盖指李定也。"②显示确是李定因为不能参加进奏院宴会而直接向王拱辰等告发。

此外，所谓梅圣俞诗"一客不得食，覆鼎伤众宾"正是其《杂兴》中的两句。该诗载于《宛陵文集》卷11，全文为："主人有十客，共食一鼎食。一客不得食，覆鼎伤众宾。虽云九客沮，未足一客嗔。古有弑君者，羊羹为不均。莫以天下士，而比首阳人。"③近人朱东润先生《梅尧臣集编年校注》将此诗系于庆历四年④。

以上说明，洪州人李定作为靠恩荫得官的官员子弟，被通过贡举登第授官的苏舜钦等青年馆阁官员们轻视，拒绝他参加宴聚，因而恼羞成怒，将这次聚会活动的消息在社会上广为散播。但是，他既然被苏舜钦等人拒之门外，他怎么可能掌握这次聚会的详情而向王拱辰等人告发呢？显然其间存在很大的疑问。所以，笔者认为，洪州人李定只是因为被苏舜钦等拒绝赴会，所以在社会上广为散播。正如魏泰所载，李"定衔之，遂腾谤于都下"。由此推断，李焘认为李定与"奏邸狱"毫无干系，或者陈鹄认为李定是该狱的告发者，都不符合事实。

---

① 洪迈：《容斋三笔》卷16《中舍》，上海古籍出版社1995年版。
② 陈鹄：《耆旧续闻》卷5，知不足斋丛书本。
③ 梅尧臣：《宛陵文集》卷11。
④ 朱东润：《梅尧臣集编年校注》卷14，上海古籍出版社1980年版。

其次,关于负责弹劾的御史台官员。李焘在编写《续资治通鉴长编》时,提出御史中丞王"拱辰廉得之,讽其属鱼周询、刘元瑜等劾奏,因欲动摇(宰相杜)衍"。但在注文中,李焘又提出"据正史《苏舜钦传》,御史不载刘元瑜姓名,《(刘)元瑜传》亦不云尝奏舜钦,独魏泰《杂记》载'一网打尽'乃元瑜语,今并出其姓名于鱼周询下。然周询七月为知杂,九月为吏外,十月为省副,不属御史台矣。当考。"言下之意,一、王拱辰身为御史中丞是"奏邸狱"的始作俑者,难辞其咎。二、刘元瑜不大可能参与这次弹劾,因为只有魏泰的笔记提及他的姓名。三、另一位御史鱼周询不可能是弹劾者之一。笔者认为,在这次负责弹劾的台官中,王拱辰自然是牵头者,无容置疑。刘元瑜这段时间担任监察御史,他不会不参与此次弹劾,所以魏泰载《东轩笔录》中两次提到"御史刘元瑜有所希合,弹奏其事"或"刘侍制(按应为"待制")元瑜既弹苏舜钦……"反而不提王拱辰。同时,就在宋仁宗发布惩处苏舜钦等诏书的四十一天后,即同年十二月乙巳(十八日),监察御史刘元瑜又"劾奏"大理寺丞、集贤校理陆经。陆虽然在"奏邸狱"中免于惩罚,但这次因为"前与进奏院祠神会",加上"数与僚友燕聚,语言多轻肆"等数罪并罚,"责授袁州别驾"①。次年二月,监察御史刘元瑜又一次上言,指责"庆历新政"中京朝官考课保任新法反而坐长了官员的"奔竞","非所以养士廉耻",建议"酌祖宗旧规,别定可行之制",于是宋仁宗下诏停止执行京朝官"因人保任,始得叙迁"的新制。李焘在编写《长编》此条时,实际上提出刘元瑜是趋炎附势之人,在康定初年(1040年)曾经替新近回朝复任天章阁待制的范仲淹上疏宋仁宗,建议重用范,"宜在左右"。又为尹洙和余靖、欧阳修三人"坐朋党斥逐"抱不平,认为是"小人恶直丑正"的结果。到庆历四年,"新政"遭到挫折,范仲淹"迹危",刘元瑜立"即希章得象、陈执中意,起奏邸狱,劾窜陆经"。在庆历五年正月范仲淹"既黜"即罢参知政事出朝后,刘元瑜又立即"急奏"范

----

① 《长编》卷153。

仲淹所建"磨勘保任之法"而"罢之"。李焘最后认为刘元瑜的"奸邪"，目的是"希合求进"①。由此说明，监察御史刘元瑜确曾参与对苏舜钦等人的弹劾。

　　至于鱼周询，李焘肯定他没有参预这次弹劾活动。李焘的理由是鱼周询在庆历四年九月任吏部员外郎，十月为"省副"即三司副使，已经离开了御史台。但笔者发现，李焘的依据也不够充分。据《宋会要·职官》记载，鱼周询早在庆历四年五月九日已经担任三司副使即"省副"，受命赴陕西相度修筑水洛、结公二城利害②。次年正月一日，鱼周询任河北路都转运使③。可见鱼周询这段时间不在御史台任职，而且根本不在汴京。

　　除王拱辰和刘元瑜以外，当时御史台参预"奏邸狱"的御史还有赵祐。据苏舜钦在《与欧阳公书》中写道，九月末间，苏与尹源、王益柔在都进奏院"小饮"，谏官孙甫和蔡襄恰巧经过，与王益柔进行争论。御史台立即有人向宋仁宗"奏疏"，指责王益柔等"谤及时政"。御史台此人是谁呢？苏舜钦在此书中"台中奏疏"四字下注明"赵祐怒二谏尝论其不才故也"。赵祐，字寿臣，宋仁宗朝由御史中丞贾昌朝推荐为监察御史。庆万四年九月至十一月间，赵祐任殿中侍御史，肯定参预了对苏舜钦等人的几次弹劾④。苏舜钦在《与欧阳公书》中还提出，在宋仁宗对赵祐的弹劾奏疏不予理睬之后，御史们又"因本院神会"，以为蔡襄也参预其中(苏舜钦注明当时蔡襄"赴会诸君同出馆过邸门"，实际并未预会)，"御史再削，其削亦留中不出"。"诸台益忿，重以秽渎之语上闻，列章墙进，取必于君。"苏舜钦在《上集贤文相(彦博)书》中说，"御史府""煽造诡说，上惑天听，全台墙进，取必于君"⑤。显示这是御史们第三次上章弹劾苏舜钦等人。所以，参预第三次弹劾的御史们必定有

① 《长编》卷154，庆历四年十二月辛卯。
② 《宋会要》职官64之45—46。另见司马光：《涑水记闻》卷10、卷12，中华书局1997年版。
③ 《涑水记闻》卷3。
④ 晁补之：《鸡肋集》卷68《殿中侍御史赵君墓志铭》，四部丛刊初编本。
⑤ 《苏舜钦集》卷9，上海古籍出版社1981年版。

王拱辰、刘元瑜、赵祐三人。但晁补之根据赵祐遗属所提供的资料为赵祐写墓志时,却把赵祐说成是苏舜钦的好友:"武功苏子美,以诗豪,少所许可,与唱和盈笥。"根本不谈赵祐在任御史时曾经弹劾苏舜钦的事实①。

四、关于执行拘禁和审讯者

以御史中丞为首的御史们连续三次弹劾,终于促使宋仁宗决定设"狱"即立案查办苏舜钦等人。此狱由开封府负责拘押和审讯有关人员。李焘《续资治通鉴长编》卷 153 记载"事下开封府治"即是。魏泰《东轩笔录》卷 4 记载由开封府辖下的"右军"即右军巡院"穷治"。左、右军巡院本是京城审理刑事案件的司法机构,各设使一人、判官二人。军巡院有权申报开封府勾追有关证人②。苏舜钦在《与欧阳公书》中提出,"既而起狱,震动都邑,又使刻薄之吏当之(陶翼本宪长所举,中人追押席客,皆翼之请也),希望沽激,深致其文,枷掠妓人,无所不至"。韩琦也曾告诉宋仁宗:"昨闻宦者操文符捕馆职甚急,众听纷骇。"说明由陶翼点名勾追都进奏院祠神秋会的参加者,然后由宦官拿着"文符"出面追捕。不仅如此,宦官们还逮捕了预会助兴和献艺的女伎,不惜动用肉刑,逼迫她们交待祠神秋会的情况。

五、被惩处的官员

在"奏邸狱"定案后,据《续资治通鉴长编》卷 153 记载,被朝廷惩治的官员共十二名,他们的姓名和原有的差遣、官、职以及受罚情况如下表:

---

① 《鸡肋集》卷 68《殿中侍御史赵君墓志铭》。
② 王云海主编:《宋代司法制度》,河南大学出版社 1992 年版,第 37—38 页。

官员姓名	原有差遣、官、职	受罚情况
1. 刘巽	监进奏院、右班殿直	除名勒停
2. 苏舜钦	监进奏院、大理评事、集贤校理	除名勒停
3. 王洙	工部员外郎、直龙图阁兼天章阁侍讲、史馆检讨	落侍讲、检讨,知濠州
4. 刁约	太常博士、集贤校理	落校理,通判海州
5. 江休复	殿中丞、集贤校理	落校理,监蔡州税
6. 王益柔	殿中丞、集贤校理	落校理,监复州税
7. 周延隽	太常博士	秘书丞
8. 章岷	太常丞、集贤校理	通判江州
9. 吕溱	著作郎、直集贤院、同修起居注	知楚州
10. 周延让	殿中丞	监宿州税
11. 宋敏求	校书郎、馆阁校勘	签书集庆军节度判官事
12. 徐绶	将作监丞	监汝州叶县税

　　以上这十二名被惩治的官员中,唯有监进奏院刘巽是武官,官阶右班殿直(即神宗元丰改制后的保义郎,属小使臣的第六阶),生平事迹不详。其余十一名文官,首先是苏舜钦。苏舜钦生于宋真宗大中祥符元年(1008 年),仁宗天圣六年(1028 年)以父苏耆荫补太庙斋郎,初任荥阳县尉。苏舜钦认为靠父荫得官"非所好也,已而锁其厅去",主动辞职。景祐元年(1034 年),考中进士,改授光禄寺主簿阶,知亳州蒙城县。次年,因父病死,解官持服。满孝后,于宝元元年(1038 年)知开封府长垣县。康定元年(1040 年),晋升大理评事阶,任监在京楼店务。次年,又因母病故,辞官守制。庆历三年(1043 年),先由王拱辰荐,后由范仲淹推荐,经学士院考试合格①,授集贤校理职。随后,任都进奏院监官。庆历四年,因"奏

---

① 范仲淹:《范文正公奏议》卷下《再奏乞召试前所举馆职王益柔、章岷、苏舜钦等》,四部丛刊初编。

邸狱"被除名勒停。次年,携妻、子迁居苏州,"买水石作沧浪亭"①。庆历七年,复官,授湖州长史散官阶②。庆历八年十二月,因病去世,享年四十一岁③。苏舜钦是一位杰出的文学家,他的诗文集称《苏学士文集》,今有沈文倬校点《苏舜钦集》④,傅平骧、胡问陶校注《苏舜钦集编年校注》⑤等。

其次是王洙。王洙两次进士登第,博学多识。晏殊留守南京,荐为应天府府学教授。庆历兴学,仁宗下诏各路"举经术士为学官,京东转运使举公应诏,召为国子监直讲"。晋升大理评事、史馆检讨、知太常礼院、天章阁侍讲、直龙图阁、同判太常寺⑥。"奏邸狱"中,被判"与妓女杂坐"罪而落天章阁侍讲、史馆检讨职,黜知濠州。不久,因治理地方有功,回京,复天章阁侍讲、史馆检讨,晋升翰林学士,改任侍读学士兼侍讲学士⑦。嘉祐二年(1057年)九月病逝,享年61⑧。

第三是刁约。刁约在宋仁宗天圣八年(1030年)登进士第乙科,任诸王宫教授。宝元间(1038—1040年),为馆阁校勘。庆历元年(1041年)五月,"与欧阳修同知太常礼院"。十二月,"又与修等并为集贤校理、管当三馆秘阁"⑨。庆历四年,在"奏邸狱"中被判"服惨未除"罪⑩,出京,通判海州。皇祐间(1049—1054年),回京,复校理职,任权吏部

---

① 《欧阳修全集·居士集》卷31《湖州长史苏君墓志铭并序》,世界书局1936年版。
② 《宋史》卷442《苏舜钦传》载苏迁居苏州后"二年,得湖州长史"。王偁《东都事略》卷115《苏舜钦小传》也载迁苏州"后二年,得湖州长史以卒"。[旧题曾巩:]《隆平集》卷6《苏舜钦传》载被除名"后二年,得湖州长史。"另"湖州长史"是散官之一,并非差遣。而一般文学史家误以为苏舜钦"复官为湖州长史,未赴任",似应去湖州做官。其实"州长史"只是一种虚衔,根本谈不上"赴任"一事。另张耒《明道杂志》载苏舜钦晚年"蒙恩牵复为湖州别驾",误。州别驾虽然也是散官,但苏所复实际是州长史。
③ 《欧阳修全集·居士集》卷31《湖州长史苏君墓志铭并序》。
④ 上海古籍出版社1981年版。
⑤ 巴蜀书社1991年版。
⑥⑦⑧ 《欧阳修全集·居士集》卷31《翰林侍读、侍讲学士王公墓志铭》。
⑨ (清)陆心源:《宋史翼》卷1《刁约传》,中华书局1991年影印本。庆历元年五月与十二月,据《欧阳修全集》卷首胡柯撰《年谱》。
⑩ 《长编》卷153。

南曹。不久，为开封府推官。嘉祐初，假太常少卿、直史馆，出使契丹，有《使契丹戏作》诗在当时传诵。神宗熙宁初（1068 年），判太常寺。元丰五、六年（1082—1083 年）间去世，享年八十余。①陈师道在其笔记《后山丛谈》中提出，有人说刁约参加了进奏院的祠神会，但他"知其谋而不以告"，即事前知道王拱辰等人的阴谋，却不告诉苏舜钦等人，"于是苏坐自盗除名，客皆逐……而刁独逸。其后坐客皆至从官，而刁独终于馆职"②。其实，刁约并没有逃脱惩罚，此其一；刁约"终于馆职"，是因为他"实未尝一登权要之门"，尽管他"在京师宾客无贵贱少长，有谒必报，日不足继之以夜"③。所以，陈师道所载也并不符合事实。

第四是江休复。江休复，仁宗天圣间（1023—1032 年），"与尹师鲁（按即尹洙）、苏子美游，知名当时，举进士及第"。初任桂阳监蓝山尉，"骑驴赴官"。历任信、潞二州司法参军、阆州通判。献所著书，召试合格，晋升集贤校理、判尚书刑部。庆历四年，在"奏邸狱"中，被判"服惨未除"听乐聚宴罪，落校理职，贬为监蔡州商税。"久之，知奉符县事，改太常博士，通判睦州，徙庐州。复集贤校理，判吏部南曹……累迁刑部郎中"。嘉祐五年（1059 年）病死，享年 56④。其著作今存《江邻几杂志》（又名《嘉祐杂志》、《醴泉笔录》）。

第五是王益柔。王益柔之父为王曙，其母为寇准之女。王益柔早年以父荫得官至殿中丞阶。知介丘县。由范仲淹"以馆阁荐之"，授集贤校理。庆历四年，参预进奏院祠神会，醉作《傲歌》，有"醉卧北极遣帝扶，周公、孔子驱为奴"句。在"奏邸狱"中，被判为"谤讪周、孔"，落校理职，出京监复州税。御史中丞王拱辰及张方平、宋祁"攻排不遗

①　《宋史翼》卷1《刁约传》；（元）俞希鲁：《至顺镇江府志》卷18《人材·侨寓》；沈括：《梦溪笔谈》卷25《杂志二》，中华书局1963年版。
②　陈师道：《后山谈丛》卷6，上海古籍出版社1989年版。
③　《宋史翼》卷1《刁约传》；（元）俞希鲁纂：《至顺镇江府志》卷18《人材·侨寓》；沈括：《梦溪笔谈》卷25《杂志二》，中华书局1963年版。
④　《欧阳修全集·居士集》卷33《江邻几墓志铭》；《宋史》卷443《江休复传》。

力,至列状言益柔罪当诛"。幸而枢密副使韩琦对仁宗说:"益柔少年
狂语,何足深治。天下大事固不少,近臣同国休戚,置此不言,而攻一王
益柔,此其意有所在,不特为《傲歌》可见也。"仁宗"悟,稍宽之",仅黜
监复州酒①。嘉祐六年(1061年)稍前,复为开封府推官、盐铁判官②。
神宗熙宁元年(1068年),入判度支审院。两年后,累迁直舍人院、知制
诰兼直舍人院。哲宗元祐元年(1086年)五月,病逝于知应天府任上。
这时他的官阶为通议大夫,职为龙图阁直学士③。享年72。王益柔"少
力学,通群书,为文日数千言"④。

　　第六是周延隽和周延让。二周之父周起,真宗朝历任枢密副使、知
青州、知应天府等,仁宗天圣六年(1028年)病死⑤。二周似均以其父荫
起家。仁宗康定二年(1041年)五月,赞善大夫周延隽因向朝廷献上其
父家集,召试学士院合格,赐同进士出身⑥。可见周延隽最初并非进士
登第。周延让的宦历不详。庆历四年,在"奏邸狱"中,二周均被判"服
惨未除"听乐聚宴罪,周延隽的官阶由太常博士降一阶为秘书丞,周延
让由殿中丞贬为监宿州税。英宗治平三年(1066年)四月,周延隽以职
方郎中知台州,同年五月改知台州⑦。累迁至太常少卿⑧。

　　第七是章岷。章岷,在仁宗天圣五年(1027年)中进士,任平江军
节度推官。史称"时名籍甚,初登第,翰林诸公赋诗赠行"⑨。庆历四年
"奏邸狱"中,被判与王洙等一起"与妓女杂坐",落校理职,出京通判江
州。英宗治平二年(1065年)八月至四年五月,以光禄卿、直秘阁任两

① 《长编》卷153;《宋史》卷286《王益柔传》。
② 《长编》卷195,嘉祐六年闰八月己丑载:"盐铁判官、度支员外郎、集贤校理王益柔为契丹正
　旦使。"
③ 《长编》卷378,元祐五年五月庚午。
④ 《宋史》卷286《王益柔传》。
⑤ 《长编》卷106,天圣六年五月庚戌。
⑥ 《宋会要》选举9之9。
⑦ 陈耆卿:《嘉定赤城志》卷9《秩官门二·郡守》,《宋元方志丛刊》本,中华书局1990年版。
⑧ 《宋史》卷288《周起传》附。
⑨ 朱长文:《吴郡图经续记》卷下《事志》,《宋元方志丛刊》本,中华书局1990年版。

浙东路安抚使、知越州等。治平四年五月，移任福建路马步军都总管、知福州①。

第八是吕溱。吕溱，仁宗景祐五年（1038 年）考中状元，授将作监丞、通判亳州。康定二年（1041 年），经学士院考试合格，晋升著作郎、直集贤院。不久，兼任同修起注。庆历四年，"奏邸狱"中，吕溱被判为"与妓女杂坐"黜知楚州②。不久，复同修起居注。至和元年（1054年），以起居舍人、知制诰为翰林学士③。神宗熙宁元年（1068 年），任龙图阁直学士、给事中、权知开封府，颇为称职，但不久病逝④，享年 55。

第九是徐绶。徐绶，其父徐起，历官知楚州，湖北转运使，知洪州等⑤。徐绶在仁宗景祐元年（1034 年）考中进士科第三名，授将作监丞阶，任某州通判⑥。庆历四年，在"奏邸狱"中，也被定为"与妓女杂坐"，贬监汝州叶县税。嘉祐四年（1059 年），受荐经学士院考试合格，由屯田员外郎阶晋升集贤校理职⑦。神宗熙宁间，历任知扬州和知湖州⑧。

除上述被惩处的官员外，还有几名官员是否受这一案件的牵连，值得探讨。首先是陆经。在李焘《长编》卷 153 记载"奏邸狱"被惩处的官员名单中，并没有陆经其人，但《长编》同卷庆历四年十二月乙巳条又记载："监察御史刘元瑜劾奏：'大理寺丞、集贤校理陆经前责监汝州酒……'诏遣太常博士王翼往按其罪，并以经前与进奏院祠神会坐之，责授袁州别驾。"这说明陆经是进奏院祠神会的参加者，只是侥幸逃脱了最初的惩处，但最终还是被责落集贤校理，授袁州别驾⑨。李焘在

---

① （近人）吴廷燮：《北宋经抚年表》卷 4，中华书局 1984 年版。
② 《长编》卷 153；《宋史》卷 320《吕溱传》；（明）程敏政：《新安文献志》卷 94 上；洪迈撰《吕密学溱传》（四库文渊阁本台北商务影印本）皆作"坐预进奏院宴饮，出知蕲、楚、舒三州"，似说吕溱被贬后首知蕲州。
③ 《长编》卷 177，至和元年九月癸亥；《宋会要》职官 6 之 49。
④ （释）文莹：《玉壶清话》卷 1，中华书局 1984 年版；《宋会要》仪制 11 之 8、选举 32 之 14、15。
⑤ 《宋史》卷 301《徐起传》。
⑥ 《长编》卷 114，景祐元年三月辛巳；《宋会要》选举 2 之 7。
⑦ 《宋会要》选举 31 之 35。
⑧ 《北宋经抚年表》卷 4。
⑨ 另见《宋会要》职官 64 之 50。

《长编》另一处还叙述了刘元瑜趋炎附势的"小人"心态,指出"及(范)仲淹迹危,元瑜即希章得象、陈执中意,起奏邸狱,劾窜陆经"①。陆经后来恢复官职,神宗熙宁间曾担任集贤校理、刑部员外郎、同判太常寺等②。

其次是梅尧臣。前述魏泰《东轩笔录》卷 4 提出在"奏邸狱"中,"坐客皆斥逐,梅尧臣亦被逐者也"。梅尧臣还写《客至》诗,谴责"告发"者李定。但欧阳修撰梅尧臣墓志铭和《宋史·梅尧臣传》③都没有提到梅尧臣参预这次进奏院祠神会以及被惩处的经历,说明梅尧臣并没有在"奏邸狱"中被惩,所以魏泰所载出自传闻,与事实大有出入。

再其次是尹源。据苏舜钦撰《与欧阳公书》记载,尹源在庆历四年(1044 年)"九月末间"在进奏院与苏舜钦、王益柔"小饮",王益柔曾与路过此间的孙甫和蔡襄进行争辩。双方原是"戏谑,又无过言",但"不一二日,朝中喧然,以谓谤及时政"。御史台立即进行弹劾,幸而仁宗不予理会。在接着进行的进奏院祠神会中,尹源并非参加者,所以也没有受到惩处。欧阳修在所撰尹源墓志铭中,记载尹源在庆历五年(1045 年)三月病死,享年 55。尹源英年早逝的原因,欧阳修提出是由于当时范仲淹和富弼、韩琦三人皆被"权倖小人"排斥而罢官,而尹源"与时贤士多被诬枉得罪",因而"叹息,忧悲发愤","往往被酒,哀歌泣下",最后抑郁而死④。尹源在"奏邸狱"审理期间,也就是在朝廷公布苏舜钦等被惩结论的前一天即庆历五年十一月五日,应召到学士院考试合格,"诏与堂除知州",这时的官阶是太常博士⑤。然后,尹源出京,任怀州知州,几个月后死于怀州任上⑥。

---

① 《长编》卷 154,庆历五年二月辛卯。
② 《长编》卷 223,熙宁四年五月丙午,卷 232,熙宁五年四月乙卯。
③ 《欧阳修全集·居士集》卷 33《梅圣俞墓志铭并序》;《宋史》卷 443《梅尧臣传》。
④⑥ 《欧阳修全集·居士集》卷 31《太常博士尹君墓志铭并序》。
⑤ 《宋会要》选举 31 之 61。

六、宰辅集团内部的矛盾斗争

"奏邸狱"正发生在"庆历新政"推行的期间,宰辅集团也因种种利害关系而产生意见分歧。据欧阳修记载,反对新政的中、高级官员都是"小人权倖"或"权倖小人",那末,这些"小人"是谁呢? 他们的对立面又是谁呢?

据《宋史·宰辅表》记载,在"奏邸狱"发生至结案期间,宰相为章得象和杜衍二人,皆兼枢密使;参知政事为陈执中和范仲淹(时出为陕西、河东宣抚使)、贾昌朝(兼枢密使),枢密副使为富弼(时出为河北宣抚使)和韩琦①。此外,翰林学士承旨兼知审刑院为丁度,翰林学士为宋祁,知制诰为张方平,权御史中丞为王拱辰,权知开封府为吴育。在以上这些宰辅中,范仲淹和富弼、韩琦是新派的主将,自不待言。宰相杜衍,则是新政的积极支持者。欧阳修撰杜衍墓志铭记载,庆历新政实行后,"小人权倖皆不悦",唯有杜衍"与相佐佑",而杜衍在朝廷"尤抑侥幸,凡内降与恩泽者,一切不与",这自然也遭到"小人权倖"者的不满②。此外,范仲淹系杜衍所举荐;苏舜钦和王益柔则都由范仲淹举荐,而苏舜钦还是杜衍之婿,"少年能文章,议论稍侵权贵"。反对派王拱辰等人企图藉"奏邸狱"既打击苏舜钦这些年轻的饱学之士,又由此连累范仲淹,并动摇杜衍的地位③。当然,王拱辰等还希望就此进一步阻碍新政措施的实行。

在"奏邸狱"发生后,只有韩琦和赵概曾直接向仁宗请求从轻发落苏舜钦等人,进行解救。费衮《梁溪漫志》记载,"苏子美奏邸之狱","独韩魏公(琦)、赵康靖(概)论救之,而不能回也"④。李焘《长编》记

---

① 《宋史》卷 211《宰辅表二》。
② 《欧阳修全集·居士集》卷 31《太子太师致仕杜祁公墓志铭》。
③ 《长编》卷 153。
④ 费衮:《梁溪漫志》卷 8《苏子美与欧阳公书》。

载，"狱事起，枢密副使韩琦言于上曰：'昨闻宦者操文符，捕馆职甚急，众听纷骇。舜钦等一醉饱之过，止可付有司治之，何至是！陛下圣德素仁厚，独自为是何也？'上悔见于色。"韩琦还为王益柔开脱，对仁宗说："益柔少年狂语，何足深治。天下大事固不少，近臣同国休戚，置此不言，而攻一王益柔，此其意有所在，不特为《傲歌》可见也。"仁宗"悟，稍宽之"，王益柔才免受更严厉的惩罚①。至于赵概，此时正担任知制诰。他曾上疏对仁宗说，奏邸祠神会的"预会者皆馆阁名士，举而弃之，觖士大夫望，非国之福，"仁宗未予采纳②。

在反对派中，御史中丞王拱辰自然是急先锋。王拱辰在"庆历新政"和"奏邸狱"中的所作所为，《宋史》本传交代得比较清楚，与李焘《长编》基本相同，不过《宋史》本传还说明，王拱辰"由此为公议所薄"③。王拱辰的后台是参知政事兼枢密使贾昌朝。李焘《长编》记载，"贾昌朝阴主（王）拱辰等议"④。《宋史·王益柔传》记载，"时诸人欲遂倾正堂，……参政贾昌朝阴主之"⑤。《宋史·贾昌朝传》也指出，贾在"执政"后，"乃不为正人所与，而数有攻其结宦官、宫人者。"⑥不过，王安石在为贾撰写《神道碑》时，贾在庆历间的所作所为则一笔带过，仅简单叙述逐年升迁的情况⑦。与贾昌朝和王拱辰等唱和的，还有翰林学士宋祁和知制诰张方平。李焘《长编》记载："（王）拱辰既劾奏，宋祁、张方平又助之，力言（王）益柔作《傲歌》罪当诛。"⑧《宋史·王益柔传》记载："张方平、宋祁、王拱辰攻排不遗力，至列状言益柔当斩。"说明此三人曾经都向仁宗提议将王益柔处死。苏舜钦自己也说过："掖垣诸君列章论馆中人，此自古未有，唯赵叔平（按即赵概）不署且有削，

①④⑧　《长编》卷153。
②　《宋史》卷318《赵概传》。
③　《宋史》卷318《王拱辰传》。
⑤　《宋史》卷286《王益柔传》。
⑥　《宋史》卷285《贾昌朝传》。
⑦　《王临川集》卷87《赠司空兼侍中文元贾魏公神道碑》，世界书局1935年版。

极言辨之,可重可重。"①正是指学士院中的宋祁和张方平等上疏指责王益柔等人,只有赵概反对,且上疏为王益柔等人辩护(见前)。

在"奏邸狱"上,宰相章得象则持中间立场,不置可否。李焘《长编》说"章得象无所可否"②。《宋史·王益柔传》说,"宰相章得象、晏殊不可否"。说明宰相章得象此时不表明态度。至于晏殊,则此时已经离开朝廷,出任外官。《长编》记载,庆历四年九月庚午,"刑部尚书、平章事兼枢密使晏殊罢为工部尚书、知颍州"③。所以,此事已与晏殊无关,《宋史·王益柔传》的记载不准确。《长编》中关于章得象的事迹,还有一条与前一记载互相矛盾的说法,即庆历五年二月辛卯条记载:"及(范)仲淹迹危,(刘)元瑜即希章得象、陈执中意,起奏邸狱,劾窜陆经。"④似乎"奏邸狱"是章得象和参知政事陈执中授意兴起的,但这无法找到别的有价值的史料印证。《宋史·章得象传》仅说在"庆历新政"期间,章"无所建明",虽然"御史孙抗数言之,得象居位自若",没有说由他制造了"奏邸狱"⑤。苏舜钦本人在《与欧阳公书》中也表示了对宰相杜衍和章得象的不满,说:"二相恐栗畏缩,自保其位,心知其非,不肯开言。"⑥至于陈执中,《宋史》本传也没有记载他在"庆历新政"中的作为⑦。所以,《长编》的另一条资料说章得象和陈执中指使刘元瑜在"奏邸狱"中发难,也不符合事实。

以上情况显示"庆历新政"实施期间,尤其是在"奏邸狱"上宰辅集团内部的矛盾斗争,以贾昌朝为首,加上王拱辰和宋祁、张方平等,他们不遗余力地在进奏院祠神会上大做文章,其目的是企图通过惩处馆阁之士苏舜钦、王益柔等人,来打击范仲淹和杜衍,并进一步推翻庆历

① 《梁溪漫志》卷8。
② 《长编》卷153。
③ 《长编》卷152。
④ 《长编》卷154。
⑤ 《宋史》卷311《章得象传》。
⑥ 《梁溪漫志》卷8。
⑦ 《宋史》卷285《陈执中传》。

新政。

七、惩处苏舜钦和刘巽的法律依据

宋朝对苏舜钦和刘巽的惩处,显然得到了仁宗的批准。那末,人们不禁要问:宋仁宗在行使他的最高司法权时依据哪些法律条文呢? 这也就是说,苏舜钦和刘巽的这次进奏院祠神会在哪些方面合法,又在哪些方面违反了法律?

首先,进奏院每年春、秋两次的祠神会是合法的。魏泰《东轩笔录》卷4记载:"京师百司库务,每年春、秋赛神,各以本司余物货易,以具酒馔,至时,吏史列坐,合乐终日。"叶梦得《石林燕语》也记载:"京师百司胥吏,每至秋必醵钱为赛神会,往往因醵饮终日。"进奏院所供之神为"苍王"。叶梦得接着说:"盖以苍颉造字,故胥吏祖之,固可笑矣。官局正门里,皆于中间用小龛供佛,曰'不动尊佛',虽禁中诸司皆然。其意亦本吏畏罢斥,以为祸福甚验,事之极恭。"①可见北宋时京城各官署每逢春、秋两季皆进行赛神聚会,一则在此日举行隆重的祭神活动,祈望本神保佑合署官吏平安无事;二则合署官吏欢聚一堂,美餐一顿,作为对本署官吏的犒劳。苏舜钦在《与欧阳公书》中说:"进邸神会,比年比然,亦尝上闻"②;在《上执政启》中说:"留邸之祀神,缘常岁而为会,馂余共享,京局皆然"③。可见进奏院的这次秋季祀神会是沿袭旧例,完全合法的。

其次,进奏院的这次祠神会所用经费是否合法? 据魏泰、叶梦得及苏舜钦自己所说,京城各官署的每次祠神费用筹集方式有二,一是出卖本署剩余物资所得经费,另一是由本署的胥吏们凑钱。进奏院历来皆由胥吏凑钱,没有使用过"卖故纸钱"。苏舜钦为免除胥吏的经济负

---

① 叶梦得:《石林燕语》卷5,中华书局1984年版。
② 《梁溪漫志》卷8。
③ 《苏舜钦集》卷12。

担，决定不由胥吏们凑钱，而改为一、由他自己和刘巽出一部分钱，二、使用本署的"卖故纸钱"。他在《与欧阳公书》中说："当时本恶于胥吏辈率醵过多，遂与同官各出俸钱外，更于其钱（按即卖故纸钱）中支与相兼，皆是祠祭燕会上下饮食共费之。"又说："卖故纸钱，旧已奏闻，本院自来支使，判署文记甚明，况都下他局亦然，不系诸处帐管。"这笔钱与外郡"杂收钱"一样，"外郡于官地种物收利之类甚多，下至粪土、柴蒿之物，往往取之，以助筵会"①。他在《上集贤文相书》中具体说明，当时他"与司监院刘巽出俸钱十缗，又于寻常公用卖故纸钱四五十索，相兼使用"。在动用这笔四五十贯的"卖故纸钱"时，他说"两曾奏闻"②。

　　然而，最后经过宋仁宗的裁决，苏舜钦和刘巽作为都进奏院的监官系"监主自盗，减死一等定刑"③。据苏舜钦辩解，他的案件经过二审定案。最初，由开封"府中敕断，追两官，罚铜二十斤"。看来这是初审的结果。初审判决六天以后，情况发生变化，开封"府中复遣吏来取出身文字"，这表示经过复审，判决他以监主自盗，"减死一等科断，使除名为民"，所以开封府派胥吏取去了他入仕以来的官诰、付身等文件。这一复审的结果自然经过宋仁宗的允准，然后付诸实行。

　　那么，司法官依据什么来断定苏舜钦和刘巽"监主自盗"呢？原来，据《宋刑统》"假借官物不还"门规定："诸监临主守以官物私自贷若贷人及贷之者""有文记准盗论（原注：文记谓取抄署之类），立判案减二等。"接着，"议曰"："'有文记者准盗论'，并五匹徒一年，五匹加一等；'立判案减二等'，谓五匹杖九十之类。"如果苏舜钦当初将卖废纸款登记入账，即可能按照"有文记者"量刑，那么司法官将依此判决。苏舜钦自己也提出过，司法官"自有他条不用（《上集贤文相书》作"自有正条，并不引用"）"，本来"私贷官物，有文记准盗论，不至除名，判署

---

①　《梁溪漫志》卷8。
②　《苏舜钦集》卷9。
③　《长编》卷153；《苏舜钦集》卷9《上集贤文相书》。

者五匹、杖九十,其法甚轻"①。但是,司法官援引了《宋刑统》同一门
"无文记以盗论者"条量刑,而此条的"议曰"这样解释:即"文记谓取抄
署之类,谓虽无文案,或有名簿,或取抄及署领之类皆同。"又解释说:
"即主守私贷,无文记者依盗法,即与真盗相同,加常盗二等,征倍赃,
有官者除名,故云'依盗法'。"②由此说明,司法官认为苏舜钦动用了卖
废纸款而没有入账,擅自用来聚餐,所以被定为"主守""自盗",不仅要
加倍偿还用去的款项,而且被除名为民。司法官的定罪量刑颇出乎苏
舜钦的意料,所以苏舜钦深感自己"名辱身冤"③。

　　值得注意的是,苏舜钦等人的定罪量刑是由知审刑院丁度决定的。
苏舜钦在《与欧阳公书》中说:"审刑者自为重轻,不由二府,苟务快意,
坏乱典刑。(原注:丁度怒京兆不逐之翰也。)"④据《宋史·丁度传》记
载,丁度在庆历间晋升端明殿学士、知审刑院,"未几,擢工部侍郎、枢
密副使"⑤。又据李焘《长编》,丁度是在庆历四年三月辛巳任知审刑院
的,至庆历五年四月庚戌晋升工部侍郎、枢密副使⑥。苏舜钦所说"京
兆"是指曾任开封府知府的吴育,"之翰"即孙甫之字。孙甫在庆历三
年十月任右正言,到"谏官供职"⑦。孙甫曾经上疏弹劾丁度"因求对大
用,请属吏。"宋仁宗当即为丁度辩护。丁度"知甫所奏误,力求与甫
辩"。宰相杜衍认为孙甫此时正出使契丹,"寝其奏"。丁度由此"深衔
衍,且指甫为衍门人"。等到孙甫出使回京,急命出知邓州⑧。至于丁
度为何怨恨吴育不赶走孙甫,作为知开封府的吴育有何权力赶走孙甫,
这两个问题均不甚清楚。但至少使后人知道在"奏邸狱"中知审刑院
丁度是一个不可忽视的角色,对苏舜钦等人的定罪量刑是由他一手作
出的。当然后来还取得了宋仁宗的同意。

---

① ③ ④　《梁溪漫志》卷8。
②　窦仪等:《宋刑统》卷15《假借官物不还》,中华书局1984年版。
⑤　《宋史》卷292《丁度传》。
⑥　《长编》卷147,庆历四年三月丁亥。
⑦　《长编》卷144,庆历三年十月丙午。
⑧　《长编》卷154,庆历五年正月甲戌。另见《宋史》卷295《孙甫传》。

八、"奏邸狱"的评价和影响

　　"奏邸狱"发生后,曾有一些文人学士为苏舜钦等人鸣不平,提出苏舜钦等人遭到"保守派诬陷"或"诬奏"①,称此案为"冤案"。笔者认为,在"奏邸狱"中,苏舜钦既受冤而又没有受冤。首先,为什么说苏舜钦在"奏邸狱"中受了冤枉呢? 这是因为第一,在宋代虽然制定了相当完整的官员公费用餐制度,在法律上规定了严重挥霍公款吃喝和过度吃喝的官员将被绳之以法,受到刑罚的制裁。但真正判刑,最多不过判两年徒刑,少者仅杖 100 或 80 下。在有关文献中,所有事例的当事人只是受到了行政处罚,即降官或降职,没有人像苏舜钦那样受到了削职为民的严厉处罚。第二,从宋徽宗朝开始,官员们无不心安理得地享用公费膳食,领取膳食津贴;同时,还违法公款吃喝,但没有被诉诸法律,未受行政处罚②。所以,从宋代官员公费用餐制度的执行情况考察,苏舜钦的受罚确是过于严厉,他的被惩确实是冤枉了。其次,为什么说苏舜钦在"奏邸狱"中罪有应得呢? 原因是第一,宋仁宗朝还是政治比较清明的时期,各项政治制度得到较好的贯彻执行。苏舜钦作为主管进奏院的官员之一,动用了本院卖废纸款没有入账,而用来聚餐,所以被依法定为"主守""自盗"。第二,与苏舜钦一起聚餐的王益柔等人才高气盛,不自点检,给反对他们的御史台官员抓住了把柄,几乎被全部"同时斥逐"。所以,从宋代官员公费用餐制度的各项规定以及其他的各项制度看,苏舜钦等人也是咎由自取。

　　"奏邸狱"的发生,对宋朝的政治产生了双重的影响:首先,是正面的影响,即此案的处理在客观上对澄清当时的吏治起过一定的作用,使官员们在动用公款吃喝方面有所收敛,以免触犯刑律。其次,是负面的影响。第一,加速了"庆历新政"的失败。庆历五年正月二十八日,参

---

① 　龚明之:《□吴纪闻》卷 1,上海古籍出版社 1986 年版。
② 　拙作《宋代官员公费用餐制度初探》,《文史》第 49 辑,中华书局 1999 年 12 月版。

知政事范仲淹和枢密副使富弼被罢,范仲淹出知邠州兼陕西四路缘边安抚使,富弼出知郓州兼京东西路安抚使。当晚,仁宗下令起草罢免宰相杜衍的制词。次日,正式颁诏宣布杜衍罢为尚书左丞、知兖州。"自苏舜卿(误,当为钦)等斥逐,(杜)衍迹危矣,(参知政事)陈执中在中书,又数与衍异议。"陈执中乘机攻击杜衍,因而杜衍和范、韩几乎同时被罢出任外官①。于是同年三月,枢密副使韩琦"不避朋党之疑"上疏为范、韩辩护,宋仁宗不予理睬。韩琦"不自安,恳求补外",韩琦被罢去枢密副使,出知扬州②。在杜衍和范、富、韩被排斥出朝前后,庆历新政的大部分措施被反对派陆续推翻,庆历新政终于失败。第二,导致宋仁宗在政治上倾向保守。魏泰说,"苏舜钦奏邸之会,预坐者多馆阁同舍,一时被责十余人。仁宗临朝,叹以轻薄少年,不足为台阁之重。宰相探其旨,自是务引用老成,往往不惬人望。甚者,语言、文章为世所笑,彭乘之在翰林,杨安国之在经筵是也。"③原来,宋代"馆阁之选,皆天下英俊,然必试而后命,一经此职,遂为名流"④。应该说,进入馆阁的官员都是极全国之选的饱学之士。欧阳修也说过:"馆阁之职,号为育材之地。"⑤苏舜钦、王益柔等朝气蓬勃的青年馆阁官员,早在社会上已有一定的影响,是朝廷准备培养为宰辅的对象,"奏邸狱"使仁宗对他们大失所望,因此开始转变用人标准,重用所谓老成持重的官员,整个朝廷的风气为之一变。

(本文刊载于《漆侠先生纪念文集》,

河北大学出版社 2002 年版)

---

① 《长编》卷 154,庆历五年正月乙酉。
② 《长编》卷 155,庆历五年三月辛酉。
③ 魏泰:《东轩笔录》卷 4。
④ 洪迈:《容斋随笔》卷 16《馆职名存》。
⑤ 欧阳修:《奏议集》卷 18《又论馆阁取士札子》。

宋代官场礼品馈赠制度初探

在中国古代,馈赠又称馈遗、馈送、送遗、赠遗等,所送礼品称为苞苴。在官场中,除合符规定的正常馈赠外,如果带有贿赂性质的馈赠,则称赂遗。

宋代在承袭汉、唐有关官场礼品馈赠规定的基础上,逐渐形成了一整套比较系统、规范的官场礼品馈赠制度,这在中国古代是空前的。但这一制度也存在着一些缺陷,如立法不严而执法更宽;对上宽而对下严;没有规定允许官员受礼的最高限额;一般不对违法者实行经济制裁等等。所以到徽宗朝和南宋时期,朝廷无法制止官场上的违法送礼和受礼现象,而许多官员则有恃无恐,"互送"之风愈演愈烈,礼品馈赠变成官员们行贿和受贿的一种主要手段。从历史的角度看,宋代的官场礼品馈赠制度对后世也带来了一定的影响。

一 宋代以前有关官场礼品馈赠的规定

对官场礼品馈赠的管理,可以追溯到汉、唐时期。根据有关文献的记载,早在两汉三国时期,官府就已陆续颁布了限制官员收受礼品的一些法令。汉景帝(前156—前141年)时规定:(一)"自今吏及诸有秩,受其官属所监、所理、所行、所将,其与饮食计偿费,勿论。"(二)"吏迁徙、免罢,受其故官属所将、监、治财物,夺爵为士伍,免之。"①这就是

---

① (唐)杜佑:《通典》卷163《刑法一》,中华书局1988年版。

说，监临之官接受所监临人员的食品，只要计值偿还，可以不再论罪；官员调动职务或者罢免时，接受原有部属所赠财物，一经查出，将降为士卒并免除官职，这些规定并非一纸具文，而是曾付诸实践。如汉武帝元鼎元年（前116年），清安侯申屠臾"坐为九江太守受故官送，免"①。但也有一些贵族、高官出于自私的目的，私赠"衣冠"，却不受官府追究。如汉章帝时，司空第五伦打算抑损明德太后的兄弟马廖等人的权势，上疏指出："窃闻卫尉廖以布三千匹，城门校尉防以钱三百万，私赡三辅衣冠，知与不知，莫不毕给。又闻腊日亦遗其洛中者钱各五千。越骑校尉光，腊用羊三百头、米四百斛、肉五千斤。"疏奏，汉章帝并没有惩罚马廖等人②。汉光武帝至汉和帝时人王充说，当时"居功曹之官，皆有奸心，私旧故可以幸，苟且赂遗，小大皆有"③。功曹是汉代郡、县较有实权的属吏，郡的功曹史"主选署功劳"④，常有太守委政于功曹之事；县的功曹职权颇大，对上可代表县令长，对下可指挥亭长等。王充还把功曹比作猛虎，说他们肆无忌惮地收取礼品和贿赂。不过，当时也有一些官员廉洁自爱，拒不送礼和接受馈赠。如第五伦的曾孙第五种在任兖州刺史期间，"杰然自建，在乡曲无苟且之嫌，步朝堂无择言之阙"⑤。当然，这样廉洁的官员在当时并不多见。

汉代有关官场礼品馈赠的规定，严格地说，尚未成为一种制度。因为一般地说，制度的根本特性在于具有系统性和规范性；同时，一项制度的确立也有一个逐步完善和调整的过程。汉代上述规定还很简单，应该说只是中国古代官场礼品馈赠制度的滥觞。

历史发展到唐代，有关官场礼品馈赠的规定逐步增多。唐太宗时，在长孙无忌等人撰定的《唐律》中，共有四条律文涉及官员的礼品馈送：其一，"诸官人因使，于使所受送遗及乞取者，与监临同；经过处取

① 班固：《汉书》卷16《高惠高后文功臣表第四》，中华书局1962年版。
② 范晔：《后汉书》卷41《第五伦传》，中华书局1982年版。
③ 刘盼遂：《论衡集解》卷16《遭虎第四十八》，古籍出版社1957年版。
④ 《后汉书》志第二十八《百官五》。
⑤ 《后汉书》卷41《第五伦传》附《第五种传》。

者,减一等(纠弹之官不减)。即强乞取者,各与监临罪同"。其二,"诸监临之官,受猪羊供馈(谓非生者),坐赃论;强者,依强取监临财物法"。其三,"诸率敛所监临财物馈遗人者,虽不入己,以受所监临财物论"。其四,"诸去官而受旧官属、士庶馈与,若乞取、借贷之属,各减在官时三等(谓家口未离本任所者)"①。这些律文主要是针对奉命出使的官员和监察官、监临官(主管的官员)、离任官员,与汉代相比,增加了三条律文。

此后,唐代各朝皇帝又依据具体情况作了一些补充。唐中宗神龙三年(707年)制:"自今应是诸节日及生日,并不得辄有应奉。又所在五月五日,非大功以上亲,不得辄相赠遗。"②规定每逢五月五日,王室中"非大功以上亲",不准互相送礼品。唐宪宗(806—820年)时下诏说:"比闻岭南五管并福建、黔中等道,多以南口饷遗,及于诸处博易,骨肉离析,良贱难分。念兹远人,受抑无告,所以去岁处分诸道,不令进献。近因赂遗事觉,方验诏旨不行。……自今岭南诸道,辄不得以口饷遗,及将诸处博易……"③禁止岭南、福建、黔中等道的官员和百姓互相以"南口"馈赠。唐文宗大和四年(830年)九月,比部奏疏提出,州府"回残羡会钱物","许充诸色公用",建议今后"或有公私使客,兼遇征拜朝官,送故迎新,旧例合有供应,宴饯赠贶者",准许列支。"其所费用者,并须立文案,以凭勘验"。此奏获得唐文宗的批准④,它规定州府可以留下"羡余钱物",充作"诸色公用",其中的用途之一就是在遇到"征拜朝官,送故迎新"时,用来馈赠礼品。唐武宗会昌三年(843年)六月敕:"应文武官除授诸道节度、观察、经略、防御使,及就加官爵等,起今以后,与送官告、旌节使人事物,不得过三千匹者,为定制。"唐宣宗大中五年(851年)十月,重申此敕,并"令诸道各有旧例,有过三千匹

---

① 《唐律疏议》卷16《职制》,中华书局1983年版。
② 王溥:《唐会要》卷29《节日》,上海古籍出版社1991年版。
③ 《全唐文》卷60《宪宗皇帝·禁饷遗人口诏》,中华书局1983年影印本。
④ 《唐会要》卷68《刺史上》。

者,宜准敕减,不得违越"①。在各道节度等使委任和加官晋爵时,准许馈赠朝廷特派的官告、旌节使的礼品总值在3 000匹内,不准超过此数。此处所谓"人事",就是官场中下级对上级的礼品馈赠。如唐宣宗大中三年(849年)四月敕:"如闻朝臣出使外藩,皆有遗赂。是修敬上之心,或少或多,号为'人事'。从前如此,率为常例。今边上受命抚戎,类须发使,若每使许循旧例,则十方竟至困穷,如事前不与绳检,又使臣难为辞拒。"指出朝廷派出使臣到各地,各地都馈赠礼品,称为"人事",已经成为"常例",但这必然加重各地特别是边疆地区的负担。因此,敕文接着规定今后"其出使朝廷边上,一物以上,并不得受领。却到京后,方镇亦不得辄寄附。"②

唐代各州刺史在上任和离任时,按照"成例",各州均应馈送一批礼物。唐宣宗大中五年(851年)九月,中书门下奏疏说:"应诸州刺史初到任,准例皆有一担什物;离任时,亦例有资送,成例已久,州司各有定额。"奏疏又说,按照乾元元年(758年)和至德二载(757年)、会昌元年(841年)所颁布的制敕,"只禁科率所由、抑配入户",而各州都支用"州司公廨及杂利润","皆自有矩制"。但因为"未有明敕处分","多被无良人吏、百姓,便致词告,云是赃犯",造成误会。奏疏最后提出:"自今以后,应诸州刺史下担什物,及除替送钱物,但不率敛官吏,不科配百姓,一任各守州郡旧规,亦不分外别有添置。若辄率敛科,故违敕条,当以入己赃犯法。"宣宗"敕旨":"宜依,仍编入格令,永为常式。"③由此可知,唐代长期实行这种馈赠规定,即各州刺史新到任上,由该州馈赠一担礼品;离任时,也馈赠钱物充作行装。同时,禁止超越"州郡旧规"或"成例",而"分外别有添置",也不准摊派给其他官吏和百姓,否则依照"入己赃"论罪。

综观唐律颁行以后各朝陆续补充的制敕,可知当时侧重于增加府

---

① ② 《唐会要》卷79《诸使下》。
③ 《唐会要》卷69《刺史下》。

州级官员礼品馈赠的有关规定。概括起来,主要有五方面:一是各州刺史在上任时由该州馈赠一担礼品,卸任时也由该州馈赠一笔钱物。礼品的数量依照各州的"旧规",不得超支;不准摊派给官吏和百姓,违者将视为犯"入己赃"。二是准许各州府使用"羡余钱物"作为"公用"钱,遇"公私使客"、"征拜朝官"、刺史任免,可按"旧规"或"常例"馈赠钱物,所支钱物,应记账备查。三是各道节度使、观察使等及其加官晋爵时,允许向朝廷所派官告使、旌节使赠送"人事"钱物,限定一次的最高总额为 3 000 匹。四是受命派往边疆地区的使臣,完全不准接受礼品。五是禁止岭南等道用"南口"作为馈赠的礼品。应该说,随着唐代有关官场礼品馈赠的规定逐步增多,已初步呈现出一定程度上的制度化倾向。

二　宋代官场礼品馈赠制度的确立

宋代官场礼品馈赠制度是在唐代的基础上逐步确立的。北宋建国伊始,统治者已经关注国家的法制建设。宋太祖建隆四年(963 年),鉴于《大周刑统》条目浩繁,且有法意不明之处,不便使用,决定由判大理寺窦仪会同权大理少卿苏晓主持修订。经过窦、苏修订而成的这部法典,称《重详定刑统》,又称《宋刑统》。《宋刑统》的律文,包括疏和议都照录《唐律疏议》。其中有关官场礼品馈送的四条规定,从律文到疏议也都与《唐律疏议》完全相同。这说明从唐初,中经后周,直到宋初,有关官场礼品馈赠的基本法规就是《唐律疏议》所订的四条。

宋太祖建隆四年以后,一直到南宋灭亡,历朝统治者针对新的情况,不断制订、修改和补充有关官场礼品馈赠的规定,使之日趋完整、详密。其中,大致可分为以下几方面:

第一,公使供给例册与官员供给标准。

宋代的例册种类很多,有断案的例册,行政处理公务事例的例册①,

---

① 断案的例册,见《续资治通鉴长编》(以下简称《长编》)卷 151,庆历四年七月丙戌;行政方面的例册,见《长编》卷 175,皇祐五年十二月己未。

也有公使库的供给例册。如神宗熙宁八年（1075 年），"命池州司法参军孙谔编定《省府寺监公使例册条贯》"①，即属于公使供给例册。公使库的设置原是为了给来往的官员提供酒食和相应的资助，或者说是提供出差补贴②。王栐《燕翼诒谋录》记载："祖宗旧制，州郡公使库酒钱专馈士大夫入京往来，与之官、罢任旅费。所馈之厚薄，随其官品之高下、妻孥之多寡。此损有余，补不足，周急不继富之意也。"③王明清《挥麈录》说，宋太祖时，"置公使库，使遇过客，必馆置供馈，欲使人无旅寓之叹"。"承平时，士大夫造朝，不赍粮，节用者犹有余以还家；归途礼数如前，但少损。"④这里所说的供馈，指供给和馈送两部分，供给是公使库给予的钱物，属官员的合法收入，后来逐步改为按月支付，支付的具体金额即由例册规定；馈送一般是指例册规定以外的礼金和礼物，属非法收入。凡按月领取"供给"的官员，称"有公使钱人"。仁宗时，陕西都转运使彭思永奏申："据密院劄子，贾渐起请，除旧例送酒食外，不得买置金帛，作土风赠遗。并省司参详，今后以公使钱置买珍异等物及现钱送与人者，并从违制定断；其收受人，坐赃论。其有公使钱人受还答之物入己，准盗论。"⑤即不准"有公使钱人"收受对方（指另一方官府）答谢的礼品。徽宗宣和七年（1125 年），河北、河东、陕西路宣抚使童贯提议立出知州、监司等"每月所受公使库应干供给纽计钱数"的最高数额，以便"多寡得中，少抑扰民之弊"。其所定的供给数额是：监司、知州，每月 200 贯；总管、钤辖、通判，每月 150 贯⑥。高宗建炎三年（1129 年），决定"裁减"供给。经过裁减的供给数额分别是：帅臣每月 200 贯；监司、知州军每月 150 贯；通判每月 80 贯；兵职官、监司属官每

① 《长编》卷 267，熙宁八年八月壬子。
② 俞宗宪：《宋代公使钱研究》，载《宋史研究论文集》（1984 年年会编刊），浙江人民出版社 1987 年版。
③ 王栐：《燕翼诒谋录》卷 3《公使库不得私用》，中华书局 1981 年版。
④ 王明清：《挥麈后录》卷 1，中华书局 1961 年版。
⑤ 司马光：《温国文正司马公文集》卷 21《论以公使酒食遗人刑名状》，四部丛刊初编本。
⑥ 《宋会要辑稿》（以下简称《宋会要》）职官 57 之 62《俸禄五·杂录上》。

月 30 贯(京朝官 40 贯);判、司、簿、尉每月 20 贯;外县知县每月 15 贯;簿、尉、监当官每月 10 贯①。直到孝宗隆兴二年(1164 年)十二月,户部在一份奏状中还说,"在法,公使库给供给"自帅臣至监当官仍旧是上述数额,仅"外县知县"之后增加"县丞",同为"不得过一十五贯"②。

这些供给数额编入公使库例册固定下来,作为一种制度执行,不准随意增添。同时,这些供给并未全部支付现钱,而是有现钱,又有实物。如孝宗隆兴二年,有官员对朝廷刚颁布的一项"指挥"表示异议,其中有"切见已降指挥,诸州公库合支现任官供给,止许支酒,其违者,以违制论。臣谓自来州郡每月所支供给,有支现钱,有支本色,或作分数杂支,相承已久……"建议"且依旧例"云云③。说明例册供给既有现钱,也有公使酒。

宋宁宗时,《庆元条法事类》馈送类"公用令"规定:"诸公使,例册外听长官临时支用。非现任官,不得月给。非州,不得馈送过客。其正赐钱,不拘此令。"④对于公使钱(非正赐钱)在例册内和在例册外的使用范围作了原则性的规定。至于正赐钱,"但不入己",可"从便使用"⑤。

第二,有关各路监司和州级官员礼品馈赠的规定。

按照宋代惯例,各路监司出巡,可以接受途经诸州按照"例册"规定所供给的酒食。朱彧《萍洲可谈》记载,滕宗闵知楚州时,有一位监司过境,楚州依例给他送酒食。不料在送酒食的单子上写有"臣名……"字样,于是监司奏告朝廷,朝廷设狱审理,原来是"书吏误用贺月旦表,无他意",但滕宗闵仍被罚"送吏部监当"⑥。不过,有关监司送礼和受

---

① 《宋会要》食货 21 之 18 至 19《公使酒》。
② 《宋会要》职官 57 之 83《俸禄》。
③ 《宋会要》食货 21 之 20《公使酒》。"已降指挥"指隆兴二年正月十四日的一份诏书,见《宋会要》刑法 2 之 156《禁约三》。
④ 《庆元条法事类》卷 9《职制门六》,中国书店 1990 年影印本。
⑤ 范仲淹:《范文正公文集》奏议卷下。
⑥ 《萍洲可谈》卷 3,丛书集成初编本。

礼的规定,直到徽宗崇宁四年(1105 年)九月才见记载。是月,中书省上言:"奉诏除依元丰旧制,设置监司外……严立出巡骚扰及受馈遗约束。"①估计这一"约束"早些时候已经制定,这时只是重申"严立"。次年春天,朝廷颁敕规定:"诸与所部监司,若朝省所遣使命至本路,以香药馈送者,徒二年,折计价值,以自盗论。"②八月,又有诏书规定诸路监司属官"即有公事差委勾当者,径诣所差处。沿路不许见州县官,及受馈送。违者徒三年,仍不许赦降去官原减。"③亦即禁止监司属官出差时接受州县的馈赠。但是,这些约束并未达到预期的目的。如大观二年(1108 年)十二月,另一份诏书透露,"诸路监司贪饕无厌,冒法受馈,鲜廉寡耻"。当时有臣僚上言提出:今后监司及帅司"巡历所至,止许收例册内馈送。仍乞今后于旧例册外别作诸般名目收受,并同监主自盗法,立赏许人陈告,仍不以赦降去官原减"。同时,又要求"今后朝廷专差体量公事官,更不许收受逐处酒食、馈送,违者亦依此。伏乞立法施行"。于是朝廷下令,"宜修立法禁,遍行诸路,先次条具以闻"④。政和元年(1111 年),有诏书指出,虽崇宁五年春颁敕,禁止各地以香药馈送本路监司和朝省所派官吏,但一些"不顾廉耻之吏"采取对策,"巧作名目","将香药变为饮食之类,折等价钱"。为此,进一步规定:"今后监司或朝廷所遣官至本路,虽非以香药馈送,并折计价值,而辄敢巧为别色名目收受者,并依上项崇宁五年敕条施行。"⑤政和六年十二月,刑部奏申:"修立到诸监司……收受上、下马供馈者,各徒二年等条。"徽宗"从之"。将监司收取所属州、军的上马供馈和下马供馈者,处以两年徒刑等均正式立法⑥。

　　但宋徽宗朝是朝廷上下比较腐败的时期。宣和八年(1126 年),有

---

① 《宋会要》职官 45 之 3《监司提举郡守》。
② 《宋会要》刑法 2 之 54《禁约》。
③ 《宋会要》职官 45 之 4《监司提举郡守》。
④ 《宋会要》刑法 2 之 48 至 49《禁约》。
⑤ 《宋会要》刑法 2 之 54 至 55《禁约》。
⑥ 《宋会要》刑法 2 之 67《禁约》;职官 45 之 11《监司提举郡守》。

官员上疏重新要求"今后诸路应差官吏,须择清廉介洁之人,除批券之外,其余馈送并不许接受,比以赃论"①。钦宗时,欧阳澈上书指出,监司每每出巡,实际是向州县勒索礼品。他说:"应监司受职之日,愿陛下召而面遣,叮咛告诫……仍乞立法禁绝其出接州县,无以顷时受官吏衰聚金银呈界迎接,先次交与,谓之'常例'。"②

南宋时期,朝廷不断重申禁止各路监司送遗的规定,要求严格遵守各项条法。如高宗绍兴三十一年(1161年),军器监主簿杨民望提出,监司存在三弊,其一为"公使互送,过于供给",请求"命监司、帅臣互察",朝廷"从之"③。孝宗淳熙三年(1176年),重申"禁监司交遗,及因行部,辄受者郡折送,计所受悉以赃论"④。光宗绍熙二年(1191年),"又诏监司、郡守互送,以赃论"⑤。宁宗嘉泰三年(1203年),"上御笔严监司互送之禁"⑥。嘉定六年(1213年),再次"申严互送之禁"⑦。

宋宁宗时修订的《庆元条法事类》职制门馈送类对监司接受礼物和馈赠他人作出了详细的规定。其中"职制敕"规定:其一,监司"出巡,于所辖幷干办处,越等及例外受供给、馈送者,以自盗论"。其二,监司(知州同)"非任满替移(在任二年以上非),虽有例册,辄馈送罢任之物及受之者,并坐赃论"。其三,监司(与帅臣、知州同)子弟及随行亲属、门客,如在所部"干托骚扰,收取馈送",罚杖八十。其四,监司的属官"缘路见州县官,若受馈送者,各徒二年"。同书"厩库敕"规定:各监司(发运司同)"若朝省所遣官至本路","辄以香药馈送(非以香药,别为名目馈送同),徒二年。折计价值,以自盗论"。以上各条大都是北宋以来制定的,内容也基本相同。可以说,《庆元条法事类》是这些

① 《宋会要》刑法2之140至141《禁约》。
② 欧阳澈:《欧阳修撰集》卷2《上皇帝第二书》,四库文渊阁本台北商务影印本。
③ 《建炎以来系年要录》(以下简称《要录》)卷188,绍兴三十一年二月丙午,中华书局1956年版。
④ 《皇宋中兴圣政》卷54《孝宗皇帝十四》,台北文海出版社本。
⑤ 《续通典》卷107《刑一》,商务印书馆1935年版。
⑥ 《建炎以来朝野杂记》乙集卷12《御笔严监司互送》,丛书集成初编本。
⑦ 《宋史》卷39《宁宗三》,中华书局1977年版。

条法的一个总结。

就各州馈送上级官员和州级官员之间互赠礼品的规定而言,早在宋太祖乾德五年(967年)就"令诸州通判及钤辖、都监使臣,毋得受所在州官赐外添给钱物"①。仁宗天圣六年(1028年)四月,下诏温、鼎、广等州"岁贡柑,不得以贡余为名,饷遗近臣","犯者有罚"。原因是"承平时,温州、鼎州、广州皆贡柑子,尚方多不过千,少或百数",后来"州郡苞苴权要,负担者络绎,又以易腐多其数,以备拣择,重为人害"②。景祐三年(1036年),国子博士王正平上疏提出,各地州官"得替进发,逐处公文百姓,用金银花送路,贫者不免作债。乞今后止许用草花献送"。于是朝廷下诏:"外任官得替,毋得受民所献金银花。"③这里的金银花显然是用金、银制成的像生花,不然怎能一年四季都可"献送"州官,故朝廷下令只送真正的草花。庆历七年(1047年),御史何剡上言,谓"天下州郡每岁有例以供奉所余果实等物送遗臣僚之处,旧虽著条约不许,缘诸处相承久例,未全止绝",要求仁宗"下有司,申明旧制,断自今后诸处更不得以贡余为名,将果实等物送遗臣僚"。仁宗"从之"④。这里的"旧制"显然是指天圣六年四月的规定,所谓臣僚当然只是朝廷高官。嘉祐三年(1058年),包拯上疏建议禁止各州、军用公用钱物馈送,他说:"其互以公用酒食及匹帛之类往来相馈遗者,并望严赐止绝。如敢故犯,乞坐违制之罪。"⑤高宗绍兴二十六年(1156年),太学博士何俌上言:"近年监司、郡守盖有供给之外,递相送遗,公行博易……望下按察官司严行禁止,悉遵现行条法。"朝廷予以采纳⑥。自孝宗朝起,朝廷还不断下诏严禁州郡"循习旧弊,巧作名色馈送";或

① 《长编》卷8,乾德五年六月丙子。
② 王栐:《燕翼诒谋录》卷5《禁以柑遗朝贵》;《长编》卷106,天圣六年五月庚戌。
③ 《宋会要》刑法2之22《禁约》;《长编》卷119,景祐三年十一月丁丑。
④ 《长编》卷161,庆历七年七月壬辰。
⑤ 《包拯集》卷5《请罢天下公用回易等》,中华书局1963年版;《长编》卷188,嘉祐三年十月甲辰。
⑥ 《要录》卷174,绍兴二十六年九月庚戌;《宋会要》刑法2之154《禁约三》。

诏监司和知州"互送""以赃论"①。宁宗嘉定十六年(1223 年),进一步采纳臣僚的建议,重申"自今以往,一切互送,并行往罢"②。

宋宁宗时,《庆元条法事类》馈送类"厩库敕"规定:其一,各公使库"若例外巧作名目馈送,及受,并在任官月给有次而特送人,或以酒及应公使物馈送出本州界,各徒二年"。"以公使(正赐非)现钱、金帛、珍宝遗人,准盗论,减一等(例册内立定节仪非)。知而受之,并非果实、食物,更相遗送而入己,或知州、通判于月支供给外受时新、折送之类,坐赃论"。其二,各州"应供给、馈送监司(属官、吏人同),辄于例外增给,及创立则例者,以违制论"。规定各州馈赠监司的礼品应严格按照例册所定,不准例外增加和另创"则例"。其三,各沿边州和镇寨"于例外馈送,以违制论。受者准此。应干办官属,唯听受到发酒食,其余供馈(例册有者亦是)及一季内再至,虽酒食各不得受,违者杖一百。所送官司,罪亦如之"③。同样不准例外馈送和例外受礼。

第三,有关帅臣、统兵官、内侍、走马承受等官员礼品馈赠的规定。

在帅司送礼和帅臣随从受礼方面,宋宁宗时《庆元条法事类》馈送类"职制敕"规定:其一,"诸帅司(监司、守臣同)非法妄以犒设为名,辄馈送及受之者,并以坐赃论";其二,"诸帅臣……子弟及随行亲属、门客,于所部干托骚扰,收受馈送,……杖八十。知情容纵,与同罪;不知情,减三等"。同书"厩库敕"规定:各路帅臣如果"不因赏给将士,将犒赏钱物妄作名目馈送监司或属官机幕,及受之者,以坐赃论。"这就是说,不准帅司滥用职权,以"犒设"为名,乱送钱物;也不准帅臣将"犒赏"的钱物假借别种名义馈送监司等官;更不准帅臣的随从在当地收受礼物。

在统兵官受礼和送礼方面,宋真宗大中祥符二年(1009 年),"群臣"奏报,军队中"诸军校御众……宽弛贪黩者,(至改迁日)乃共津送,

---

① 《皇宋中兴圣政》卷53《孝宗皇帝十三》;《续通典》卷107《刑一》。
② 《宋会要》职官79之39至40《戒饬官吏》。
③ 《庆元条法事类》卷9《职制门六》。

馈遗钱物。军政如此,无所惩劝"。他们建议"自今厢主以下,至指挥使,员僚或转补出营者……乃禁止其馈遗"。于是真宗下诏殿前、侍卫、军头司及宣徽使"并依奏施行"①。即禁止统兵官调动工作时向其送钱送物。高宗绍兴二年(1132年),针对当时"官司差出干事及札探使臣,辄于诸军谒见兵官,收受馈送"的现象,命"除依条法断罪外,并许人告,赏钱五百贯。仰主兵官密具姓名申尚书省,仍于寨门首置立板榜晓示"②。限制一些使臣利用职权向统兵官索取礼物。孝宗乾道二年(1166年)下诏规定"诸路兵官,经由州军按教,辄以馈送私受钱物,并合坐赃论,仍令监司检察③。宁宗时,《庆元条法事类》馈送类"职制敕"规定:其一,"兵官因按教而经由州军,辄以馈送准折钱物,并受之者","以坐赃论";其二,"诸季点官,受所季点县、镇、寨官送馈者,徒二年。有公使而例外受者,准此"。同书"职制令"规定:"诸押赐衣袄而辄受监当次序从义郎、亲民承节郎以下及将校、蕃官馈送者,所在具奏。"不准按教和季点、押赐军服的将官接受下属的馈赠。

在内侍官接受礼品馈送方面,鉴于自宋徽宗"崇宁以来,内侍用事,循习至今"的教训,建炎三年(1129年),高宗特下诏规定:"自今内侍不许与主官兵交通、假贷、馈遗,及干预朝政,如违,并行军法。"④淳熙八年(1181年)正月,孝宗又重申了这一规定⑤。宁宗时,《庆元条法事类》馈送类"职制敕"规定:"诸内侍官辄与现任主兵官交通、假贷、馈送者,流二千里;量轻重,取旨编置。其转归吏部内侍,辄往边守,及有上文违犯者,除名勒停。"严禁内侍官与统兵官相互馈送礼品,以防内侍官干预军政。

在走马承受的礼品馈赠方面,宋真宗大中祥符七年(1014年),"申

---

① 《长编》卷71,大中祥符二年正月丁丑。
② 《庆元条法事类》卷9《职制门六・馈送》。
③ 《宋会要》刑法2之157《禁约三》。
④ 《要录》卷22,建炎三年四月丁巳。
⑤ 《皇宋中兴圣政》卷59《孝宗皇帝十九》。

禁诸路走马承受使臣纳诸路赠遗"①。仁宗景祐二年(1035 年),下诏命令各路走马承受"毋得受州郡馈遗,违者以赃论"。不久,又下诏规定"若馈遗次食者,听受之"②。言下之意是不准收取现钱和其他实物,但允许接受所赠食物。

第四,有关朝廷派出官员和涉外使臣礼品馈赠的规定。

所谓朝廷派出官员主要是指奉朝廷之命出巡地方州郡的官员。宋徽宗政和元年(1111 年),有诏书指出:"比年遣使,不计重轻,皆以'诏使'为名,凌胁州郡,甚非观风察俗之意。应文武臣僚奉使,只依所领职任称呼,其供馈依监司巡历。……如违,以违制论。"③也就是说,允许这些朝廷特使可以按照各路监司巡视本路的标准收受供给和馈送。但到了宁宗时,《庆元条法事类》馈送类"职制敕"又明确禁止这些朝廷特使接受供馈,其中规定:"诸朝廷遣使出外,及专差体量公事官,所至辄受供给、馈送者,以自盗论。"同书"公用令"更为具体地规定:"诸朝廷差出提、总之官(谓计置、划刷之类)"的供给和馈送,"视通判属官(谓干办公事、主管文字之类)"。其中,寄禄官为承务郎以上者,"视签判";承直郎(升朝官最低阶)以下者,"视幕职官";其余官员,"视监当";指使,"视簿、尉";吏人,"视本州吏人"。这里的"提、总之官",虽官阶不算太高,但总是朝廷派出的专职官员,权力较大,所以对他们享有的供给和馈送作了大致的规定,以防止这些人随意敲诈和勒索地方。

与此类似的还有朝廷派出的涉外使臣收受外国礼品和回赠对方礼品的问题。宋真宗大中祥符二年(1009 年)稍前,契丹使臣萧知可等抵达白沟驿,将自己的坐骑赠给宋朝的送伴使陈知微,又牵来另外两匹马让陈挑选,陈"固辞不受",以致宾主颇为不快。陈回朝复命,真宗认为这种"却之不恭"的行为十分不妥,为"务怀远俗",便于是年二月下

---

① 《长编》卷 82,大中祥符七年四月。
② 《长编》卷 11€,景祐二年六月癸亥。
③ 《宋会要》刑法 2 之 55《禁约》。

诏:"自今契丹使有例外赠遗,接伴、馆伴使者再辞不已,则许纳之,官给器币为答。"①同年十二月,翰林学士晁迥为馆伴使,上疏说,契丹使馆伴使"有私觌马,马悉输官,而答礼皆己物",这无疑增加了馆伴使的经济负担。为此,真宗决定"自今馆伴使所得马,官给其值,副使半之"②。英宗病死后,王瓘等人为送伴北朝吊慰使,辽使"例外"送给王等人麝香,于是王等上疏提出:"今后馆伴接送,并入国使副,如北使例外送到微少麝香等,乞令逐番使副自备茶、果、纸、笔、香、药之类回答。"神宗"从之"③。宋朝官员不可以随便馈赠辽使物品,此处的茶、果、纸、笔等六类大概是法定的回赠物品名目。哲宗绍圣四年(1097 年),有诏书规定:"入国、接送、馆伴使副,不得以无例之物送遗人使,仍立法。"④

　　南宋时,出现了新的情况,即宋朝接待金朝使臣的官员和随从,或者差往金朝的各种使臣,往往接受沿路州、军馈赠的礼物。为此,朝廷屡下诏禁止。如高宗绍兴十六年(1146 年)四月十一日,诏书规定:"今后金国使人赴阙,所差指使、亲从、谭(译)语等人,除身份合得券食钱外,其沿路州军所送钱物,并不许收受。如违,以赃论。"同月十四日,接伴使副王循友等上疏说:"接伴使副沿路收受州郡馈送,及有数处犒设官吏等,欲乞今后不许收受。"高宗"从之"⑤。规定接待金朝使臣的接伴使以及随从的指使、亲从、译语等不准接受沿路州军馈赠的礼物,违者以贪赃罪论处。绍兴二十五年(1155 年)十月八日,宋廷任命礼部侍郎王珉等为贺大金正旦使副,宗正丞郑楠等为贺生辰使副⑥。次日,殿中侍御史徐嘉建请:"欲自今后,差往金国贺正旦、生辰使副,并三节人等回,并不许收受供给、馈送钱物等。如辄受者,依'朝廷遣使出外辄

① 《宋会要》职官 51 之 45 至 46《馆伴使》。另见《长编》卷 71,大中祥符二年二月壬寅。
② 《长编》卷 72,大中祥符二年十二月庚寅。
③ 《宋会要》职官 51 之 49《祭奠使》。
④ 《宋会要》职官 51 之 6《国信使》。另见《宋史》卷 18《哲宗二》。
⑤ 《宋会要》职官 51 之 17《国信使》。
⑥ 《要录》卷 169,绍兴二十五年十月壬午。

受供给、馈送以自盗论'。供给者,与同罪。"高宗予以采纳①。孝宗淳
熙十六年(1189 年),再次下诏:"今来使人往来频并,沿路州县不得馈
送,如有违戾,并以赃论。"②

　　综上所述,从宋真宗朝起,在外事活动中,陆续规定了:(一)有关
官员获赠的马匹,必须上缴,由朝廷给予相应的价钱;回赠辽国使臣的
礼物,也由朝廷支付。(二)有关官员获赠的麝香,可以自备茶、果等礼
物回赠。(三)有关官员不得随便以"无例之物"馈遗外国使臣。(四)
有关官员不得沿路收受各州、军赠送的钱物,违反者以贪赃或自盗
论处。

　　第五,有关发运使、司法官及一般官员礼品馈赠的规定。

　　宋代发运使馈送朝廷高官和属官、吏人受礼的现象屡见不鲜。如
仁宗天圣七年(1029 年),淮南、江浙、荆湖制置发运使钟离瑾借上京
"奏计"之机,"多载奇花怪石纳禁中,且赂权贵",遭到殿中侍御史鞠泳
等人的弹劾。仁宗作为主要受益人,一方面"面谕瑾急还所部";另一
方面下诏命发运使以后"奏计京师,毋以土物馈要近官"③。神宗熙宁
二年(1069 年),特赐淮南等路发运司每年一笔公用钱专款,共 300 贯,
规定"只得管设支用,不得辄将馈送"④。宁宗时,《庆元条法事类》馈送
类"职制敕"规定:发运司差官出外(属官同),在"干办处越等及例外受
供给、馈送者,以自盗论";发运司(监司巡历同)"随行吏人,所在受例
外供馈,以受所监临财物论"。

　　对于司法官员的受礼问题,《庆元条法事类》也制定了相应的条
文。其中馈送类"断狱敕"规定:凡"被差鞫狱、录问、检法官吏(并谓罢
本职本役者),事未毕,与监司及置司所在官吏相见,或录问、检法与鞫
狱官吏相见者,各杖八十。即受置司所在供馈,并与者,各加二等(所

---

① 《宋会要》职官 51 之 18《国信使》。
② 《宋会要》职官 51 之 35《国信使》。
③ 《长编》卷 108,天圣七年十月丁未。
④ 《宋会要》礼 62 之 43《赉赐》。

鞫事不相干者,事毕听受)"。为了确保司法官员不受干扰,公正地审理案件,不准他们在审理案件地点接受馈赠,如果违反,包括送礼者,都要罚杖100。

对于一般官员及其亲属的馈送和收礼,也有一系列的规定。宋徽宗宣和六年(1124年),中书省上言,根据官员的反映,以为"近岁士大夫奔竞成俗,馈献苞苴之风盛行于时,不可不禁"。徽宗乃"诏令立法"。中书省拟定"诸命官以金缯、珠玉、器用什物、果实、醯醢之类,送遗按察官及权贵,若受之者,并坐赃论"。徽宗"从之"。次年,又下诏:"内外官以苞苴相赂遗,其赂遗并收受人,并以坐赃论。如有违犯,必行窜责。"①规定送礼者和受礼者都要按贪赃罪论处。宁宗时《庆元条法事类》馈送类"职制敕"之一,照录上述宣和七年的诏书,仅删去"如有违法"以下三句,而又以小字注明"亲故相送馈者,非"。同书"公用令"规定,凡公使库供给,"命官权摄他官而两应供给,从一多";"若兼局者,通本职路两处具差往他处权摄者,到、罢馈送共不得过所权月,给一月之数"。只允许"权摄他官"者享受一处公使库供给,而临时"兼局"者,只允许享受任职时期的"到、罢馈送"。

第六,有关官员礼品馈赠的其他规定。

除上述针对不同官员的专门性规定外,在宋代官员礼品馈赠管理制度中,还有一些其他方面的规定。

关于现任官员生日受礼和送礼的规定。北宋时,每逢宰执生日,照例都由皇帝赐给羊、酒、米、面等礼物。《三槐王氏杂录》说:"宋现任执政官生日,赐以酒饩。张文定(方平)以宣徽使在院,神宗特命赐之,非例也。"徐度《却扫编》记载,"宰执生日礼物,旧多差亲属押赐"②。同时,朝廷也没有对官员生日受礼和送礼作出具体的规定。如太祖开宝年间(968—976年),一名绵州神泉县姓张的知县,刚到任,"外以廉洁自矜,内则贪黩自奉,其例甚多"。一天,在县衙门口张榜说:"某月某

① 《宋会要》刑法2之90、93《禁约》。
② 《永乐大典》卷13992《饩》,中华书局1986年影印本;徐度《却扫编》卷下,丛书集成初编本。

日是知县生日,告示门内与给事诸色人,不得有辄献送。"有一曹吏告诉县衙的其他吏人:"宰君明言生辰日,意令我辈知也。"大家点头称是。"至日,各持缣献之,曰'续寿衣'。宰一无所拒。"接着又告诉大家:"后月某日是县君(按即其妻)生日,更莫将来。"这名道貌岸然的知县,其实是"飞来疑似鹤,下处却寻鱼",十足的贪吏①。说明在号称严饬贪墨的宋太祖时期,对借生日之机迫使属下送礼的官员没有采取具体的约束措施。南宋高宗时,宰相秦桧权势薰赫,每逢他的生日,各地争相献上礼品。绍兴二十六年(1156年)九月,太学录万成象上言:"昨者大臣专国,权倾天下,乃于始生之日,受四方之献,宝货珍奇辐凑其门。"秦桧开此例,各级官员遂纷纷仿效。所以,万成象要求严行禁止。于是由刑部立法:"诸内外现任官,因生日辄受所属庆贺之礼,及与之者,各徒一年。所受赃重者,坐赃论。"同年闰十月,正式颁布此诏。由是开始明文禁止现任官员在生日时接受下属的礼品,也禁止人们送礼②。孝宗淳熙八年(1181年),又下诏命令"四川制置生日,庆贺之礼,如有循袭违戾,馈者、受者并置典宪"③。不准制置使在生日时收取礼品。宁宗时,《庆元条法事类》馈送类"职制敕"进一步规定:"诸内外现任官,因生日,辄受所属庆贺之礼(谓功德疏、放生之类),及与之者,各徒一年。诗、颂,减一等。所受赃重者,坐赃论。"在贺礼中,包括功德疏、放生、献诗、献颂等,都属禁止之列。

关于官员犯非法收取礼品和赠送礼品罪量刑的比附标准。《庆元条法事类》迎送宴会和馈送类"旁照法",收入"盗贼敕"两条、"职制敕"一条。"盗贼敕"之一为:"诸窃盗得财,杖六十;四百文,杖七十,四百文加一等。二贯,徒一年;二贯加一等。过徒三年,三贯加一等。二十贯,配本州。"之二为:"诸监临主守自盗,及盗所监临财物,罪至流配

---

① 李畋:《该(骏?)闻录》,《说郛》卷39,宛委山堂本;曾慥《类说》卷19《该闻录·知县生日》,四库文渊阁本台北商务影印本。
② 《宋会要》刑法2之154《禁约三》;《要录》卷175,绍兴二十六年闰十月壬寅。
③ 《宋会要》刑法2之121《禁约》。

本州(谓非除免者),三十五匹绞。""职制敕"一条是:"诸监临主司受(财)及乞取所监临赃百匹,命官奏裁,余配本城。"这些敕条其实都源自《宋刑统》,只是具体内容略有变化。如"盗贼敕"之二,系据《宋刑统》律文改写,原律文为:"诸监临主守自盗,及盗所监临财物者,加凡盗二等,三十匹绞。"①之二增加了"至流配本州",并改三十匹为三十五匹。"职制敕"也系据《宋刑统》所收后周显德五年(958年)七月七日敕条:"起今后,受所监临赃及乞取赃过一百匹者,奏取敕裁。"②只是最后增加了"余配本州"的规定。

以上有关各级各类官员礼品收受的一系列规定和条例的出现,表明宋代官员礼品馈赠的管理已经走向制度化。当然,其中经历了补充、修改和完善的过程,有时还不得不删繁就简,使之更切实用。如哲宗元祐元年(1086年),判大名府韩绛提出:"公使供馈条禁太密,乞删去监司卖酒及三路馈遗条。"哲宗"从之,令刑部先次立法"③。监司卖酒和三路馈遗"条禁"究竟如何"太密",今天已难以弄清,但这至少说明有关馈遗条法在制度化的过程中,还做了条法的精选工作。

三　宋代官场礼品馈赠制度的执行情况

宋代官场礼品馈赠制度有一个逐渐形成的过程,虽然在遇到一些新情况、新问题时,往往会出台相应的新条法来加以补充和完善,但其中也存在着不少漏洞和缺陷,加上一些官员或阳奉阴违,或仗势凌法,或曲解条文,或随意定例,使许多法令并没有得到很好的贯彻执行,有的甚至成为一纸空文。

我们先来看朝廷高官送礼和受礼的实际情况。北宋初,对官场礼品馈赠的管理尚未形成严密的制度,特别是对宰执等高官,实际上是允

---

① 《重详定刑统》卷19《贼盗律·强盗窃盗(监主自盗)》。
② 《重详定刑统》卷11《职制律·受所监临赃》。
③ 《宋会要》食货21之17《公使酒》;《长编》卷373,元祐元年三月辛巳。

许他们适当地收取礼品。如宋太祖开宝四年(971年),南唐国主李煜"私以银王万两遗宰相赵普,普告太祖。太祖曰:'此不可不受,但以书答谢,少赂其使者可也。'普叩头辞让,太祖曰:'大国之体不可自为削弱,当使之不测。'"后来由太祖回赠李煜之弟同样数量的银子。吴越王钱俶私赠赵普十瓶瓜子金,宋太祖知道后,对赵普说:"但受之,无害……""固命普谢而受之"①。为了在邻国前夸耀宋朝的富强,宋太祖鼓励赵普收下了这两份厚礼。徽宗时,江西官员送给宰相黄雀胙近100饼②;有一名士人"以献颂上书为名",向梁师成赠钱几千贯,梁遂"令赴廷试,唱第之日,侍于帝前,嗫嚅升降"③;一名守关中的姓邓官员,"以牛酥百斤送梁师成"。时人江端友有诗云:"有客有客官长安,牛酥百斤手自煎。倍道奔驰少师府,望尘且欲迎归轩。守阍呼语不必出,已有人居第一人。其多乃后倍于此,台颜顾视初怡然。昨朝所献虽第二,桶以淳漆丽且坚。今君且迟数又少,青纱封题难胜前。持归定渐辽东逐,努力明年趁头年。"④梁师成当时任太尉、使相,连蔡京父子也要讨好他。该诗描写了一些地方官员争先恐后地向梁师成赠送礼品的情况。另一位内侍官童贯领枢密院事,掌握朝廷兵权20年,也是贪婪成性,肆无忌惮地收取各方馈遗。史称他"苞苴公行,门户如市"。成都富人程唐"献浑金佛罗汉像一堂",于是被推荐为成都府路提举茶马。后来童贯专建一厅庆祝自己的生日,程又"为制锦绣帘幕、地衣,若堂之大小高下曲折,因为寿而献焉"⑤。知越州王仲嶷得知杨梅仁可以治疗童贯的脚气,遂献给童杨梅仁50石,后即晋升待制⑥。还有一名广东转运副使燕瑛,罢任还京,"载沉水香数十舰,以遗宦寺,遂尹天

① 《长编》卷12,开宝四年十一月癸巳朔。
② 曾敏行:《独醒杂志》卷9,上海古籍出版社1986年版。
③ 《宋史》卷468《梁师成传》。
④ 谢维新:《古今合璧事类备要》外集卷43《馈遗门》,文渊阁四库本,台北商务印书馆影印本。
⑤ 《三朝北盟会编》卷39,靖康元年二月十八日甲寅;卷158,绍兴四年四月四日癸未,上海古籍出版社1987年影印本。
⑥ 王明清:《挥麈录·余话》卷2。

府,时人谓之'香燕大尹'"①。

北宋末年,随着金军南侵,国家迅速灭亡。南宋初,朝廷上下主要精力集中于抗击金军,所以无人想到应对宰执接受礼品馈赠作出限制,只是禁止内侍与统兵官之间互相送礼。因此,受到宋高宗重用的宰相秦桧得以毫无约束地收受各地送上的礼品。直到绍兴二十五年(1155年),秦桧去世,官员们才揭发秦桧生前的种种罪行,其中之一就是"贪墨无厌"。每逢"监司、帅守到阙,例要珍宝,必数万贯乃得差遣,及其赃污不法,为民所讼,桧复力保之。……腊月生日,州县献香送物为寿,岁数十万,其家富于左藏数倍"②。一名雅州知州,善于拍马,在秦桧生日时,送物"甚富","为橡烛百余范,精金为之心,而外灌花腊,他物称是,使衙前某与卒十辈,持走都下"。但此时,"桧方盛,四方赂献山积,金不足道,又必穷索异宝,皆尚方所无"③。类似事例甚多。于是,如前文所述,在绍兴二十六年,太学录万成象上疏提出严禁官员生日接受部下所送的礼品,否则,受礼者和送礼者"各徒一年"。总算对以宰相为首的所有现任官员的生日受礼作了明确的规定。

当然,在此之后,文武百官并没有完全执行这项规定。宋孝宗时,杨万里上疏指出,公卿、侍从、贵近都收受各地将帅、监司、守令的馈遗,而这些送礼人无非是为了"以固权宠","以求美迁"④。员兴宗指出,有些官员在举荐时不看被举官是否德才兼备,而是"非父兄在职则不举,非赂遗越常则不举"⑤。宁宗时,权臣韩侂胄当政,这时,"贿赂盛行,四方馈遗,公至宰执、台谏之门,人亦不以为讶"。庆元三年(1197年)秋、冬之间,有官员献给韩"北珠冠四枚者",韩大喜,分送四妾。随后,临

① 张知甫:《可书》,丛书集成初编本。《宋史》卷298《燕瑛传》载,燕瑛在岭南七年,"括南海犀珠、香药、奉宰相内侍,人目之为'香燕'。遂以徽猷阁待制提举醴泉观,拜户部侍郎"。周宝珠:《宋代东京研究》,河南大学出版社1992年版。以为,燕瑛先为开封少尹,宣和六年二月七日转开封尹。
② 《要录》卷169,绍兴二十五年十月丙申。
③ 佚名:《鬼董》卷2,说库本。
④ 《杨万里集》卷88《千虑策·驭吏上》,传世藏书集库·宋别集第6册,1996年版。
⑤ 员兴宗:《九华集》卷10《考续荐举策》,文渊阁四库本,台北商务印书馆影印本。

安府尹赵师罿"忽遣人致馈,启之,十珠冠也",韩又分送另外十名小妾。同年,韩的生日,"宰执、侍从至四方牧守,皆上礼为寿。直宝文阁、四川茶马献红锦壁衣、承尘地衣之属,修广高下,皆与中堂等,盖密量其度而为之也"。一名吏部尚书"献红牙果桌十位";权工部尚书"献真珠搭挡十副,光彩夺目"。赵师罿献一小盒,内装"粟金葡萄小架,上有大北珠百枚"。开禧三年(1207年)韩的生日,韩将百官"送寿礼物各列之天庆观廊间","都人竞往观之"。一次,韩的亲信、右丞相陈自强的府第遭火灾,韩"首遗万缗","已而馈者踵至,诸道及列城皆有助,不数月得六十万缗,遂倍所失之数"。一名选人为了求得六部主管架阁文字的差遣,用4 000贯钱购得"金粟台盏十具,重百星",献给陈自强,陈立即满足了这名选人的要求。知兴州兼利西路安抚使吴曦为取得西线的兵权,在入朝时,"多买珍异,孔雀四,华亭鹤数千,金鱼及比目鱼等,及作粟金台盏遗陈自强者"①。理宗时,知溧阳县陆子遹以低价强购福贤乡围田6 000多亩,献赠丞相史弥远②。历任监察御史、右正言、左司谏等职的梁成大,公然收取各地礼品。史称"四方赂遗,列置堂庑,宾至则导之使观,欲其效尤也"③。度宗时,权相贾似道当国,"吏争纳赂求美职,其求为帅阃、监司、郡守者,贡献不可胜计。赵溍辈争献宝玉……一时贪风大肆"④。这些"纳赂"的官员自然是以馈赠的方法"献"给贾似道的。周密曾经听到有一名"阃帅"(即制置司使)馈送贾似道"三十皮笼","启镝极严"。周密认为,韩侂胄所受礼品和吴曦所送礼品,"在今观之,皆不足道"⑤,显示南宋末年朝廷高官根本无视有关官场礼品馈赠的规定。

　　其次来看各路、州长官送礼和受礼的实际情况。北宋时,淮南等六路制置发运使往往趁职务之便,利用船舶搭载土特产馈赠朝廷权贵。

①　樵川樵叟《庆元党禁》,丛书集成初编本;周密:《癸辛杂识》后集《馈送寿物》,中华书局1988年版。
②　俞文豹:《吹剑录外集》,知不足斋丛书本。
③　《宋史》卷422《梁成大传》。
④　《宋史》卷474《贾似道传》。
⑤　《癸辛杂识》后集《馈送寿物》。

前文所引仁宗天圣七年,因台谏官弹劾发运使钟离瑾"因奏计多载奇花怪石纳禁中,且赂权贵",仁宗"面谕瑾急还所部",使之逃脱了朝廷的追查;同时,下诏以后发运使不要"以土物馈要近官"。至和元年(1054年),太常少卿周湛被任命为发运使,仁宗对他说:"朝廷遴选此职,不可阴致苞苴于京师。"他回答道:"臣蒙圣谕,不敢苟附权要,以谋进身。"①但就在康定元年(1040年)蒋堂任发运使前,凡"发运使上计,造大舟数十,载江湖物入遗京师权贵"②。可见这种现象屡见不鲜,人们已经习以为常了。

南宋时,各路监司和知州的礼品馈送之风一直难以制止,一个很重要的起因是高宗朝权相秦桧长期控制朝政,他率先在生日时"受四方之献",于是"监司、州郡转相视效,属吏诌奉,争新效奇。屯兵所在,诸将遗赂金珠、彩帛,资以万计。甚者给彩帐,乐百戏迎引,所至骚然,逾于诞节"③。绍兴二十六年,大学博士何俌上疏指出:"今监司、郡守递相送遗,公行博易,月至千缗。"虽然朝廷采纳他的建议,下令"严行禁止,如尚违戾,重置典宪",但结果仍是"不能革也"④。说明官场馈赠风气之盛已经达到了积重难返的程度。绍兴三十年(1160年),军帅吴璘在"宴集之外",馈送利州路转运使苏钦"几万缗,蜀锦数十匹,铺设供帐悉以充馈"⑤。绍兴三十一年,军器监主簿杨民望上言"监司三弊",其二是"巡按以察州县,而一县所费或至千缗";其三是"公使互送,过于供给"。他还特别讲到四川地区的情况,说"蜀去朝廷远,吏尤自肆",建议"命监司、帅臣互察"⑥。天高皇帝远,四川各地监司、知州的馈送之风更盛。

约宋孝宗时,崔敦礼代陈丞相撰《乞住白劄施行事疏》说,朝廷发

① 《长编》卷177,至和元年十月丙辰。
② 《宋史》卷298《蒋堂传》;《长编》卷127,康定元年四月庚寅。
③ 《宋会要》刑法2之154《禁约三》。
④ 《要录》卷174,绍兴二十六年九月庚戌。
⑤ 赵与泌、黄岩孙:《宝祐仙溪志》卷4《宋人物》,清抄本。
⑥ 《要录》卷188,绍兴三十一年二月丙午。

布的白劄"指挥"往往差使臣、虞候送下,这些人"所至妄自张皇,颇有惊动,官吏奉之,如奉敕使,犒劳仆马,馈遗酒食之费,有至三二百千贯。州郡如此,其他可知"①。这些使臣、虞候作为朝廷特使,出差到地方,各州官吏争相馈送,惟恐落后,自然加重了地方的负担。自淳熙十五年(1188年)起,郑兴裔任知扬州兼淮东安抚使,他发现"近时所有邻道互送礼,名曰'传馈',贿赂公行,恣无忌惮。凡帅臣、监司到罢,号为'上、下马',邻道皆有馈遗,计其所得,动辄万缗"。有的官员"一身而适兼数职者,则并受数人之馈,献酬之际,一日而二千余缗。此风在在有之,而东南为尤甚。扬州一郡,每岁馈遗见于册籍者,至二十万缗。江、浙诸郡酒,每以岁遗中都官,岁五六至,至必数千瓶,其无艺类如此"②!郑兴裔揭露了当时东南各路官场礼品馈赠的严重程度,仅扬州一州每年有账可查的此类支出就达20万贯之多,由此推算,宋孝宗时全国各地每年的礼品费用总数达到数百万贯,这是一个相当惊人的数字。

宋宁宗时,各路互送的情况依然如故。据史家李心传记载,嘉泰三年(1203年),宁宗"御笔严监司互送之禁,然远方自如"。次年夏,"马使"③彭轺到成都府,"制使"④谢源明、"茶使"⑤赵善宣"留连逾二月,自入境迎迓,以至折俎赠行,以楮币、锦彩、书籍、药物计之,所得几万缗。而谢、赵所得亦称此"。谢、赵二人为了迎送彭轺,在两个多月内,赠送彭轺近万缗,而自己也分别从彭轺处获赠各近万缗的钱物。李心传还说到,"诸路互送,惟建康、成都最厚"。上面是成都府路制、马、茶三使互送,而江南东路则是帅、漕、总赋、武骑二司帅共六使互送,费用增加了一倍。这当中,"邻路监、帅司尚不与"⑥。尽管至嘉定六年

---

① (明)杨士奇:《历代名臣奏议》卷214《法令》,上海古籍出版社1989年影印本。
② 郑兴裔:《郑忠肃奏议遗集》卷上《请禁传馈疏》,文渊阁四库全书本。
③ "马使",即都大提举成都府、利州、陕西等路兼提举陕西等路买马公事。
④ "制使",即四川制置司使。
⑤ "茶使",即都大提举成都府、利州等路茶事兼提举四川等路买马监牧公事。
⑥ 《建炎以来朝野杂记》乙集卷12《御笔严禁监司互送》。

（1213年），朝廷曾"申严互送之禁"①，但仅过了两年，即嘉定八年，又有官员上疏提出"诸路监司差官馈送之弊"，说这些被差的监司属官"分布四出，惟利是图，馈遗既足，他皆不问。曰下马钱，曰发路钱，曰折送钱，曰特送钱。批胖既足，则又有夫脚钱"。这位官员要求朝廷命令各路"自今后应差官吏，须择清廉介洁之人，除批券之外，其余馈送并不许接受分文，[违者]皆以赃论"②。又过了两年，即嘉定十年，袁燮在《论国家宜明刑政劄子》中说："民财安得而不匮？重以贪吏肆虐，政以贿成；监司、牧守更相馈遗；戎帅所驻，交贿犹腆，而诸司最多之处，抑又甚焉。"③嘉定十六年（1223年），仍然有官员告诉宁宗说："陛下自临御以来，互送之禁未尝不严，而诸路帅臣、监司、郡守、诸军主帅，狃于故习，未尝悛革，其为名色不一而足。"这位官员还进一步指出，官员们"凡有随分可庆之事，必致厚馈，互相博易，虽子弟、馆客，亦皆有之"。他建议宁宗采取各种措施，禁止"一切互送"④。当然，宁宗新颁布的诏书仍旧不过是一纸空文。

　　南宋时期，知州互送的风气也十分盛行。孝宗淳熙九年（1182年）八月至九月，两浙东路提举常平茶盐公事朱熹经过深入调查，向朝廷揭发了知台州唐仲友的种种不法行为：一是唐氏在淳熙八年二月至九年四月间，从公使库支钱28 616贯682文，"送惠与人"，其中1 482贯263文"送妻兄及与第二儿妇之父何知县、何教授、何宣教兄弟"。二是唐氏以馈送为名，将部分公使库钱物纳入私囊，如"虚作送与官员邵朝议等，纳入[州衙]书院，共九十项，计官会四千六百四十五贯"；"巧作名色，以馈送为名，多至五百贯，少至数十贯，……伪作书劄送与官员，封角了当，却供入宅堂"⑤。朱熹还揭发了唐氏的其他一些腐败问题，但

①　《宋史》卷39《宁宗三》。
②　《宋会要》职官79之24至25《戒饬官吏》。
③　袁燮：《絜斋集》卷3，丛书集成初编本。
④　《宋会要》职官79之39至40《戒饬官吏》。
⑤　《朱熹集》卷19《按唐仲友第四状、第六状》，卷18《按唐仲友第三状》，四川教育出版社1996年版。

由于唐氏系丞相王淮的亲戚，最终并没有受到责罚。光宗时，权礼部尚书李巘奏言，谓"今郡县之间蠹耗日滋"，"乞申戒郡守，无得辄以公帑之物更互送馈，以为己利。仍令监司常切觉察，如有违戾，重置于宪"。光宗也下诏戒饬百官，要求"在内令御史台弹劾，在外许监司互察，并以赃论，常切遵守"①。各路监司自己就是官场礼品馈赠的受益者，对于下属各州的违法馈赠行为，也落得睁一眼闭一眼，哪有兴趣去实施监察？至于御史台的官员，也是该管的不管，不该管的却去管了。如宁宗庆元二年（1196 年），监察御史沈继祖秉承韩侂胄的旨意，罗织了秘阁修撰、提举南京鸿庆宫朱熹的六大"罪状"，一方面说朱熹平时与学生"相与餐粗食淡"，每天给其母吃"仓米"（陈米）；另一方面却又攻击朱熹违法收礼，"四方馈赂，鼎来踵至，一岁之间，动以万计"②。朱熹因之被责落职罢祠。

　　南宋后期，有一名姓王的浙西路监当官，上任之日，吏胥争献钱物，总计达几百贯，名为"下马常例"。王监当官假装生气，说"吏辈以此欲污之"，表示要将这些钱物申解上司。吏胥们再三哀求，王乃命将钱物当众封存在官厅里。及至任满，在他登船时，吏胥请示如何处置厅柜，他说："寻常既有此例，须有文牍。"吏胥带来案卷，他就命将柜子搬到船上。最后还是收取了这份"下马常例"③。

　　总观宋代朝廷高官和路、州长官的送礼和受礼情况，大致说来，徽宗朝以前，有关官场礼品馈赠的各项规定得到较好的执行，从徽宗朝起，各级、各类官员违法送礼和受礼的现象日益严重，虽然朝廷不断下令严禁，一再表示要从严从重惩处，但收效甚微。

　　在官场礼品馈赠制度的执行过程中，还存在随意扩大例册内容和提高规定数额的现象。本来，宋廷设置公使库的最初目的是为了资助来往官员及其随行家属，带有补助出差的性质。各州之间可以互赠公

---

① 《宋会要》职官 79 之 8《戒饬官吏》。
② 叶绍翁：《四朝闻见录》丁集《庆元党》，中华书局 1989 年版。
③ 张仲文：《白獭髓》，丛书集成初编本。

使酒,但必须交回公使库,"苟私用之,则有刑矣",故官员们"一瓶不敢自饮也"①。但后来改为由公使库每月"供给"本路、本州或本衙现任官一定数额的钱物,并用与设宴②。这样,公使库"供给"变成了官员的一种俸禄,实际上改变了设置公使库的初衷。从徽宗朝起,又出现了一些新情况:一是部分官员根本不依照公使库供给例册的规定,随意加码。如政和元年(1111年)三月的一份诏书透露,虽然"逐处各有已定例册",但"其监司所在及巡历,或朝省遣官所至,州郡往往多不循例,过于供馈"③。二是在例册外巧立名目。徽宗大观三年(1109年),有官员反映说:"访闻齐州比年以来,公库供给,有岁余、月余之称,皆例册外别立名目,以为馈送。"④孝宗淳熙九年(1182年),在朱熹所揭发的知台州唐仲友的不法事实中,有一条是唐在台州,"公库之钱既富,乃巧作名色,以馈送为名,多至五百贯,少至数十贯"⑤。不过,唐将这些钱中饱了私囊,并没有送人。巧立名目的手法之一,就是"将香药变为饮食之类,折等价钱"⑥。即名义上是供给官员饮食,实际上却是折算成价钱,赠送给对方现钱。三是任意增添例册内容。高宗建炎三年(1129年),"德音"提及:"比年以来,贪吏并缘增添例册,因造酒一事,丰己害民,兵民愤嫉"⑦。宁宗嘉泰三年(1203年),有诏书指出,监司、郡守"互送无艺",互送之风遍及全国,"无远弗及,此往彼来,前者习于所闻,后来视以为例","帑藏空乏,职此之由"⑧。现任官员把前任官员的违法送礼和受礼行为视为先例,照"例"送、受礼品。四是不管官员任期长短,一依"例册"馈赠。高宗绍兴五年(1135年),右谏议大夫赵霈上疏指出,近年以来,知州"更易不常,固有交印视事席未暇暖,人复

① 《燕翼诒谋录》卷3《公使库酒不得私用》。
②⑤ 《朱熹集》卷18《按唐仲友第三状》。
③⑥ 《宋会要》刑法2之54至55《禁约》。
④ 《宋会要》食货21之17《公使酒》。
⑦ 《宋会要》食货21之18《公使酒》。
⑧ 《宋会要》职官79之17至18《戒饬官吏》。

改命，或与他州守两易其任"，但公使库每遇知州到罢，依例"各有馈送，多者数百千，少者亦不下三二百千"。有的知州上任只一两个月，即被升迁，"而受两处馈送，显属重叠，枉有支费"。虽然"条令"规定"诸监司、知州非任满替移，虽有例册馈送罢任之物，及受之者，并受赃论"，但"讲究有未尽，止不许受罢任之物，而到任未久，改易他州者，未有明文"。他建议监司、知州"两易其任在半年内者，不得重叠受到任馈送"。如违，监司、知州及库官"并以赃罪坐之"①。五是有些地方根本没有供给例册，馈送由知州随心所欲。朱熹在孝宗、光宗朝知南康军和知漳州时，发现这两处"凡所送遗，并无定例，但随意所向为厚薄"。他问胥吏，都回答说："有时这般官员过往，或十千，或五千；后番或是这样，又全不送，白休了。"于是，他"立为定例，看什么官员过此，便用什么例送与之，却得公溥。后来，至于凡入广诸小官，如簿、尉之属，个个有五千之助，觉得意思尽好"②。朱熹此举，实际上是恢复了北宋时公使库供给例册的制度。

　　南宋时期官场礼品馈赠制度之所以不能得到很好执行，与各地供给例册的存在也有一定的关系。孝宗时，郑兴裔在《请禁传馈疏》中分析说："贪墨成风，即使内外台司按之，辄曰：'此成例也。'且曰：'此动用公使库钱，无病国，无厉民也。'内外台司亦视为常故，而不之罪。"③各地官员皆以例册的"成例"为借口，掩盖他们从中渔利的不正当性，而朝廷御史台的官员、各路监司也认为只不过动用公使库钱，并不增加国家和百姓的负担，因此都不加罪。

　　当然，宋代也有部分官员因违反官场礼品馈赠制度而受到惩处，其中既有违法受礼者，也有违法送礼者，下面两表是北宋和南宋时有关官员违反礼品馈赠制度受罚的情况：

---

① 《宋会要》职官47之24至25《判知州府军监》。
② 《朱子语类》卷106《外任·总论作郡》，中华书局1986年版。
③ 《郑忠肃奏议遗集》卷上。

（一）北宋时期官员受罚情况表

官员姓名	违法情况	受罚时间	原任差遣和官职	受罚情况	资料出处
何幼冲	受诸州馈遗	开宝三年(970)六月	京东发运使、吏部郎中	责为考功员外郎	《长编》卷11
勾龙赞	受民金爵搔头	宋太祖时	许州主簿	官付黄门，直决二十	曾馆《类说》卷19
吴植	饷金于宰相王钦若	宋真宗时	知郢州武军	坐追停	吴处厚《青箱杂记》卷6
吕夷简	外传纳知秦州王继明馈赂	景祐四年(1037)四月	左相	罢相，出判许州	《长编》卷120
夏守恩	其子通略遗，本人恃宠骄恣不法	景祐四年(1037)闰四月	武宁节度使、真定府定州路都部署	除名，配连州编管	《长编》卷120
魏瓘	封送贡余椰子煎等馈京师臣僚	庆历七年(1047)七月	知广州	降知鄂州	《长编》卷161;《宋史》卷303本传
王纯臣	多纳馈遗	至和元年(1054)五月	祠部员外郎、秘阁校理	出京，通判登州	《长编》卷176
许元	在淮南十三年，多聚珍奇，以赂遗京师权贵等	至和元年(1054)十一月	淮南等路制置发运使	改知扬州	《长编》卷177
王逵	以公用蜡烛和墨遗京师要官等	嘉祐三年(1058)三月	刑部郎中、直龙图阁、知兖州	追一官，勒停	《宋会要》职官65之17
武继隆	受洪福寺僧馈遗等	嘉祐三年(1058)十月	内侍副都知	降为海州都监	《长编》卷188

（续表）

官员姓名	违法情况	受讨时间	原任差遣和官职	受讨情况	资料出处
吕溱	前知真定府时违法收受馈赆等	嘉祐四年(1059)三月	翰林侍读学士、吏部郎中	贬为礼部郎中、知和州。又贬为分司南京	《长编》卷189;《宋史》卷320《吕溱传》
吕公孺	兄公绰受四方略遗,多为公孺恐喝夺去等	嘉祐四年(1059)六月	户部判官	出知安州	《长编》卷189
张宋瑛	受宗室子白银	熙宁八年(1075)	职方员外郎、诸王宫教授	各追两官,勒停	《长编》卷271
杨绘	受监门文书库牟王永年馈遗缯帛及酒	熙宁十年(1077)五月	翰林学士	责授荆南节度副使	司马光《涑水记闻》补遗
窦卞	受监门文书库牟王永年馈遗酒	熙宁十年(1077)五月	待制	落职,管勾灵仙宫	司马光《涑水记闻》补遗
吕公孺	遣兵夫牵乘,多载酥、梨,送馈在京权要,求之醵竭为之馈竭	元丰元年(1078)十二月	右谏议大夫、知永兴军	罚铜十斤	《长编》卷295;《宋史》卷311本传
龚原	受生员张育银、绫等	元丰二年(1079)七月	殿中丞、国子监直讲	追一官,勒停,展三期叙	《长编》卷299
沈铢	受生员张育瓷器、竹算	元丰二年(1079)七月	国子监直讲、和州防御推官、审官西院主簿	勒停,罚铜十斤	《长编》卷299
叶涛	受生员张育茶、纸等	元丰二年(1079)七月	国子监直讲、润州金坛县令	冲替,罚铜十斤	《长编》卷299

（续表）

官员姓名	违法情况	受罚时间	原任差遣和官职	受罚情况	资料出处
王沇之	受太学生章公弼赂（纸、笔）等	元丰二年（1079）十一月	国子监直讲、颖州团练推官	除名，永不收叙	《长编》卷301；陆游《家世旧闻》卷上
余中	受太学生陈度赂（纸、笔）	元丰二年（1079）十一月	太常丞	追一官，勒停	《长编》卷301；陆游《家世旧闻》卷上
陈彦辅	坐非例受公使车馈送等	元丰七年（1084）六月	承务郎	冲替	《长编》卷346；《宋会要》职官66之29
章惇	受内侍未用臣赠遗等	元祐元年（1086）闰二月	正议大夫、知枢密院事	免职，守本官知汝州	《长编》卷369、卷370
未用臣	以馈遗交通执政	元祐六年（1091）闰八月	皇城使、管勾舒州灵仙观	与叙忠州刺史	《长编》卷465；范祖禹《范太史集》卷21《论未用臣叙官状》
梁彦深	将本州公使酒分送在州现任诸官，比前官崇宁五年赠多三百余石	大观三年（1109）五月	知齐州	特冲替，系公罪，事理稍重	《宋会要》食货21之17
钟正甫 鲍慎田	任准南漕臣时，违例受所部馈遗	政和元年（1111）五月	司勋郎中、司勋员外郎	各降一官	《宋会要》职官68之23

(二) 南宋时期官员受罚情况表

官员姓名	违法情况	受罚时间	原任差遣和官职	受罚情况	资料出处
卜炙恂	任岳飞军前拆同,受馈过数	绍兴六年(1136)正月	内侍	降一官,送吏部与外任	《要录》卷97
盖谅	奉使川,陕,所至辄受供馈	绍兴十二年(1142)十月	工部员外郎	罢任	《要录》卷147
曹泳	任两浙漕,知临安府时,将官钱物馈送秦桧父子等	绍兴二十六年(1156)正月	特勒官,新州编管	移吉阳军编管	《要录》卷171
刘景	任广州通判时,竭当地土官以庆满户部侍郎曹泳所欲	绍兴二十六年(1156)正月	左通直郎,知台州	罢任	《要录》卷171
韩仲通	以本府公库钱物馈遗秦桧	绍兴三十一年(1161)正月	敷文阁直学士,知建康府	落职,放罢	《要录》卷188
王继先	受富民海舟,荐为阁职等	绍兴三十一年(1161)正月	昭庆军承宣致仕	令子福州居住,籍没海舟等	《要录》卷192
成闵	入朝时,向侍从,卿监,郎官,阁门闪侍馈遗	绍兴三十二年(1162)四月	太尉,主管殿前司公事	罢太尉,婺州居住,夺庆远节度使	《要录》卷199;《宋史》卷370本传
王定国	知高邮军时,移易官钱,转贩邻境,以资馈遗	淳熙元年(1174)四月	新知兴国军	罢新任	《宋会要》职官72之11
宇文子震	任淮东总领权知镇江府时,妄用钱物数多,过例馈送	淳熙九年(1182)正月	朝请郎	特追两官,勒停	《宋会要》职官72之32至33;《建炎以来朝野杂记》甲集卷6

（续表）

官员姓名	违法情况	受罚时间	原任差遣和官职	受罚情况	资料出处
刘焞	前知潭州，过例馈送，妄有支费	淳熙九年（1182）三月		特追两官，勒停	《宋会要》职官72之33
叶宏	多为苞苴，遍遗权贵等	淳熙九年（1182）七月	太府少卿，淮西总领	放罢	《宋会要》职官72之7
熊飞	前知扬州，妄用官钱，以空函馈送，入私家以数万计	淳熙十六年（1189）二月		特除名勒停，送抚州编管	《宋会要》职官72之50
赵公硕	提举酒政，首为不法，公使库中私馈	绍熙三年（1192）四月	建康府签判	差主管台州崇道观	《宋会要》职官73之10
吴昭夫	公使库别置历，送还人多支钱，或诡名情馈送	绍熙五年（1194）八月	广东提举	放罢	《宋会要》职官73之59
郑挺	互送过钱	开禧二年（1206）三月	降授武功大夫，文州刺史	特追两官	《宋会要》职官73之36
林良	亲旧馈送，多支公帑等	嘉定六年（1213）二月	新除知大宗正丞	与宫观	《宋会要》职官73之46
郑浦	往福建劝谕和籴，受州县官折租馈遗	嘉定九年（1216）五月	监行在左藏两库	与祠禄	《宋会要》职官73之50

　　由于史料所限,笔者只搜集到上面 45 人次因违反官场礼品馈赠制度而受到惩处的例子,其中有以下一些情况值得注意:其一,在总共 45 人次中,北宋 28 人次,占 62.2%;南宋 17 人次,占 37.8%。其二,有 19 人次是因违法送礼而遭惩处,其中北宋 7 人次,南宋 12 人次,增加了 71.4%;有 27 人次是因为违法受礼而遭到惩处,其中北宋 21 人次,南宋 6 人次,减少了两倍多。开禧二年遭惩处的郑挺既送礼,又受礼,两种情况均分别计入。其三,在被罚的官员中,宰执 2 人次,约占总数的 4.4%;内侍官 4 人次,约占 8.9%;武将 3 人次,约占 6.7%;学官 6 人次,约占 13.3%;路级长官 8 人次。约占 18%;州级长官 12 人次,约占 26.7%;路、州级长官合计 20 人次,约占 47.6%;其他官员 10 人次,约占 22.2%。其四,在遭惩处的官员中,有北宋 15 人次、南宋 14 人次,合计 29 人次单纯因违法送礼或受礼而受罚,约占总人数的 64%;有北宋 13 人次、南宋 3 人次,合计 16 人次系数罪并罚,约占总人数的 36%。其五,受政治斗争的影响,在官场礼品馈赠制度的执行过程中,也曾出现情有可原却因制度难容而被严惩的现象。如神宗元丰二年的“太学狱”,国子监直讲龚原和沈铢、王沇之及太常丞余中等人,因被太学生虞蕃告发,“下御史台案劾”。“上自朝廷侍从,下及州县举子,远至闽、吴,皆被追逮,根株连佐,无虑百千人。无罪之人例遭捶掠,号呼之声,外皆股慄。”①在被“逮捕械系”的侍从中,还有翰林学士许将②。最后,龚原等人皆受重罚。元丰中,经筵官陆佃曾劝神宗说:“学官与诸生乃师弟子,今坐以受所监临赃,四方实不以为允。龚原、王沇之等皆知名士,以受乡人纸百番、笔十管斥废,可惜。”神宗不听③。哲宗元祐元年(1086 年),御史中丞刘挚上疏为“太学狱”翻案,替龚原等人平反。他说:龚原等人“所坐赃,大率师弟子贽见之礼,茶、药、纸、笔日用之品,皆从来学校常事,虽经有司立法,而人情踵故,未能遽革,尽以监临枉法当

①　《长编》卷 386,元祐元年八月壬子。
②　《宋史》卷 471《蔡确传》。
③　陆游:《家世旧闻》卷上,中华书局 1993 年版。

之，终身放废，可谓已甚"①。从陆佃和刘挚所说，可知在太学中，学生赠送一些茶、药、纸、笔日常用品给学官本是一件平常小事，有关官署虽曾"立法"限制，但人们习以为常，对此"法"并未重视和认真执行。所以龚原等人接受学生的一些小礼品，既可追究法律责任，也可不予追究。不料恰遇蔡确为御史中丞，他"深探其狱，连引朝士"，对学官们大张挞伐，不惜使用逼供，迫使学官们认罪，从而将较为一般的馈赠定为行贿和受贿②。其六，在上述被惩处的官员中，并不包括宋仁宗时知镇戎军曹修。曹在任期曾"受邻州所送公用酒，已而自首，法官处以赃罪"。司马光在一份奏状中，提出按照朝廷"旧条之意，明许以酒食相遗"，"今曹修所受止于樽酒，随而自首，已为刻薄，法官又以赃罪加之，剖析一条以为二事，不察人情，不顾大体"。他提议今后凡以公使钱及财物"赠遗人而受其还答入己者，准盗论，并须赃满五匹以上，方得科罪。其不满五匹，及以饮食之物相馈饷者，皆勿论"。在他看来，在官场礼品馈赠方面，应以五匹为送礼、收礼是否违法的最低线，超过此线者，才可治罪。这样做的好处是"人情有以相接，贪吏不能为奸，百司有所循守矣"③。司马光的这一建议未被朝廷采纳，因为以后的文献再也没有人提起过。

　　需要指出的是，在宋代，也有一些官员廉洁奉公，在官场交往中拒绝送礼或受礼。如宋太祖朝的宰相范质，"以廉介自居，未尝营生事，四方馈献皆不纳"④。太宗称赞他能够"循规矩、慎名器、持廉节"⑤。仁宗康定元年（1040年），包拯始知端州。时"州岁贡砚，前守缘贡，率数十倍，以遗权贵人"。拯到任后，拒绝承袭前任的做法，"命制者才足贡数，岁满不持一砚归"⑥。仁宗时，谏官孙甫，"人尝与一砚，值三十

① 《长编》卷386，元祐元年八月壬子。
② 《宋史》卷471《蔡确传》。
③ 司马光：《温国文正司马公文集》卷21《论以公使酒食遗人刑名状》。
④ 叶梦得：《石林燕语》卷1，中华书局1984年版。
⑤ 《宋史》卷249《范质传》。
⑥ 张镃：《仕学规范》卷21《莅官》，文渊阁四库本，台北商务印书馆影印本。

千。孙曰：'砚有何异而为如此之价也？'客曰：'砚以石润为贵，此石呵
之则水流。'孙曰：'一日呵得一担水，才值三钱，买此何用？'竟不受。"①
天章阁待制、江淮等路制置发运使蒋堂也明确反对利用职权多运江湖
土产至京师馈遗权贵，表示："吾岂为此！岁入自可附驿奏也。"在任前
后五年，"未尝一至京师"②。神宗时，宰相王安石"病喘，药用紫团山人
参，不可得"。当时，"薛参政（向）自河东还，适有之，赠公数两，不受"。
有人劝王安石说："公之疾非此药不可治。疾可忧，药不足辞。"王安石
答道："平生无紫团参，亦活到今日。"坚决拒收③。监金耀门文书库王
永年曾购缯帛和酒馈赠提举京百司、集贤修撰张刍，张拒收。神宗知道
后，很快嘉奖张，升为谏议大夫、知邓州④。神宗、哲宗时，苏轼曾为苏
州人姚淳所居的三瑞堂赋诗，"姚以千文遗之"，轼"固却而不受"。后
来姚又赠送香80罐，轼仍托人原物送还。此时苏轼是否任官，不得而
知，但他的"清德"之举，深为南宋人龚明之"叹美"，自感"诚不可及
也"⑤。元丰元年（1078年）十二月，右谏议大夫吕公孺送给检正中书
刑房文字杜纮梨40颗、酥3斤，杜"生平不识"吕，"未尝有一字往还"，
遂"遣人还之"⑥。

　　南宋时，尽管官场礼品馈赠之风日趋兴盛，但仍有一些官员能自觉
遵守朝廷的有关制度，拒绝受礼和送礼。如高宗、孝宗时，官员李椿将
收到违法礼物全部上缴国库。杨万里撰《李侍郎（椿）传》记载："馈饷
非律令所应受者，率归之帑。"⑦孝宗淳熙七年（1180年），高夔任直龙
图阁、湖北帅臣，逢"江陵府岁旱，宴集、馈遗皆罢，力修荒政"⑧。为了

① 沈括：《梦溪笔谈》卷9《人事一》，中华书局1963年版。吴埛：《五总志》载拒收客赠砚者为王安石。
② 《宋史》卷298《蒋堂传》；《长编》卷127，康定元年四月庚寅。
③ 《梦溪笔谈》卷9《人事一》
④ 司马光：《涑水记闻》补遗，河北教育出版社《宋代笔记小说》本。
⑤ 龚明之：《中吴纪闻》卷2《姚氏三瑞堂》，上海古籍出版社1986年版。
⑥ 《长编》卷295，元丰元年十二月辛丑朔。
⑦ 《杨万里集》卷116。另见《朱熹集》卷94《李椿墓志铭》。
⑧ 周必大：《文忠集》卷65《淮西帅高君（夔）神道碑》，文渊阁四库本，台北商务印书馆影印本。

集中全力抗灾,取消了一切宴会和礼品馈赠。郑兴裔在任路、州长官时,将邻路所赠巨额礼物全部退回。据他所撰的《请禁传馈疏》说:"臣累任监司、牧守,邻道馈遗前后不下数十万,悉以原物归赵,未敢分毫染指,亦不敢效遂时趋,辄相投报。"其中在知庐州时,"前扬州守臣熊飞遣使赍万缗,传馈至庐,臣即时谢却。此庐郡大小僚吏所见闻者。"为此,郑还得罪了"当道","其间更有影射之弊,不可究竟者"①。光宗时,知袁州李訦"撙用度,凡厨传苞苴等事,一切不为",将积余的经费,"储米几二万斛,名之曰州济仓",用来平抑市场的粮价②。宁宗时,知蓟州李诚之将公使酒库每月供给的现钱缴还国库。史称:"先是,酒库月解钱四百五十千以献守,诚之一无所受,寄诸公帑,以助兵食。"③按照例册,李诚之完全可以每月收下 450 贯,但他一心为国,将这些钱上缴,充作军粮。嘉泰元年(1201 年),许奕知滁州,"监司、邻道互送,月至三百缗,奕悉付公帑,积至一万四千余缗"④。嘉泰三年(1203 年),知饶州石昼问也谢绝所有官场礼品馈送:"郡当孔道,将迎、馈送一切谢绝,时以家蔬待所委官。"⑤据李心传记载,在孝宗和宁宗朝,有三名"蜀帅"(四川安抚制置使)即赵汝愚、赵彦逾和杨辅将所受"聘礼",亦即上任时当地馈赠的现钱全部使用在公益事业上,一文不入私囊。其中赵汝愚将"聘币"用来救济遭受火灾的"细民";赵彦逾离任前,将"聘币"分饷给成都各县的宗室。但有的官员因拒收礼物,却得罪了上司或同僚⑥。理宗时,马光祖曾两次出任沿江制置大使兼知建康府,他每次都将到任"例册钱"等 20 万贯用于犒赏军民;"诸馈遗率递易以报,纤毫弗入私帑"。开庆元年(1259 年),他决定在建康府设"礼尚库",凡所受馈赠,不管现钱,或者币帛百物,皆搬入库中,派吏员掌管,遇到必须

① 《郑忠肃奏议遗集》卷上。另见《宋史》卷 465《外戚下·郑兴裔传》。
② 真德秀:《真文忠公文集》卷 42《通议大夫、宝文阁待制李公墓志铭》,四部丛刊本。
③ 《宋史》卷 449《忠义·李诚之传》。
④ 李俊甫:《莆阳比事》卷 5《胥不受馈,吏至质衣》,宛委别藏本。另见《宋会要》选举 22 之 16。
⑤ 周必大:《文忠集》卷 75《循吏石大夫墓志铭》。
⑥ 《建炎以来朝野杂记》乙集卷 12《蜀帅聘币不入私家者三人》。

回赠的，即从库中支取①。度宗时，知平江府常楙离任时，按照惯例，"有送还事例，自给吏卒外，余金万楮，楙悉不受"②。

也有一些严于律己的官员，不仅遵守朝廷有关礼品馈赠的制度，而且将这方面的内容写入自己的官箴中。如徽宗政和七年（1117 年），李元弼在所撰《作邑自箴》中说："时新馈献之物，虽曰厚答之，亦不可受。至如同官惠口味之属，医人供纳圆散，岂可径转归家？其有苞苴者，皆饬厅吏视过。"③所谓"时新"，一般是指刚上市的果蔬、茶叶之类，李元弼主张都不可接受。同事馈赠的食物、医师送给的药物，不可以随便拿回家中，要当厅使吏人看过。言下之意，然后可以拿回家去。孝宗时，吕祖谦在《官箴·受所部送馈及赴会》中提出："部民或进纳人如士大夫送馈果食之类，则受，仍当厅对众开盒子，厅子置簿抄上，随即答之；余物不可受。"④与李元弼不同的是，吕祖谦明确写出"部民"、"进纳人"如果是士大夫，他们馈赠的果食等，只要当厅示众，登记在册，就可以收下；同时，立即回礼。其他东西如现钱、布帛等，则不可以接受。李元弼和吕祖谦是作为州、县的长官，用"官箴"的方式，表示自己不随便接受官场的馈赠，同时也教育后人如何奉法遵职。

四　宋代官场礼品馈赠制度的主要特点

与官员公费用餐制度⑤一样，官场礼品馈赠制度是宋代统治者推行廉政建设的重要措施之一。与前代相比，宋代官场礼品馈赠制度具有以下几个特点：

第一，经历了近 320 年的长期摸索，较前代严密和完善得多；同时，

---

① 周应合：《景定建康志》卷 23《城阙志四·诸库》，卷 14《建康表十》，《宋元方志丛刊》，中华书局 1990 年影印本。
② 《宋史》卷 421《常楙传》。
③ 李元弼：《作邑自箴》卷 1《正己》，四部丛刊续编本。
④ 吕祖谦：《吕东莱先生文集》卷 10《官箴》，金华丛书本。
⑤ 朱瑞熙：《宋代官员公费用餐制度初探》，《文史》第 49 辑，中华书局 1999 年 12 月版。

既注重作出惩治性的规定,又注重采取预防性的措施。汉代有关官场礼品馈赠的规定比较简单,只是规定官员偿还下属所赠送的食品,就可以免予追究;官员离任,不得接受下属的馈赠,否则将受到严惩。到唐代,有关规定逐步增多起来。《唐律疏议》在奉命出使的官员和监察官、监临官、离任官员接受礼品馈赠及送礼方面作出了规定。随后,唐政府又陆续对州郡长官在上任和卸任时收受礼品、州郡以节余钱物充作馈赠来往客人的经费等五个方面作了规定,从而初步形成有关官场礼品馈赠的规范。

　　从北宋初开始,统治者陆续对官场礼品馈赠作出了比较详细、全面的规定。除《宋刑统》沿袭《唐律疏议》的四条规定外,在公使供给例册、朝廷派出的涉外使臣、各路监司、帅臣、各州发运司、内侍官、走马承受、统兵官、司法官、朝廷派出的官员、一般官员及其亲属、现任官生日、犯法官员量刑比照等十多个方面陆续作了规定。显然,这些规定已经比较系统和规范,具备了一个完整制度的主要特征。

　　值得注意的是,在这一制度的确立过程中,赵宋政府既注意到作出惩治性规定,又注意到实行预防性的措施。如宋徽宗宣和七年(1125年)的一份诏书规定,“内外官”不得“以苞苴相赂遗”,又要求“御史台常切察觉弹奏”①,以预防官员违法。高宗绍兴三十一年(1161年),军器监主簿杨民望上疏论监司的三弊,要求“命监司、帅臣互察”,以抑制监司“互送”的风气②。孝宗隆兴二年(1164年),为了限制各州官员将公使库钱物用于“私馈”,诏“令提刑司常切觉察”③,责成各路提刑司负责监督。淳熙元年(1174年),为严防州郡“巧作名色”,违法馈送,责成各路监司和帅臣“觉察”④。光宗绍熙二年(1191年),采纳权礼部尚书李巘的建策,防止监司和知州违法“互送”,要求“在内令御史台弹劾,

① 《宋会要》刑法 2 之 93《禁约》。
② 《要录》卷 188,绍兴三十一年二月丙午。
③ 《宋会要》刑法 2 之 156《禁约三》。
④ 《皇宋中兴圣政》卷 53《孝宗皇帝十三》。

在外许监司互察"①。宁宗嘉定十六年（1223年），进一步依从"臣僚"的提议，为煞住官场"互送"的歪风，"申严旧法行下，郡守令通判并职官，监司、军帅令本司属官，连衔具有无互送责朝典状，月申御史台，考核其实"。御史台一旦发现官员"有违戾，即行弹奏"，朝廷期望"庶几可以止绝贪黩之风"②。尽管宋代没有也不可能完全禁绝官场的礼品馈赠现象，但制定了各种较为周密的预防性规定，却反映了其在这些方面管理的制度化程度。

第二，立法不严，执法更宽。两汉时，政府对违反规定而接受礼品的官员给予免除官职并降为士卒的处罚。到唐代，已经将违法送礼和受礼纳入"六赃"的惩治范围。所谓"六赃"，据《唐律疏议》规定，是指受财枉法、不枉法、受所监临、强盗、坐赃六类赃罪；同时，又是各种赃罪的量刑比附标准。其中的"坐赃"，是指"非监临主司，因事受财，而罪由此赃，故名'坐赃致罪'"③。北宋初编定的《宋刑统》，沿袭了以上的规定④。《宋刑统》以后，宋代政府对违法送礼和受礼的官员大都比照坐赃、受所监临财物、自盗（即窃盗）论罪，虽然按照《庆元条法事类》迎送宴会和馈送类的"旁照法"，规定违法者受到的刑事处分从杖60到最重的绞刑，但具体的刑事处分一般是杖100或徒一年、徒二年、徒三年，最多流二千里，或者附加"不许赦降去官原减"等。故从总体上讲，宋代在立法上对违反官场礼品馈赠制度官员的处分实际并不严厉。

至于在执法方面，则是更为宽疏。从前文所举的有关官员因违法送礼或受礼而受到惩处的45个事例来看，大多数只是罢任（冲替、勒停、放罢等）或降低官阶（追官）、降低差遣，或者罢任的同时又降低官阶等行政处分，只有4名官员，即夏守恩、王沇之、曹泳、熊飞所受处罚最重，算得上是刑事处分。仁宗景祐四年夏守恩被判除名、配连州编

① 《宋会要》职官79之8《戒饬官吏》。
② 《宋会要》职官79之39至40《戒饬官吏》。
③ 《唐律疏议》卷26《杂律》。
④ 《宋刑统》卷26《杂律·犯赃》。

管,并不单因其子夏元吉"通赂遗",而是夏守恩另有"受枉法赃"、"恃宠骄恣不法",属于数罪并罚。绍兴二十六年曹泳被判"移吉阳军编管",也并非只是追究他以前任两浙转运使、知临安府时将官钱官物赂遗秦桧父子,而是还有其他一些罪行,而且他本已受到"特勒停、新州编管"的严惩,"移吉阳军编管"仅是再加重一些处罚而已。神宗元丰二年王沇之被惩"除名、永不收叙",如前文所述,该案(即"太学狱")本身可判可不判,有扩大化的倾向。至于孝宗淳熙十六年熊飞被处"特除名勒停,送抚州编管",则完全是因为他乱用官钱馈送,且数额较大,因此被判此刑。熊飞算得上是见于史载的宋代惟一真正因为违反官场礼品馈赠制度而遭刑事处分的官员。此外,由上述受惩官员的事例也可以看出,宋代一般没有对违反官场礼品馈赠制度的官员按照"平赃"的原则,即在刑罚的执行过程中追赃,在经济上要求违法者赔偿政府的损失和罚款。只有神宗元丰元年的吕公孺、元丰二年的沈铢和叶涛,分别被罚铜十斤,折成现钱不过是区区 1 贯 200 文①。其中沈铢和叶涛案属于"太学狱",有扩大化的倾向。高宗绍兴三十一年王继先被判籍没海舟,是因为这艘海舟是一位富民赠送的。王继先当是宋代惟一被政府没收非法所得礼品的官员。

第三,宋代的官场礼品馈赠制度主要是针对地方官。从宋代礼品馈赠制度的方方面面考察,这套制度对于地方官即各路监司、帅臣和各州长官的规定尤为详细、严密,如前文所说的 45 人次的被惩处官员中,这类官员占了近一半。同时,对于涉外使臣和朝廷派往各地公干官员的有关规定,也较为详密。而与之相对应的是,对以宰相为首的高官,特别是宰执生日受礼和送礼现象,在立法上则长期处于空白状态,直到高宗绍兴二十六年,权相秦桧已死,才有人提出对此加以限制,于是波及到对所有"内外现任官"的生日受礼和送礼问题作出规定。宁宗时,《庆元条法事类》进而将这些规定正式固定下来。

---

① 按《庆元条法事类》卷 76《当赎门·总法·断狱令》的规定,"赎铜,每斤一百二十文足。"

　　总之，宋代官场礼品馈赠制度的确立，在中国古代历史上是空前的，它在当时政治生活中确实曾发挥了一定的积极作用。尽管因为违反制度而被惩治的官员为数不多，但一定程度上也起到了杀一儆百的作用。当然，这一制度并非完美无缺，而是存在一些缺陷，诸如在立法上对违法者惩处不够严厉，打击不力；在执法上大都仅予以行政处罚，真正遭到刑事处分者甚少；其规定主要针对路、州地方官员和朝廷派出官员，对朝廷高官的限制较少，实际是对上宽，对下严；有关法令没有明确规定对违法者采取经济惩罚手段，如要求退回所受礼品、没收家产、罚款等，在实施过程中一般也不罚款；没有对官场礼品馈赠规定一个最高的限额。仁宗嘉祐年间，司马光在《论以公使酒食遗人刑名状》中曾提出官员收取礼品归己的最高额为五匹，"其不满五匹者，及以饮食之物相馈饷者，皆勿论"。这一建议标准明确，有利于执法者操作，但并没有被朝廷采纳。宁宗时修订的《庆元条法事类》馈送类"旁照法"贼盗敕引用"盗窃"罪的有关条文，规定盗窃在 400 文以下者，要杖 60。按此比照，凡非法受馈或送礼在 400 文以下的，也同样要被追究。然而，由于最高限额的数量太小，实际操作中很难得以施行，因为按此限额，则大批官员都将遭到处分。换言之，这与没有制定限额并无多大差别。正因为宋代官场礼品馈赠制度存在上述缺陷，故自徽宗朝起，一直到南宋末年，官场公款互送之风不仅没有得到有效的遏止，反而随着官僚阶层消费欲望的日趋膨胀，愈演愈烈，礼品馈赠成为官员们行贿受贿的一种主要手段。从中我们可得到一个教训：不管制度规定得如何周密，如果不能认真严格地执行，那么这种制度只能是似有若无，甚至成为一纸具文。

（本文刊载于《燕京学报》新第 12 期，

北京大学出版社 2002 年版）

南宋理学家林栗研究

——兼论林栗与朱熹的争论

　　林栗,是南宋前期的一名纯粹的义理派《易》学家。其代表作是《春秋经传集解》。由于他过于心高气傲,在治学上意气用事,具有偏执型的人格。他始终反对象数学派的邵雍、周敦颐等人,反对心学派的《易》学家程颐,又与吸取了象数派的义理派《易》学家朱熹的观点相左。尤其是随便将学术见解的分歧政治化,动辄危言耸听,攻击张载以"邪说诬民",是"名教之大贼",指责张载和周敦颐等是"异端之学",朱熹是"乱臣之首"等,从而影响了他的学识的传播和在学术史上的地位,逐渐成为中国思想史、易学史中的没没无闻者。

一、林栗的仕宦经历

　　林栗,字宽夫,福州福清(今属福建)人。生卒年不详。约生活在南宋高宗初至光宗初。早年师从眉州布衣师维藩和福清人颜荣。师维藩精通《春秋》学,曾上《中兴十策》,请求高宗亲自"视师"。在福州长溪(今福建霞浦)"聚徒"教学,"闽、浙之士从之者数百人",林栗便是他的"高弟"之一。后以屡次参加科举考试而得授全州文学的官衔,又到临安府(治今浙江杭州),任权太学录①。颜荣也是当地著名

① 《建炎以来系年要录》卷104,中华书局1956年版,第1695页作"帅维藩"。"帅"系"师"字之误。另见该书卷149,第2399页、卷151,第2439页;《宋史》卷433《高闳传》中华书局1985年版,第12858页。

学者,著有《易说》、《春秋说》、《论语说》,人称"蘖山先生",据说"林栗传其学"①。

　　林栗于绍兴十二年(1142年)登进士第,任江西抚州崇仁县(今属江西)尉。晋升左从事郎(从八品)、南安军(治今江西大余)学教授。绍兴二十八年(1158年)五月,经宰相陈康伯的推荐,进京任太学正。②二十九年八月,临时任国子监发解点检试卷官③。绍兴三十一年(1161年)五月,守太常博士(正八品)。十月,上书宰相,提议乘金国内乱之机进兵,恢复中原。他说:

　　　　虏人(按指金兵)于我有不共戴天之仇,祸极凶殚,自取屠裂(按指金人杀帝完颜亮)。乃今按兵江壖,议立新主,从容移檄,令我戢兵。万一其计得行,是一亮死一亮生也。……为今之计,宜敕诸将迢军临之,别遣重兵,分出泗、亳、颍、寿,规取汴京,截其归路,勿与之战,使之前不得斗,退无所归,然后开以生还之路,示以丹青之信。诸军但许受纳降款,若只是通和文字,不得收接。若失此时,纵其北归,是(安)禄山毙而(安)庆绪兴,(史)思明弑而(史)朝义立,中原涂炭,不知何时而已。惟庙堂诸公垂听④。

　　他分析形势,提出了应对金朝内乱的对策,表达了他的爱国情怀。
　　绍兴三十二年九月,孝宗即位后,林栗晋升屯田员外郎(正七品)⑤。此时,金世宗遣使"请和,约为叔侄之国,且以归疆为请"⑥。林

①　朱彝尊:《经义考》卷26《易二十四》,台北:商务印书馆影印文渊阁四库全书本,第677册,第287页下。
②　《建炎以来系年要录》卷179,中华书局1956年版,第2967页;周麟之:《海陵集》卷17《林栗除太学正》,商务印书馆影印文渊阁四库全书本,第1142册,第135页上一下。
③　《宋会要辑稿》选举20之13—14《试官下》,中华书局1957年版。
④　《建炎以来系年要录》卷190,中华书局1956年版,第3171页;《三朝北盟会编》卷246《炎兴下帙一百四十六》,上海古籍出版社1987年版,第1770页下—1772页上。
⑤　《宋中兴百官题名·东宫官》,《藕香零拾》,中华书局1999年版,第5页上。
⑥　《宋史》卷33《孝宗一》(中华书局1985年版,第619页)载,九月庚子"以金人来索旧礼,诏宰执、侍从、台谏各陈应敌定论以闻"。

栗向孝宗上"封事",提议暂时不与金朝和议,停纳岁币,停派使臣,静观局势再定。他说:

> 前日之和,诚为非计。然徽宗梓宫、慈宁(按即高宗母韦氏,绍兴十二年八月被金朝送回临安,入居慈宁宫)行殿在彼,为是而屈,犹有名焉。今日之和,臣不知其说也。宗庙之仇,而事之以弟侄,其忍使祖宗闻之乎!无唐、邓,则荆、襄有齿寒之忧;无泗、海,则淮东之备达于真、扬,海道之防偏于明、越矣。议者皆言和戎之币少,养兵之费多,不知讲和之后,朝廷能不养兵乎?……与之岁币,是畏之矣。三军之情,安得不懈弛;归正之心,安得不携贰?为今日计,宜停使勿遣,迁延其期。比至来春,别无动息,徐于境上移书,谕以两国誓书。败之自彼,信不由衷,虽盟无益。自今宜守分界,休息生灵,不烦聘书之往来,各保疆场之无事,焉用疲敝州县,以奉犬羊之使乎①?

据记载,宋孝宗后来不仅停派使臣,不与金朝和议,停纳岁币,而且主动派军攻金,最后失败。

同月,林栗兼皇子、恭王(按即宋光宗赵惇)府直讲。此时孝宗吸取高宗后期"权臣之弊"的教训,决定"躬揽权纲,不以责任臣下"。林栗听闻此事后,立即面奏说:

> 人主莅权,大臣审权,争臣议权。王侯、贵戚善挠者也,左右近习善窃权者也。权在大臣,则大臣重;权在迩臣,则迩臣重;权在争臣,则争臣重。是故人主常患权在臣下,必欲收揽而独持之,然未有能独持之者。不使大臣持之,则王侯、贵戚得而持之矣;不使迩臣审之,争臣议之,则左右近习得而议之矣。人主顾谓得其权而自

---

① (明)杨士奇等:《历代名臣奏议》卷96《经国》,上海古籍出版社1989年版,第2册,第1323页下;《宋史》卷394《林栗传》,中华书局1985年版,第12026—12027页。

执之,岂不误哉。是故明主使人持权而不以权与人,收揽其权而不
肯独持之。

建议孝宗集权的同时,不能"独持"朝政。在读到"人主常患权在
臣下,必欲收揽而独持之"时,孝宗连连称"善",表示赞赏。不过,林栗
奏劄中还有"以鹿为马,以鸡为鸢"一段,引起一些执政官的不满,于是
在孝宗面前告状说:"林栗谓臣等指鹿为马,臣实不愿与之同朝。"孝宗
需要在执政官们和林栗中间进行选择,决定将林栗调出朝廷,出知江州
(治今江西九江)①。

在知江州任期,林栗做了两件留下记载的事。一是抵制朝廷裁减
屯驻江州军队。"有旨省并江州屯驻一军",林栗根据江州的防御形
势,上疏表示反对说:

> 辛巳(按即绍兴三十一年)、甲申(按即隆兴二年),金再犯两
> 淮,赖江州一军分布防托,故舒、蕲、黄三州独不被寇。本州上至鄂
> 渚七百里,下至池阳五百里,平时屯戍,诚若无益,万一有警,鄂渚
> 之戍,上越荆、襄、池阳之师,下流增备,中间千里藩篱,诚为虚阙。
> 无以一夫之议,而废长江千里之防。

提醒朝廷吸取辛巳、甲申金军两次南侵淮南的教训,重视江州的防
务,保持当地必不可少的兵力。此奏得到孝宗的赞同,江州遂"军得无
动"②。二是乾道二年(1166年)二月,根据朱熹的请求,撰写了《江州
学濂溪祠记》。该记名义上为纪念北宋理学家周敦颐而作,实际上却
极力加以贬低(见后)。

在宋孝宗初年,林栗逐渐受到朝廷一些高官的赏识,先后有张浚、

---

① (明)杨士奇等:《历代名臣奏议》卷51《治道·论以责任臣下疏》,上海古籍出版社1989年版,第
1册,第701页下;《宋史》卷394《林栗传》,中华书局1985年版,第12027页。
② 《宋史》卷394《林栗传》,中华书局1985年版,第12028页。

陈俊卿向朝廷推荐可以重用。隆兴元年(1163年)十二月,右相兼枢密使张浚上疏推荐林栗与王秬等四人"议论据正,可任台谏","皆一时选也"①。乾道三年(1167年)十一月,参知政事、同知枢密院事陈俊卿向朝廷推荐陈良翰、林栗等"名士"五人,说他们"恬退有守,可为侍从、台谏之储"②。

乾道四年(1168年)七月,林栗终于又被召到临安,任吏部员外郎,不久又命兼皇子庆王(赵恺)府直讲。孝宗下令庆王和邓王(赵憳)可以随时招延讲读官,"相与议论时政,以期规益",使之增长政治才干即统治经验。林栗立即上疏异议,他说:

> 汉武帝为戾太子开博望苑,卒败太子;唐太宗为魏王泰立文学馆,卒败魏王。古者教世子与吾祖宗之所以辅导太子、诸王,惟以讲经读史为事,他无预焉。若使议论时政,则是对子议父,古人谓之无礼,不可不留圣意③。

依照林栗规定的皇子辅导制度,讲读官只能教授传统的经、史知识,不能联系实际政治,否则便是"对子议父"。从此,恐怕再也没有讲读官敢执行孝宗"相与议论时政"的圣旨了。

不过,孝宗仍然重用林栗。

同月,林栗以吏部郎官身份上疏,对军队中曾立军功而被精简退役的小使臣、校尉表示同情,认为这些人目前"多是贫乏,搬挈可悯",要求允许继续留任,给予"优恤"④。同年九月,晋升右司员外郎,仍兼庆

① 郭齐、尹波点校:《朱熹集》卷96《少师保信军节度使魏国公致仕赠太保张公(浚)行状下》,四川教育出版社1996年版,第8册,第4890页。
② 郭齐、尹波点校:《朱熹集》卷95下《少师观文殿大学致仕魏国公赠太师谥正献陈公(俊卿)行状》,四川教育出版社1996年,第8册,第4919页。
③ 《宋史》卷394《林栗传》,中华书局1985年版,第12028页;(明)杨士奇等:《历代名臣奏议》卷73《储嗣》,上海古籍出版社1989年版,第2册,第1008页。
④ 《宋会要辑稿》职官54之37,中华书局1957年版。

王府直讲。十一月,因参加集议时,与刑部修立"强盗断刑"意见不同而为避嫌,调任枢密院检详诸房文字,仍兼直讲①。

乾道五年(1169年)二月,林栗以枢密院官员身份,上疏提议改革武举考试制度。在奏疏中,他说:

> 窃见省试举人考定字号闻奏,准敕差台官拆号放榜。武举绝伦,止委封弥官,轻重不等。欲乞今武举省试,并依避亲举人考校字号,先具闻奏,并付拆号官,下考试院考校,承前亚以举人三场,分送三房,各随一场最优处攒类编排。盖欲参取所长,兼防奸弊。

此奏要求朝廷重视武举,参照文士的考试流程,提高其考试规格。接着,他又说:

> 近者被命考校,独武举程文前后两场试卷,并入一房,深虑非宜,遂令互考,理或可行,欲乞详酌。

说明他最近多次担任科举考试官,这次还提出了改进武举考试的建议,最后被朝廷采纳②。

同年四月,林栗晋升太常少卿(从五品),仍兼庆王府直讲③。作为礼官,他多次上疏议论礼仪之事,颇为恪守其职。诸如辨正太庙中的孝宗安恭皇后夏氏灵柩的安放朝向、宰执在朝献行礼前赴尚书省"宿斋"、祭祀明州定海县(今浙江宁波东北镇海区)东海神祠、请求每年四祭于圜丘、提议以北宋末"以身殉国、名节暴著"的文臣李若水配享钦

---

① 《宋中兴百官题名·东宫官》,《藕香零拾》,中华书局1999年版,第7页下;《宋会要辑稿》职官61之54《换官》,中华书局1957年版。
② 《宋会要辑稿》选举17之31《武举》,中华书局1957年版。
③ 《宋中兴百官题名·东宫官》,《藕香零拾》,中华书局1999年版,第7页下。

宗庙等①。十二月,金朝使臣完颜毅等来贺正旦,朝廷在紫宸殿设宴招待,左相陈俊卿本因从兄去世而依制告假,但孝宗下令赴宴。不料,宴罢的当晚林栗便写信谴责陈俊卿"失体",以致陈立刻"引疾在告,上奏待罪"②。此事在朝廷掀起一阵波澜,右相虞允文十分同情陈俊卿,反而上疏指责林栗"诡正沽名",即假装正经、沽名钓誉,"乞明置典刑,以为不靖之戒"。孝宗也感到林栗此事过分,遂决定将他调出朝廷,以左朝请郎(正七品)、直宝文阁、知湖州(今属浙江)③。

　　林栗于乾道六年二月抵达湖州,十一月"罢"任。何以任期不长,史无记载。离开湖州时,国子司业芮国器赋诗相送,诗中有"今日桐城王刺史,异时遗爱在吾州"句。王十朋也赠题为"林黄中少卿出守吴兴……"诗,诗中有"出处平时正且严,犹于瓜李谨疑嫌。两溪水照新明月,六客堂逢旧紫髯。安定化应孚学校,谢公思已结闾阎。胡山清远使君好,想见邦人慰所瞻。"④表示了部分官员对林栗的看法,并希望他在湖州有所作为。

　　知湖州后,林栗又回到福建,连任知兴化军(治今福建莆田)和知南剑州(治今福建南平)。在南剑州,他注意到当地百姓疲于银坑,上疏反映"不便"之处,获得朝廷准许兑免,以致民间"欢声载道"⑤。随后,在赴湖州前依例"朝辞",曾以医病为喻,上疏提出此时国家的形势实际是半身不遂:"元气尚存,邪气尚盛,自淮以北皆吾故壤,而号令不能及,正朔不能加,有异于半身不遂者乎?"建议按照医师所言"禁其嗜

① 《宋会要辑稿》礼14之94、95《祀·群祀三》,中华书局1957年,《仪制》8之20;《宋史》卷394《林栗传》,中华书局1985年版,第12028页;(明)杨士奇等:《历代名臣奏议》卷73《储嗣》,上海古籍出版社1989年版,第2册,第1662页;李幼武:《宋名臣言行录》续集卷3《李若水忠愍公》,台北商务印书馆影印文渊阁四库全书本,第449册,第325页上—下。
② (宋)李心传撰、徐规点校:《建炎以来朝野杂记》乙集卷7《叶正则论林黄中袭伪道学之目以废正人》,中华书局2000年版,下册,第617页。
③ (宋)李心传撰、徐规点校:《建炎以来朝野杂记》乙集卷7《叶正则论林黄中袭伪道学之目以废正人》,中华书局2000年版,下册,第618页。
④ 《王十朋全集》卷29,上海古籍出版社1998年版,第550页。
⑤ (明)郑庆元纂:《嘉靖延平府志》卷9《名宦》,《天一阁藏明代方志选刊本》第29册,第6页下。

欲,节其思虑,爱其气血,养其精神"等等①。

约淳熙六、七年,林栗迁夔州路提点刑狱。八年(1181 年)七月,改知夔州(治今四川奉节东白帝城),加直敷文阁(从七品)。夔州属郡施州(治今湖北恩施)的豪强、承信郎谭汝翼,与羁縻思州(治今贵州务川)的知州田汝弼(少数民族首领)交恶。在林栗到任前的六月,谭汝翼乘田汝弼去世之机,进攻思州,"焚田氏之积,俘其奴客,以自封殖"。田汝弼之子祖周起兵报复,一时施、黔州(治今四川彭水)"大震"。林栗到任后,判断谭汝翼是"召乱"的"元恶",设计剥夺其兵权,并予搜捕。谭汝翼调集家丁和周围八寨义军反抗,被宋军击溃,谭汝翼逃往临安府,"伏阙"控告林栗收取田祖周的贿金。尚书省颁剳夔州,急调案件的档案。林栗担心谭汝翼得计,亲撰奏状辨析,并缴还省札。孝宗得悉此事"大怒",朝廷以林栗"身为帅臣,擅格上命",决定罢免林栗②。既而大理寺复查,加上右丞相王淮出面替林栗"救解",弄清了真相,最后谭汝翼被处以"编管"③。

此次林栗虽然受罚罢官,但也获得朝廷许多官员的同情。如知枢密院事周必大事后曾写信给他,说:"向者谭(汝翼)事纷纷,某适预奉行,而畏首畏尾,略不能为言者吐一言。微圣主明见,万里灼知忠忱,则是非曲直未易辨也。"④表示因为身份的关系,不能出面替林栗辩护,十分惭愧,幸而孝宗明察,最后辨清事实真相。此时,右丞相王淮也支持林栗,告诉孝宗说林栗"廉介有才学",孝宗便答应随后就让林栗复职,"除两广监司"。果然,很快下诏说:"栗累更事任,清介有闻。"恢复直

① 谈钥:《嘉泰吴兴志》卷 14《郡守题名》,中华书局,《宋元方志丛刊》第 5 册,第 4982 页上;《宋史》卷 394《林栗传》,中华书局 1985 年版,第 12029 页。
② (明)周复俊辑:《全蜀艺文志》卷 27;林栗:《奏破施州谭汝翼状》,台北商务印书馆影印文渊阁四库全书本,第 1381 册,第 281 页上;《宋会要辑稿》职官 72 之 35《黜降官九》,中华书局 1957 年版。
③ 辛更儒笺校:《杨万里集笺校》卷 120《宋故少师大观文左丞相鲁国王公神道碑》,中华书局 2007 年版,第 8 册,第 4645 页。
④ 周必大:《文忠集》卷 195《林黄中少卿(淳熙十年)》之一,台北商务印书馆影印文渊阁四库全书本,第 1149 册,第 219 页上—下。

宝文阁职,任广南西路转运判官。不久,改任提点刑狱①。

　　淳熙十年(1183 年)六月前,调至湖南,以朝议大夫(正六品)、直宝文阁,任权发遣潭州(治今湖南长沙)军州事兼管内劝农营田事、主管荆湖南路安抚司公事、马步军都总管②。此月,奏请将所著《春秋经传集解》命"下所属笔劄缮写投进"。十一年十二月,终于誊写完成,将该书三十二卷进献。孝宗命特升转一官,以资奖励,并命其书交给秘书省收藏。十二年三月,进献《周易经传集解》三十二卷,共三十六册③。自此约至淳熙十四年(1187 年)十二月,林栗先是晋升秘阁修撰(从六品),随后又迁集英殿修撰(正六品)、知隆兴府(治今江西南昌)。在湖南、江西期间,他的政绩颇多。如在潭州,从麻潭取石,扩筑城内南街;资助衡州(治今湖南衡阳)重建石鼓书院;遴选飞虎军士兵;申报朝廷处分"纵放"盗窃甲仗库兵器者的知全州(治今广西全县)赵(昌)裔;依制考核知全州赵昌裔的成绩为"否"④。

　　淳熙十五年(1188 年)正月,林栗再次被召至临安府,权兵部侍郎(从四品)兼详定官。孝宗召对便殿,他奏请"谏净之官尚有缺员,居其位者,往往分行御史之职,至于箴规缺失,寂无闻焉"。提议仿照唐制,增设左右拾遗、补阙各一员,以三年为任,序班在监察御史之上,由孝宗亲选"端方质直,言行相副"者,并"面加训谕",专掌谏正,不管官员纠纷之事。获得孝宗首肯⑤。三月,他参与高宗庙号的百官集议,主张用

① 楼钥:《攻媿集》卷 87《少师观文殿大学士鲁国公致仕赠太师王公(淮)行状》,四部丛刊精装本,第 188 册,第 12 页上;《宋史》卷 394《林栗传》,中华书局 1985 年版,第 12030 页。

② 林栗:《进周易经传集解表》(淳熙十二年三月),《全宋文》卷 4868《林栗一》,上海辞书出版社等,第 219 册,第 301—303 页;周必大:《文忠集》卷 195《林黄中少卿(淳熙十年)》之一,台北商务印书馆影印文渊阁四库全书本,第 1149 册,第 219 页上—229 页上。

③ 《宋会要辑稿》崇儒 5 之 40《献书升秩》,中华书局 1957 年版。

④ 洪迈:《夷坚志戊》卷 8《湘乡祥兆》,中华书局 1982 年版,第 3 册,第 1114 页;《宋会要辑稿》兵 19 之 34《集议》,中华书局 1957 年版;郭齐、尹波点校:《朱熹集》卷 79《衡州石鼓书院记》,四川教育出版社 1996 年版,第 7 册,第 4123 页;李心传撰、徐规点校:《建炎以来朝野杂记》甲集卷 5《淳熙藏否郡守》,中华书局 2000 年版,上册,第 132 页;《宋会要辑稿》职官 72 之 40—41《黜降官九》。

⑤ 《宋会要辑稿》职官 3 之 61《谏院》、3 之 58《谏院》;《宋史全文续资治通鉴》卷 27 下《宋孝宗八》淳熙十五年正月甲辰,《宋史资料萃编》第二辑,台北文海出版社,第 4 册,第 2199—2200 页;《宋史》卷 161《职官一》,中华书局 1985 年版,第 3786 页;(宋)李心传撰、徐规点校:《建炎以来朝野杂记》甲集卷 10《拾遗补阙》,中华书局 2000 年版,上册,第 205—206 页。

"尧宗"号,但被礼部、太常寺否决①。接着,又参与集议高宗祔庙的配享功臣名单,定为吕颐浩和赵鼎、韩世忠、张俊等四人②。四月初,他上疏指出,高宗以后修撰的《一司敕令》"多历年所,不曾颁降",不妨"令六部各据所隶条件抄录,从本所用印,以凭照用",建议敕令所"结局",以"捐不急止官,省无用之费"。孝宗听从他的意见,六月正式撤销敕令所③。

同年六月,理学家朱熹受命任兵部郎官。朱熹以患足疾,申报尚书省请假,"候痊按日供职"。不料有一天晚上,兵部吏人奉林栗之命,将该部四司郎的官印,直送朱熹住处,催促朱熹到部任职。朱熹无奈拒收。林栗立即上疏说:

> 臣伏见已降指挥,朱熹除兵部郎官,日下供职。而熹乃敢自陈私计非便,只欲就江西提刑法,已受省劄,不伏赴部供职;四司郎官厅印记,不肯收受,推出门外,令送长贰厅。缘长贰厅不合管郎官厅印记,且再令送还,仍加镌谕:"既能出入官门,上殿奏事,并遍诣宰执、台谏,即乘轿入部供职,良不为难;兼官司印记,难以弃掷在外,虑有失去。"其朱熹坚执不从。臣为贰卿,不能率属,致其偃蹇拒违君命,实负惭惧。所有印记无所归著,不免令四司人吏抱守终夕,至于达旦。

诉说朱熹可以行走,却拒收官印、不肯到部供职的经过。接着,在学术上贬低朱熹,认为朱熹徒有虚名,是"乱臣之首",应该禁止其学传

---

① (宋)李心传撰、徐规点校:《建炎以来朝野杂记》甲集卷2《光尧庙号议》,中华书局2000年版,上册,第71—72页。《全宋文》卷4868《林栗一》据《中兴礼书续编》卷49,辑出林栗奏状,拟题《议上大行皇帝庙号光宗奏》,第219册,第312页,此"光"字误。时百官集议高宗庙号,林栗提议取名"尧宗",并非光宗。

② 《宋会要辑稿》仪制8之22《集议》。

③ (宋)李心传撰、徐规点校:《建炎以来朝野杂记》乙集5五《炎兴以来敕局废罢》,中华书局2000年版,下册,第592—595页。

播。他说：

> 熹本无学术，徒窃张载、程颐之余绪，以为浮诞宗主，谓之道学，妄自推尊。所至辄携门生十数人，习为春秋、战国之态，妄希孔、孟历聘之风。绳以治世之法，则乱臣之首，所宜禁绝也。

最后，提出朱熹不肯就职是试图谋取高位，要求撤销其任命，他说：

> 今采其虚名，俾之入奏，将置朝列，以次收用。熹闻命之初，迁延道路，邀索高价，妄意要津，门生迭为游说政府，许以风闻，然后入门。既经陛对，得旨除郎，而辄怀不满，傲睨累日，不肯供职。其作伪有不可掩者，是岂张载、程颐之学教之然也？陛下爱惜名器，馆、学、寺、监久次当迁郎官者，只令兼权，其视郎选亦不轻矣，而熹乃轻之。兵部郎官，本系大宗正丞计衡兼权，以熹之故，移计衡于都官，而以兵部处熹，所以待熹亦不薄矣，而熹乃薄之。臣窃惟职制者，朝廷之纪纲。缘熹既除兵部，在臣合有统摄，若不举劾，厥罪惟均。乞将熹新旧任指挥，并且停罢，姑令循省，以为事君无礼者之戒①。

从朱熹此前数月的信函，知道他所患足病（腰腿病）并非虚妄。如正月至三月的《辞免江西提刑劄子》之一说，自己"累年以来积负畏惧，精神恍惚，耳重目昏，筋骨支离，腰痛足弱"。四月一日，又在劄子之二说：从三月十八日以来，"缘路疾病发作不常"，一路"勉强前进，而病势侵加，腰脚疼痛，俯仰拜跪，极为费力"。当林栗指责他后，在《辞免江西提刑状》之二详细叙述自己的病情，说他到达江西信州（治今江西上

---

① （宋）李心传撰、徐规点校：《建炎以来朝野杂记》乙集卷7《叶正则论林黄中袭伪道学之目以废正人》，中华书局2000年版，下册，第617—619页；李心传：《道命录》卷6《林栗劾晦庵先生奏状》，丛书集成初编本，第47—48页。

饶）时"脚气发作"，抵达临安时"右足复痛"，上殿"奏对之时，左足已痛"；及至徐兵部郎官时，"痛楚已甚，宛转呼号，不能履地矣"。在《与宰执劄子》中，提到两足"赤肿拘挛"①。

林栗的奏状引起孝宗的反感，孝宗当时表示："林栗言似过。"宰相周必大作证说："熹上殿之日，足疾未绸（瘳），勉强登对。"孝宗也说："朕亦见其跛曳。"左补阙薛叔似也上疏为朱熹辩护②。

林栗的过分举动，朝廷大臣多因"畏栗之强，莫敢深论"。这时，只有宣教郎、太常博士叶适出面仗义执言说：

> 臣窃见近日朱熹除兵部郎官，未供职间，而侍郎林栗急劾去之，士论怪骇，莫测其故。熹素有文学行谊，居官所至有绩。因王淮深恶之，遂不敢仕。陛下差熹江西提刑，使之奏事，熹趦趄辞避，终未敢前。淮既罢去，陛下趣熹入对，用为郎官，人知陛下进熹有渐，无不称庆。忽为栗诬奏逐去，众议所以汹汹不平。臣始疑之，以为栗何故至此，得非熹果有罪，外人不能知，而栗独得其实以告陛下也？暨栗劾奏文字传播中外，臣始得以始末参验，然后知其言熹罪，无一实者，特发于私意，而遂忘其欺尔。

接着，叶适依据事实逐条反驳林栗的奏劄。其中，说到朱熹的病情和拒绝郎官公章一事如下：

> 臣闻熹未对之前，脚疾已作；当对之日，偶然少止。对下之日，后与宰执、台谏相见，脚疾痛复剧……所有郎官印记，熹既未供职，岂可受乎！熹已申省乞假矣，虽欲听栗镌谕而扶曳供职，可乎？郎官未供职以前，印记合是何官收掌，此正长贰之所当知，其可推以委熹乎？是栗谓熹不受印记，偃塞拒违君命，非其实也。

---

① 郭齐、尹波点校：《朱熹集》卷22《辞免》，四川教育出版社1996年版，第2册，第929—934页。
② （清）王懋竑纂、何忠礼点校：《朱子年谱》卷3，中华书局1998年版，第167页。

又涉及"谓之道学"之事,叶适说:

> 至于其中"谓之道学"一语,则无实最甚。利害所系,不独朱熹,臣不可不力辩。盖自昔小人残害忠良,率有指名,或以为好名,或以为立异,或以为植党。近创为"道学"之目,郑丙倡之,陈贾和之,居要津者密相付授,见士大夫有稍慕洁修,粗能操守,辄以道学之名归之。于是贤士惴栗,中材解体,销声灭影,秽德垢行,以避此名,殆如吃菜事魔影迹犯败之类①。

随后,侍御史胡晋臣也上章挽留朱熹,弹劾林栗,说林栗"执拗不通,狠愎自用。党同伐异之论,乃起于论思献纳之臣,无事而指学者为党,最人之所恶闻,所谓天下本无事,庸人自扰之耳"②。

对于林栗与朱熹之间的纠纷,孝宗当时还发现林栗的这份奏章在批付朝廷处理前,已经在外廷广为传布,所以询问宰执:"林栗章初未降出,何得外廷喧播?"有人回答说:"栗在漏舍宣言章疏,人人知之。"因此孝宗对林栗颇为不满,立即下令将林兵部之职罢免,出知泉州(今属福建)③。

林栗始终持与朱熹不同的学术见解,无可厚非。本来学术见解分歧,尽可坚持己见,但不必强加于人;同时,应该以忠恕之道互相切磋,不应全盘否定程朱理学,更不该首先大张挞伐,从政治领域整人。当然,朱熹对待林栗也有欠缺,即在争论时,本应平心静气,不该不留余地,嘲笑对方,导致对方忌恨。

林栗在知泉州后,从淳熙十六年(1189 年)三月起,以中奉大夫(从五品)、集英殿修撰,改知明州(治今浙江宁波),兼沿海制置使。走马

---

① 刘公纯等点校:《叶适集·水心文集》卷 2《辩兵部郎官朱元晦状》,中华书局 1961 年版,第 1 册,第 16—20 页。
② 脱脱:《宋史》卷 391《胡晋臣传》,中华书局 1985 年版,第 11978 页。
③ (清)王懋竑撰、何忠礼点校:《朱子年谱》卷 3,中华书局 1998 年版,第 168 页。

上任后,做的第一件事,是在前任的基础上,主持修筑定海县的新海塘。六月,撰《海塘记》,记述该工程的过程①。在明州时,升迁焕章阁待制（从四品）。至绍熙元年（1190 年）八月,罢任奉祠,提举江州（治今江西九江）太平兴国宫。不久以此祠禄官致仕,晋升通议大夫（正四品）,直至去世。谥"简肃"②。

二、林栗的著作

林栗一生著有《（春秋）经传集解》三十三卷、《周易经传集解》三十六卷、《论语知新》十卷、《林栗集》三十卷、《奏议》五卷等③。其中仅《周易经传集解》传世。另外,文有《澹庵（胡铨）先生遗事》、《福清图经总叙》、《海塘记》及多篇奏状,散见于明代黄淮、杨士奇等编《历代名臣奏议》、《中兴礼书》卷 299 及《全蜀艺文志》卷 27《状》等书,《全宋文》卷 4868、卷 4869 曾予辑佚;诗有《高宗皇帝挽词》、《石井诗一首并序》等四首④。

三、《周易经传集解》的主要成就

通观林栗的代表作《周易经传集解》（以下简称《集解》）一书,笔者以为林栗的易学其实也属于义理学派。林栗生活在南宋高宗至光宗朝,这时期的易学领域并存着象数学和义理学两大学派。这两派的共同点是都不追求《周易》经传文字训诂方面的解释,不停留在经文的表面文字上,而注重探讨其中的义理。也就是说,都强调研究《周易》经

---

① 《全宋文》卷 4869《林栗二》,上海辞书出版社等,第 219 册,第 324—325 页。
② 张津等《乾道四明图经》卷 12《太守题名记》,中华书局 1985 年版,《宋元方志丛刊》第 5 册,第 4785 页;《宋史》卷 394《林栗传》,中华书局 1985 年版,第 12032 页。
③ 脱脱《宋史》卷 202《艺文一》,中华书局 1985 年版,第 5063 页、5039、5068 页;卷 208《艺文七》,第 5377 页。
④ 《全宋诗》第 37 册,北京大学出版社 1999 年版,第 22978—22979 页。

传中的哲理,即通过对《周易》经传的解释,来阐发各自的哲学体系。据林栗在《集解》中自述,他的易学继承了三国曹魏玄学家王弼(226—249 年)的学风。王弼著有《周易注》和《周易略例》,抛开汉易中烦琐的象数之学,以《易传》的观点解释经文,注重探讨卦爻象和卦爻辞的义理,文字力求简明,创立了易学的义理学派。林栗自称《集解》"因王弼之《(周易略)例》,集经传而解之,又益之以《序卦》、《杂卦》,庶乎不没先圣人之意云尔"①。

《集解》的主要成就在于提出了一些有利社会持续发展的观点,其中包括哲学领域的思辨、政治和社会领域的主张。首先,在哲学领域的思辨方面,提出了较多比较唯物、辩证的观点。他认为由天地产生万物,"太极"是物质。他说:

> 曰:乾为天。天者,物之所资始也。坤为地,地者,物之所资生也。乾不交坤,物何自始? 坤不配乾,物何自生? 故乾以六阳、坤以六阴,变化生成,备乎终始之义也。

又说:

> 今夫天地未判,有物混成,是为太极。清浊既辨,一尊一卑,是为两仪。东震、西兑、南离、北坎,是谓四象。乾、坤、艮、巽,补其四维,是谓八卦。学者之所知也②。

还说:

---

① 林栗:《周易经传集解》卷 1《周易上经》,台北商务印书馆影印文渊阁四库全书本,第 12 册,第 4 页上—下。但林栗有时又不完全赞同王弼的观点,见该书卷 33,第 12 册,第 452 页下。
② 林栗:《周易经传集解》卷 1《周易上经·乾下乾上·乾》,台北商务印书馆影印文渊阁四库全书本,第 12 册,第 6 页下、第 4 页上。

是故《易》之中有太极焉,则卦之全体是也。有两仪焉,则卦之重像是也。两仪自太极而判,故曰太极生两仪也。有四象焉,则初至三,三至五,四至上是也。四象自两仪而分,故曰两仪生四象也,有八卦焉。……是为八卦,亦太极两仪之所生也①。

主张太极是八卦的"全体"。不过,据稍后朱熹与他争论时,朱熹认为他的"太极"是"以六画之卦,中含二体,为两仪",朱熹则主张"太极"是"一画亦未有"。虽然,他和朱熹都使用"太极"这个概念,但含义有根本的区别。可见他的"太极"是指物质,而物质在天地之前就存在了。

他提出天地的自然现象存在于人的认识之前,八卦等都属自然现象,"圣人"也不能改变。在解释"《象》曰:木上有水井,君子以劳民劝相"时说:

若夫汲用瓶甔,可以施于寻丈之间。过此以往,至于九仞,而后及泉者,非复瓶甔之所能,汲用木器,不待智者而后知也。况天地自然之象,已寓于制器之前乎!②

又说:

伏羲氏始画八卦,后世圣人因而重之以八乘八,斯为六十四矣。五十六卦之可以反取者,自然之象也,圣人因而以类相从也。《乾》、《坤》、《坎》、《离》、《颐》、《大、小过》、《中孚》八卦之不可以反取者,亦自然之象也,圣人因而以类相从也。其自然之象,虽圣

---

① 林栗:《周易经传集解》卷33,台北商务印书馆影印文渊阁四库全书本,第12册,第460页下。
② 林栗:《周易经传集解》卷24《巽下坎上·井》,台北商务印书馆影印文渊阁四库全书本,第12册,第324页下。

人不可易也①。

提出八卦、六十四卦都是自然现象,而其中五十六卦允许"反取"及《乾》等八卦不允许"反取"也都是自然现象。

他进一步认为,由阴、阳分后生成天地,再由天地生成万物。天地与《易》、"圣人"则不分先后。他说:

> 万物者,天地之所生成也。天下至广矣,万物至众矣,知足以周之,而道不足以济之,则力有时而穷;道足以周之,而知不足以周之,则用有时而泥。……《易》与天地、圣人,皆不外乎阴阳也。《易》者,圣人之书;圣人者,天地之心也。天地之道授于圣人,而蕴藏于《易》,言其入而为神,则无方,而不可名;言其出而为《易》,则无体,而不可执,然皆不外乎阴阳。阴阳分,而后有天地;天地定,而后有圣人。三才位,而《易》行乎其中,则所谓阴阳者殊方而异体矣。方其未分也,则亦无方之可名;及其既散也,则亦无体之可执,故曰无方而《易》无体。一阴一阳之初,有物混成者也,过即其无方,而名之曰道。②

他反对有的学者认为天地在先,《易》和"圣人"在后。他说:

> 既言崇效天、卑法地,又恐学者执泥以天地为先,而《易》与圣人次之,故言天地设位,而《易》固已行乎其中矣。圣人者本其性之固有而成之,不失其存,道义之所由出也,又孰先孰后? 或曰天地设位,《易》行其中。位之未设,《易》安在哉? 曰:夫子固言乾坤毁,则无以见《易》;《易》不可见,则乾坤或几乎息矣。谓《易》先天

---

① 林栗:《周易经传集解》卷36,台北商务印书馆影印文渊阁四库全书本,第12册,第500页上。
② 林栗:《周易经传集解》卷33,台北商务印书馆影印文渊阁四库全书本,第12册,第447页上—448页上。

地乎？天地先《易》乎？《易》出于圣人乎？圣人出于《易》乎？虽有至知,莫能言也①。

他还认为"物理之常"是客观存在的,不以人的意志为转移的。他在解释"《序卦》曰:泰者,通也。物不可终通,故受之以否"时说:

泰者,通也;否者,塞也。泰者,辟也;否者,阖也。一通一塞,一辟一阖,如寒暑之相推,如昏明之相代,物理之常,虽天地、圣人有不能逃也。所贵乎圣人者,为能消息盈虚、知进退存亡,而不失其正,乘其机会有以变而通之,如使天地无时而不交,万物无时而不通,则是有旦而无夜,有春夏而无秋冬也②。

言下之意,是人类要遵照事物的客观规律办事,不可绝对化,从而熟悉进退存亡,及时变通。

对于天与神道的关系、天与圣人的关系,他也提出了独特的见解。他在解释"《序卦》曰:物大,然而可观,故受之以观"时说:

中正既释其义,又从而申明之曰:观天下之神道,而四时不惑,圣人以神道设教,而天下服矣。何谓也？

他回答说:

天者,人之可观也;君者,民之可观也。是以圣人观于天,而天下观于圣人也。天何言哉？四时行焉,万物生焉。天,神道也。圣人体天,故亦以神道设教,修己以安百姓,笃恭而天下平,盖有不言

① 林栗:《周易经传集解》卷33,台北商务印书馆影印文渊阁四库全书本,第12册,第450页上—下。
② 林栗:《周易经传集解》卷6《周易上经·坤下乾上·否》,台北商务印书馆影印文渊阁四库全书本,第12册,第88页上。

而信者。神者,何也? 一之谓也。一者,何也? 诚之谓也。故曰至
诚如神。诚者,天之道也。诚则形,形则著,著则明,明则动,动则
变,变则化。唯天下之至诚为能化,谓之神道,不亦宜乎! 子曰:
"知变化之道,其知神之所为乎?"徒见四时之行、万物之育、黎民
之变、蛮貊之孚,而不知其所以致此者天,故谓之神也①。

可见他的"神道",其实与宗教无关,"神"指神妙,"道"指事物发展
变化的轨迹。依他所说,"神"就是"一",就是"诚",就是"天"的"道"。
"圣人"能够做到观察、体验"天"的变化,从而"修己"以安定百姓,"笃
恭"而使天下太平。

其次,林栗提出了一些政治和社会领域的主张。他认为当时的阶
级、等级制度符合天地自然。他说:

> 乾坤之义,其在人物无所不为矣。为君臣,为父子,为夫妇,为
> 君子,为小人,为牛马,为盖舆,为衣裳,为赤黑,为清浊,为贵贱,为
> 贫富,为众寡,若曰天地而已矣,则理有所局②。

这种君臣、贵贱、贫富、君子和小人的分野是与乾、坤的意义一
样的。

他认为人生而后有欲望是正常的,人们有争斗、争讼也是正常的、
不可避免的;因为人们存在争斗和争讼,必须建立起社会制度。他解释
"《序卦》曰:需者,饮食之道也。饮食必有讼,故受之以讼"时说:

> 讼之成卦,卦之反也。夫乾、坎合,而后饮食之象著矣。坎为

---

① 林栗:《周易经传集解》卷10《坤下巽上·观》,台北商务印书馆影印文渊阁四库全书本,第12册,
第140页上—142页上。
② 林栗:《周易经传集解》卷1《周易上经·乾下乾上》,台北商务印书馆影印文渊阁四库全书本,第
12册,第5页下。

酒,离为食,兑为口,乾为人。

又说:

> 饮食在上,人赖其养,是以为之需也;饮食在下,与人相争,是
> 以谓之讼也。夫人生之大欲,饮食为先,欲而不得则争,争而不得
> 则乱。无以正之,则强弱相凌,众寡相暴,至于并吞殄灭,然后异类
> 出而食之,至于尽而后已也。圣人忧之,为之立君臣,建礼义,辨名
> 分,所以有欲而不敢争,有争而不敢复,而皆讼言,以听于其上,上
> 之人为之审其情伪,而断曲直。然后强者不得以凌弱,众者不得以
> 暴寡,老幼有养,茕独有收,然后生民之类日以生息,是故讼者,圣
> 人之所不免也。自生民有欲,因而讼作矣,明君在上,讼至于无讼,
> 刑期于无刑可也。

"圣人"建立了社会制度后,人们遇到争讼,由"在上"的"明君"辨
别曲直是非,避免强者欺压弱者、多数人欺压少数人。他进一步分析
"讼"的含义说:

> 讼者,言于公而听命于上者也。上有刚明中正之君,然后下有
> 公言退听之事。天下之人有所不平于其心,而皆有所赴愬焉,然后
> 王泽下流而无壅,民志上通而无滞,是故圣人有取于讼也。

把"讼"的原意争执、争讼,增加了诉讼之义。指出百姓遇到不平
之事,向官府提出诉讼,听从官员判决是非曲直,有利于"民志上通",
朝廷的恩典畅通"下流",所以即使"圣人"也重视有关"讼"的事宜。
他驳斥有些学者否定"讼"现象的言论说:

> 孔子曰:"听讼,吾犹人也,必也,使无讼乎?"仲尼之意欲使斯

民从事于孝弟忠信,则无复侵凌怨阋之事,而何讼之有哉? 世之腐儒,遂以讼为衰世之事。夫使民生而无欲,欲而不争,争而不灭,则所为立君臣、设官府、建礼义、辨名分,听民自得如猿狙、麋鹿跳踯于山林,是圣人之罪也。君臣上下,苟不可废,则又何恶为讼哉①!

　　他把视"讼"为"衰世之事"的学者称为"腐儒",提出听任百姓像动物一样没有管束,没有欲望和争讼,实际是不可能的;如果真是如此,那么"圣人"应该承担罪责。

　　他注意到历代百姓起来造反,是因为百姓的穷困和统治者的漠不关心。在解释"《序卦》曰:泰者,通也。物不可终通,故受之以否"时,他说:

　　　　自昔天下之乱,未尝不起于民穷而主不恤,下怨而上不知。其所以下怨而上不知者,必有奸佞匪人壅蔽于其间也②。

　　受到时代和身份的局限,他不知道百姓的穷困是统治阶级剥削和压迫的结果,而只知道是统治者由于受了奸臣从中的蒙蔽。所以,为了防止百姓起来造反作乱,他提出官府要高度重视民间的"讼"。在解释"《序卦》曰:讼必有众起,故受以师。师者,众也"时说:

　　　　师、讼之变也,自讼而师,下坎不动,上乾变坤而成卦也。乾自需而讼至于上九,反入于渊,是以变而为坤。夫民有所不得其平,而后至于讼,讼而有以正之,则始乎讼,而卒于无讼,是之谓治世。及其乱也,以讼济讼,相激为深而已。有冤而无所诉,有诉而无所直,疾视其长上,而幸其危亡,其不起而为乱者,未之有也。是以秦

---

① 林栗:《周易经传集解》卷3《坎下乾上·讼》,台北商务印书馆影印文渊阁四库全书本,第12册,第47页下—48页下。
② 林栗:《周易经传集解》卷6《乾下坤上》,台北商务印书馆影印文渊阁四库全书本,第12册,第89页上。

之将亡,其民皆欲传(持)刃其长吏,而后干戈之兴矣。故曰讼必有众起,故受之以师;师者,众也①。

提醒统治者要吸取秦末百姓起来造反的教训,要防患于未然,接受和审理百姓的诉讼,为百姓申冤。

他多次讲到天地之运永远不会停息,万物之生也没有穷尽,"圣人"也"不能无过",至于统治者则更要注意变革。他说:"易者,易也,千变万化而不穷者也。""革者,变化之名也。"在解释"《序卦》曰:井道不可不革,故受之以革"时指出:

> 代羲、神农氏没,黄帝、尧、舜氏作。通其变,使民不倦。彼皆以圣继圣,而犹曰"通其变"云者,法有所蔽,政有所偏也。天地之运,日月星辰之行,久而不能无差,而况人事之推移,世道之反复,可不观其弊而救之哉!愚恶夫世之助乱者,每以汤、武顺天应人为口实,故不敢不辨。

随后,他又认为并非人们"厌故而喜新",而是因为"治教"、"政刑"随时间推移必然会产生弊病。他说:

> 积日累月,因循苟且,且其治教政刑必有偏而不起之处,刚柔宽猛必有不得其平者也。……以聪明果敢之才,而济之以宽和仁厚之德,其虑之必深,其谋之必广,其斟酌浅深必得其当……②

指出改革是必然的、必需的。

他还提出了矫枉必须过正的思想。他解释"《序卦》曰:有其信者

---

① 林栗:《周易经传集解》卷4《坎下坤上·师》,台北商务印书馆影印文渊阁四库全书本,第12册,第54页下。
② 林栗:《周易经传集解》卷33,台北商务印书馆影印文渊阁四库全书本,第12册,第464页上;卷27《兑下震上·归妹》,第342页下;卷25《巽下离上·鼎》,第339页下,《离下兑上·革》,第330页下、第327页上。

必行之,故受之以小过"时说:

> 世方承平,则常得乎中道。及其矫枉救弊,则不能无过于常,此过之所以为行也。是故有小过,有大过,阳为大,阴为小。大过者,阳过乎阴,四阳而二阴也;小过者,阴过乎阳,四阴而二阳也。圣人之道,极乎中庸,过与不及,其失均也。然而治教、政刑,每有偏而不起之处,世之君子苟欲起而救之,必待小有所过,然后能反俗之弊,而归之中庸,是则虽谓之过,乃时中也,因世俗耳目之所不常见,而谓之过耳。是故大者过,为大事之过也,亦谓尊者之过也。小者过,谓小事之过也,亦谓卑者之过也①。

社会上教育、政治、法制等领域出现弊病,必须进行改革;改革过程中,难免会有小的过失,只要引以为训,即使过一些头,也是在所难免的。

他反对有的学者提出的实行严刑峻法的主张,认为应以教化为先,辅以刑法。他在解释"《杂卦》曰:噬嗑,食也"时说:

> 说者皆以噬肤为柔美之物,则是柔良之民,无罪而刑之也。甚者以为上下诸爻,反复相噬,故其论曰:道德之衰,上下相噬,则教化不用,而刑为先。呜呼,何其悖哉!自黄帝、尧、舜以来,虽天下大乱,未有相噬如禽兽者也,而《易》乃教之,何哉?上下相噬,而吾又言噬治,是生民之类,灭尽而后已也,其能使之合乎?《记》曰:"刑者,侀也;侀者,成也。一成而不可变,故君子尽心焉。"圣人之于噬嗑,其所以教诏后世,明谨用刑,尽心于狱,不吐刚,不茹柔,宽猛相济,期于无刑者,可谓深切著明矣。而学者争以私意汩之,以至于此,故不敢不辨②。

---

① 林栗:《周易经传集解》卷31《艮下震上·小过》,台北商务印书馆影印文渊阁四库全书本,第12册,第420页下—421页上。
② 林栗:《周易经传集解》卷11《震下离上·噬嗑》,台北商务印书馆影印文渊阁四库全书本,第12册,第148页下—153页上。

他不赞成对百姓使用酷刑,也反对过于放纵,主张宽严结合,而以教育为主,以达到最后取消用刑的目的。

他提出统治者用人的标准应是官员的才和德。他在解释"《杂卦》曰:鼎,取新也"时说:

> 先王用人,或取诸负贩,或取诸徒隶,用其才德而已,岂复问其族类也哉[①]!

明确反对依照等级或门第任用官员。

他还告诫官员不可太贪,提倡清廉自处。他解释"《象》曰:天地不交,否。君子以险德避难,不可荣以禄"时说:

> 天地不交,其卦为否。君子观此象以险德避难,虽欲高爵厚禄系而维之,有不可得矣。世之君子,当无道之朝,进不得行其志,徒触险难之机。然而莫之避者,非无周力之智,膏粱刍豢必求口体之充,金玉锦绣必饱妻子之欲,利害迫于中,而荣辱眩其外,故贪禄而亡,忘反以及于祸也。险德避难,不亦可乎? 孔子曰:"邦无道,谷,耻也。"又曰:"邦无道,富且贵焉,耻也。"既以为耻矣,又可得而荣之哉[②]?

他深知贪官污吏们不是不知触犯法制的风险,但为了满足自己和妻、子的锦衣玉食的欲望,肆无忌惮地贪赃枉法,最后面临危难的境地。所以告诫他们,如果要避开险难,就要提倡节俭美德,要知道耻辱,不去追求荣耀,谋取私利。

---

① 林栗:《周易经传集解》卷25《巽下离上·鼎》,台北商务印书馆影印文渊阁四库全书本,第12册,第342页下—343页下。
② 林栗:《周易经传集解》卷6《坤下干上·否》,台北商务印书馆影印文渊阁四库全书本,第12册,第89页下—90页上。

总之,林栗通过对《周易》的总体及各卦的解释,表达了他的宇宙观、历史观、社会观等,他的许多见解自成一格,颇有见地,是有利于当时社会持续发展的,应该给予充分的评价,引起学界的重视。

四、林栗与朱熹之间学术观点的分歧

林栗是一位有自己独立见解的理学家,他的代表作《周易经传集解》一书中的观点,与同时代的学者都有分歧。在该书中,他旗帜鲜明地表示反对邵雍、周敦颐、张载、司马光、程颐的易学,还不时表示与欧阳修、苏轼不同的具体意见。他自认为继承了孔子的易学,依照孔子所说,由观察象、爻来探讨其义理①。所以,他既不是象数学派,也不是唯心学派,又与兼取象数和义理两派的朱熹易学不同,而是单纯的义理学派。应该说,他异军突起,独树一帜,是值得深入研究的一名理学家。

1. 关于《易》学

以上事实证明,林栗对于《易经》确有许多独特的研究,成就可观;同时,他对自己的易学充满自信。他认为,自《河图》、《洛书》后,除周公、孔子以外,没有出现过像样的、他看得上的研究者。他说:

> ……(《河图》、《洛书》)后之学者,苟能潜心逊志,发挥先圣之所未言者。如仲尼之于文王、周公,斯亦足矣。而乃剽其肤壳,自立门庭,若扬雄之《太玄》、司马光之《潜虚》、邵雍之《先天》,是皆未明《大易》爻象之旨,而不原四圣人相为先后、推衍发明无穷不尽之意,乃欲殊轨方驾以并鹜而争驱,不亦过甚矣哉!

又在《集解》序中说:

---

① 林栗:《周易经传集解》卷33,台北商务印书馆影印文渊阁四库全书本,第12册,第460页下。

近世诸儒，湛思未至，烛理未明，乃欲舍（伏）羲、（周）文（王）之画，捐周、孔之辞，至于《系辞》、《说卦》、《序卦》、《杂卦》，一切不取，而自以其意言《易》之义，是犹即鹿而无虞也，其能有得乎哉①！

把"近世"的《周易》研究成果也一概否定，似乎只有自己才掌握了真理。由此，他认为这就是他撰《大衍总会图》的目的。

在另一处，他甚至提出除《河图》、《洛书》以外，其他研究者都不值一提。他告诉宋孝宗说：

臣窃见古今言《易》者，为之图说者众矣。臣尝考之，唯《河图》、《洛书》本于自然，至理彰灼，不可诬也。其他皆后人旁缘穿凿、无所发明，徒使学者溺心于无用之地，故思有所易之，乃作《河图洛书九畴八卦大衍总会图》一、《六十四卦立成图》一，附于图书本文之后。

随后他宣称：

凡在天地之间，三才、五行之理，皆具于是，外是而为图者，异端之学也，于《易》则无见焉，于《五经》则无闻焉，于孔氏无传焉，学者将焉取？臣谨图列如左②。

他认为扬雄、司马光、邵雍有关《周易》的著作，只是剽窃"先圣"皮毛的"异端之学"，因而"旁缘穿凿、无所发明"，误人子弟。

他斥责程颐的主张虚伪。他说：

① 《全宋文》卷4869《林栗二》，上海辞书出版社等，第219册，第321—322页。
② 林栗：《周易经传集解》卷36，台北商务印书馆影印文渊阁四库全书本，第12册，第8页上、第1页上—下。

伊川程氏(按即程颐)曰:"先隔则号咷,后遇则笑矣,乃私昵之情,非大同之体也。"夫人乖离则悲,遇合则喜,悲则号咷,喜则欢笑,此天下之至情也。今使之乖离勿悲,遇合勿喜,悲勿号,喜勿笑,是率天下为伪而已,岂圣人之意乎①?

依照林栗所说,程颐这里主张遇"乖离勿悲,遇合勿喜,悲勿号,喜勿笑",违反"圣人"的本意,是提倡天下之人皆要虚伪。程颐是否曾经这样主张呢?《易经》第十三卦《同人卦》说:"九五,同人,先号咷而后笑,大师克相遇。"据现代学者的解释,"同人卦"是"离下乾上,象征人事和同,集众之意",是指"九五,和同之中有哭,有笑,有苦有甘。先悲者,是因为中正不得伸张,当大家归于统一,又不免破涕为笑,当大军出征告捷,各路兵马相遇会合,同庆胜利时,天下一同。""大师"是"强大的军队"。"克"是"能够"或"取胜"②。程颐则是这样解释的:

九五同于二,而为三、四二阳所隔,五自以义直理胜,故不胜愤抑,至于号咷。然邪不胜正,虽为所隔,终必得合,故后笑也。大师克相遇,五与二正应,而二阳非理隔夺,必用大师克胜之,乃得相遇也。大师云"克"者,乃二强之强也。九五君位,而爻不取人君同人之义者,盖五专以私昵应于二,而失其中正之德。人君当与天下大同,而独私一人,非君道也。又先隔则号咷,后遇则笑,是私昵之情,非大同之体也。二之在下,尚以同于宗为吝,况人君乎?五既于君道无取,故更不言君道,而明二人同心、不可间隔之义③。

通读程颐的前言后语,他的原意大致是针对特定的"人君"即最高

① 林栗:《周易经传集解》卷7《离下乾上·同人》,台北商务印书馆影印文渊阁四库全书本,第12册,第12页下。该书卷33又引程颐"人君当与天下大同"至"非大同之体矣"一段。
② 李楠主编:《周易全书》,黄山书社2011年版,第1册,第15—16页。
③ 程颐:《伊川易传》卷1《周易上经·离下乾上》,上海古籍出版社1989年影印本,第54页上。

统治者说的，由于五被三和四隔离，无法用"义直理胜"，非常"愤抑"，因此号啕大哭。但是邪不压正，五虽一时被阻隔，最后仍然与九相合，不免高兴而笑。《周易》原文写作"先号啕而后笑"。程颐还讲到"人君"应该坚持"君道"，与"天下大同"，不可"独私一人"。这里，不是他泛对"天下"所有人的要求，而是单对君主而言。所以，此处林栗指责程颐主张"率天下为伪"，显然歪曲了程颐的原意。

笔者至今尚未发现朱熹曾经在以上问题方面反驳林栗，不过，朱熹和林栗在《易经》方面确有一次曾经面对面地进行争论。这场争论发生在淳熙十五年（1188年）六月一日。据朱熹所撰《记林黄中辨易西铭》记载：

> 六月一日，林黄中来访，问："向时附去《易解》（按即《周易经传集解》），其间恐有未是处，幸见谕。"予应之曰："大凡解经，但令纲领是当，即一句一义之间，虽有小失，亦无甚害。侍郎所著，却是大纲领处有可疑者。"林问："如何是大纲领处可疑？"予曰："《系辞》所谓'易有太极，是生两仪，两仪生四象，四象生八卦。'此是圣人作《易》纲领次第，惟邵康节（按即邵雍）见得分明。今侍郎乃以六画之卦为太极，中含二体，为两仪；又取二互体，通为四象；又颠倒看二体及互体，通为八卦。若论太极，则一画亦未有，何处便有六画底卦来？如此恐倒说了。兼若如此，即是太极生两仪，两仪包四象，四象包八卦，与圣人所谓生者意思不同矣。"林曰："惟其包之，是以能生之；包之与生，实一义尔。"予曰："包如人之怀子，子在母中。生如人之生子，子在母外，恐不同也。"林曰："公言太极，一画亦无，即是无极矣。圣人明言易有太极，而公言易无太极，何耶？"予曰："太极乃两仪、四象、八卦之理，不可谓无，但未有形象之可言尔。故自此而生一阴一阳，乃为两仪，而四象、八卦又是从此生，皆有自然次第，不由人力安排。然自孔子以来，亦无一人见得。至邵康节然后明，其说极有条理，意趣可玩，恐未可忽。更详

之。"林云："著此书,正欲攻康节尔。"予笑语之曰："康节未易攻,
侍郎且更仔细。若此论不改,恐终为所识者所笑也。"林艴然曰:
"正要人笑。"①

　　可见在这次争论前,林栗已主动将《集解》一书送给朱熹过目,而
且颇为谦虚地承认自己的著作可能存在"未是处",希望朱熹对此书提
出意见。但是见面后,朱熹直截了当地指出:第一,他的这部著作的
"大纲领"有误,不符合《系辞》所说"易有太极,是生两仪,两仪生四象,
四象生八卦"的"生"成顺序,而这一点正是邵雍第一个提出的。这种
顺序是自然生成,不由主观意志决定的。第二,指出他的"互体"将上
述顺序弄颠倒了,按照他的逻辑是将"生"的关系,反过来变成"包"的
关系。"包"与"生"是不同的。所以,正确的顺序是先有太极,由太极
生两仪,刚有两仪时,没有四象;由两仪而后生四象。刚有四象时,没有
八卦;由四象而后生八卦。不应该在太极之前,先有八卦,再有四象,再
有两仪。第三,"太极"是理,②只是没有形象,不等于是无。这场争论
结果是林栗十分恼怒,自然最后不欢而散。
　　朱熹还曾与林栗通过书信,在信上表达自己的意见。其中,在一封
信上朱熹这样说:

　　　　邵氏(按即邵雍)先天之说,以鄙见观之,如井蛙之议沧海。
　　而高明直以"不知而作"斥之,则小大之不同量,有不可同年而语
　　者。……示喻邵氏本以发明易道,而于《易》无所发明。熹则以为
　　《易》之与道非有异也:易道既明,则《易》之为书,卦爻、象数皆在
　　其中,不待论说,而自然可睹。若曰道明而书不白,则书所谓道者,

①　郭齐、尹波点校:《朱熹集》卷71《记林黄中辨易西铭》,四川教育出版社1996年版,第6册,第
　　3690—3692页。
②　朱熹提出"太极即理"的命题,详见史少博:《朱熹易学和理学探赜》第1章第2节《朱熹的"太极
　　即理"》,黑龙江人民出版社2006年版,第8—30页。

恐未得为道之真也。不审高明之意果如何？

随后，朱熹又再次"以邵氏之浅近疏略者"，讲述太极、两仪、四象、八卦、六十四卦的"生出次第"，指出"其出于天理自然与人为之造作盖不同矣"。最后，又说：

> 况其(按指邵雍)高深闳阔、精密微妙又有非熹之所能言者。今之不察，而遽以"不知而作"诋之，熹恐后之议今犹今之议昔，是以窃为门下惜之，而不自知其言之僭易也①。

林、朱关于《易经》的争论，谁也没有说服谁，最后不欢而散。

其实，林栗继承了西汉经学家京房(前77—前37年)《易传》的八卦"互体"说。何谓互体？朱熹说过：

> 林黄中以互体为四象、八卦。
> 互体，自左氏已言，亦有道理。只是今推不合处多。
> 王弼破互体，朱子发(按即朱震)用互体。
> 朱子发互体，一卦中自二至五，又自有两卦。这两卦由伏两卦。林黄中便倒转成四卦，四卦里又伏四卦，此谓互体。这自那"风于天于土上"，有个《艮》之象来②。

朱熹并没有完全否定"互体"说，认为"互体"说有一定的道理，但又指出其缺点是推算时多数不合。不过，他认为林栗主张的"互体"实际是一种倒互体说，他是不赞成的。他还认为林栗主张倒转讲述太极、

---

① 郭齐、尹波贴校：《朱熹集》卷37《答林黄中》二，四川教育出版社1996年版，第3册，第1649—1650页。
② 黎德靖编、王星贤点校：《朱子语类》卷67《易三·纲领下·卦体卦变》，中华书局1986年版，第5册，第1668页。

两仪、四象、八卦、六十四卦的"生出次第",是按六十卦、八卦、四象、两仪、太极逐级相"包",他也是反对的。

朱熹对其门徒评论过朱震"互体"和林栗倒"互体"说:

> ……朱震又多用伏卦互体说阴阳,说阳便及阴,说阴便及阳,《乾》可为《坤》,《坤》可为《乾》,太走作。近来林黄中又撰出一般翻筋斗互体,一卦可变作八卦,也是好笑。据某看得来,圣人作《易》,专为卜筮,后来儒者讳道是卜筮之书,全不要惹他卜筮之意,所以费力。今若要说,且可须用添一重卜筮意,自然通透①。

当年十一月,他在回答陆九渊的信上谈到他六月初与林栗当面争论说:

> 今夏因与人言《易》,其人之论正如此,当时对之不觉失笑,遂之被劾。彼俗儒胶固,随语生解,不足深怪②。

朱熹径称林栗为"俗儒",又不时对其他学者、学生表示林栗的《易学》好笑或可笑,显示对林栗的轻蔑。

当然,朱熹也曾肯定过林栗《易》学的某些卦对。比如他与学生的一段对话说:

> 《易·上经》始《乾》、《坤》,而终《坎》、《离》;《易·下经》始《艮》、《兑》、《震》、《巽》,而终《坎》、《离》。杨至之(按名至,泉州人)云:"《上经》反对凡十八卦,《下经》反对亦十八卦。"先生云:"林黄中算《上、下经》阴阳爻适相等,某算来诚然。"③

① 黎德靖编、王星贤点校:《朱子语类》卷67《易三·纲领下·程子易传》,中华书局1986年版,第5册,第1651—1652页。
② 郭齐、尹波点校:《朱熹集》卷36《答陆子静》五,四川教育出版社1996年版,第3册,第1576页。
③ 黎德靖编、王星贤点校:《朱子语类》卷67《易三·纲领下·卦体卦变》,中华书局1986年版,第5册,第1667页。

这里算是对林栗《易》学的一点肯定。

南宋稍后，曾有几位学者评论林栗的《易》学。如玛椅（字仪之，一作奇之，号厚斋，宋宁宗时人）认为，《集解》"其说每卦必为互体，约象覆卦，为太泥耳"①。丁易东（南宋末年人）也认为"林黄中以一卦包八卦，正取反对，正体互体兼言之，必欲卦卦如此推求，则泥矣。何谓比爻？谓初与二比，二与三比，三与四比，四与五比，五与上比之类是也。"②把倒"互体"看作具有普遍性，事事依次推求，不免不完全符合实际，所以不免有过于拘泥的批评。

2. 关于张载的《西铭》

北宋理学家张载著有《西铭》篇，清朝康熙五十八年（1719 年），朱轼重刻《张子全书》时，将此篇列为第一，编入卷首③。该文篇幅不长，主要说：

> 乾称父，坤称母；予兹藐焉，乃混然中处。天地之塞吾其体，天地之帅吾其性。民吾同胞，物吾与也。大君者，吾父母宗子；其大臣，宗子之家相也。尊年高，所以长其长；慈孤弱，所以幼吾幼。圣其合德，贤其秀也。凡天下疲癃残疾、惸独鳏寡，皆吾兄弟之颠连而无告者也。于时保之，子之翼也；乐且不忧，纯乎孝也。违曰悖德，害仁曰贼；济恶者不才，其践形，唯肖者也。知化则善述其事，穷神则善继其志。不愧屋漏为无忝，存心养性为非懈。……富贵福泽，将厚吾之生也；贫贱忧戚，庸玉汝于成也。存，吾顺事；没，吾宁也④。

---

① 冯椅：《厚斋易学》附录二《先儒著述下》，台北商务印书馆影印文渊阁四库全书本，第 16 册，第 837 页上。

② 丁易东：《周易象义·易统论中》，台北商务印书馆影印文渊阁四库全书本，第 21 册，第 482 页下。

③ 张载撰、朱熹注：《张子全书》卷 1，商务印书馆 1937 年国学基本丛书本，第 1—19 页。近人张岱年编《张载集》，入《正蒙》第十七，称《乾称篇》，中华书局 1978 年版，第 62—66 页。

④ 原载吕祖谦：《宋文鉴》卷 73。今据张岱年编《张载集·乾称篇第十七》，第 62—63 页。

　　该文问世后,备受二程、朱熹等理学家的推重,视同程朱理学的重要经典著作之一。林栗则著有《西铭说》,提出质疑。淳熙十五年(1188年)六月一日,担任兵部侍郎的他曾将稿子送给朱熹。据朱熹《记林黄中辨易西铭》一文附载林栗的《西铭说》,全文如下:

　　　　近世士人尊横渠(按即张载)《西铭》过于六经,予读而疑之,试发难以质焉。《易》曰:"乾,健也;坤,顺也。"乾为天,为父;坤为地,为母。是以顺健之至性,而有天地父母之大功。其称名也小,其取类也大,此之谓也。今《西铭》云"乾为父,坤为母",是以乾坤为天地之号名,则非《易》之本义矣。既曰"乾为父,坤为母",则所谓予兹藐然,乃混然中处者,于伏羲八卦、文王六十四卦,为何等名称象类乎? 方大朴之未散也,老聃(但)谓之混然成列,庄子谓之混沌,是混然无间,不可得而名言者也。既已判为两仪,则轻清者上为天,重浊者下为地,人居其中,与禽兽草木同然而生犹有别也,安得与天地父母"混然中处"乎? 又曰"天地之塞吾其体,天地之帅吾其性",此其语脉出于《孟子》。孟子言:"浩然之气养而勿害,则塞乎天地之间。"又言:"志,气之帅也,故志至焉,气次焉。"今舍气而言体,则又非孟子之本义矣。其意盖窃取于浮屠所谓佛身充满法家之说。然彼言佛身,谓道体也。道之为体,扩而充之,虽满于法界可也。今言吾体,则七尺之躯尔,谓充塞乎天地,不亦妄乎? 至言"天地之帅吾其性",尤无所依据。孟子以志为帅者,谓气犹三军,听命于志,唯志所之耳。今舍志而言性,则人生而静,未尝感物而动者,焉得以议其所之乎? 其所"统帅"何如也? 况于父天母地,而以吾为之帅,则惟予言而莫之违矣,不亦妄乎? 又曰:"民吾同胞,物吾与也。大君者,吾父母宗子也;其大臣,宗子之家相也。"若以其并生乎天地之间,则民物皆吾同胞也,今谓"物吾与者",其于同胞何所辨乎?"与"之为名,从何而立也? 若言"大君者,吾父母宗子也",其以大君为父母乎? 为宗子乎?《(尚)书》曰:"惟天地万物父母,惟人万物之灵。亶聪明,作元后,元后作民父母。"兹固《西铭》所本以立其说者也。然一以为父母,一以为宗子,何其亲疏、厚薄、尊卑之不伦也!其亦不思甚矣。父母可降而为宗子乎?宗子可升而为父母乎?是其易位乱伦,名教之大贼也,学者将何取焉?又言"其大臣,宗子之家相也",则宗子有相,而父母无之;非特无相,亦无父母矣,可不悲哉!孟子曰:"杨氏为我,是无君也;墨氏兼爱,是无父也。无父无君,是禽兽也。若邪说诬民,充塞仁义,将有率兽食人之事。"

最后,林栗提醒学者:

予于《西铭》亦云。尊《西铭》者,其不可以无辩①。

从表面上看,林栗批驳张载《西铭》颇为振振有词,而且最后还把张载的核心学说贬为"诬民"的"邪说"。但朱熹不同意他的观点,当面告诉他:

(张载《西铭》)无可疑处。却是侍郎未晓其文义,所以不免致疑。其余未暇悉辨。只"大君者,吾父母宗子"一句,全读错了,尤为明白。本文之意,盖曰"人皆天地之子,而大君乃其嫡长子,所谓宗子有君道者也"。故曰大君者,乃吾父母之宗子尔。非如侍郎所说,"既为父母,又降而为子"也。

林栗反问:

宗子如何是嫡长子?

———————

① 郭齐、尹波点校:《朱熹集》卷71《记林黄中辨易西铭》,四川教育出版社1996年版,第6册,第3692—3693页。

朱熹回答说：

> 此正以继弥之宗为喻尔。继弥之宗，兄弟宗之，非父母之嫡长
> 子而何？此事他人容或不晓，侍郎以《礼》学名家，岂不晓乎？

按照古代的宗法制度，各家族皆以嫡长子为宗子，为族长。秦、汉以前，宗法分为大宗和小宗两种。一名诸侯若有数子，由长子继承其爵位为诸侯，其余数子即为别子，各为一家开宗的祖先，其嫡长子累世相继，是为"大宗"。若别子再有次子，即另立一宗，也由其嫡长子世世继承，称为"继弥"，是为"小宗"。秦、汉以后，尤其是宋代，由于官爵不能世袭，民间只能实行"小宗"法。林栗认为宗子不是嫡长子，这在当时实际属于常识问题，所以朱熹十分不客气地反问林栗你作为《礼》学专家，却不知此事。据朱熹接着记载，林"栗乃俯首无说而去，然意像殊不平"。结果这次争论不欢而散。

对于这次争论，后来朱熹也后悔自己对林栗过于轻视，用词激烈，招致林栗以后的攻击。明代学者梅鷟说：

> 昔朱子与侍郎林栗谈《西铭》……其后，朱子亦自悔其当时之
> 词气之出，招拳惹踢，初无怨栗之心也。自今观之，栗之谈《西铭》
> 诚谬矣①。

本来有关《西铭》之争，不过是学者之间学术意见的歧义，为的是相互切磋，辨别是非，各有各理，无关人格和生活。但林栗的缺点是首先发难，指责张载的学说"无父无君，是禽兽也"，是"邪说诬民"，"将有率兽食人之事"。这自然引起朱熹的反驳。关于朱熹的相关论述，此

---

① （明）梅鷟：《尚书考异》卷4《泰誓上》，台北商务印书馆影印文渊阁四库全书本，第64册，第65页上—下。

处不赘①。

3. 关于《春秋》等书的评价

林栗对于《春秋》等书的评价，由于其著作《春秋经传集解》并未传至后世，后人只能从他人的评论中窥见一二。

南宋目录学家陈振孙撰《直斋书录解题》卷3《春秋类》记载，林栗著有《春秋经传集解》，共三十三卷，还说明"其学专主《左氏》，而黜二传，故为《左氏传解》，表上之"②。元人马端临《文献通考》卷183《经籍考十·经·春秋》，照引陈振孙的记录③。

朱熹显然是读过林栗此书的，因此他多次对学生们谈论过，评论此书的优劣。朱熹的主要观点有：一、《春秋》一书难懂。他几次说："《春秋》难理会。""《春秋》难看，三家（按指《公羊》、《穀梁》、《左传》）皆非亲见孔子。""《春秋》自难理会。"二、林栗此书不可信。他说："林黄中《春秋（经传集解）》又怪异，云（鲁）隐公篡威公。"当学生问他："黄中说：'归仲子之赗（丰）'，乃是周王以此为正其分。"他回答说："要正分，更有多少般，却如此不契勘！""不契勘"就是不好好推敲。三、林栗认为《公羊》、《穀梁》、《左传》出于一人之手，值得怀疑。学生问：《公》、《穀》、《传》大概皆同？"他回答说："所以林黄中说只是一人，只是看他文字，疑若非一手者。"有学生进一步问："疑当时皆有所传授，其后门人弟子始笔之于书尔。"他回答说："想得皆是齐、鲁间儒，其所著之书，恐有所传授，但皆杂以己意，所以多差舛（川）。其有合道理者，疑是圣人之旧。"四、林栗推崇《左传》，认为《左传》中的"君子曰"，"是刘歆之辞"。有学生提问："林黄中亦主张左氏，如何？"朱熹认为："林黄中却会占便宜。左氏疏脱多在'君子曰'，渠却把此殃苦刘歆。"又说："《左传》'君子曰'，最无意思。"他列举"芟夷蕴崇之"一段，认为"是关上文甚事？"他进一步认为："左氏见识甚卑"，"左氏乃一个趋利避害之人，

---

① 详见张载撰、朱熹注：《张子全书》卷1，商务印书馆1937年国学基本丛书本，第4—5页。
② 陈振孙：《直斋书录解题》卷3《春秋类》，上海古籍出版社1987年版，第67页。
③ （元）马端临：《文献通考》卷183《经籍考十·经·春秋》，中华书局2011年版，第9册，第5409页。

要置身于稳地而不识道理,于大伦处皆错。观其议论,往往皆如此。"刘歆(约前53—23年)是西汉古文经学家,与其父合著《七略》,是我国第一部图书目录书,将全部图书分为六艺、诸子、诗赋、兵书、术数、方技六大类,再加全书总录《辑略》。如今看来,《左传》等书中的"君子曰",是否出于刘歆之手,实在无法断定,林栗和朱熹的见解都是一家之言。不过,朱熹认为《公羊》、《穀梁》、《左传》并非出于一人之手,似乎更有道理。五、林栗又曾经对"君子曰"有所怀疑。当学生问朱熹:"胡(瑗)《春秋》如何?"他答道:"胡《春秋》大义正,但《春秋》自难理会。如《左氏》尤有浅陋处,如'君子曰'之类,病处甚多。林黄中尝疑之,却见得是。"①可惜林栗如何对"君子曰"表示怀疑,因其专著《春秋经传集解》已经失佚,无从查考。

4. 关于历法的分歧

林栗在历法上也有一定的见解。据朱熹说过:"历不可不常变通。盖天运常差,故历贵常变。"又说:

> 比因林栗侍郎平生好言历,而不得其要。一日忽悟,曰:"我得之矣。"问之,则曰:"读《易》至《革》卦,曰:君子以治历明时,革者变革,治历者常变革而已。"自此论一出,扇得后生辈靡然和之。熹常(尝)问之,林答云:"当一年一造历,则不差。"熹不觉大笑②。

朱熹之所以大笑,是因为他不太赞成林栗的见解。他说:

> "泽中有火。"水能灭火,此只是说阴盛阳衰。……便有那四时改革底意思。君子观这象,便去"治历明时"。林侍郎说因《革》卦得历法,云"历须年年改革,不改革,便差了天度。"此说不然。

---

① 黎德靖编、王星贤点校:《朱子语类》卷83《春秋·纲领》中华书局1986年版,第6册,第2150页、2153页、2155页;卷123《陈君举》,第8册,第2960页。
② 朱鉴:《文公易说》卷8《象上传》,台北商务印书馆影印文渊阁四库全书本,第18册,第604页上。

天度之差，盖缘不曾推得那历原定，却不因不改而然。历岂是年年改革底物？"治历明时"，非谓历当改革。盖四时变革中，便有个"治历明时"底道理。

又说：

"泽中有火，《革》"，盖言阴阳相胜复，故圣人"治历明时"。向林侍郎尝言圣人于《革》著治历者，盖历必有差，须时改革方得。此不然。天度必有差，须在吾术中始得。如度几年当差一分，便就此添一分去，乃是①。

朱熹主张历法是要修订的，但不是每年都要修改。

5. 对周敦颐的评价②

在《周易经传集解》中，林栗尽管不同意周敦颐的理学思想，但并没有直接提及。他贬低周敦颐的文字是在一篇题为《江州学濂溪祠记》的记中③。原来，乾道二年（1166 年），林栗在知江州（治今江西九江）任前，朱熹写信给他，邀请他给当地的濂溪祠撰一篇记文。于是他趁机表达对周敦颐及其理学体系的想法。该记首先讲撰此记的原因：

---

① 黎德靖编、王星贤点校：《朱子语类》卷 73《易九·革》，中华书局 1986 年版，第 5 册，第 1845—1846 页。此处"林侍郎"三字，原作"林艾轩"即林光朝，然据朱熹之孙朱鉴著《文公易说》卷 8《象上传》，商务印书馆影印文渊阁四库全书本，第 18 册，第 604 页上，皆作"林栗侍郎"。且主张每年都要改造历，正是林栗的意见。

② 周敦颐（1017—1073 年），字茂叔，原名敦（惇）实，北宋嘉祐八年（1063 年）四月英宗继位后，为避其御名旧讳宗实，改名敦颐。直到其去世前，包括他自己的题词，皆写作"惇颐"，偶尔写作"惇熙"。见（清）康熙四十七年（1708 年）张伯行编《周濂溪先生全集》，商务印书馆 1937 年国学基本丛书本，第 153 页。

③ 载（清）康熙初周沈珂编：《周元公集》卷 6，商务印书馆影印文渊阁四库全书本，第 1101 册，第 479 页下—480 页下，另见《永乐大典》卷 6700《江·九江府十二》，系节文，中华书局 1984 年线装本，第 21 函第 13 页下。《永乐大典》精装本第三册，中华书局 1986 年版漏收此卷。张伯行编《周濂溪先生全集》，商务印书馆 1937 年国学基本丛书本，可能因朱熹已批评林栗而未收此记。

　　始予读河南程氏兄弟语录,闻茂叔先生道学之懿。其后,阅苏端明(按即苏轼)、黄太史(按即黄庭坚)所作《濂溪诗》,而想见其为人。及来九江前,武学博士朱熹元晦自建宁之崇安,以书至,曰:"濂溪先生,二程之师也,身没而道显,岁久而名尊。今营道、零陵、南安、邵阳皆已俎豆泮官,江(州)独未举,顾非典欤?"予闻之矍然。适会先生之曾孙直卿来访,敬请其像与其遗文并《通书》、《拙赋》而读之。

接着,他说:

　　此之谓立言也,可无传乎?亟桀诸板而绘事于学官,使此邦之人知所矜式。既成,将揭其号。乃按其文字,考其所谓濂者,其音切、义训,与廉节之廉异矣。廉之训曰清也,俭也,有俭、敛之义。又如堂之有廉、箭之有廉,截然介辨之义也。濂、廉同其音,似廉而不类。又有里参翻者,含鉴翻者,其训曰薄也。又曰大水中绝,小水出也。予异焉,曰:"是安取此?"问其人,曰:"先生之子求诗鲁直(按即黄庭坚),避其从父之讳改焉。"呜呼,有是哉!儒者之学,本于文字、义训,而谨于正名,毫厘之差,千里之谬,不可忽也。东坡先生云:"先生本全德,廉退乃一隅。因抛彭泽米,偶似西山夫。遂即世所知,以为溪之呼。应同柳州柳,聊使愚溪愚。"则固已不足于廉矣。又将转而为濂,则由俭以趋薄,由清以绝物,殆为陈仲子之操乎?地以人重,人以名高。因避讳之讹,以成声画之舛,遂使先生之德,与是溪之名俱蒙薄绝之累,将非后世者咎与?予是以正之。

　　从音韵训诂、黄庭坚和苏轼的诗、古人陈仲子事迹等旁征博引,来论证周敦颐虽字"濂溪",但与"廉"无关,言下之意周敦颐并不廉洁。陈仲子,字子中,春秋时齐国人,楚王曾遣使持金百镒,聘以为相。仲子与妻逃去，为人灌园。其兄为官，禄粟万钟，仲子拒绝其兄给予的食物和房屋，"避兄离母"。孟子在回答匡章"陈仲子岂不诚廉士哉"时，认为并非廉士。朱熹《孟子集注》在此处引"范氏曰"说："仲子避兄离母，无亲戚君臣上下，是无人伦也。岂有无人伦而可以为廉哉？"①另一位宋代学者郭雍在其《郭氏传家易说》中，也指出"孟子深鄙陈仲子之为廉也"②。

随后，林栗又写道：

> 夫山川风气，民之所禀而生；故家遗俗，民之所薰而习也。先生之道传于二程，其所成就夥矣，而庐山之下，濂溪之上，未有闻焉，或由此也。夫自今而后，吾知九江之士清而不隘，俭而不陋，辩而不争，严而不厉，有检敛之美，而不流于薄绝。既以独善其身，又思兼善天下，见中庸之门户、入诚明之闾奥，其必是始矣。

一方面提出周敦颐因为将学问传给二程，学术成就很大，另一方面又说"庐山之下，濂溪之上"没有听说过，实际是否定周敦颐在学术界的影响，由此进一步否定他在理学领域的地位。

周敦颐将"濂溪"两字与自己联系在一起，是因为他晚年寓居江西庐山下，筑书堂名"濂溪"，"学者宗之，遂号'濂溪先生'"。这一"濂"字其实与清廉的"廉"字无关。濂溪只是他故乡道州营道县营乐里的一条小溪，迁居庐山后，"因溪流以寓故乡之名，筑室其上"，"示不忘父母之邦之意"，遂称"濂溪书堂"③。

把"濂溪"与"廉"挂钩始于黄庭坚和苏轼。黄庭坚和苏轼是应周敦颐之子周寿、周焘的请求，为周写了一篇《濂溪词》和"濂溪诗"。黄庭坚在《濂溪词》的《序》中写道：

① 朱熹：《孟子集注》卷6《滕文公章句下》，《四书章句集注》，中华书局1983年版，第273—274页。
② 郭雍：《郭氏传家易说》卷2《上经·上九》，台北商务印书馆影印文渊阁四库全书本。
③ 度正：《周敦颐年谱》，《周濂溪先生全集》，商务印书馆1937年国学基本丛书本，第185页。

春陵周茂叔,人品甚高。胸中洒落,如光风霁月。好读书,雅意林壑。初不为人窘束世,故权舆仕籍,不卑小官。职思其忧,论法常欲与民决讼,得情而不喜。其为小吏,在江湖郡县盖十五年,所至辄可传。任司理参军,转运使以权利变具狱,茂叔争之不能得,投告身欲去,使者敛手听之。赵公悦道,号称好贤。人有恶茂叔者,赵公以使者临之甚威,茂叔处之超然。其后乃瘖曰:"周茂叔,天下士也。"荐之于朝,论之于士大夫,终其身。其为使者,进退官吏,得罪者自以不冤。中岁乞身,老于溢城。有水发源于莲花峰下,洁清绀寒,下合于溢江。茂叔濯缨而乐之,筑屋于其上。用其平生所安,媲水而成,名曰"濂溪"。与之游者曰:溪名未足以对茂叔之美。虽然,茂叔短于取名而惠于求志,薄于徼福而厚于得民,菲于奉身而燕及茕嫠,陋于希世而尚友千古。闻茂叔之余风,犹足以律贪,则此溪之水,配茂叔以永久,所得多矣。茂叔……二子寿、焘,皆好学承家,求余作濂溪诗,思咏潜德。茂叔虽仕宦三十年,而平生之志,终在丘壑。故余诗词不及世故,犹仿佛其音尘①。

苏轼的"濂溪诗"题为《故周茂叔先生濂溪》或《茂叔先生濂溪诗呈次元先生》,全诗如下:

世俗眩名实,至人疑有无。怒移水中蟹,爱及屋上乌。坐令此溪水,名与先生俱。先生本全德,廉退乃一隅。因抛彭泽米,偶似西山夫。遂即世所知,以为溪之呼。先生岂我辈,造化(一作"物"字)乃其徒。应同柳州柳,聊使愚溪愚②。

---

① 黄宝华、胡静宜整理,孙家骅审阅:《黄庭坚集·山谷内集》卷1《楚词七首》之一《濂溪诗》,《传世藏书·集库·别集》第5册,海南国际新闻出版中心1996年版,第4页。另载《周濂溪先生全集》,商务印书馆1937年国学基本丛书本,第169—170页。
② 《苏轼诗集》卷31,中华书局1982年版,第5册,第1666页。

题后苏轼自注:"溪在庐山下。"次元,是周敦颐的次子周焘的字。由后一诗题,可知此诗是苏轼应周焘的要求而写的,时间在北宋元祐四年(1089年)三月至六年二月,苏轼在杭州担任知州①。元祐三年正月,苏轼任知贡举时,周焘恰于此榜进士登第。苏轼知杭州期间,周焘又晋升两浙路转运判官。于是周焘请求苏轼写成此诗,而周焘自为诗云"名廉朝暮箴"②。

由于周寿和周焘的请求和引导,黄庭坚和苏轼在诗词中,不知不觉地把"濂溪"与"廉"联系起来,夸奖周敦颐似同"西山夫"即伯夷、"柳州柳"即柳宗元的"廉退"。究其用意,也情有可原。然而,作为江州一州之长的林栗,尽管从周敦颐的曾孙周直卿处,取得了周敦颐的遗像及其《通书》等遗作,让州学刻版并绘像,使当地百姓"知所矜式"即敬重和效法。尽管朱熹也曾将周敦颐筑室命名为"濂溪书堂"的缘由告诉过他,但林栗不听。朱熹在一篇跋文中比较详细地叙述了这一经过说:

> 熹旧记(周敦颐)先生行实,采用黄太史(按即黄庭坚)诗序中语,若以"濂"之为字,为出于先生所自制以名庐阜之溪者。其后累年,乃得何君(按名异仲,字农父)所记,然后知濂溪云者,实先生故里之本号,而非一时媲合之强名也。欲加是正,则其传已久,惧反以异词致惑,故特附何君语于《遗事》中,以著其实。后又得张敬夫(按即张栻)所刻先生墨帖,后记先生《家谱》载濂溪隐居在营道县(按今湖南道县)荣乐乡石塘桥西。而舂陵(按营道县的古称)胡良辅为敬夫言,濂实溪之旧名,父老相传,先生晚居庐阜,因名其溪,以示不忘其本之意。近邵武邹勇幕官舂陵归,为熹言,尝亲访先生之旧庐,所见闻与何、张之记皆合。但云其地在州西南十里许,盖溪之源委自为上、下保,而先生居下保,其地又别自号为"楼

① 施宿编、王水照整理:《东坡先生年谱》,《宋人所撰三苏年谱汇刊》,上海古籍出版社1989年版,第77—80页。
② 见清人王文诰的按语。载《苏轼诗集》卷31,中华书局1982年版,第5册,第1667页。

田"。至字之为"濂",则疑其出于唐刺史元结七泉之遗俗也。夐
尝有文辩说甚详,其论制之所从,则熹盖尝为九江林使君黄中言
之,与夐说合。方将并附其说于书后,以证黄(庭坚)《序》之失,而
婺源宰、三山(按即福州)张侯适将锓板焉,因书以遗之,庶几有补
于诸本之失。若此书所以发明圣学之传,而学者不可以不读之意,
则熹前论之已详矣,因不复重出云①。

朱熹十分重视周敦颐与"濂溪"的关系,是因为他最初对黄庭坚
《濂溪词序》所说"濂溪"一词的缘由深信不疑。后来,过了许多年,经
过多方了解,尤其读到何弃仲、邹夐的文章,②发现自己搞错了。他相
信何弃仲、邹夐所说有充分的理由。其中,邹夐不仅曾在周敦颐的故乡
做过官,而且访问过周的故居;加上,好友张栻长期在湖南生活,也知道
"濂"字的来历。所以,他改变了看法,认为"濂"字与廉洁的"廉"毫不
相关。这里必须指出,朱熹曾经把以上想法告诉过林栗,但林栗出于对
程、朱理学的反感,置之不理,虽然依照地方官要为本地的学校撰记题
词的惯例,勉强写了《濂溪祠记》,在《祠记》中虚与委蛇地说了周敦颐
几句好话,但极力将"濂溪"与"廉"字联系在一起,而后对周敦颐冷嘲
热讽,尤其是提出周敦颐在当时的学术领域,在"庐山之下,濂溪之上,
未有闻焉",本来完全是没有名气的人,是二程、朱熹硬吹捧起来的。
明眼人读了林栗这篇《祠记》,立刻发现林栗的用意。所以,朱熹在收
到林栗寄自江州的《祠记》后,写信告诉友人说:

　　近林黄中自九江寄其所撰《祠堂记》文,极论"濂"字偏旁,以
为害道,尤为骇叹③。

①　郭齐、尹波点校:《朱熹集》卷81《旧徽州婺源县〈周子通书〉板本后》,四川教育出版社1996年
　　版,第7册,第4186页。
②　何弃仲撰:《营道斋诗并序》、邹夐撰:《游濂溪辞并序》,《周濂溪先生全集》,商务印书馆1937年
　　国学基本丛书本,第170—172页。
③　郭齐、尹波点校:《朱熹集》卷30《与汪尚书(己丑)》之六,四川教育出版社1996年版,第3册,第
　　1277—1279页。

南宋以后,有些学者对"濂"字继续进行研究,结论基本上与朱熹的观点相同。如宋濂为友人郑濂撰文解释"濂"字的来历及其含义说:

> 此字本无深义,特以濂溪周子而显,以濂名溪,乃道州营道县小涧,去州城之西二十里而近,初亦以小水得名。胡程(成)云:楚、粤之间方言,谓水小者为濂,亦一证也。周子家于是溪之上,晚寓九江莲花峰下,不欲忘其初,遂用故里之号,亦以濂名溪。黄庭坚作《濂溪诗》,则谓"溪名,周子之所自取,而濂为清廉之义",则其说尤异于所闻也。……或者则曰韵书云:"廉,俭也。释名云:敛也。"皆有收缩之意。释字唯四声最近,濂之从廉,其为薄冰①,岂不昭然也哉。此论颇有补于《说文》,复系之②。

应该说,宋濂很好地总结了从北宋黄庭坚、苏轼以后到林栗有关周敦颐被人尊称为"濂溪"的过程。

五、林栗的评价

《宋史·林栗传》最后总结林栗的一生,也可以说是代表了南宋后期和元代史臣对他的评价。该评价说:

> 栗为人强介有才,而性狷急,欲快其私忿,遂至攻诋名儒,废绝师教,殆与郑丙、陈贾、何澹、刘德秀、刘三杰、胡纮辈党邪害正者同科。虽畴昔论事,雄辩可观,不足以盖晚节之谬也③。

---

① 按北宋真宗朝《宋本广韵》五十、五十一"濂,薄冰也",但无"濂"字。(中国书店1982年影印本,第313页、316页。)仁宗朝丁度等撰《集韵》平声四之二十五:"濂、潇,中绝小水";上声六之五十一:"濂,戀玷切,濂涞轻薄貌。"上海古籍出版社1985年影印版,上册,第293页;第454页。

② (明)宋濂:《宋文宪公全集》卷44《郑氏名濂解》,中华书局四部备要线装本,第11册,第16页。

③ 《宋史》卷394《林栗传》,中华书局1985年版,第12032页。该卷《论曰》中,又说"林栗之有治才,善论事","以私忿诋名儒",第12044页。

　　笔者以为,这一评价未免失之偏颇,尽管其中肯定了林栗"强介有才",即"有治才,善论事",指他在朝廷和地方任官期间能够恪尽职守、独当一面,但显然不够全面。其实,林栗是一名学者型的官员,他的代表作《周易经传集解》在学术领域作出了一定的贡献。尽管朱熹对该书评价不高,但并没有完全否定。当学生提出"林黄中文字可毁"时,他并没有赞同,反而说:"却是杨敬仲文字可毁。"[1]"杨敬仲"即杨简,是另一名理学家陆九渊的学生,著有《易论》一卷、《杨氏易传》二十卷[2]。杨简继承了程颐和陆九渊的易学,认为易之理即人之心,并以人心为主,略其象数,解释六十四卦的卦爻象和辞,以及《彖》、《象》、《文言》三传,建立起心学派的易学体系,成为以人心皆《易》的代表人物。由于杨简的《易》学提出了新的别具一格的见解,明代杨时乔撰《传易考》"竟斥为异端",现在看来也只是学术观点与众不同,还没有达到必须销毁的程度[3]。至于林栗的《易》学著作,在他去世后,从南宋后期到清代,一直受到学者的关注。其中有南宋后期冯椅、俞琰、郭雍、丁易东、朱熹之孙朱鉴,元代胡一桂,明代章潢,明末清初黄宗羲等,都曾在自己的《易》学著作引用他的见解,当然也有批评他的。在今天,我们更应该注意到他提出了一些有利社会持续发展的观点,其中包括哲学领域的思辨、政治和社会领域的主张。

　　至于林栗已佚的《春秋经传集解》一书,我们无法评论,只能从看过该书序言的韩元吉致林栗函中窥见一二。该函写道:

　　　　宠示《春秋新解》序文,得观妙制,有以见考证之详,恨未尽窥全篇,以发蒙陋也。然左氏丘明之辨,近年惟叶石林(按即叶梦得)之说最备,盖以其下及三晋之时推之尔。愚意犹谓吾兄今既

---

① 黎德靖编、王星贤点校:《朱子语类》卷124《陆氏》,中华书局1986年版,第8册,第2985页。
② 《宋史》卷202《艺文一》,中华书局1985年版,第5040页。载杨简有《已易》一卷。
③ 李楠主编:《周易全书》第2册,黄山书社2011年版,第741—742页、《四库全书总目》卷3《经部·易类三》,中华书局1983年版,上册,第13页。

穷经旨之奥,若丘明是非,似不必深究。不然,则是杜元凯(按即
西晋杜预)、苏子由(按即苏辙)之袭也①。

对该书中一些史事的考证作了肯定,当然也提出了一些意见。

朱熹的学生和爱婿黄干在林栗去世后,曾代人撰写祭文,表示哀
悼。祭文说:

　　若夫刚正不惧,仕优而学,求之斯世,如公几人?嗟哉!我公
受天劲气,为时直臣,玩羲经之文象,究笔削于获麟,忘齿尊而爵
贵,常矻矻以谆谆。至其立朝正色,苟怫吾意,虽当世大儒,或见排
斥;著书立言,苟异吾趣,虽前贤笃论,亦不乐于因循。观公之过,
而公之近仁者,抑可见矣。论者固不可以一眚而掩其大醇也②。

委托黄干撰写祭文的官员,现已无从考证是谁,但从祭文的后半
部分可知他曾在林栗知潭州时,做过该州的幕职官,与林栗的关系从
"相待如宾"到"既久而益亲"。祭文肯定林栗为人正直,深入探讨
《周易》和《春秋》两书,不随声附和,不因循陈见。应该说,这一评价
还是比较中肯的。清初纪昀在编纂《四库全书》,为《周易经传集解》
撰写提要时,指出黄干身"为文公(按即朱熹)高弟,而好恶之公、推
许之至若是,然则黄中之《易》,其可不传钞乎!持论颇为平允"③。
明代学者朱明镐曾对《宋史》的编辑者将《林栗传》与孝宗、宁宗时期
制造"伪学""党禁"的郑丙、陈贾、何澹、刘德秀、刘三杰、胡纮等"党
邪害正者"列入同卷,归为一类,甚为不满。他认为《宋史》编者的
"七失"的第三失,就是把君子与小人混杂,是不对的。其中还谈到

①　韩元吉:《南涧甲乙稿》卷13《答林黄中别纸书》,丛书集成初编本,第1981册,第255页。
②　黄干:《勉斋集》卷39《代祭林黄中侍郎文》,台北商务印书馆影印文渊阁四库全书本,第1168册,
　　第485页下—486页上。
③　《四库全书总目》卷3,中华书局1983年版,上册,第10页中—11页上。

"林栗抚定夔蛮,议事通达,即显核大儒,尚当在议功之条,终不应与何澹、胡纮同传"①。明显把林栗归为君子、大儒之列。

总之,笔者以为林栗在政治上是一名廉洁奉公和能言善辩的官员,在学术上是一名纯粹的义理派《易》学家。他的学问的主要特点是自成一家,不同于吸取了象数派的义理派《易》学家朱熹,也不同于心学派的《易》学家杨简。这三派从不同角度都对《周易》作了研究,建立了自己的学术体系,在学术上作出了一定的贡献。现在很难评论他们各自《易》学的优劣。当然,林栗确实也存在不足之处,这就是他过于心高气傲,在治学上始终意气用事,在政治上迫害不同学术见解者,成为属于一种具有偏执人格的学者。

（本文刊载于《宋代文化研究》第 20 辑,四川大学出版社 2013 年版。又载于《第三届海峡两岸"宋代社会文化"学术研讨会论文集》,浙江大学出版社 2013 年版）

---

① （明）朱明镐:《史纠》卷 5《宋史·总论》,台北商务印书馆影印文渊阁四库全书本,第 688 册,第 522 页上。

20世纪中国王安石及其变法的研究

（上）

20世纪的中国,经历了清代末年、民国时期和中华人民共和国成立以后的50年,社会制度发生了翻天覆地的变化,学术界对于王安石及其变法的研究逐步深入,尽管学者的研究方向和观点不甚相同,甚至在大陆"文革"十年内还遭到歪曲。

一、清代末年

清代末年,中国大地正酝酿着一场推翻清朝专制制度的革命,人心思变。同时,西方的史学理论和研究方法逐渐传入中国。宋代的改革家王安石及其领导的变法的研究开始被人关注,并且运用西方的史学理论和研究方法加以探讨。

这一研究的开创者便是梁启超。1908年,撰成中国历代人物传记之一《王荆公》[①]。该书在1930年商务印书馆出版时,改名《王荆公传》。1935年,上海世界书局在印制《王临川集》时,又将此传附在卷首,改名《王安石评传》。

梁启超在该书《例言》中提出,王安石是"中国大政治家"、"大文学家"。在《自序》中,他说为王写传的目的是"欲考熙丰新法之真相,穷

---

① 李喜所、元清:《梁启超传》,人民出版社1995年版,第532—538页。

极其原因、结果,鉴其利害、得失,以为知来视往之资","以示伟人之模范,庶几百世之下,有闻而兴起者"。该书共 22 章,分为叙论、荆公之时代、荆公略传、执政前之荆公、荆公与神宗、荆公之政术、荆公之武功、罢政后之荆公、新政之成绩、新政之阻挠及破坏、荆公之用人及交友、荆公之家庭、荆公之学术、荆公之文学等。最后附有"王安石年表"和"王氏世系表"。

　　该书的重点在论述各项新法的内容及其得失,且"往往以今世欧美政治比较之"。诸如青苗法,认为"颇有类于官办之劝业银行","中国人知金融机关为国民经济之命脉者,自古迄今,荆公一人而已"。市易法"实一种之专卖法也",但"银行之性质,最不宜于兼营其他商务,而普通商业又最忌以抵当而贷出其资本,今市易法乃兼此两种矛盾之营业,有两败俱伤耳"。募役法是王安石"救时惠民之第一良政",该法"令出代役之税,以充募资,实近于一种之人身税,而其办法极类今文明国之所得税"。方田法"盖如近世所谓土地台账法,言地税者称此法最善焉"。将兵制"求诸今世,惟德国、日本之陆军编制法最近之"。保甲法"最初之性质,与今世所谓警察者正相类明甚"。在王安石"用人及交友"章,列举陈升之、王珪等近 40 人,一一加以评述。如章惇,指出《宋史》列入"奸臣传",梁启超认为章惇支持王安石变法"为功无罪",章是"有才而负气之人也,奸则吾不知也"。吕惠卿《宋史》也列入"奸臣传",梁启超认为吕"诚非佳士",但"窃疑纣之不善,不如是之甚也",同时吕也是欧阳修作为"饬躬"、"端雅"之士推荐来的。梁启超认为此40 人中,"其贤才泰半,不肖者仅十之二三,其所谓不肖者,其罪状盖犹未论定也"。在该书《叙论〈宋史〉私评》部分,梁启超提出《宋史》全盘否定王安石及其新法,而"《宋史》在诸史中最为芜秽……其谬最甚,而数百年来未有人起而纠之者,莫如所记关于王荆公之事"。梁启超认为元人编纂《宋史》"不能别择史料之真伪",因而"据一面之词,以成信谳,而沉冤遂永世莫白矣"。

　　梁启超运用了西方的史学、经济学和政治学的理论和研究方法,重新评价王安石及其变法,并将各项新法归纳为民政、财政、军政、教育、选举等类,皆具有开创之功。同时,他对有关王安石的记载加以考订,如"考异七"指出宫观祠禄官的设置"远在熙宁以前",并不始于王安石。"考异十九"论证王安石说《春秋》为"断烂朝报",是曲解王安石的原意,王的原意"实尊经,非诋经也"。

当然,该书也有一些缺点,一是当时掌握的史料中没有《续资治通鉴长编》和《宋会要》,难免粗疏。二是对王安石及其新法的评价过高,如认为王安石的免役法"实国史上、世界史上最有名誉之社会革命"。

受梁启超的影响,中国学术界开始从正面评论王安石,基本肯定王安石的新法。

二、20 世纪 20 至 40 年代

20 世纪 20 年代至 40 年代,王安石及其变法的研究逐步受到重视,尤其是 1935 年蒋介石下令河南省政府王安石政略研究会熊公哲"深切研究"王安石"遗规",并且作为庐山训练县政人员的教材之一。于是,王安石研究的论文和著作如雨后春笋般地涌现。据统计,著作有七种,其中较有影响的是柯敦伯著《王安石》和柯昌颐著《王安石评传》,佚名编《王荆公政治、学说辑要》,文章 90 多篇。

柯敦伯的《王安石》,由商务印书馆出版,1935 年再版。该书共 18 章,分为年谱、少年时代、外任州县时代、内登馆阁时代、居丧时代、执政时代、退居时代及身后、政治思想、政治之实施、哲学、文学、著作及书法。其中政治之实施分为五章,为理财(包括青苗、募役、均输、市易、方田均税)、改革军政(包括省兵、将兵、保甲等法与军器监)、改革学制(包括新贡举制度和兴建学校)、治水、攘外等,肯定王安石及其新法,其特点有:一、将新法归纳为理财、军政、学制等方面,较梁启超稍有不同。二、首次论述王安石的哲学思想,并从宇宙论、人生(性)论和社会学三个方面加以探讨。三、反驳某些传统的观点,如"后世往往强纳安石于法家者流",提出王安石的政治思想"虽略有法家之倾向,而终围

于儒家"。四、首次使用宋人杨仲良《通鉴长编纪事本末》的资料。五、对王安石的评论采用就事论事,不戴帽子的办法,且列举大量的资料加以证明,没有梁启超过誉失实之词。

　　柯昌颐《王安石评传》,1933 年由商务印书馆出版,1935 年再版。共 24 章,为绪论、年表与世系、时代背景、政治思想之渊源、政治思想之转移、整理财政之初步、社会政策、改革田赋、改革学制、改革兵制、外交及其武功、哲学、经学、文字学、文学、书法、著作之存佚等。社会政策分为四章,即青苗法、募役法、均输法市易法、农田水利。将该书与柯敦伯《王安石》比较,内容雷同之处极多,有些文字还大段相同,"柯昌颐"有抄袭剽窃"柯敦伯"之嫌,但两"柯"其实是一人,不然早就引起版权官司了。另外,两书均由商务印书馆出版,1935 年再版,不然编辑不会糊涂到看不出柯昌颐抄袭柯敦伯而允许同时再版。两书稍有不同,在于:一、关于内容。《王安石》文字言简意赅,内容略少;《王安石评传》则较详,且增加了"经学"、"用人之贤不肖"、"变法之争议"、"史传之失实"等章,"哲学"章中增加了"安石与老庄学说"、"安石与杨墨学说"、"安石与佛学"三节。二、关于对王安石的评价。《王安石》没有明确评价王安石的提法;《王安石评传》则提出王安石为"中国历史上有数之大政治家",王安石在中国"蒙冤千载"。对梁启超认为王安石是"三代以下一完人"的说法,作者认为属于"极端崇拜之论","骤亦未能论定",不过王安石"政治思想及执政时之设施,具有相当之价值,信为不可磨灭"。三、关于两书的性质。从两书的内容及论述的深度看,《王安石》是普及读物,《王安石评传》则是研究著作。

　　佚名《王荆公政事、学说辑要》,1935 年由江西南昌印记印刷所出版。该书前有"王荆公遗像",正文有言行录、变法本末纪事、学案、熙丰知遇录以及"附录"(包括"荆公著述"、"序记"两部分及实录考)。编者显然受梁启超的影响,从肯定王安石及其变法的角度,编纂有关王安石的政事和学说方面的史料,自己的观点通过史料透露,而没有直接表达。"言行录"部分,分段摘录《温公琐语》、《温公日录》、《涑水记闻》、《邵氏闻见录》、《东轩笔录》、《荆公语录》、《郑介夫言行录》等原文。"变法本末纪事(上)"作者署名为陈梦雷,从熙宁元年至九年逐步叙述各项新法的实行情况,所据史籍为《宋史》和《文献通考》。"变法本末纪事(下)",作者署名陈邦瞻,时限与上篇相同,全部照编《宋史纪事本末·三安石变法》条。"学案"部分,照编《宋元学案》卷98《荆公新学略》。"熙丰知遇录",作者署名为"江右新城杨希闵铁佣",清代同治七年(1868年)撰。据杨自序,他获得李焘《北宋通鉴长编纪事本末》150卷钞本,因而在"熙丰知遇录"中大量引述。杨在引述时,不断以"闵案"方式表达己见,为王安石及其新法辩护,认为王安石"独来独往,大是人杰",是"古来热血当事之人"。杨希闵当是引用《长编纪事本末》研究王安石的第一人。"附录"部分精选王安石的一些札子、论、书、记等以及陆九渊等人评论王安石的文章。"实录考",作者为蔡上翔,分上、下,转录《王荆公年谱考略》卷25的全部内容。该书似为有关王安石及其变法的资料汇编,其中杨希闵在"熙丰知遇录"中所加按语较有见地,其水准似在蔡上翔之上。

熊公哲《王安石政略》,1936年由商务印书馆出版。该书专门探讨王安石的新法,肯定王安石的"立法之意",但又认为王安石在实行过程中"激于一念急切之情,事多失序,恤农之政,竟流烦苛",即实际效果不好(自序)。

此外,有关王安石的著作有:施闲《王荆公之政治思想》,无锡国学专修学校出版。郑行翼《王安石生活》,1930年世界书局出版。卢芷芬《王安石》,1935年开明书店出版。赵启人《王安石大政治家》,江西世界书局1943年出版。这些著作均从正面评述王安石及其变法,其观点明显受了梁启超的影响。

30年代末至40年代初,中国史学家不约而同地编写大型中国通史类的著作。其中较有影响的有周谷城《中国通史》、钱穆《国史大纲》、吕振羽《简明中国通史》、范文澜《中国通史简编》等。这些著作中对王安石及其新法作了论述。

　　周谷城《中国通史》,1939 年上海开明书店出版。该书第四篇第二章之三《宋之变法图强》、之四《因变法引出党争》,提出王安石是"变法图强运动的主要人物",是"大政治家,有新见识,且亟欲贯彻其新法的主张"。变法的"动因"是"一曰外部的压迫,二曰内部的贫弱"。各项新法"针对着当时财政的窘状,及人民的苦况"。可分为:一、"救济农村",为青苗和农田水利法;二、"整理财政",为方田均税法;三、"兼顾农村与财政",为募役和市易、均输法;四、"整饬军备",为置将、保甲、保马法及设军器监。该书全面肯定王安石的各项新法。至于新法失败的原因,是"新党处境如彼其难,而同党内的倾陷又如此其烈",神宗死后,"旧党司马光便出而为相","旧党得势,尽去新法,复旧法"。

　　钱穆《国史大纲》,1940 年出版。该书的第六编第三十二章《士大夫的自觉与政治革新运动》之三《熙宁新法》,及第三十三章之一《熙宁新党与南人》,专论王安石及其变法。该书首先将"熙宁新政"与"庆历变法"对比,认为反对范仲淹的,"全是当时所谓小人",反对王安石的,则"大多是当时的所谓君子"。宋仁宗"比较温和,因朝臣反对即不坚持";宋神宗则"乾纲独断,恁人反对,依然任用"。王安石"并不十分注重"范仲淹所提十事中的前几项,青苗、均输等法"大抵相当于范仲淹十事之六七八诸项"。范仲淹的政见"先重治人而后及于治法";王安石则"似乎单重法不问人"。对于王安石的新法,该书批评甚多,如认为"新政立法本意,亦有招受当时反对处";"安石之开源政策,有些处又迹近为政府敛财";"安石推行新法,又增出许多冗官闲禄","冗官不革,政治绝无可以推行之理";"明明可省的费,而安石不主节省";"安石最大的弊病,还在仅看重死的法制,而忽视了活的人事";"新法的失败,一部分是行政技术上的问题"。该书对于王安石本人则基本上是肯定的,认为他"确是有伟大抱负与高远理想的人",范仲淹和王安石"他们做人为学的精神与意气,则依然为后人所师法,直到最近期的中国"①。

①　本文摘引原文皆据该书人民出版社 1955 年版。

　　范文澜主编《中国通史简编》中册（宋辽至清中叶）1942 年 12 月由延安新华书店出版。该书认为宋神宗赵顼最怕契丹和西夏，"急需加强军备"，为了筹饷养兵，他想让富裕的地主、商人高利贷者承担部分军费。"这是他变法的基本观念，也就是引起新旧两派官僚对立的基本原因"。王安石是"笃信儒家经典《周礼》的政治家"，于是成了赵顼的一个"助手"。他"实践并发展了范仲淹、欧阳修的主张，造成与旧官僚派（主张保住旧制）对立的新官僚派（主张改革旧制）"。王安石的新法，"内容广泛，大别可分理财和整军两类"。青苗法是"王安石谋夺取富户放债的利益"；免役法是"官用一小部分免役钱雇人充役，不再强派人民充当"；方田法是清丈官员、地主的无数逃田，增加赋税；市易法是"侵夺商人利益的方法"；保甲法是"王安石想用农兵制逐渐代替募兵制"，但实际是"统治阶级压迫农民的暴虐工具"。赵顼和王安石"厉行新政的宗旨，显然止求扩大收入，整顿军队来保护自己临危的地位。"他们并不想改革官僚政治和人民生活，"反而更加重穷人的负担"。他们"与旧官僚派政见分歧处，止在对原来享受免赋免税特权的各阶层是否应该受些限制这一点上"。

　　吕振羽《简明中国通史》第十三章《专制主义封建制矛盾扩大的五代两宋辽金时期》，约在 1948 年 2 月稍前完稿。该书提出王安石、吕惠卿等"改良派"，代表"中间阶层"，他们的新法"是针对当前社会矛盾的改良方案"。该书主要论述新法的经济政策，有方田、募役、青苗等法及创制置三司条例司九个方面。新法的目的"主要在和缓农民和地主的阶级矛盾，适应中间阶层的要求，特别符合中小地主的经济利益，也反映了自由商人和手工业者的一点要求；同时在发展生产，整理国家财政收入"。新法的效果表现在"人民还是受到一些好处"，"同时财政也大有起色"，"对北宋社会危机的挽救，也起了不少作用"。新法的失败原因在于"在执行上发生不少偏差和毛病"，"不良分子也从中制造了不少弊端"，以司马光、吕公著、韩琦、程颢、苏轼等为首"大地主集团"的"拼命反对"。

这一时期发表在各地报刊上的文章共有 93 篇,其中关于王安石本人及其政治思想有 20 篇,关于变法 29 篇,关于王安石经济思想、政策 18 篇,关于哲学 6 篇,关于诗、文 18 篇①。

这些文章中撰写较早且较有影响的有陶希圣《王安石的社会思想与经济政策》,刊登于《北大社会科学季刊》第 5 卷第 3 期(1935 年 9 月)。该文提出,王安石的社会思想是从生产者立场出发,积极主张增加社会生产,消极反对商人、地主的兼并。王安石推行保甲法,企图恢复"农兵制"。"农兵制"与"井田制""是不分离的一贯系统",但"中唐以后兼并之家把自由农民给兼并了","剩余的人口只有到都市里来,或出卖劳动,或充当兵士,而为佣兵的大量来源。"既然井田"不能实现",因此"农兵的恢复,在事势上是难能的"。王毓铨《王安石的改革政策》,发表于《政治经济学报》第 5 卷第 1 期、第 2 期(1936 年 10 月与次年 1 月)。该文提出王安石站在整个统治阶级的立场上,他的经济政策都是以国家利益为前提。东方专制主义国家的阶级性,是属于拥有生产手段和政治特权的地主、商人和官僚,而不是属于小生产者——农民的。所以,王安石的改革是要解决当时社会的"三大问题",一是整理国家财政,摧抑兼并,救济农民,恢复水利,增加农民生产力。二是把农民从地主手里夺来放在中央政府的直接统治之下,作为中央政府的支柱。三是整顿专制主义官僚政治机构,消灭农民暴动和抵抗外族的侵略。张腾发《王安石变法之史的评价》,发表于《现代史学》第 3 卷第 2 期(1937 年 4 月)。该文提出,王安石新法是"以封建式的土地占有形式及地租的剥削形式为骨干的社会内的改良主义,无疑地是要以土地问题为其主要的内容。"所以,新法最重要的部分就是青苗法和方田均税法,其次是募役法;市易和均输法则是与商业资本的发展有很大的关系。这次新法是由秦至清季中比较进步的改良主义。它的失败,尤其揭穿了改良主义的脆弱可怜,粉碎了一切想用平和的手段来改革社

① 据原杭州大学古籍所和宋史室编:《宋辽夏金史研究论著索引》甲编上册,1985 年油印本。

会的迷梦,这是我们研究王安石变法的最大的意义。蒙文通先生《论北宋变法与南宋和战》,刊登于《论学》第五期(1937年5月),认为王安石变法"偏重理财,民已困而荆公犹理财不已。荆公剥民,岂徒新法,即旧法之似未变者,至荆公亦为剥民之具"。认为王安石"知法之当变,而未知所以变之,此所以益变而益坏"。

三、1950 年至 1965 年

1950年至1965年,众多宋史研究者努力学习马克思主义著作,探求历史规律,取得了一些成绩。但到1964年至1966年"文化大革命"前,随着"左"倾理论的发展,宋史学界也展开了批判活动。这一时期共出版著作两种,文章52篇,其中王安石及其变法25篇,王安石经济思想和政策1篇,思想5篇,文学11篇,教育1篇,人物9篇。

这一时期第一位论述王安石的学者是邓广铭。他的《王安石》1953年由北京三联书店出版,44 000字。该书提出王安石是"封建时代一位杰出的政治家","王安石的新法在当时是能够加强抵抗外族的力量的。虽然他的新法是一种改良主义的措施,但引起了保守的大地主的激烈反对。在与保守派的斗争中,他终于失败了。"新法"一是对于豪绅大地主们的既得利益作了部分的限制和裁减","另一则是代表了中小地主阶级的政治经济要求,也适当地照顾到一般富裕农民的经济利益"。新法的实行,"确实造成了一定的成绩,收到了一些很好的效果","在富国强兵方面所得的成绩,还只可说是新法的副产品,新法的重要效果是社会生产的发展","使整个的社会生产得以欣欣向荣"。该书还认为《辨奸论》实际是南宋初年"守旧党徒"邵雍之子邵伯温"撰造",却"冒称是北宋苏洵的作品。""三不足"之说,是王安石"那么极顽固的政敌司马光替他造出来的",而王安石"并不曾标榜过这样的口号",不过"虽是出之于敌党之口,却仍可认作王安石的'传神写照'"。

漆侠《王安石变法》,1959年上海人民出版社出版。该书分为"宋封建国家的政治经济概况"、"封建统治危机下改革要求的酝酿及其成熟"、"变法的内容和实质"、"变法过程中的斗争"、"新法的废除和反动的封建统治势力的高涨"、结论,共六章。卷首为"对资产阶级历史学中有关王安石变法研究种种谬论的批判(代绪论)",提出"在揭露和批判资产阶级学者有关王安石变法研究种种谬论的同时,将试图依据马克思列宁主义的基本原理,从事实材料中说明王安石变法这个复杂的矛盾运动过程"。南宋写成的话本《拗相公》,"把王安石描绘成为一个猪犬不如的人"。南宋陆九渊撰《荆国王文公祠堂记》,"从根本上否定这次变法",且只是"从封建伦理道德上分别'邪''正'、'君子''小人'"。清代蔡上翔著《王荆公年谱考略》一书,虽然"肯定了变法,亦肯定王安石本人","对王安石变法问题的研究仍具有相当的参考价值",但蔡"牢实地站在封建主义立场上","旨在为王安石伸冤辩诬",有些是"烦琐无聊的考证"。像蔡"持有浓厚阶级偏见的人,当然不可能对王安石变法及王安石本人有真正的了解和正确的认识"。对于近代梁启超、胡适、钱穆的王安石及其变法的研究成果,该书认为这三位学者"在政治上是有某些区别的,但在学术思想上同属于资产阶级思想体系。他们以各色各样的唯心论观点和方法,歪曲了历史,也歪曲了王安石变法"。基本上是否定的态度。书后附录"关于熙宁新法的部分资料",从均输法至军器监分十部分。

较之邓广铭的《王安石》,该书对王安石变法的研究,从广度和深度上看,都前进了一大步。作者提出:一、从宋初到王安石变法前夕,"百年来政治经济的总过程,已经为农民的革命形势铺平了道路;专制主义统治的腐败和各种横征暴敛,已经吸引了广大农民日益'实行独立的历史发动'(按列宁语)"。也就是达到"巨大规模农民战争"的前夜。"宋封建统治阶级""感到已经无法照旧生活和照旧统治下去了"。二、将宋代地主阶级划分为大地主和中小地主阶级。大地主阶层"主要是由各地富豪和品官、形势户组成";中、小地主阶层是占地一二顷到三四顷的地主,"在地主阶级当中,他们占极大多数"。"大地主阶级在这次改革中受到压制,很不得利";"中等地主在这次改革中并无所失"；"小地主在这次改革中获利最多"。"以王安石为首的变法派主要是在代表这个阶层（按指"小地主阶层"）的利益的基础上进行改革的"。三、新法的"进步作用"是十分明显的："改革起了加强宋封建统治和维护地主阶级广泛利益的作用"，"对于社会生产力的发展和历史的前进是起着推动作用的"，"到了元丰年间，农业和手工业方面都有了进步，社会呈现了前此百年来未有的繁荣景象"，"城市、商业贸易也繁荣起来"，物价下降且"趋于稳定的状态"，"极大部分劳动人民过着较为安定的生活，并在这种条件下反复自己的再生产"。四、新法的实质即"改良运动的实质"是"地主阶级的自救运动，用来对抗农民的阶级斗争的"。五、王安石是"杰出的爱国政治家"，宋神宗是"地主阶级的总代表，当然也是兼并势力的代表"。六、司马光是"一个积极维护大地主阶层利益而凶猛反对变法的急先锋"，"在政治上极为低能和短视"，司马光于 1085 年当宰相后，"即同文彦博、吕公著一道，建立了顽固派的统治"。

这一时期较早发表、较有影响的论文有蒙文通撰《中国历代农产量的扩大和赋役制度及学术思想的演变》，1957 年《四川大学学报》第 2 期发表。该文从中国古代二千多年的历史大趋势角度，提出"熙丰新法，免役、青苗多是刻薄贫民，维护地主官僚利益，是最反动的。"免役法"原是比较进步的"，但不适合北方，因为"北人一般较贫"。"明代的一条鞭法，就是把免役法合在税里，实际也就是王安石的免役法"。1954 年至 1958 年，蒙先生撰成《北宋变法批判七件》，从新法"施行之措施及其实效与结果"，剖析各项新法的利弊和元祐更化、绍述之论与"党争"以及王安石其人其友、北宋变法的史料等问题①。该稿当时虽未正式出版，但已散发油印，传播甚广。

侯外庐和丘汉生撰《唯物主义者王安石》，1958 年《历史研究》第 10 期刊出。该文从中国哲学史的角度提出，"王安石是宋代著名的变

---

① 载《蒙文通文集》第五卷，巴蜀书社 1999 年版。

法者,同时也是一个唯物主义哲学家","他在政治上有雄大的志向,在哲学上也有很高的抱负"。又认为王安石的"新学""代表了带有非身份性的色彩的庶族集团,而与那些坚持古旧等级身份的豪强地主(如司马光……)展开了学术的斗争"。该文分为王安石的"唯物主义世界观"和"人性论"、"认识论"两节,指出王安石"肯定物质是第一性的","物质是运动的、变化的";"道"是指"物质世界的运动遵循着一定的规律","道是无始无终的客观存在"。王安石论性的特点"是把人性作为单纯的心理能力来考察",他"同意'性相近也,习相远也'的说法","这样强调后天的习惯,已经接近于实践的标准"。与人性论相应,王安石"重视后天的实践功夫","这样的为了认识世界而需获得广博的知识的学风,是'新学'学派的共同点"。文章也指出了王安石世界观和人性论、认识论的局限性和缺点。该文显然模仿苏联学者的模式,将中国哲学史写成一部唯物主义和唯心主义的斗争史,王安石很幸运地被列入唯物主义阵营。这一观点影响十分深远,不过不利于问题的深入研究。

　　杨向奎《论"王安石变法"》,1962 年于《中华文史论丛》第 2 辑刊登。该文提出了许多精辟的见解,如:一、"北宋社会上政治上的核心问题",是"北宋逐渐形成大官僚地主集团,而许多自耕农民陆续下降为佃客"。"社会向两级分化的结果,一二等户固然是农民的剥削者,更严重的是官户或所谓衣冠形势户,它们占有的土地最广,势力最大,奴役的农民也最多,而国家对他们的科役最少,结果所有徭赋多落在自耕农头上。"二、变法前的形势:"北宋开国后,没有出现兴盛繁荣的景象……阶级矛盾尖锐,农民不断起义,和地主阶级处于你死我活的斗争中。"仁宗时,"当北宋中叶已露了衰征"。三、变法的目的和手段:"王安石是要富国强兵的。而要达此目的,必须适当地打击地主和富商。""封建统治者之所谓变法,不可能改变旧的阶级秩序,他们只是要适当地调整阶级关系,加强皇权,削弱分散力量,集中财权,集中兵权,造成国富兵强的局面"。四、新法的成效:青苗法,"虽然青苗钱的表散,不尽合理,但其用意救贫者之乏息,禁富民之贪暴,是无可置疑的。"方田均税法,"一几年间在部分地区实行的结果,官家能够控制的土地和农民都增加了"。免役法,"便于中小地主"。"变法后国家较富,国力较强,使北宋在强敌的压迫下,还能挣扎若干时期,维持了一个比较稳定而牢固的局面,这对于当时社会经济的发展当然有利。"五、对新法的评价:"王安石的计划在历史上说来具有进步意义,它对大地主阶级起了一定的限制作用,适当地调整了税户间的徭役负担"。六、对王安石的评价:"王安石是具有法家观点的儒家,而司马光是儒家中的保守派。"王安石"更强调法治"。"王安石是一个有作为的政治家,也是具有法家思想的儒家。儒家而具有法家思想的人,不是鼓吹公羊,采取更化维新的办法,就是提倡周礼,正法度,重世功。"七、历史上对王安石有不同的评价,如南宋的浙东学派陈亮、叶适"反对荆公","反对新法中的青苗法和市易法,也反对保甲法",这"反映了富民豪贾的思想";清代蔡上翔的研究"主要是为荆公辩诬,但也弄清了许多是非曲直,为全面评价荆公奠定了良好基础"。

陈正夫《哲学思想研究》,1963 年 9 月于《江西大学学报(社科版)》第 1 期刊出。该文就王安石的自然观、认识论、人性论和历史进化论进行分析,认为王安石是"宋代杰出的思想家、政治家、文学家和诗人"。在王安石变法方面,采用了漆侠《王安石变法》的主要观点,诸如说"王安石的改革本质上只不过是地主阶级的自救运动,是用来对抗农民的阶级斗争的"。

周良霄《有关王安石变法思想的几个问题》,1964 年于《历史教学》第 3 期发表。该文提出王安石是"我国历史上杰出的政治改革家、思想家、文学家","儒家传统思想中的民主性因素给了王安石的思想以深刻的影响",他的"愿见井地平"、"均天下之财,使百姓无贫"是他变法思想的中心和最高理想。王安石变法"从阶级实质来说,是中小地主利益在政治上的反映"。

胡旰曦《关于评价王安石变法的几个问题》,于《光明日报》1965 年 3 月 10 日发表,针对周良霄论文提出不同意见:一、认为王安石变法思想中,理财很重要。他主张"抑富","目的是增加政府收入,并非为了'惠贫'。"他的理财原则是"因天下之力以生天下之财,取天下之财以供天下之费","这就是说,榨取劳动人民生产的物质财富,专供给统治者,以加强对广大劳动人民的统治,这才是变法思想的中心。"作者问:"变法者的动机是为了人民吗?"回答是否定的。还进一步指出:无视这一点,"将模糊和混淆阶级界线"。二、认为新法的执行并没有什么效果,如"均输法"就根本未见实施。新法对社会生产发展的积极作用也不像某些人估计的那样高。政府收入虽有增加,但也是加重人民负担的结果。三、认为新法归根到底对大地主最有利,也对整个地主阶级有利。熙宁、元丰间的阶级矛盾仍然是激烈的,农民起义仍然是频繁的,而不是像某些人所说的阶级矛盾大为缓和,甚至很少农民起义的。

王瑞明《批判周谷城对王安石变法的歪曲》,1965年于《历史教学》第4期刊出。该文认为周谷城《中国通史》对王安石变法"作了一系列的歪曲":一、认为周先生提出"实行新法乃应付时代要求",将土地集中少数人之手的现象看作乃"受种族战争的影响",是"歪曲了王安石变法的时代背景"。二、认为周先生提出宋人在对西夏贸易上"始终采严格的闭关主义,采极端的排外主义",因而"激起夏人的恶感",是"颠倒是非,为侵略者张目"。三、认为周先生提出新法"可以减轻农民的负担"、"救济农村",是"美化封建政府,美化地主阶级","这同样也是为阶级合作、阶级调和论提供历史根据"。

四、1966年至1976年"文革"时期

中国大陆在1966年至1976年"文化大革命"期间,历史研究成为阶级斗争的工具。王安石及其变法被肆意歪曲,王安石被加上了"法家"的桂冠。这一时期,有著作五种,在1974年、1975年出版;文章有165篇,在1973年至1976年发表,以1974年、1975年最多。这些著作和文章的作者大致可以分为三类,一是"四人帮"的宣传班子,专门为"四人帮"篡党夺权制造舆论,藉此攻击周恩来、邓小平等老一辈无产

阶级革命家。他们炮制的文章虽然不多，但分量甚重，在大陆一时影响极大。二是工厂、学校和部队的理论小组撰写的文章，这些文章都根据"四人帮"宣传班子的调子，加以发挥，上纲上线。三是一些专家、学者违心地跟着撰写了一些著作和文章。

最早把王安石当成"法家"而加以宣传的，是署名史尚辉《从"三不足"看王安石的法家思想》，发表于《学习与批判》1973年第1期，同年9月22日《文汇报》转载。该文从"王安石的三句名言：'天变不足畏，祖宗不足法，人言不足恤'"谈起，说"三不足"说"体现他的法家思想"。又说，王安石"是当时中小地主阶级利益的代言人"、"革新派的代表人物"，变法是他的"法家思想在政治上的体现"，"打击了大地主兼并势力"，而司马光"代表""顽固派"，是大地主统治集团在政治上思想上的代表，他"死守儒家反动立场"。

1973年10月1日，署名"石仑"撰的《论尊儒反法》，在《红旗》杂志第10期发表，揭开了"批儒评法"的序幕。该文将董仲舒、朱熹等人归入"日益没落的封建阶级的思想代表"，他们"都是尊儒反法的"，而将曹操、柳宗元、王安石等人归入为"地主阶级中主张搞一些革新的人物"，他们是"肯定法家，肯定秦始皇的"。文章还指出："王安石为了实行变法，也吸收了法家的变革思想"。最后提出要"彻底批判尊儒反法思潮"，"识别那些搞资本主义复辟的阴谋家、野心家"等等。

罗思鼎《从王安石变法看儒法论战的演变——读〈王荆公年谱考略〉》，1974年2月在《红旗》第2期刊出。该文提出王安石是"北宋时代一位比较进步的地主阶级政治家。长期以来，他一直是自命孔门正统的道学家们的眼中钉"。又说：王安石"在当时确实是一位有尊法反儒倾向的人物"，他的"荆公新学"是"为了替推行新法制造理论根据，吸收法家思想而创立的一个新学派"。司马光则是代表了"大地主阶级顽固派"，他与二程"发展了反动的孔学，形成了极端唯心主义的理学即道学"，"竭力鼓吹儒家的反动理论"。文章最后提出必须"揭露历史上儒法斗争的实质，批判尊儒反法的反动思想"，号召大家"深入批林批孔,同一切剥削阶级的传统思想实行最彻底的决裂,为实现和巩固无产阶级在上层建筑包括意识形态领域里的全面专政而努力奋斗!"

同年3月,张立文、方立天《王安石反对司马光的斗争》,发表于《河北师大学报》第1期。该文认为:一、王安石是"尊法反孔派","代表无特权的地主阶级下层";司马光是"尊孔反法派","代表有特权的大官僚大地主集团"。二、"变法的中心内容,是抑制大官僚大地主集团的土地兼并和垄断"。三、王安石的思想体系,"在斗争中,改革派往往采用法家的变法思想,作为对儒家正统的亵渎和叛逆,作为推行改革路线的理论根据"。四、王安石"对尊孔反法的批判也是不彻底的,并不能战而胜之"。"阶级和时代的局限",使"他实行的是一条自上而下的变法路线,因而他的变法最终招致失败"。四月,张立文《王安石反对司马光的斗争》,发表在4月9日的《北京日报》。

6月,邓广铭《王安石——北宋时期杰出的法家》在《北京大学学报(哲社版)》第3期发表。该文认为:一、王安石是"地主阶级的革新派",他的"三不足"论是"为迎接这场战斗而提出的,用以破除迷信、解放思想的战斗口号","在整个变法过程中,这个口号对扫除思想障碍,打退守旧派儒家人物的进攻,起了很大的作用"。二、王安石是"一个伟大的爱国主义者"、"一位杰出的法家","在变法过程中,经常把历史上法家的变法经验取作借鉴",他"不但是继承了法家的思想,他的政治实践也是奉行了一条法家的政治路线"。三、从南宋邵伯温、朱熹到现代林彪,"所以咒骂王安石,是因为他们尊孔反法,主张守旧,反对革新,主张倒退,反对进步"。

8月和11月,"四人帮"在北京和上海的写作班子分别以北大、清华"大批判组"和"罗思鼎"名义,炮制《论爱国主义者王安石——兼论历史上儒法之间卖国与爱国两条路线的斗争》和《论北宋时期爱国主义和卖国主义的斗争》二文,先后发表在《北京大学学报(哲社版)》第4期和《红旗》第11期。这两篇文章把所谓儒法斗争无限上纲到爱国与卖国的高度,荒谬地提出,一、王安石是"杰出法家"和"杰出的爱国主义者"，"以王安石为代表的法家坚持了爱国主义的路线"。二、变法具有"爱国主义性质"，"是一次爱国主义的政治运动"，王安石推行的是"爱国主义路线"，坚持的是"反侵略的爱国主义立场"。三、司马光是当时儒家的"头子"，他对辽和西夏"反动统治集团的侵略威胁""挂起了卖国主义的降旗"，以他为代表的"大地主反动集团为了维持自己的腐朽统治，大搞尊孔复古，竭力反对王安石变法，反对人民群众反侵略的正义斗争，甚至不惜卖身求荣，充当民族的败类"，"采取了投降卖国的政策"。四、把法家、儒家与爱国、卖国等同起来，说什么"法家爱国，儒家卖国，这是一个带有规律性的历史现象"。

随后，邕远慕的《读王安石〈答司马谏议书〉》，发表在 10 月 8 日《人民日报》。该文从王安石回答司马光的一封信，评论王安石及其变法说：一、此信"集中反映了王安石的法家思想和战斗精神"，王安石是"北宋时期一位有进步思想的地主阶级政治家"。二、围绕变法，展开了一场"儒法斗争"，这是"地主阶级内部前进与倒退、革新与守旧的两条路线斗争"。王安石"崇奉法家"，"要革新、前进"；司马光"相信儒教"，"要守旧、倒退"。三、司马光"一伙顽固派""因循守旧，反对变革"，"完全是为了维护大官僚、大地主阶级的利益"。

赵继颜《试论王安石变法的历史经验》和《司马光与"元祐更化"》两文，陆续发表在《山东师院学报》1975 年第 1 期和 1976 年第 2 期。文章提出，一、变法的性质是"发生在北宋中期的一次政治改革运动，是地主阶级内部革新与守旧、前进与倒退两条路线斗争的一次大搏斗"，"以王安石为代表的地主阶级革新派，战胜了以司马光为代表的大地主阶级顽固派，坚持法家革新路线"。二、"北宋时期，地主阶级日趋腐朽反动，政治上越反动，思想上就越需要孔孟之道"。

这一时期出版的著作有邓广铭《杰出的法家王安石》，1974 年山东人民出版社出版；《王安石（中国十一世纪时的改革家）》，1975 年人民出版社出版。《王安石、李贽》，1974 年广东人民出版社出版。湖北人民出版社编辑《中国十一世纪时的改革家王安石》，1975 年湖北人民出

版社出版。抚州革委会政治部《王安石变法》,1975 年江西人民出版社
出版①。

<h1 style="text-align:center">(下)</h1>

1976 年 10 月,"四人帮"被粉碎,"文革"10 年浩劫结束。1978 年
12 月,中共中央召开十一届三中全会,重新确立了马克思主义的思想
政治路线,从根本上冲破了长期"左"倾错误的严重束缚。大陆学术界
开始进入繁荣的春天,有关王安石及其变法的研究也走上了正轨,同
时,随着研究队伍的不断扩大,新生的力量逐渐增多,研究的广度和深
度都大有进展,取得了可喜的成绩。这一时期出版的著作有 8 种、资料
辑佚 3 部,论文集 2 种,文章 400 余篇。

一、著作和论文集

漆侠《王安石变法》,1979 年上海人民出版社再版。该书在 1959
年版的基础上,稍作修订,观点一仍其旧,主要是增补了王安石执政前
哲学思想的发展,对变法的改良主义性质进一步作了说明。

邓广铭《王安石(中国十一世纪时的改革家)》,1979 年人民出版社
再版。该书体例和内容大致与 1975 年初版相同,但作了一些必要的修
改:一是消除"儒法斗争"留下的痕迹。如将简单加于王安石头上的
"法家政治家"和"法家"的桂冠,贬称司马光等种种行为属于"反动",
及"儒法斗争"、"两条路线斗争"等等,都一一删除。又将"儒家"改为
"俗儒"等等。二是加强对于王安石变法是"政治改革",而不是"改良
主义运动"的论述。不过,新版保留了 1974 年 11 月 20 日所撰《后记》
似乎没有必要;同时对司马光等依旧贬得过低,如称"以司马光为首的
那班守旧派和他们的喽啰"、"弃地与敌的罪行"、"守旧派的失败主义

---

① 以上亦参阅河北大学李华瑞的《20 世纪王安石变法研究的回顾与反思》(上篇)。

的论点和论据,卖国主义的论点论据"等。1997 年,邓广铭对《王安石》重加修订,改称《北宋政治改革家王安石》(1997 年出版,人民出版社)。该书共分"当国执政以前的王安石"、"宋神宗起用王安石 王安石变法革新"、"王安石入参大政时治国安邦的两大抱负"等九章。据其"序言"说,该书对 70 年代的《王安石》作了"大幅度的修改",继续清除"所搀入的有关'儒法斗争'和'批林批孔'的污染因素";同时,与"过去三写王安石"一样,"选取"王安石"作为政治改革家的一面","着重加以表述和描绘",力图"恢复王安石的本来面目"。此外,对漆侠《王安石变法》中有关王安石"三不足"原则的处理提出批评,认为"仍嫌含混"。该书可以说是 20 世纪中国史学界全面肯定王安石及其变法的一个最好的总结。

马振铎《政治改革家王安石的哲学思想》,湖北人民出版社 1984 年出版。该书共分 12 章,王安石的时代,生平及其政治、学术活动,天道观,元气一元论思想,运动观和朴素辩证法思想,人性论,唯物主义反映论和唯物主义"圣智论",唯心史观,进步的政治思想,经济思想,教育和人才的选取任用思想,"荆公新学"及其历史地位。提出王安石建立起"下半截唯物主义、上半截唯心主义的哲学体系",他的哲学思想是"北宋中期政治、经济的产物","反过来又给北宋中期以后的政治、经济以有利的影响"。"荆公新学"结束了汉儒的"章句注疏之学",开宋儒"性命义理之学"的"先河"。

龚延明《王安石》,1986 年中华书局作为"中国历史小丛书"之一出版,近 3 万字。该书分为中进士前后、在州县做官、上"万言书"、得神宗知遇、入相变法、响亮的"三不足"口号、改革与用人、退休金陵等八节,比较概括地叙述了王安石的一生,着重在变法的过程。

傅林辉《王安石述略》,1986 年江西抚州王安石研究会等编印。该书第一部为"王安石脉系",下分"父系"、"母系"两章;第二部为"王安石概论",下分王安石的哲学、政治经济、人才等思想,变法的内容和措施,在中国文学史上的地位等五节。该书作者收集王氏和吴氏族谱,结合其他文献，理清了王安石及其夫人吴氏脉系、众多亲属，较有价值。

张白山《王安石》，1986 年上海古籍出版社出版，近 7 万字。该书从文学史的角度，介绍唐宋八大家之一的王安石在文学上的成就，认为王安石的文学思想的主流"属于儒家体系"，但"掺杂着道释思想，形成了三教合流的复杂体"。

叶坦《大变法——宋神宗与十一世纪的改革运动》，三联书店 1996 年出版。该书主要认为熙丰变法是一次成功的变法，导致皇权更加强化，官制更加繁复，费用更加冗杂。更注重从变法的实际成效来考察，与其他著作明显不同。

以上几种著作，除叶坦《大变法》以外，都从各种角度对王安石及其变法作了全面肯定，基本上保持着 50 年代至 70 年代的观点。

三种资料辑佚书之一是容肇祖辑《王安石〈老子注〉及辑本》，中华书局 1979 年出版，4 万多字。该书主要由宋人李霖《道德真经取善集》、彭耜《道德真经集注》，元人刘惟永《道德真经集义》三书中辑录王安石《老子注》的佚文。不过，蒙文通先生 1948 年已发表过《辑王安石〈老子注〉佚文并序》，载《图书集刊》第 8 期，容肇祖该文并未提及。之二是丘汉生辑校《诗义钩沉》，中华书局 1982 年出版。该书主要由吕祖谦《吕氏家塾读诗记》、李樗《毛诗详解》及朱熹《诗集传》、杨简《慈湖诗传》中辑录王安石《诗义》佚文 274 篇，分为 20 卷。之三是杨华林编《王安石佚事汇编》上、下册，江西抚州市王安石研究会和抚州地区图书馆学会 1991 年油印，系征求意见稿。该书按王安石的青少年时代、政治生涯、当国时期、晚年生活、身后毁誉以及家人佚事，分类编辑王安石及其家属的佚事，有一定的价值，惜未能正式出版。

李德身《王安石诗文系年》，人民教育出版社 1987 年出版。该书经过考订，将王安石的各类诗、文按时间进行排列，有一定的学术价值。

有关研究性的论文集，有江西省纪念王安石逝世九百周年筹委会主编《王安石研究文辑》，1986 年江西省历史学会编印。该书前一部分收录 1958 年前后的论文 23 篇，后一部分为 1900 年后国内的论著目录等。抚州市王安石研究会编《王安石研究论文集》1986 年第一集和《王安石研究论文专集》两种，分别于 3 月和 8 月出版。该两集收录抚州王安石研究会第一次学术研讨会的主要论文。

二、论文

这一时期有关王安石及其变法研究论文的特点：一是肃清"四人帮"的流毒。二是突破了传统的全面肯定的观点，出现了不同意见，并且展开了初步的争论。三是视野开阔，从不同角度进行考察，内容涉及各个方面，增加了研究的广度。这些论文，据初步统计有近 360 篇，其中关于王安石变法近 140 篇，思想和学术近 70 篇，教育 23 篇，文学 44 篇，政治 2 篇。

第一、肃清"四人帮"的流毒。最早批判"四人帮"的学者是吴泰和朱瑞熙。他们在《文史哲》1977 年第 4 期分别发表《关于王安石变法的几个问题——驳"四人帮"及其喉舌散布的一些谬论》和《"四人帮"歪曲王安石变法历史的险恶用心》两篇文章。吴泰认为：一、"四人帮"胡说"王安石变法主要目的是为了对付异族的侵略"。其实，"变法的根本目标，是富国强兵"，而"实现'富国强兵'的主要目的，就是为了加强地主阶级对农民阶级的专政"。二、"四人帮"胡说变法派同保守派斗争的阶级实质是"中小地主阶级和大地主阶级之间兼并和反兼并的斗争"。其实，两派的相异"不过是防范农民革命的方法，加强宋王朝统治的办法各异罢了"。三、"四人帮"胡说王安石同司马光的斗争是"儒法斗争"。其实，"王安石在本质上是尊儒的"，他的《三经新义》是"继承并发扬儒家学说的"，"虽然有摒弃儒家某些陈腐说教的地方"。四、"四人帮"胡说变法的进步作用是因为王安石有什么法家的倾向，其实在于"变法在一定程度上推动了社会生产力的发展"。

朱瑞熙认为，一、"四人帮"宣扬变法是"为了对付外族的侵略，对内反抗高压政策"。其实，变法根本目的"是用整顿军队和官僚机构、解决封建国家财政危机的办法，来巩固地主阶级对农民的统治"。二、

"四人帮"极力美化保甲法,把它说成是用以抵抗外族"侵略的强大的武装力量"。其实,它的"矛头主要是针对广大农民"。三、"四人帮"夸大王韶经营熙河的战绩,说什么"奏响了胜利的凯歌",却不提元丰四年和五年宋军对西夏作战的两次大败仗。四、"四人帮"歪曲变法的历史,目的是通过美化、抬高王安石来比附自己,标榜他们一伙人是坚定的"爱国主义者"、"当代的法家";同时,以批司马光为名,大批宰相,影射攻击周恩来总理和中央其他领导同志,妄图打倒老一辈无产阶级革命家,进而篡党夺权。

随后,批驳"四人帮"的文章有:许晓秋《"四人帮"是怎样利用王安石变法大造反革命舆论的》,载《辽宁大学学报》1977 年第 5 期。周咏《与王安石何干?》,载《人民日报》1978 年 10 月 17 日。邓广铭《从一篇黑文看罗思鼎们对宋史和王安石变法的懵懂无知》,载《社会科学战线》1979 年第 1 期。杨志玖《王安石与孟子》,载《社会科学战线》同年第 3 期。

1977 年到 1978 年,上述宋史学者们出于义愤,批驳了"四人帮"的谬论,作出了一定的成绩。但受当时认识的局限,吴泰在文章中仍然称朱熹为"南宋反动道学家",王守仁为"明代反动道学家"。朱瑞熙则指出"四人帮""完全抹煞了保甲法的阶级性,掩盖了保甲法的反动本质",而"这是彻头彻尾的修正主义的谬论"。由此透露出他们当时的学术思想尚未完全肃清"左"的影响。

第二、1978 年至 1983 年间,正面论述王安石变法的论文作者,最值得注意的有两位,即谷霁光和王曾瑜。谷霁光这时发表了一组论文,为《王安石变法与商品经济》(《江西大学学报》1978 年第 3 期)、《王安石法学观点探颐》(《争鸣》1981 年第 1 期)、《王安石经济思想若干问题试析》(与谷远峰合撰,《中国史研究》1980 年第 1 期)等。谷霁光从商品经济的角度出发,提出变法派和守旧派的斗争的焦点在于"对待商品经济态度的不同"。守旧派"对有关商品经济的一些现象,极为敏感",虽然他们"不懂得什么是商品经济,也不真正理解商品经济所产生的影响和作用"。他们"力图维持现存秩序,维护自然经济,墨守成规,不允许有丝毫微小的改革"。王安石推行青苗法,"借贷以钱,突破常平法物物交换的范畴","与富人高利贷者比较而言,它是有利于农业生产的发展的"。免役法"以钱募役,反映出地租形态上的重大变化"。市易、均输等法的施行"客观上都有利于商品经济的发展"。谷霁光还提出,王安石"利用商品经济为封建政治服务","他的主张,较多地反映中小地主和中小商人的要求,尤其是南方地主和商人的要求。而总的方面,乃是代表整个地主阶级革新派的一种主张。"谷霁光不赞成把王安石和司马光看作代表某一阶层的观点,认为王和司马"都是作为整个地主阶级的代表人物出现在当时政治舞台上,不管谁上台执政,不可能只是代表一个阶层,某一阶层的利益不可能超越于阶级利益之上。"

王曾瑜《王安石变法简论》,1980 年《中国社会科学》第 3 期刊出。该文"基本上否定王安石变法":一、关于评价王安石变法的根本原则,应该是看王安石"变法的实践,到底对祖国的统一,历史的进步,人民的生活等等,起了什么样的作用"。即主要"依据行动"和"依据效果",不是依据言论和动机。二、免役法和青苗法的实行,"无非是新增两笔赋税,一笔叫役钱,另一笔叫青苗钱","无非是向编户齐民增收两笔新税"。三、保甲法是"部分地恢复征兵制","无论从哪个方面和角度看,保甲法只是毫无进步因素可取的很反动的法令"。"由募兵制到征兵制的倒退,只能给人民带来灾祸"。以上三点是变法的重点,"是加强对贫民下户的搜刮和镇压"。保马法的"真正的受害者一般只能是乡村下户和客户"。市易法"建立了官府的垄断经营","用封建官营商业破坏私营商业","使很多重要城市的商业正常发展,受到了严重的打击","数量众多的大中小商人债台高筑"。学校科举改革"就是要实行王学的思想专断,树立对王安石的信仰权威,乃是禁锢思想自由的反动措施"。四、王安石"富国有术,而强兵无方","王安石变法的目标——富国强兵,其实只完成了一半,而且从评价变法功罪的角度看,又是比较次要,应予否定的一半"。五、王安石只是"企图对旧制度作些修补工作,就不宜称为'革新'。变法派与反变法派之争,只是'补旧'与'守旧'之争,或者说是维护旧制度方式方法之争"。两大派的斗争,"本质上还是政策性的分歧"。变法派"好大喜功";反变法派"目光短浅,安常习故",司马光在政治上是个"庸才,因循保守,而毫无建树可言"。两派"都无肯定的必要"。

这一阶段,还有专论王安石的新法某一方面的数篇论文发表。其中,有陈振关于保马法的两篇论文:《略论保甲法的演变——兼评马端临对保马法的误解及影响》,载《学术研究辑刊》1980 年第 1 期;《论保马法》,载《宋史研究论文集》,1982 年 1 月《中华文史论丛》增刊。郭志坤《简论王安石的考课法》,载《历史教学问题》1981 年第 4 期。陈守忠《王安石变法与熙河之役》,载《甘肃师大学报》1980 年第 3 期。

第三、1984 年至 1999 年,是王安石及其变法的研究比较活跃的时期,许多学者从各个角度探讨王安石新法的实施效果和影响,各派官员的矛盾冲突,王安石的经济思想、性格特征,以及王安石的年谱、著作等。此外,还突破了 1950 年后全盘肯定王安石及其变法的模式,展开了不同观点的争论。这些都显示研究正在逐步深入。这一时期又可分为两个阶段:

第一阶段,1984 年至 1990 年,较有影响的论文大致有以下数篇。胡昭曦《熙丰变法经济措施之再评价》,载《西南师范学院学报》1984 年第 4 期。该文首先采用蒙文通先生的观点,提出"王安石变法"一词不准确,因为王安石元丰年间"均未干政",而元丰年间新法较熙宁年间"已有发展变化",故称"熙丰变法"更为全面、确切。其次,认为熙丰变法"有一定的积极作用",它的"历史作用是不能全盘否定的"。第三,王安石所说"民不加赋而国用饶",实际情况却是"巧妙地收取更多的赋税、息钱,实行不恰当的'通货管理'"。第四,熙丰变法"给广大贫苦劳动人民在政治上和经济上增加了新的负担","熙丰年间的阶级斗争并没有缓和"。第五,熙丰变法是"中国封建社会中统治者的一次重大改革活动,也是中国古代史上的一次重要事件",“对其全盘否定或过分肯定,都是值得商榷的"。在 50—70 年代中国史学界对王安石及其变法持全盘肯定的态度,其经典著作依据为列宁的"王安石是中国 11 世纪的改革家"。对此,朱瑞熙稍稍提出疑问。他的短文《正确理解经典作家对王安石的论述》,载《光明日报》1986 年 2 月 19 日。该文针对一些学者喜欢用马克思主义经典作家对王安石评论的语句,却常常忽视经典作家原意的现象,指出列宁提到"王安石是中国 11 世纪的改革家,实行土地国有未遂",“列宁认为王安石确曾实行过土地国有的措施",因此对王安石大加肯定。然而,在王安石推行的各项新法中,“都没有涉及到土地制度的问题,更没有实行过土地国有之法"。王安石和宋神宗曾有两次谈及解决土地问题的办法,也只是"最多由国家立法,对地主富豪的占田数量加以限制,对农民耕种的土地也加以限制,而且主张缓慢地实行"。列宁之所以对王安石有此评论,是因为普列汉诺夫"提出王安石曾经推行过土地国有的措施,后来遭到失败",但是史实证明普列汉诺夫搞错了,因而,列宁的这一论断"成了无本之木,无源之水"。所以,“如果仅仅因为列宁说过王安石是改革家,而不管历史事实如何,便断定王安石是改革家,那不是历史唯物主义的研究方法。如果历史足以证明王安石确是改革家,那么引用和不引用列宁对于王安石的上述评论也不是至关重要的"。1997 年邓广铭先生把他的专著改名,看来就是直接受了此文的影响。

顾全芳《评王安石变法》,载《晋阳学刊》1985 年第 1 期。该文针对史学界关于王安石变法的论述,特别是邓广铭《王安石(修订本)》(1979 年版)提出不同意见。一、变法前,“朝廷上下多以改革为治国的必然,而反对革新的,居于次要地位"。王安石与司马光等"一大批人的争论,并不在于是否需要改革,而是在于改革什么,怎样改革"。二、王安石"没有从实际出发解决当时迫切需要解决的社会问题",即冗官、冗兵、冗费"三大灾害",“而是从想当然出发,以增加税收来解决财政困难"。他"具有否定一切的思想的倾向",“在变法中废除了宋初许多好的政策法令"。三、评价王安石的"三不足"精神,"必须一分为二",他"以'三不足'反击顽固派的反对改革,应予肯定;拿'三不足'作为挡箭牌,拒绝任何批评和意见,则应予否定"。四、评价王安石变法的得失成败,"要看实践,看效果"。在农业方面,变法"弊多利少,并没有起到有力的推动和促进作用,反而增加了农民的负担与约束,受到比变法前更多的剥削"。变法的"最大成效,是使国家财政由空虚而殷实"。这是"通过增加税收,尤其是变相的税收"的结果,"归根到底还是要落到……主要是直接生产者农民头上"。王安石"根本没有打击和限制官僚贵族的特权"。五、变法的失败原因在于"'求治太急',准备不足";王安石"固执、主观,听不得半点不同意见";"变法派内部的矛盾与分裂,导致了力量的削弱,步调的不一致"。六、王安石是"一位伟大的改革家","又是一位失败了的改革家"。变法"不应该全盘否定","失败了的改革,比不想改革要好些"。七、论文对邓广铭先生的观点提出了不同意见,这是应该鼓励的。但论文中又说邓"不是受了王安石欺人之谈的迷惑,就是对变法实际的歪曲",这种指责就没有必要了。此外,顾全芳还有《庆历新政与熙丰变法》,载《西南师大学报》1987 年第 2 期;《评王安石的抑兼并政策》,载《北方论丛》1988 年第 5 期;《曾巩与王安石变法》,载《江西社会科学》1988 年第 5 期;《宋神宗与熙丰变法》,载《史学月刊》1988 年 8 月号。

　　周良霄《王安石变法纵探》,连载于《史学集刊》1985 年 1、2 期。作者认为应把王安石变法"放到整个中国封建社会中、后期发展的过程中来考察,也许就能比较客观地进行辨识和评论",不赞成把王安石"之所行,从主观理想到客观作用,尽加肯定;而对于反对方面的评论,则一概以保守顽固斥之,这是一种简单和偏执的态度,同样不可能切合事实"。从时代背景和方田均税、免役、保甲、科举、青苗、均输、市易等法的来龙去脉,分析其利弊。最后提出,一、各项新法"凡是为后世所沿行的,它便是适应中国后期封建社会的发展,为地主阶级统治制度所必需的";反之,"那些不为后世所沿行的政策,表明它们本身便是行不通的,也就对社会发展无积极作用可言"。二、王安石与宋神宗的"思想各不一样",王安石"只有通过抑兼并以惠贫民,损有余以补不足,才能达到他'均天下之财,使百姓无贫'的理想。"宋神宗的"目标只是要富国强兵",他"虽不失为有所作为的君主,但思想上则比较平庸"。两人"始终是貌合神离"。

　　吴泰《熙宁元丰新法散论》,载《宋辽金史论丛》第 1 辑,中华书局,1985 年。该文提出变法既有进步的一面,也确有反动的一面。其进步性主要反映在推动生产力和生产关系发展,如实行农田水利法推动农业生产,以雇代役客观上顺应了历史潮流,推动了雇佣关系和商品经济的发展。如将变法置于历史发展的长河中加以考察,其进步性是主要的。

　　刘祚昌《论王安石的政治品质与政治作风》,载《东岳论丛》1986 年第 2 期。该文以道德标准来衡量王安石,认为王安石当政后足以自圣,狂妄自大;刚愎拒谏,喜同恶异;重用阿谀之小人,打击陷害异议者,钳制思想,压制舆论,实行学术专制和特务统治,导致新法推行中弊端百出并启新旧党争之祸端,招致外侮。

　　何忠礼《也论王安石变法的失败原因》,载《杭州大学学报》1988 年第 2 期,提出宋神宗奉行"异论相搅"的家法,对保守派姑息重用,而变法派社会基础不牢,人才严重不足;新法推行过于仓促,出现残害百姓现象,招致一片反对。

　　葛金芳等《熙宁新法的富民与富国之争》,载《晋阳学刊》1988 年第 1 期,认为:一、"能够看作王安石变法的,只是王安石在任时期推行的熙宁法而已"。"从总体上看,元丰法与熙宁法旨趣相异,措施相左,效果亦绝然相反"。二、宋神宗和王安石在熙宁时期没有"公开打出过'富国强兵'的旗帜","实际上'富国强兵'只是反对派指斥新法之言。"三、王安石的"理财是为了出名,以达到先修内政的需要,故而坚决反对扩大军费开支"。"以'雪耻'为指归,则必然谋求加强军事力量","必然走上'为国聚敛'的歧途"。四、王安石"坚持以富民为变法的指导思想,所以在他任相期间,同将富国放在首位的宋神宗,发生了一系列冲突和争执,主要表现在'靖边'与'开边'、'省兵'与'增兵'、'节用'与'烦费'这三个方面。"

漆侠、郭东旭《关于王安石变法研究中的几个问题》,载《中国史研究》1988 年第 4 期。该文总结 1980 年以来宋史学界对王安石变法的研究,认为一、有些学者"全盘否定王安石、全称(盘)肯定王安石","亦即(以)'尊马抑王'为其特色的"。其中"以顾全芳、季平同志最为突出,几乎用无所区别于司马光、赵构的论调来评价王安石及其变法的"(季平在有关司马光的论著中,也对王安石及其变法作了评价)。二、从有关史料的运用和研究方法的角度,就王安石变法的时代内容,王安石和司马光所代表的社会力量,王安石变法的历史作用等三个方面,反驳顾、季的论点,认为顾、季"采用吹肿胀大、无中生有的方法,歪曲新法、夸大新法的弊端";"采用压缩空气、以有化无的方法,极力缩小新法的作用"。三、认为前七八年的王安石变法研究不尽人意:"这几年来,包括王安石变法研究在内的学术领域里,存在着为标新立异,为翻案而出奇的学风。而这种风气则是建立在不读书、不学习马克思列宁主义,以及由此两者结合而成的最拙劣可笑的主观主义思想方法这样一个基础之上的。"四、论文中使用了一些超出平心静气展开平等学术讨论的语句,诸如说顾"在文章中气势汹汹地声称";"看看顾全芳等同志'抑王尊马'的论谈,到底有多大斤两";"这种指鹿为马、颠倒是非、歪曲历史事实的做法";"胡乱套用,任意作践"等等,这些语句无助于问题的进一步讨论。

汪圣铎《王安石是经济改革家吗?》,载《史学月刊》1989 年第 6 期,认为王安石变法不仅没有解决"三冗"问题,变法中冗员反而又有增加,变法的结果是扩大了封建国家盈利性经营规模,官营经济体系发达,对民间工商业发展不利。

顾全芳《重评司马光和王安石变法》,载《学术月刊》1990 年第 9 期。该文没有正面回答漆等的反驳(可能两篇文章的写作和发表有时间差），但主要针对漆的《王安石变法》（1979 年版）。其主要观点如下：一、王安石"变法中为巩固封建统治的自我调整，不可能仅仅代表某一阶层的利益，而是代表整个统治阶级的利益"。他不赞成变法"仅仅代表中小地主阶层的利益"的观点。司马光反对变法，"并不全然是新法侵犯了大地主利益，也是出于新法加剧了对下层百姓的苛夺"，但也不可能认为"司马光是站在农民立场上说话"。王安石与司马光的立场和出发点"是相同的"。二、司马光对王安石在创设制置三司条例司和推行保甲法的"批评，是基本正确的"。保甲法"以镇农民，加强控制为主要职能"，"实在不能说是革新"。王安石"所设想的兵农合一，不是历史的进步，而是历史的反动"。三、司马光和王安石"分歧的焦点，在于如何对待冗费"。司马光主张节流，王安石"提倡理财"，"司马光便认为是加重农民的负担，侵吞百姓的膏血，激烈地反对了"。对此，司马光"无端地反对，同样是偏见"。四、关于如何评价王安石，他认为"从历史的角度审视"，变法"有积极的、进步的一面，也有消极、落后甚至空想的一面"。"全盘肯定和全盘否定"变法，"都欠准确"。"全盘肯定与全盘否定司马光反对王安石变法，都不客观"。五、提出"如何运用马克思主义的立场、观点和方法，来研究司马光和王安石变法，还有待于深度与广度。在学术讨论中，需要的是以理服人"。顾全芳另有《青苗法研究》，载《西南师大学报》1990 年第 3 期。

除以上论文，还有：谷霁光《试论王安石的历史观与其经济改革——为纪念王安石逝世 900 周年而作》，《争鸣》1987 年第 1、2 期连载。许怀林《王安石变法的历史地位》，载《江西社会科学》1987 年第 1 期。俞兆鹏《论北宋熙丰变法时期的市易法》，由《江西社会科学》1988 年第 1、2 期连载。杨国宜《王安石变法失败的历史教训》，载《江西社会科学》1988 年第 5 期。这些论文从各个方面对王安石变法提出自己的见解，主要发表在江西省的社科刊物上。

第二阶段，1991 年至 1999 年，研究进一步深入到王安石及其变法的各个方面。较有影响的论文有邓广铭先生《王安石在北宋儒家学派中的地位》，载《北京大学学报》1991 年第 2 期。该文提出"不能把王安石称为理学这一儒家学派的祖师爷"，理学家的祖师爷"只能归之于程颢、程颐、张载三人"，理学家们"与王安石之对于内圣外王同时并重，是大异其趣的"。杨渭生《王安石新学简论》，载《中日宋史研讨会中方论文选编》，河北大学出版社 1991 年出版。该文"论证新学富有开拓创新的时代精神"，"新学是融儒、法、佛、道于一炉的新创作"，"在宋学建立的过程中是树立了功勋的"。

叶坦《评宋神宗的改革思想与实践》和《熙丰富国之法的枣核形曲线：析王安石新法的阶级利益趋向》，分别载于《晋阳学刊》和《江淮论坛》1991 年第 2 期和第 3 期。作者认为宋神宗想恢复已被取代了的汉唐建功体制是与历史发展背道而驰的；新法对不同阶级的经济利益形成了枣核形曲线影响，如青苗法本身就有很大问题，执行中流弊丛生，贫苦百姓深受其害。

李华瑞《关于〈青苗法研究〉中的几个问题》，载《西南师大学报》1992 年第 3 期。该文对顾全芳《青苗法研究》提出了不同意见。张全明《社仓制与青苗法比较刍议》，载《史学月刊》1994 年第 1 期。该文认为中国传统的社仓制比王安石的青苗法在措施上更完善，更有利于恢复发展生产；对社仓制的作用不能肆意贬低。

高纪春《宋高宗初年的王安石批判与洛学之兴》，载《中州学刊》1996 年第 1 期。该文提出，南宋初年对王安石进行了批判，从而确立了高宗"是元祐非熙丰"的态度，"洛学是在批判王安石新学的过程中兴发起来"。王盛恩《市易法新评》，载《史学月刊》同年第 5 期。该文从市易法推行情况来考察，认为市易法实施的结果是卓有成效的，市易法对各阶层带来了不同的影响。程民生等《熙丰时期的兵制改革及启示》，载《河南大学学报》同年第 3 期，认为变法达到了富国的经济目的，但强兵的政治目标却夭折了。王天顺、杜建录《王安石的御夏方略》，载《中州学刊》同年第 4 期，提出王安石的御夏方略主要为"安内以制外"和"和戎以断西夏之右臂"，这一方略是"理性的"，他反对贸然对西夏用兵，主张待真正达到富国强兵时，再发兵灭夏。童丽《试析王安石变法中的矛盾》，载《学术月刊》同年第 8 期，提出变法中存在着言利与何必言利的矛盾，农业赋税货币化和自然经济结构的矛盾，增加财政收入和生产发展缓慢的矛盾，变法思想与官员素质的矛盾，抑兼并与不触犯土地所有权的矛盾，这些矛盾在当时社会条件下无法解决，而新法又加剧了这些矛盾。

高纪春《关于吕惠卿与王安石关系的几点考辨》，载《河北大学学报》1997 年第 3 期，该文经过考证，认为吕、王的交恶"皆缘国事"，并非出于个人私仇；所谓"发其私书"，由苏辙兄弟笔墨渲染而出，实际并无此事。

俞兆鹏《评欧阳修"止散青苗钱"问题——兼论北宋熙丰新法中之青苗法》，载《南昌大学学报》1998 年第 3 期。该文认为欧阳修止散青苗钱的言行是合理的，目的在于济贫惠民，将其称为"守旧"，"反变法"，是不够实事求是的。冷辑林、乐文华《宋神宗是熙丰变法的主宰》，载《江西社会科学》1999 年第 1 期。该文从宋神宗参与变法时间、内容都多于王安石的角度考察，认为宋神宗才是熙丰变法的真正主宰。路育松《试论王安石对吏禄的改革》，载《安徽史学》同年第 2 期，探讨了从熙宁三年推行的"重禄法"的内容、实行原因及其取得的成效等问题。

此外，这段时间里还有高纪春《论朱熹对王安石的批判》，载《晋阳学刊》1994 年第 5 期。贾玉英《王安石变法与台谏》，《抚州师专学报》1995 年第 4 期。郑秉谦《王安石与蔡京》，载《东方文化（广州）》同年第 3 期。吕荣哲《杰出的政治变革家吕惠卿》，载《黑龙江社会科学》1999 年第 2 期。漆侠《王安石的〈明妃曲〉》，载《中国文化研究》春之卷，等等。

第四、有关王安石书信的辨伪，《字说》的辑佚，王安石年谱的补正等，也获得了可喜的成绩。张希清《王安石的赈济思想与〈上龚舍人书〉的真伪》，载《中国史研究》1982 第 3 期。该文指出谷霁光等《王安石经济思想若干问题试析》一文引用的《王文公文集》中的《再上龚舍人书》及《上龚舍人书》，"并非王安石的作品"，因此不能依此来论证王安石的赈济思想。

朱瑞熙《王安石〈字说〉钩沉》,载《抚州社会科学》1987 年第 3 期。该文论述《字说》的编写经过、流传、《字说》学的形成、《字说》的评价,并依据宋人文集、笔记、字书及明、清文献,辑录了《字说》277 条、318字。三年后,朱瑞熙《王安石〈字说〉钩沉续》,发表在《抚州学刊》(1990 年 12 月出版)。该文从《道藏》等书辑得《字说》11 条,并补释 2条。期间,徐时仪也辑补《字说》2 条,载《抚州社会科学》1989 年第 3期。徐时仪《王安石〈字说〉的文献价值述略》,载《文献》1993 年第 2期。曹锦炎《王安石及其〈字说〉:介绍张宗祥辑本〈熙宁字说辑〉》,载《浙江学刊》1992 年第 6 期。该文介绍张宗祥(1881—1965 年)曾撰《熙宁字说辑》手稿 5 卷,1992 年由其子女捐赠浙江图书馆。

高文、高启明《新编王安石年谱》,载《河南大学学报》1992 年第 5 期。高克勤《王安石年谱补正》,载《文献》1993 年第 4 期,主要对三种清代学者所编《王安石年谱》和《考略》,钩稽史籍及宋人文集,加以补正。

邓广铭先生《关于王安石的居里茔墓及其他诸问题》,载《北京大学学报》1993 年第 2 期。该文主要论证王安石之墓"直至(公元)十六世纪之初","仍在江宁原地,未被迁移到其他地方"。王安石的临川旧居"在临川县城之内,而不是在临川县城之外的任何地方"。

第五,有关王安石的人才思想或人才论、人才观、人才理论,从1980 年至 1999 年,每年都有二至三篇发表,这些文章除最早的数篇外,所用资料几乎相同,见解也无甚分歧,然而关于王安石的人才思想在变法过程中,是否得到体现,却尚未见到实证分析①。

1950 年以后的港、台地区学者的研究情况,另文介绍。

(本文刊载于《安徽师范大学学报》
[人文社会科学版]2003 年第 2 期)

---

① 参见葛芳、金强《近二十年来王安石变法研究评述》,《中国史研究动态》2000 年第 10 期。

岳飞研究一百年(1901—2000年)

　　20世纪的中国,经历了清朝末年、民国时期和中华人民共和国成立以后的51年,社会制度发生了翻天覆地的变化。有关宋朝爱国将领、民族英雄岳飞历史的研究逐步系统和深入,学术界还不时展开热烈的讨论。

一、清　　末

　　清代末年,反清的革命党人为鼓舞士气,开始将数百年前坚决抗敌、最后被投降派迫害致死而其英雄事迹在民间已家喻户晓的岳飞,写入汉族人民反抗异族压迫的斗争史中。1903年4月,《湖北学生界》第4期,发表留学日本的湖北籍学生所撰《中国民族主义第一人岳飞传》,称岳飞是中国五千年历史上第一民族英雄。该文可以说是20世纪第一篇记述岳飞事迹的文章。

二、民 国 时 期

　　进入民国时期后,第一册介绍岳飞事迹的著作是孙毓修编纂的《岳飞》一书,1913年9月商务印馆列为"少年丛书"之一出版。该书卷首提出"中国上下数千年"中的"名人","虽妇人孺子,里老走卒",皆视之为神,拜之如佛,仅有蜀汉的关羽和南宋的岳飞。关羽"忠义之气过人,勇武之略盖世,受后人之崇拜,亦固其宜",而岳飞"后来居上",其"为人尤足为少年之模范"。该书字数不多,作者的立足点是宣扬岳飞的忠义和勇武。

1923 年,吕思勉《自修适用白话本国史》,由商务印书馆出版。该书第三篇《近古史下》第一章《南宋和金朝的和战》第二节《和议的成就和军阀的蹴除》,提出了一些独特的观点,如:一,充分肯定宋、金和议。认为"和议在当时,本是件必不能免的事"。二、秦桧是"爱国"的,他不是"金朝的奸细"。他说:"主持和议的秦桧,却因此(指和议)而大负恶名,真冤枉极了。"当时"金人怕宋朝什么? 要讲和,还怕宋朝不肯? 何必要放个人回来,暗中图谋"。秦桧"既是金朝奸细,在北朝,还怕不能得富贵? 跑回这风雨飘摇的宋朝来做什么? 当时和战之局,毫无把握,秦桧又焉知高宗要用他做宰相呢"。据此,他认为"秦桧一定要跑回来,正是他爱国之处;始终坚持和议,是他有识力,肯负责任之处"。"能解除韩(世忠)、岳(飞)的兵柄,是他手段过人之处"。三、实际上认为岳飞、韩世忠等武将已成为"军阀",岳飞的抗金事迹全被夸大了。他只承认岳飞在郾城"打了一个胜战"。"郾城以外的战绩,就全是莫须有的"。朱仙镇大捷,"更是必无之事"。《宋史·岳飞传》的有关记载,"真是说得好听,其实只要把宋、金二史略一对看,就晓得全是瞎说的"。"最可笑的,宗弼渡(长)江的时候,岳飞始终躲在江苏,眼看着高宗受金人的追逐;《宋史》本传,还说清水亭一战,金兵横尸十五里;那么,金兵倒好杀尽了"等等。作者撰写此书时,正是帝国主义列强为维护各自的在华利益,积极扶持各派军阀进行争夺地盘、扩大实力的混战和争斗,给国家民族带来了很大的灾难,广大民众对各省军阀深恶痛绝,因此作者谴责历史上的"军阀",否定岳飞,肯定秦桧和宋、金和议。

1924 年,出版了钱汝雯编《宋岳鄂王年谱》6 卷,另卷首、卷末各一卷,卢永祥刊本。

1931 年"九·一八"事变东北沦陷后,中华民族发出了救亡抗日的吼声。有识的爱国志士,立即想到应从历史伟人、民族英雄岳飞身上汲取力量。江苏嘉定（今属上海）文字学家周承忠，从相传为岳飞手书李华的《吊古战场文》碑拓中，在"河水萦带，群山纠纷"中取"河"、"山"两字，在"秦没而还，多事四夷"中取"还"字，在"奇中有异于仁义"中取"义"字的下半截"我"字，组合成"还我河山"四字。加上岳飞的落款和图章，临摹成为一幅岳飞手书的"还我河山"题词。另一位嘉定人、地理学家童世亨，立即将此题迹刊登于地图册的扉面。而《东方杂志》主编金兆梓见后，立即在杂志上刊出。"还我河山"四字，道出了中国人民的心声，从此作为岳飞的真迹，与《满江红》词一起，迅速传遍全国。①

1933 年，管雪斋著《岳武穆》一书，在汉口出版，该书分英雄思想、武穆之少年及其志愿、武穆之知遇、武穆之武功（分御外、讨逆、平盗 3 部分）、武穆之治军、武穆之文学、武穆之人格、武穆之死及和议，武穆与今日之中国共 12 章。书前载传世的有关岳飞的文物，如岳飞遗书《出师表跋》，岳珂藏岳飞 2 枚印章，谢枋得藏岳飞砚铭拓本；书后附岳飞年谱。该书引用岳珂《金佗稡编》、岳飞文集、王夫之《宋论》等史籍，认为岳飞系秦桧所害死。书中各章、节皆联系当时政局，如对"九·一八"事变，指出"拥兵数十万者"对日军的侵略"曰'避免冲突'，曰'不抵抗'，国家养兵之意，果在斯乎"。

稍后，各地出版社相继推出各种介绍岳飞事迹的著作。如无梦、易正纲编《中国军神岳武穆》，1935 年 5 月，上海汗血书店出版。范作乘编《岳飞》，1935 年 6 月，上海中华书局出版。自动生《岳飞》，1936 年 3 月，重庆正中书局出版。章依萍编著《岳飞》，1936 年 7 月，上海儿童书局出版。褚应瑞《岳飞抗金救国》，1939 年，上海民众书店出版。褚应瑞《精忠报国的岳飞》，1943 年，同上书店出版。孔繁霖《岳飞》，1945 年 5 月，南京青年出版社出版。彭国栋《岳飞评价》，1945 年 9 月，重庆商务印书馆出版。以上著作大都是普及读物，宣讲岳飞的抗金救国故事，用以激励民众的士气，坚持抗日。其中仅彭国栋《岳飞评价》一书，

---

① 周庆和：《嘉定轶传三则》，载顾思明、张振德主编《嘉定史话》，中华书局 1998 年。

学术性较强,全书分为岳武穆之修身、用世、事功、殉忠 4 章,约 6 万字。根据岳飞文集、《宋史》本传、宋元以来各家著述,着重论述岳飞的个性、事功;至于战斗详情和任官次第则多付缺略。该书作者提出杀害"民族英雄"岳飞的元凶是"国贼汉奸"秦桧;同时,又介绍"论者"的观点,即岳飞之死"实出高宗意;与当时文武之争,亦有关联",作者认为"论者"之"说亦近理"。该书同年 12 月,又在上海出版。

30 年代,余嘉锡开始怀疑《满江红》词并非岳飞真作,疑为明人所伪托。余嘉锡《四库提要辩证》卷 23《别集类》11《岳武穆遗文一卷》说,《满江红》词始见于明代弘治期间浙江镇守太监麦秀所刻词碑,此碑词由吴江人、广东按察使赵宽所书,"非(岳)飞之亲笔"。他认为此词"来历不明,深为可疑"。"疑亦明人所伪托"。他还说,此词"为岳珂所未见,《鄂王家集》所无有,突出于明之中叶,则学者不可不知也"。余嘉锡提出的这个问题,直到 60 年代初才重又提起,在学术界引起争论。

抗日战争胜利后,经过前一阶段在民间的广泛传播,终于出现了一部学术价值颇高的著作,它就是李汉魂《岳武穆年谱附遗迹考》,1947年,上海商务印书馆出版。书后附录轶事拾遗、历朝论评选辑、大事表、宋代形势图、文集索引等。该书的主要贡献,除按时间顺序详述岳飞事迹外,还对岳飞的家属和部将情况有所辨证,诸如从《建炎以来系年要录》、《宋史·岳飞传》以来,都把岳云说成是岳飞的养子。该书根据《鄂王行实编年》,提出岳飞夫人李氏在 18 岁时与岳飞结婚,次年生长子岳云,证明岳云并非养子。又如《系年要录》等书记载岳飞妻"刘氏",在岳飞从军后"改适"他人。该书根据《鄂王行实编年》等,认为岳飞妻一直与岳飞"同在任所",没有"改适"之事,"刘氏"系李氏之误。再如指出张宪不是岳飞之婿。岳飞有二女,一嫁高稼(曾授承信郎);一女未嫁,在岳飞冤死那年,仅 13 岁,未婚。

自清末至民国时期,尤其是在抗日战争时期,以上各种专门著作都着力赞扬岳飞是中国的民族英雄。

此外,在 30 年代末至 40 年代初,中国史学家还不约而同地编写大型中国通史的著作。其中较有影响的有周谷城《中国通史》,1939 年上海开明书店出版。该书第三篇《中世后期》第四章《宋对金的妥协策》,简单的提及岳飞,如在 1140 年,说"岳飞至郾城也把兀术打个大败";"一一四一年……当时主和的人,大概不少。如张俊,如陈与义,都有和意;高宗更不待说"。"和议既已大有人赞成,而武人又多不可靠"。"当时岳飞以精锐之兵,战胜金人,力言和议不是办法,结果被秦桧杀了"。认为岳飞是被秦桧杀害的,而岳飞最多"是一位名将"。钱穆《国史大纲》,1940 年出版。该书第六编《两宋之部》第三十四《南北再分裂》,基本观点与周谷城稍有不同。如在 1139 年部分,说:"金兀术毁成约","分道南侵","宋亦出兵","宋兵在这一次战事中,得到好几回胜利",其中有"岳飞郾城之捷"。在 1141 年宋金和议部分,指出宋高宗"非庸懦之人,其先不听李纲、宗泽,只是不愿冒险。其后,不用韩、岳诸将,一意求和,则因别有怀抱"。岳飞和韩世忠不甘朝廷"向君父世仇称臣屈膝","故岳飞不得不杀,韩世忠不得不废"。认为岳飞系由高宗所杀。范文澜《中国通史简编》中册(宋辽至清中叶),1942 年 12 月延安新华书店出版。该册第五章《南北分裂与封建经济南盛北衰时代——金与南宋》,提出秦桧是金朝的"奸细",宋高宗赵构"始终主逃主降,认主战派是坏事的小人"。岳飞和韩世忠所率军队是"连年战争中""锻炼出"的"两部新的有力军队"。岳飞率军在郾城"大破金军","准备渡河","赵构、秦桧借口岳飞孤军不可久留,勒令退兵"。秦桧"知道岳飞不死,和议难成,自己的相位也难保,专力谋杀飞"。作者从抗日斗争的需要出发,不时以"中国人民"代替南宋人民,说"金人知道赵构易灭,中国人民不易灭,赵构愿降,中国人民不愿降,如果不借中国统治阶级的力量来镇压中国人民……对金将是极大的不利"。

吕振羽《简明中国通史》第十三章《专制主义封建制矛盾扩大的五代两宋辽金时期》,约在 1948 年 12 月稍前完稿。该书认为秦桧是金朝的"大奸细","自始就主张划淮(河)以北与金议和",而"高宗为首的大地主集团,也只想和"。岳飞居于"主战派将领"或"抗战派"将领的地位。岳飞率军取得偃城(应为郾城)之捷后,乘胜"进军朱仙镇"。"千杀不赦的秦桧和可耻的南宋小朝廷,于勒令岳飞退兵与诸帅还镇外","矫诏逮(岳飞及子云、婿张宪)三人入狱",杀害了他们。宋、金和议"成立"后,"事实上,秦桧也成了金廷统治南宋的最高代理人,高宗皇帝只是秦桧的傀儡"。认为岳飞是被金朝"大奸细"秦桧"矫诏"所杀。该书提出张宪是岳飞之婿,误,前述李汉魂编岳飞年谱已作了辨正。

这一时期还有一批专论岳飞的文章,如梁园东《岳飞秦桧旧案》,载《人文月刊》第 8 卷第 5 期,1937 年 6 月。金毓黻《岳飞之死与秦桧》,载《文史杂志》第 1 卷 6 期,1941 年 6 月。陶元珍《岳飞死因之分析》,载《中国青年》第 7 卷 4—5 期,1942 年 11 月。金毓黻《岳飞战功考实》,载《志林(东北大学)》第 6 期,1944 年 5 月。邓广铭《从军以前的岳飞》,载《军事与政治》第 8 卷 3 期,1945 年 6 月。江士杰《岳武穆之死与宋高宗及宋代政制》,载《政治季刊》第 5 卷 1 期,1947 年 6 月,等等。从不同角度探讨岳飞,都提出了一些值得重视的观点。其中还有一篇是翦伯赞《两宋时代汉奸与傀儡组织史论》,写于 1940 年 3 月,1943 年编入《中国史论集》,1947 年由文风书店出版。作者从吸取历史教训出发,为反抗日本法西斯侵略,摧毁"我们民族内部的汉奸、卖国贼汪逆等"组织的傀儡政府,撰写此文。提出:一、岳飞是"抗战派"之代表、"民族英雄"。二、秦桧"不仅是投降主义的执行者,而且是首倡者"。他在"岳飞等抗战派在军事上走向胜利"时,"尽收诸将兵权,消灭抗战派的力量,以减轻敌人侵略的障碍,最后则以极无耻的手段,制造虚伪谰言,诬杀反对投降至为坚决之岳飞等民族英雄,毫无廉耻地大胆执行敌人灭亡中国的阴谋,作敌人之内应"。

三、1949 年 10 月至 1959 年

1951 年 1 月,《新闻日报》连续刊登 10 篇文章,讨论应以何种观点

来评价岳飞。其中石英提出岳飞"对人民有罪",是"封建奴才",但多数作者认为岳飞是"伟大的爱国主义者","他并没有愚忠","他保护了广大人民的利益,曾燃烧起人民对侵略者的仇恨"。同年,《历史教学》第1卷、第2卷,陆续发表4篇文章,讨论"岳飞到底算不算民族英雄",大都认为岳飞具有"民族英雄本色",无愧是家喻户晓的民族英雄。

1954年,邓广铭先生《岳飞传》,由北京三联书店出版。分为《战士在成长和锻炼中》、《驰驱奔命于各种战场上的岳飞和岳家军》、《民族战场上的忠勇斗士》、《对于岳飞的评价》等4章,书前附《南宋中兴四将图卷》中的岳飞像,书后附《后记》和《略论有关"拐子马"的几个问题》。该书的成就在于:一、深入剖析有关岳飞事迹的史籍优劣和可信程度。他将这些史籍分为三个系统,即官修史书,私人著述和岳飞子孙记述,指出各个系统"都或多或少地包含着一些不可凭信的成分在内。所以,在取材时,注意作一番'去粗取精,去伪存真'的考辨研讨工作"。二、最为详细的记述岳飞的经历,分析宋、金双方的形势。三、恰如其分地评价岳家军平定"游寇",镇压农民起义军,指出抗金战争"不只是服务于赵宋政权的"。该书有几点值得注意:一、肯定岳飞是"杰出的军事家"、"不朽的民族英雄"。二、秦桧是"一个出卖祖国的掮客",干尽"降敌卖国的勾当",是杀害岳飞的元凶。三、宋高宗赵构与秦桧组成了"南宋政府的卖国集团",但对岳飞的迫害是秦桧及其党羽一手策划和操办的。四、岳飞在料理其父丧葬后,娶刘氏为妻,刘氏后来径自改嫁他人;岳飞在南渡后,又娶李氏,生了几个孩子。该书现在看来也有几个缺点:一是没有注意到金朝也是中国古代的一个王朝,女真族今天虽已不存,但已融合到中华民族之中,成为今天中华民族的一部分。该书则把宋朝的汉族称作"中华民族",而把金朝军队称作"异族侵略者"或"女真侵略军"、"金国侵略军"等,将女真族排除在中华民族之外。二是岳云是岳飞亲生之子,四十年代李汉魂编《岳武穆年谱》已作了辨正,该书却仍沿旧说。尽管如此,该书依然是五十年代研究岳飞最为深入的一部著作。

　　1958 年,沈起炜编著《宋金战争史略》,由湖北人民出版社出版。该书论述绵延 110 年的宋、金两国战争史,以较多篇幅介绍岳飞及其军队的战绩,写得深入浅出。该书涉及岳飞的内容有以下几点值得注意:一、充分肯定岳飞是"宋朝人民抗金斗争中最杰出的英雄人物,也是中国古代历史上最伟大的民族英雄人物之一"。二、秦桧是"金人派来的奸细"、"特务"、"汉奸"。三、宋高宗是"大地主阶级"的首脑,"一贯主和",是"中国历史上""最丑恶的皇帝",他与秦桧一起组成"投降派"。高宗认为岳飞"对于他的统治有危险,非杀掉他不可"。四、区分女真族的贵族、军人和平民,指出"女真贵族是侵略战争的发动者",女真军人"在掠夺中曾一时得到了些好处,然而长期的战争破坏了他们可能享受的和平生活"。女真平民"并没有在战争中得到真正的利益"。

　　1959 年,何竹淇《岳飞抗金史略》,由北京三联书店出版。分为岳飞的时代背景,家庭生活,抗金的第一、二、三、四期,遭受迫害等 7 章,另有前言和岳飞抗金大事年表。据前言,作者写于 1956 年。该书与邓广铭先生《岳飞传》,有一些不同:一、强调南宋初统治阶级内部分为两大集团,即"岳飞抗战派和秦桧投降派",前者"得到人民的支援,坚决主张抗金";后者"依靠敌人而生存,坚决主张投降"。二、岳飞是"竭尽全力抵抗外来民族压迫的""伟大的民族英雄",但也存在缺点,即他作为"统治阶级的一分子","忠君的封建教条思想深深的毒害了岳飞,使他做了最高反动统治者——高宗的帮凶,替他作出危害人民的事情来",即"打击农民军",这是岳飞光辉一生的"一个大污点"。三、秦桧是"卖国投降派首领"、"卖国贼"、"金国代言人"、"内奸"。四、宋高宗是"最高反动头子",被秦桧"假借高宗的命令",下了 12 道金字牌,勒令岳飞从前方撤军,"并捏造种种罪名",把岳飞等杀害了。他"虽然想要杀岳飞,却还有所顾虑,恐怕激起大家的反对"。不过,杀害岳飞还是得到他"特别的允许,才得最后执行的"。五、岳家军最后一战是在朱仙镇取得了"大胜利","兀术像丧家之犬一样,逃回汴京去"。六、岳飞在 16 岁时娶妻刘氏,生子岳云。认为岳云"好像是他自己亲生的"。刘氏生岳云时,岳飞仅 17 岁,"又刚结婚,似乎没有抱养子的必要"。李氏"可能是岳飞的继配"。该书与邓广铭先生《岳飞传》相同之处是,都把宋朝等同于"中国",把宋朝人民等同于"中国人民"、"中华民族",而把金朝女真族排除在中华民族之外。如说"金国为了满足侵略中国的欲壑,要求高宗和秦桧杀害岳飞";"岳飞之被杀死,是敌人勾结中华民族败类杀死的";"中国人民是如何的热爱祖国,谁也不甘心作亡国奴";"女真贵族统治者侵入中国"等等。之所以会出现民族理论上的这一偏差,可能与五十年代比较强调反对外国侵略和保卫祖国有关。

　　五十年代后期,史学界曾为岳飞的评价开展争论。不过,后来又急剧转变为政治批判,脱离了正常的学术讨论轨道了。赵俪生、高昭一《南宋初的钟相、杨幺起义》①,在《岳飞对待起义的态度及其具体措施》节中,提出岳飞"是一位爱国的将领,对于这样忠于祖国的义军,即使是处在敌对状态,也是会十分尊敬和爱惜的,于是……坚决执行对起义人民妥协让步的政策"。还进一步认为"岳飞的贡献",在于"收编了绝大部分的起义军,使之转化为抗金的力量"。1957 年,宁可在《文史哲》第 5 期,发表《有关岳飞评价的几个问题》,与赵俪生等商榷。该文不赞成片面夸大岳飞镇压杨幺起义一事,"从而基本上否定岳飞"。但也不宜为了无损岳飞的民族英雄地位,而"替岳飞隐讳和辩解",这也"违反了历史事实"。岳飞镇压杨幺起义,"是罪,而不是贡献,不是功","不仅是对农民起义的打击,而且也是对人民抗金力量的摧残",因为这次起义"不但反宋,而且也抗金"。此外,该文提出,一、不可夸大或贬低岳飞在抗金斗争中的地位和作用,岳飞"是主张抗金最坚决的人,而且始终尽一切力量来为这一主张奋斗,从来没有怀疑动摇过。因此,他成为抗战派的主要代表人物"。但是不能"脱离南北军民的整个抗金斗争来孤立地叙述岳飞的抗金事迹,甚至根据一些被夸大了的记载来过分渲染,忽视广大军民和其他抗金将领的地位和作用,把岳飞及其

----

① 　收入《中国农民战争史论文集》,上海新知识出版社 1954 年版。

军队当成了抗金斗争唯一的或决定的力量,甚至认为东南半壁河山的保全都是岳飞的贡献"。同时,也不应认为"岳飞的军队不过三四万人,防守地区只是宋金前线上的一个地段,和其他将领的地位和作用差不多,甚至资历或贡献还比不上某些将领。因此怀疑或不承认岳飞是抗金斗争的中心主柱这种提法"。二、有关岳飞"绍兴十年反攻开封之役后撤兵的问题",有的人认为岳飞没有乘当时的有利时期,"抗命出击,甚至联络两河义军,取南宋小朝廷而代之,以取得抗金斗争的最终胜利",这是"他封建奴才思想的具体表现",等等。作者提出,抗金斗争的结局"主要决定于南宋政府的政策与措施,而政府内部抗战派又居劣势,因此,南宋政府内部降战两条路线斗争的结果也就决定抗金斗争必然不能得到胜利"。又说:"岳飞的是否被害及他个人的是否坚决反抗,也不能根本改变事件的进程。"三、作者不赞成"岳飞的撤兵,纯粹是由于投降派的破坏"的提法,认为岳飞的"阶级局限性使他不能不遵从这种命运","他终究还是忠实于地主阶级,忠实于赵宋皇朝的","一身奉命唯谨的他,虽然也有痛苦和斗争,但最后还是选择了南宋政府为他安排的道路"。赵俪生在岳飞率军镇压杨幺起义事件上的学术观点,到1959年,还被人无限上纲,扣上"反动观点"的政治帽子,作为赵被打成所谓右派分子的"罪状"之一,请见同年《兰州大学学报(人文版)》第1期张代经的"批判"文章。

四、1960年至1976年

60年代,主要是在1960年至1966年"文革"前的6年多时间内,岳飞的研究在史学界和文学界几度展开过热烈的讨论,取得了一些成绩。1960年,戴不凡《岳飞与赵构——兼评怎样评价历史人物,怎样依史作剧(一、二、三、四)》,在《戏剧报》第23、第24期刊登。该文实际上探讨如何编写历史剧,涉及岳飞的评价问题,从而引发了1961年文史学界一场大讨论。这次讨论在各种报刊上正式发表了16篇文章,编写出2

个剧本。文章的内容有从《满江红》词探讨岳飞的"忠君思想",岳飞这类"历史英雄人物的积极精神的局限性",岳飞的诗文,岳飞的就义,岳墓和岳庙,秦桧杀害岳飞父子的原因等。

1962年,主要是开始争论《满江红》词真伪问题,第一位提出岳飞《满江红》词值得怀疑的学者是夏承焘先生。夏先生《岳飞〈满江红〉词考辨》,载9月16日《浙江日报》。该文提出《满江红》"踏破贺兰山缺""是明代中叶以后的一句抗敌口号,在南宋是决不会有这话的。我推测这词的作年,大概是在英宗天顺间(那时鞑靼族始入居河套)至孝宗弘治十五年(那年赵宽写岳坟词碑)这四、五十年之中"。他认为词的作者"现在还没有确据可下定论",但怀疑是"那位在贺兰山大破鞑靼的将军王越",他是"一位老诗人","有文学修养的大将,身份和岳飞很相似"。同年10月,学初《岳飞〈满江红〉词的真伪问题》,在《文史》第1期刊出,对余嘉锡关于《满江红》词的考证提出异议,认为岳飞《满江红》词"确载于《精忠录》。据此书卷五陈贽《题〈精忠录〉诗》序,《精忠录》乃汤阴典教袁纯于景泰六年(公元1455年)所编,不久即镂板以行。惟《精忠录》所载诗文,俱未注出处,不复能深考"。将《满江红》词见世的时间往前推了数十年,但也承认《精忠录》所载诗文皆不注明出处,难免有来路不明之嫌。

1963年至1964年,是岳飞研究获得丰收的两年,出现了十多篇论文。不过,也开始出现了"左"的大批判的苗头。这两年中,最有代表性的有邓广铭先生《南宋初年对金斗争的几个问题》,载《历史研究》1963年第2期。该文值得注意的有四点:一、秦桧是"汉奸"、"女真主子的忠顺奴才"、"女真贵族代理人"。二、赵构和秦桧的"对金投降,只能代表南宋政府中一小撮民族败类","成为我们历史上的千古罪人"。"岳飞的杀身之祸""是秦桧和赵构共同对他下的毒手"。三、岳飞是"我们历史上最伟大的民族英雄之一",他"始终一贯地坚持收复失地,报仇雪耻,特别是坚决反对任何形式的叛卖国家和民族的罪行"。四、驳斥"从三十年前以来"的几种"错误的论点"。如有人提出,南宋"在当时如要继续以武力抗击金人,则军费负担实在太重,将更使得民不聊生。所以秦桧的坚持对金讲和,实在是有不得已的苦衷,这对南宋人民是有很大好处的"。再如有人提出,在南宋初年"张韩刘岳等大将全都是非常飞扬跋扈的",南宋政府"难以制驭","为提高中央政府对诸大将的控制之权,所以采取了杀一儆百的办法而把岳飞杀掉"。作者一一加以反驳,指出绍兴和议后,秦桧没有使百姓的负担减轻,而是"把老百姓更推向贫困冻馁的深渊";"岳飞的作风"并不飞扬跋扈,如要"杀一儆百","最先应当收拾的是刘光世和张俊,万无杀及岳飞之理",而"今竟先从岳飞开刀,这就显得是别有阴谋,是与所谓制裁武人一事全不相干的"。指出这些错误观点"是为秦桧、赵构残害民族英雄的罪行喝彩,是一种荒谬绝伦的议论!"

同年七月,华山先生《岳飞的爱国主义不能批判地继承吗》,载《新建设》第 7 期。该文首先总结建国以来岳飞评价问题的争论,认为史学界已基本取得一致意见,即岳飞的一生"虽然犯过镇压农民起义的罪行,但在抗金战争中却立过大功,在当时民族矛盾占主要地位的历史条件下,他的功是主要的,罪是次要的,岳飞是应该肯定的人物,他是我国历史上杰出的民族英雄"。其次,概括近几年来学术界、戏剧界在讨论历史遗产的批判继承问题时,深入一步探讨岳飞爱国主义的来源及其阶级本质问题。第三,作者认为岳飞的爱国主义"有三个来源",一是"早期的农民爱国主义",即"他初期是一个农民爱国者,而不是地主阶级的爱国者"。二是"后期的地主阶级抗战派的爱国主义",即中小地主阶级的爱国主义,"他们的爱国主义是与维护封建剥削制度、维持封建政权(也就是说"忠君")的观念分不开的"。像这样的人物,在历史上最典型的代表就是岳飞。三是"受士兵和人民群众的影响",当然也不能"忽视或者抹杀岳飞影响群众的一面"。第四、岳飞的爱国主义是"可以批判继承的",他的爱国主义中"有劳动人民的爱国主义的因素","当然是可以批判继承的";"就是他的地主阶级爱国主义思想","也并非不能批判继承"。事实上,"八百多年来,岳飞的爱国主义精神始终没有死亡过,它始终活在人民心里。人民老早对他作出了批判继承"。应该说,该文在当时比较深刻地阐述了岳飞的爱国主义问题,说明岳飞忠君与爱国的关系,至今还是可取的。

同年9月至11月,冯其庸在《光明日报》连续发表了3篇《岳飞剧的时代精神及其他——论古代岳飞剧中的爱国主义及其对投降派的批判》,认为:一、"历史人物岳飞的头脑里有封建道德忠君思想",是不可以批判继承的。二、有些人提出宋高宗"代表当时整个国家民族",但"宋高宗的政治路线,尽管初期还有一些抗金的要求,但是他的根本方面是实行投降主义的路线",所以"这种说法","是根本错误的,客观上是为宋高宗的投降主义辩护"。三、有些人认为"岳飞忠于宋高宗,就是岳飞的爱国主义",他们"把岳飞忠于宋高宗的忠君思想与抗金思想完全混为一谈,看不到这两者之间存在的特殊矛盾"。当岳飞"这种封建忠君思想","与抗金斗争结合起来"时,"就具有特定历史条件下的积极意义";当岳飞"被迫不得不忠于宋高宗的放弃抗金的命令而放弃抗金"时,"这种封建的忠君思想便失去了积极意义"。

然而,好景不长,同年下半年,开始出现了在岳飞和秦桧问题上对周谷城先生的大批判。其中有金应熙《周谷城是怎样袒护秦桧、赞成投降、诋毁主战派的》,载《红旗》第17、18期。项立岭等《周谷城是怎样为秦桧、张邦昌翻案的》,载《解放日报》10月16日。罗思鼎《为什么要替秦桧翻案》,载《文汇报》11月5日。先后有十多篇文章。这些文章指责周先生在《中国通史》中"一方面替大汉奸秦桧辩护,一方面则竭力丑化民族英雄","把反对议和投降的人叫做'义理派',把主张议和投降的叫做'时势派',在他看来义理派都是些'不负实际责任的人',而'时势派'像秦桧等人则是'大有见识'的,其主张是'切中时势'的。周谷城还替秦桧表功,说和议巩固了赵宋统治权力"。这些文章大都指责周先生的观点是"明目张胆地宣传'卖国无罪论'"等等①。

---

① 《关于批判周谷城反动史观的综合报导》,载《历史教学》1964年第11—12期,第33—34页。

1966 年初,更有人撰文否定岳飞,认为岳飞"不值得崇拜",载是年3 月 31 日《中国青年报》。数月以后,"文革"风暴掀起,在极左思潮的影响下,岳飞被完全否定,全国重点文物保护单位岳飞墓横遭破坏,岳坟前秦桧等"四凶"跪像失踪。

五、1977 年至 2000 年

"文革"结束后,岳飞的研究逐步走上正轨,首先是研究队伍的不断壮大,新生力量逐渐增多,成立了全国性的研究团体——岳飞研究会,定期召开学术研讨会。其次是出版和发表了多种专著和大量论文,使研究的广度和深度都大有进展。

1. 岳飞研究会的成立及其学术活动

随着研究队伍的不断扩大,1984 年冬,适逢中国宋史研究会在杭州召开年会,由杭州大学宋史研究室和杭州岳飞墓庙文保所发起建立岳飞研究会。选举邓广铭先生为顾问,杨招棣为名誉会长,徐规先生为会长,陈文锦和王曾瑜为副会长,龚延明(兼秘书长)和王春庆、王士伦、顾文璧、林正秋为理事,贾荣发为副秘书长。秘书处设在杭州岳飞墓庙文保所。

1988 年 10 月,岳飞研究会补充新鲜血液,增补于晋民为名誉会长,周宝珠和顾文璧、党相魁为副会长,王春庆兼副秘书长,朱瑞熙和吴涛、曾琼碧为理事,丁亚政为秘书。

1991 年 7 月,增补姚美良为名誉顾问,朱瑞熙和贾荣发为副会长,俞兆鹏、濮水根(兼副秘书长)为理事。

1993 年 3 月,增补李正冠、周霞为副会长,方健为理事。

岳飞研究会多次组织召开国内或国际的研讨会。1986 年 12 月,在杭州召开首届岳飞学术研讨会,与会的专家、学者数十人。这次研讨会的 16 篇论文,1988 年由浙江古籍出版社集结出版,书名《岳飞研究》。1988 年 10 月,在河南汤阴,由汤阴岳飞纪念馆主办第二届学术研究会,与会者 90 多位,提交论文近 50 篇。会后,由周宝珠主编,精选其中的 23 篇,编成《岳飞研究论文集》第二集,1989 年作为《中原文物》特刊出版。1991 年 7 月,在杭州召开纪念岳飞诞辰 888 周年学术研讨会暨岳飞研究会第三届年会,与会者近 70 位,其中包括台湾学者宋晞、王德毅、程光裕等先生。1992 年,《岳飞研究》第三辑,由中华书局出版。该辑收入论文 31 篇。1993 年 3 月,在杭州召开岳飞暨宋史国际学术研讨会,与会者 90 位,包括台湾宋晞、程光裕、张元、梁庚尧、黄宽重,美国陶晋生,加拿大谢慧贤等教授。提交论文 70 多篇。1996 年,《岳飞研究》第四辑由中华书局出版,收入论文 29 篇。

此外,1989 年,研究会还与杭州岳飞墓庙文保所合编两种书籍,即《岳飞小传》,龚延明著;《岳飞诗文选注》,泰山选注。皆于 1990 年,由浙江古籍出版社出版。后书的缺点是在《满江红》词的《说明》中,介绍了《须江郎峰祝氏族谱》所载"岳飞与祝允哲的《满江红》唱和词,并确认其可靠性,以证释世传岳飞《满江红》词"。其实,岳飞时代根本不存在"祝允哲"其人,所谓"岳飞《与祝允哲述怀(调寄满江红)》"及"祝允哲《和岳元帅述怀原调》"二词,都是祝氏后人伪造的(见后)。

岳飞研究会的会员,至 1993 年,已陆续增至近百人,显示了研究队伍的日益壮大;同时,已形成老、中、青三结合的梯队,显示了研究工作后继有人。

2. 各种著作

这一时期,有关岳飞的著作有研究性的专著,有融研究和通俗性一体的著作,有诗文选注,有墓庙文物介绍等。

首先,最令人瞩目的研究性著作有邓广铭先生《岳飞传(增订本)》、王曾瑜《岳飞新传》,前者由人民出版社,后者由上海人民出版社,皆 1983 年出版。邓先生的增订本,是在 1955 年版的基础上改写而成的,篇幅也由 18.1 万字增至 34.5 万字,据增订本《自序》,"改写的部分至少应占全书的百分之九十以上"。该书共 21 章,述说岳飞成长的历史背景、岳飞生平事迹等,文笔简练。其中最值得注意的论点:一、秦桧是"杀害岳飞的元凶",秦桧"既已'挟虏势以要君',既已能把赵构玩弄于股掌之上","岳飞父子和张宪的冤狱,完全是由秦桧矫诏所造成的"。与 1963 年的观点稍有不同。二、赵构和秦桧同为"民族败类",赵构"从其登上皇位之日起,就已打定了对金人只能投降,不能抵抗的主意"。赵构始终"把对金乞和的终能搞成,完全归功于秦桧"。三、女真族"崛兴于我国东北白山黑水地区",它是中华民族的一部分,完颜阿骨打不仅是它的民族英雄,"而且是属于全中华民族的民族英雄"。但女真族随后发动的"侵宋战争","完全是一种破坏性和落后性的战争"。四、岳云是岳飞亲生之子,岳飞 15 岁与刘氏结婚,次年生子"取名叫岳云"。五、更加深入地剖析南宋官修史书、私人著述、家传著作中关于岳飞记载的真伪,如指出岳珂《金佗稡编·鄂王行实编年》"虚构了许多不甚符合情理的事",具体指岳飞幼年、少年、参军初期的情景等,都一一作了分析。

　　王曾瑜的《岳飞新传》,分《佃农投军》、《"尽忠报国"》、《屡折不挠》、《功废一旦》、《冤狱碧血》、《历史评价》等 16 章,后附《有关岳飞生平的历史资料》、《岳飞年表》。该书的观点有与邓广铭先生不约而同之处,也有相异之处,其中主要论点有:一、宋金战争的性质,是"一次民族战争","在本质上则是女真奴隶主和以汉族为主的各族人民的阶级斗争,是奴役和反奴役之争,是倒退(奴隶制)和进步(封建制)之争,是分裂和统一之争"。二、岳飞是"我国历史上一位伟大的民族英雄",他"毕生事业的主要方面是从事抗金斗争",但"也有不少过错和弱点,主要是镇压一些地区性的农民起义,其次是对投降派斗争软弱,致使抗金战争攻败垂成"。他"功大于过"。三、宋高宗是投降派的首领,"自绍兴元年以后","降金之心不死"。他"为了对金媾和,在秦桧的怂恿下,决定杀害岳飞。他"批准了秦桧和万俟卨的上状,将岳飞和张宪处死,并亲自把岳云由徒刑改为死刑"。四、秦桧是金人"放归"的"奸细","破坏抗金是他的本分"。五、当时的左相赵鼎是个"依违于抗战和投降之间的人物",或"首鼠两端","实际上仍倾向于投降"。

六、岳飞先娶刘氏,生岳云和岳雷,后刘氏"改嫁两次","岳飞愤恨刘氏的背弃行为"。"大约在建炎二、三年间,岳飞娶了……李娃"。七、《高宗日历》"除了给高宗和秦桧的降金乞和涂脂抹粉之外,不遗余力地诋毁岳飞,抹杀岳家军的功绩"。《金史》的缺点是"扬胜讳败","只承认(宋军)和尚原(大捷)一次,其它(仙人关、顺昌、郾城、颍昌)四战只字不提"。岳珂《金佗稡编》"恢复了部分的历史真相",但"主要缺点"是"回避高宗和岳飞的矛盾,客观上为高宗开脱罪责",掩盖了高宗其实是杀害岳飞的元凶的真相,"为后世戏剧、小说塑造岳飞的'愚忠'形象开了先河"。必须提出的是,该书出版时责任编辑"未经作者同意,就对传记原稿作了大量的修改和删略,被删除者有史实,有论述,更有大量注释",很多修改之处"降低了原稿的质量,并且增添了原稿未有的错误"①。

　　其次,相继出版了融学术性和通俗性于一体的几种著作,有龚延明《岳飞》、朱瑞熙《中华民族杰出人物集·岳飞》等。前书1980年浙江人民出版社出版,是"文革"后第一部岳飞的传记;后书1983年中国青年出版社出版。龚著《岳飞》,采取熔铸史料于传记文学的方式,以章回体裁对岳飞抗金爱国生活作了形象生动的描述,在历史研究成果普及化、通俗化方面作了可喜的尝试。龚延明1985年由江苏古籍出版社出版同名的传记著作,1990年,又由浙江古籍出版社出版《岳飞小传》。他的主要观点是:一、岳飞是民族英雄。二、岳飞精神是"中华民族优秀精神遗产的一部分",指爱国、廉洁奉公和勇敢精神、纪律严明、平等待人、宁死不屈等。三、"杀害岳飞的元凶不是别人,正是高宗,秦桧所扮演的只是一个帮凶角色"。四、绍兴十年,岳飞乘郾城——颍昌大捷,"满怀胜利的信心,向位于开封西南四十五公里的朱仙镇进军",又胜金军。朱瑞熙《岳飞》的主要观点是:一、岳飞是"宋朝著名的抗金将领,也是中国历史上杰出的民族英雄之一"。二、宋高宗和秦桧一起迫

---

①　王曾瑜:《尽忠报国(岳飞新传)》自序,河北人民出版社2001年版。

害岳飞,目的是向金朝屈膝投降。三、岳飞有"忠君思想",但他的"忠君并不是只知有君、不知有国的封建奴才式的愚忠,而是与爱国融为一体的忠君"。在他生活的时代,"人们难以把皇帝和国家严格区分开来,特别在民族危难时,更把忠君当作爱国,把'勤王'当作救国"。四、岳家军最后一战,是在郾城大捷后,乘胜进军朱仙镇,打败了兀术率领的十万金兵。

此外,还有张鹏良《岳飞》,1995年,由军事科学出版社出版。2000年,又作为"通俗军事文库·中华名将系列"之一,由军事科技出版社出版。刘秀生《岳飞评传:抗金十年功,忠魂冤千古》,1996年,由广西教育出版社出版。樊婧《岳飞》,1996年,由中国华侨出版社出版。

其三,有关通史和宋史专著的论述。1978年,由人民出版社出版,蔡美彪、朱瑞熙等编写的《中国通史》第五册,在第二章第六节《宋王朝的南迁和人民抗金斗争》中,提出:一、岳飞等和秦桧是南宋初朝廷中形成的抗战派和投降派的代表,"岳飞对抗金斗争作出了贡献,并且只是因为抗金获胜而被投降派卖国贼秦桧谋害的"。"高宗、秦桧终于以'莫须有',的罪名,毒杀了岳飞"。二、秦桧"自称从金朝逃回,其实是金朝放他回来作内奸"。三、绍兴十年,"岳飞自郾城进军朱仙镇,距东京开封只有四十五里了",未提在此战胜金军。该书的缺点是以后人伪造的所谓岳飞手迹"还我河山"照片为插图。

1983年,由中国社科院历史研究所编写组编写的《中国史稿》第五册,也由人民出版社出版。该书第四章《宋、金南北对峙,金在北方的统治》,认为:一、岳飞是"著名的南宋抗战派将领",是"这一时期抗战派的代表人物"。二、秦桧是金国的"奸细",是女真贵族"长期豢养的走狗","假装从金营脱逃,打入南宋王朝内部进行劝降活动,企图从内部瓦解南宋的抗金斗争"。三、宋高宗"顽固坚持妥协投降政策","伙同秦桧","进行着卑鄙的叛卖活动"。最后"经过密谋策划,他们收买岳飞的部将,诬告岳飞谋反,把岳飞及其子岳云、部将张宪投入监狱,把他们杀死于狱中"。该书论述岳飞抗金事迹篇幅不多。

1985 年,周宝珠、陈振主编《简明宋史》,由人民出版社出版。该书第十一章《南宋对金的和战斗争》第一节《宋高宗、秦桧的对金投降与岳飞指挥的抗金战争》,认为:一、岳飞是"我国历史上著名的民族英雄","由于坚持抗金,反对乞和,终于被害死在狱中"。二、秦桧是"内奸"、"奸臣","指使其党羽捏造罪名,诬告岳飞'谋反'即将把他害死"。三、宋高宗"一心一意与奸臣秦桧合谋,不断派出使臣向金求和","对金称臣纳贡"。绍兴八年,他"任命秦桧为右相","把向金屈膝求和的事交给他专办","作为金的属国皇帝"。四、绍兴十年,朱仙镇之役,是"岳飞的一小支军队""打败了来犯的金兵",岳飞七月十九日"下令自郾城退兵"。

1999 年 3 月,陈振主编《中国通史》第七卷,由上海人民出版社出版。该书乙编第九章《南宋与金的对峙》,对岳飞的事迹着墨不多,其主要观点有:一、秦桧是"奸相","奸臣"。二、宋高宗和秦桧一手策划"降金求和活动"。三、未提岳飞是否"民族英雄",也未提杀害岳飞的元凶是高宗或秦桧。四、左相赵鼎是"反对议和的",因而在绍兴八年十月被罢免。五、绍兴十年七月,岳家军朱仙镇之捷,采邓广铭先生之说,即"岳珂所虚构的一次战功而已"。该书丁编第五十章《岳飞》,主要采邓广铭先生《岳飞传(增订本)》的观点,如认为,岳飞冤案是"秦桧制造陷害"的,"秦桧决心杀岳飞警告敢于反对求和者"。另外,一、对岳珂记载金兀术曾致信秦桧说:"必杀岳飞,而后和可成也。"认为"这既可能实有其事,也有可能是秦桧编造,借以促使宋高宗下杀岳飞的决心"。二、朱仙镇之役,认为"可能有一支小部队一直进到离开封 45 里的朱仙镇一带,并打败了金兵","岳珂(或顾杞)所记当得自传闻,并非全系空穴来风,但传说或岳珂已将此战之规模及效果夸大"。这两点是作者自己的见解。

同年 4 月,何忠礼、徐吉军著《南宋史稿》,由杭州大学出版社出版。该书第三章《宋金对峙局面的初步形成》,比较详细地论述了岳飞的事迹,提出了一些见解,主要有:一、岳飞"不仅是南宋杰出的抗金将领,也是中国历史上著名的民族英雄",他的活动"体现了中华民族的根本利益和愿望,因此是进步的和具有积极意义的"。二、秦桧"南归后,坚持对金屈辱投降的路线,犯下了各种罪行","很像是一个金人打入南宋内部的奸细",但这"是颇多疑问的"。作者认为他是"趁混乱之机逃回南宋"的。三、"杀害岳飞的元凶应是高宗,秦桧则是一个出谋划策者和主要帮凶"。高宗和秦桧是对金和议的"决策者"。所谓兀术致信秦桧说"必杀飞,始可和"的"秘密条款",致秦桧一定要杀岳飞的说法,是"值得商榷"的;"是不是存在所谓的'兀术遗桧书',也是大可怀疑的"。五、"所谓'名曰诏狱,实非诏旨',在客观上成了为尊者讳的一个饰词,不可凭信"(实际针对邓广铭先生的见解)。六、岳家军最后"乘胜追击,一直打到了离开封府只有四十五里的朱仙镇一带,在那里再次打败了负隅顽抗的金兵"。七、宰相赵鼎"并非是一个一味主张妥协投降的人,后来人们指责他是签订'绍兴和议'罪魁祸首,实在是代高宗和秦桧受过"。他"虽是一个主守派,却并不主张无条件的投降"。八、岳珂《金佗稡编》"对他祖父的事迹和战功都有明显的拔高和美化"。九、对于"绍兴和议"的评价,一方面基本赞同"今人"认为它"本身就是一个错误","更是一个彻头彻尾的卖国行为"的意见;另方面认为它"对于稳定南宋政局,求得喘息的时间,以减轻百姓负担,恢复被战争破坏了的经济,从而进一步壮大军事力量,等待时机,以为后图,从客观上来说,恐怕也不是没有一点积极的东西"。又指出它的"消极影响确实大于积极意义",即"使国家蒙受了耻辱,人民增加了负担,给整个国家和民族带来了严重的后果"。十、不赞成"那种认为绍兴前期南宋有力量收复北方失地的看法",指出实际上"从历史上来看,绝大多数和议的签订,都是双方军事和经济力量达到某种平衡的产物,'绍兴和议'也不例外"。这完全是一种新的观点。该书的缺点是与《中国通史》第五册一样,用后人伪造的"岳飞手迹""还我河山"为插图。

其四,其他著作。最有学术价值的当数岳珂编、王曾瑜校注的《鄂国金佗稡编续编校注》一书,1989 年中华书局出版。该书是现存最详细记录岳飞一生的一部史籍,由岳飞之孙岳珂编定,王曾瑜精加校注,并在《前言》中指出该书是"成功之作",保存了"不少原始文件和其他记载,据以恢复了部分历史真相",但又"存在着严重的缺点","主要是抹煞宋高宗与岳飞的矛盾,回避宋高宗杀害岳飞的罪责";此外,还对岳飞的事迹"不免有虚美的成分,其史笔也有不少错讹与疏漏"。岳飞的诗文,有郭光辑注《岳飞集辑注》,1997 年,中州古籍出版社出版。党相魁辑注《岳飞诗词》,1988 年,黄河文艺出版社出版。泰山选注《岳飞诗文选注》,1990 年,浙江古籍出版社出版。丁亚政、沈立新编著《岳飞墓庙碑刻》,1999 年,当代中国出版社出版。岳飞的书法,有中国历代书法名作系列丛书编辑组编《岳飞书法选》,1990 年海天出版社出版。刘尚勇编《岳飞书诸葛亮前后出师表》,1992 年,中国国际广播出版社出版。据邓广铭先生研究,"传世的岳飞墨迹,还有全篇《出师表》和'还我河山'四字,事实上亦皆伪品"(见《岳飞传(增订本)》第 99 页)。

3. 论文

这一时期,有关岳飞的大小论文很多,把宋晞先生《宋史研究论文与典籍目录(增订本)》(中国文化大学出版部,1983 年)和《续编》(同上,2003 年),以及查长美辑录《岳飞研究报刊论文索引(1903 年—1985 年 4 月)》(《岳飞研究》第一辑,453 页至 461 页),徐静建、王晴、方建新编《岳飞研究论著目录(1983—2000 年)》的统计,加上笔者的搜集,约有 280 篇。

"文革"结束后,当务之急是在岳飞研究领域肃清"左"的流毒,恢复岳飞应有的历史地位。当然,直到"四人帮"垮台半年多,还有叶嘉彦撰文《是"报国"还是"误国"》,载《浙江工人政治学校学报》1977 年第 4—5 期,提出岳飞北伐抗金是"误国"行为。与之相反,许多学者开始在这一研究领域进行拨乱反正的工作。还在"四人帮"垮台前夕,王曾瑜在《文史》第六辑(1979 年 6 月)发表《岳飞北伐的几次考证》,对绍兴六年秋、绍兴六年冬和绍兴十年的 3 次北伐钩沉探微,进行细致考订。该文虽未提岳飞是民族英雄,但已充分肯定岳飞抗金的功绩,并明确指出:一、秦桧"出于奸细本能,必须破坏岳飞北伐"。二、秦桧父子"篡改历史,使岳飞几次北伐的史实有不少空白或疑案"。三、绍兴十年岳家军"杀到朱仙镇,击破金军,仍有相当的可能"。四、岳珂《鄂王行实编年》关于岳飞奉 12 道班师诏的记载,"透过秦桧,开脱高宗,而故作曲笔";同时,岳珂"本着孝子慈孙之心,对祖父的军事成就渲染得言过其实"。该文应属"文革"后正面论述岳飞的第一篇论文。

1978 年,杭州大学的宋史研究室率先发起对岳飞的重新研究。该校学报第 1 期至第 3 期,连续刊发徐规先生《朱仙镇之役与岳飞班师考辨》,倪士毅、龚延明先生《论岳飞》,孙如琦等《岳飞是我国历史上杰出的民族英雄》,徐规先生《南宋绍兴十年前后"内外大军"人数考》等 4 篇论文。徐规先生的论文认为,否认岳家军朱仙镇之捷是"主观武断,不足凭信";还分析岳飞班师的原因。倪、龚二位的论文最早提出"杀害岳飞罪魁是皇帝赵构,下毒手的则是汉奸秦桧";岳飞"不愧为祖国历史上一位杰出的民族英雄",他的"反民族压迫和反投降的斗争,在南宋将领中最坚决、最勇敢"。孙如琦等人也认为,岳飞"在中华民族的发展史上,曾经起过积极而有益的进步作用,不愧为我国历史上一位杰出的民族英雄"。同年 6 月 15 日,《光明日报》还报道他们组织杭大历史系师生《座谈岳飞的评价问题》,与会者基本形成共识,即"岳飞的历史地位应该肯定","岳飞在当时坚决主张抗击女真贵族的野蛮掠夺战争,在历史上是起到进步作用的","有理由肯定岳飞是中华民族英雄"。还提出"不应当沿袭过去的说法把辽、金、西夏称作'外国'"。他们旗帜鲜明地充分肯定岳飞的历史地位,引起学术界注意。同时,他们也自然地形成了一个研究岳飞的群体。

1979 年,岳飞研究的论文如雨后春笋,不断见诸报刊。汪槐龄《论岳飞的爱国主义》,载《复旦学报》第 4 期。吴泰《应该恢复岳飞的历史地位》,载《历史教学》第 5 期。周宝珠《岳飞冤狱及其平反昭雪前后的斗争》,载《历史教学》第 12 期。王曾瑜《岳飞之死》,载《历史研究》第 12 期。徐渭平《论民族英雄岳飞》,载《光明日报》2 月 13 日。史平《略论民族英雄岳飞》，载《浙江日报》9月18日。这些文章从不同角度论证岳飞的历史地位，肯定岳飞的抗金业绩。

　　1983年7月至9月，《北京晚报》"百家言"栏陆续刊登6篇文章，讨论岳飞评价问题。曾白融《为岳飞叫屈》（7月16日），针对有的文章提出岳飞对12道金牌"顺从地班师退兵，又顺从地就戮于风波亭，这就是愚忠的铁证"，认为不符合史实。岳飞从绍兴九年起，多次反对宋高宗和秦桧对金屈膝求和，曾"颇具胆识的"直指秦桧"相臣谋国不臧"，说"今日之事，可忧而不可贺"。他还抵制了高宗的11道金牌，直到第12道金牌以前，岳家在前线已成孤军，才被迫撤军。至于"就戮于风波亭"，也"很难说犯了'顺从'之罪"。当时不管岳飞"顺从不顺从都得'就戮'，这和'愚忠'是不沾边的"。杨斌《岳飞有愚忠，仍然是英雄》（8月2日），认为岳飞是"中国历史上著名的民族英雄"，"在一定程度上同赵构、秦桧统治集团作过斗争"，但"又不能不有历史局限性和时代局限性"。岳飞"率军镇压了杨幺农民起义，双手沾上农民起义军的鲜血"；"秦桧矫诏十二道金牌令他班师"，他都去做了，"以致坐失战机，使抗金事业毁于一旦"，"以上种种不是'愚忠'又是什么呢"。最后指出，不能用"愚忠"来"否定"岳飞，但也"不能掩饰岳飞忠君思想所造成的个人过失与历史悲剧"。邓广铭先生《为岳飞的"愚忠"辨》（8月16日），指出岳飞"始终反对"赵构"依靠汉奸秦桧向金朝出卖领土、人民和主权的那桩罪恶勾当"，"甚至为此而付出生命也在所不惜"。至于岳飞"遵命班师"，实际是"一个英明措施"，当时岳家军"已陷入孤军作战境地，如不班师，难免丧师"，"为保全这支抗金的有生力量"，岳飞的班师"表现出"他的"深谋远虑，不投入赵构、秦桧所设圈套中去"，这些"怎么可以说他'使抗金事业毁于一旦'，又从而断定这是岳飞的愚忠的表现呢"。陈益《岳飞能称民族英雄吗?》（9月3日），不赞成把岳飞说成是民族英雄。他提出"民族英雄一词是不能滥用的"，只能"指在反对外国入侵中战功卓著者"，但宋与辽、金"都是中国的一部分"，如果"今天我们把岳飞、文天祥称为民族英雄，不等于把金、元置于敌对外国的地位了吗"。所以,他认为:岳飞、文天祥"只能说他们是代表当时所在国家人民利益的抗战将领或卓越的军事家、政治家"。钟玉新《不必隐讳岳飞的愚忠》(9 月 20 日),不赞成邓广铭先生的观点,认为绍兴六年"岳飞率大军征金,势如破竹,眼看就要打到东京了,当时并无孤军遭覆灭的危险,然而一朝奉君命,便匆匆退兵,不敢坚持'将在外君命有所不受',坐失大好战机,这又作何解释? 其中就没有半点愚忠之见作怪么?"同时,岳飞"明知秦桧'谋国不臧',卖国求荣",为何不能乘"班师回朝之机","导演一出'清君侧',杀汉奸的话剧,迫使高宗采纳主战派的谋略呢?"还有,岳飞"恰恰就是屈死在宋高宗手下的。他不敢抱怨昏君误国,还以一死来表明自己不怀二心,尽忠到底,可见忠得有点愚"。他的结论是"岳飞还有愚忠的一面"。周裕德《岳飞可称民族英雄》(9 月 24 日),对陈益一文提出不同见解。他认为:"当时的历史真实"是"宋、金两方的确各自把对方当作敌对的外国",岳飞"面对屡犯中原、烧杀淫掠的外族","壮怀激烈,尽忠报国,称之为民族英雄,是理所当然的"。"我们承认岳飞这样的汉族英雄,也承认耶律阿保机、努尔哈赤这样的少数民族的英雄"。以上 6 文,言简意赅,观点明确,大都针锋相对展开争论。

从此,岳飞的研究不断深入,并且不时继续争论,当然,有关岳飞的评价问题则基本形成共识,即大都认为是民族英雄。以下为争论的五个问题:

(一)岳飞率军镇压杨幺武装的评价问题。绍兴五年(1135 年),岳飞奉命率军镇压杨幺武装,史学界长期认为是镇压农民起义,是岳飞生平的一个污点。蔡美彪、朱瑞熙等《中国通史》第五册,直到 1995 年版,仍高度评价杨太(即杨幺),认为岳飞军进行"血腥的镇压",杨幺"拒不降宋","英勇就义"。对此,马强《镇压杨幺为岳飞"污点"说质疑》,载《人文杂志》1984 年第 6 期,提出不同意见,认为"杨幺领导的农民军在其后期已蜕变为破坏南宋抗金战争的反动地主武装,所以镇压杨幺集团,不仅不是岳飞的'污点',而且应看作这位民族英雄抗金爱国业绩的一个组成部分,予以肯定的评价"。还提到杨幺在钟相殉难后,在暗中与伪齐李成集团勾结,阴谋进攻南宋,所以杨幺集团已经变成反动地方割据军阀武装。陈景福、白炎《评价历史人物必须实事求是——就岳飞镇压杨幺起义与马强同志商榷》,载《人文杂志》1986 年第 1 期,指出马强的观点难以成立,认为在宋金战争中,岳飞作为主战派之一,虽有过积极的愿望和行动,但始终唯昏君高宗之命是从。他主战的同时,也不容挣扎在死亡线上的农民起来造反,而且多次提兵镇压这些起义,这是突出地反映了他的"愚忠"。翁福清《对岳飞镇压杨幺起义问题之我见》,载《岳飞研究》第一集,认为应对镇压杨幺问题"进行实事求是的分析","杨幺农民军割据湖湘,并与李成有所勾结,实际上成为了抗金斗争的一个障碍"。所以,岳飞"出兵"镇压,"是他对抗金事业的又一个贡献,而不是什么'罪行'"。该文还列举了历史上镇压过农民起义的正面人物韩世忠、李纲、卢象升、史可法等人为例。殷时学《岳飞平杨幺是一场历史悲剧》(载同上),该文认为这是"一个比较复杂的问题",杨幺"继承钟相的事业是完全正义的",而岳飞"平定杨幺"又是"抗金斗争的绝对需要",所以"只能说这是一场悲剧"。"这场悲剧的形成",还与杨幺军所处地理环境,"伪齐交结杨幺水寨一事"密切相关,不能简单而论。俞兆鹏《钟相、杨幺起义与南宋政府的招安政策——兼评岳飞对待杨幺起义军问题》,载《岳飞研究》第三辑,不赞成当时史家评论岳飞对待杨幺起义军问题的两种绝然不同的观点,一种是认为岳飞血腥镇压了起义,是他"一生中的污点";另一种是否定杨幺军,认为岳飞攻打杨幺军"出于抗金爱国事业的需要,是完全正确的,并非什么污点"。他认为"所谓岳飞平杨幺事件,实质上是南宋抗金部队与民间爱国武装在共同保卫民族利益前提下的联合,而这也是南宋政府处理农民问题效果最好的一次。因此,岳飞不仅不是什么'镇压农民起义的刽子手',而是历史的功臣"。至于投降岳家军的"周伦、杨钦等不仅不是农民起义军的叛徒,而是真正的爱国志士"。

(二)岳飞忠君思想问题。黄君萍《岳飞愚忠的危害》,载《晋阳学刊》1985 年第 2 期,提出岳飞"深受忠君思想毒害",为"甘当儿皇帝,无耻至极"的"历史罪人"赵构"大唱赞歌"。他"自以为在尽忠,其实是助纣为虐,是对人民的不负责任"。"由于忠君思想的毒害",他"背叛了农民阶级",充当了镇压农民起义的"凶恶打手"。"愚忠思想"把他"推向了与人民为敌的深渊,最后使抗金斗争半途而废",造成了悲剧。邓广铭先生《岳飞庙志·序》,载《文献》1985 年第 1 期,针对前述《北京晚报》所载钟玉新《不必隐讳岳飞的愚忠》一文,说岳飞"自从投身于抗金战争之后,他所始终坚持的主张,则是以武力抗击女真贵族的南侵。在这一重大问题上,他从来没有对赵构、秦桧的倒行逆施作过迁就和让步,更不要说屈从了。他不但始终一节,而且是死生以之。这怎么可以叫做愚忠呢?"邓先生还列举史实证明钟文的观点"出于作者的推测,于史无征"。朱瑞熙《岳飞思想述论》,载《岳飞研究》第二集,认为在中国古代,"君主是封建国家的总代表","君主与国家、君权与政权结合在一起","忠君和爱国难以分开,忠君的思想和行为自然被看成是爱国的表现"。同时,"爱国的行动必须得到君主的支持,不然,难以取得成功"。岳飞"主张'忠于王室'、'以忠许国',必要时为国捐躯;不贪图官职和享受。在绍兴七年以后,他屡次抵制高宗的投降政策,并且因此而遭到杀身之祸,他以实际行动表明他的忠并非对皇帝的盲目的无条件的愚忠"。

　　(三)杀害岳飞的元凶问题。邓广铭先生坚持"秦桧是杀害岳飞的元凶"。王曾瑜、龚延明等则较早在各自论著中提出不同意见,认为宋高宗才是杀害岳飞的元凶。阎邦本《关于秦桧矫诏杀岳飞的问题》,载《南充师院学报》1983 年第 2 期,针对邓先生的观点,指出岳飞被害时"秦桧尚不能任意摆布赵构",秦桧在绍兴十三年尚不能以私意矫诏杀胡舜陟,怎能杀害官高望重的岳飞? 高宗迟迟不肯昭雪,是要坚持他诏杀岳飞的"诏旨"。所以,"岳飞之死,不是秦桧的矫诏,而是赵构的'圣旨'赐死的"。戴建国《关于岳飞狱案问题的几点看法》,载《岳飞研究》第二集,从宋代司法制度入手,认为宋代审案"十分慎重","一般案件允许上诉"，中央设有登闻鼓院、登闻检院受理上诉案件，但属"奉圣旨根勘"则不准上诉。岳飞一案正是"御笔"亲断，"不许人陈告，官司不得受理"，所以，"岳飞一案，从下大理寺狱受审到被害，所有活动自始至终都是在高宗的旨意下进行的"。朱瑞熙《宋高宗朝的中央决策系统及其运行机制》，载《岳飞研究》第四辑，从中央决策制度角度论证秦桧一手遮天，假传圣旨杀害岳飞是断然不可能的。辛更儒《岳飞狱案研究》，载其论文集《宋金史人物丛考》，1999 年哈尔滨出版社出版。该文支持邓先生的观点，认为"宋代宰相在刑法方面本来就享有决断的权力，甚至可以先行后奏"，"高宗处理重大行政要务的权力往往被架空"。因此，"秦桧在杀害岳飞事件中"，"充当首恶大憝的角色"。

（四）《满江红》词的作者问题。这是一桩众说纷纭的公案，长期引起文学界和史学家的极大关注。前述余嘉锡、夏承焘先生最早对千古绝唱《满江红》词表示怀疑，认为系明人伪托，而非岳飞所写。邓广铭先生坚持认为《满江红》词确系出自岳飞之手，1981 年、1982 年他在《文史知识》第 3 期，《文史哲》第 1 期，发表《岳飞的〈满江红〉不是伪作》、《再论岳飞的〈满江红〉不是伪作》，指出：岳飞投军后的文化程度提高很快，具有做诗填词的能力；同时，具有这种思想。以岳珂《金佗稡编》未曾收入《满江红》词为理由，而否定岳飞写过此词，也不能成立。岳飞的另一首"雄气堂堂贯斗牛，誓将直节报君仇。……"诗，同样未收录。汤阴县岳庙王熙书《满江红》词刻石于明英宗天顺二年（1458 年），比杭州刻石至少早了 40 年。至于词中的"贺兰山"、"匈奴"，全是泛说、泛指，不应过分拘泥于贺兰山的具体位置。王克、孙本祥、李文辉《从"贺兰山"看〈满江红〉词的真伪》，载《文学遗产》1985 年第 3 期，认为"贺兰山"是指河北磁县的贺兰山，此地为历代兵家必争之地，为宋金交兵战场，"岳飞早期曾在这里战斗了六个年头"，"它是岳飞计划渡河后与金兵再次决战的战场"。后人误指它为宁夏贺兰山，是"考证不严，张冠李戴的结果"。对此，邓广铭先生持不同看法，他在《辨岳飞〈满江红〉词中的贺兰山在磁州说》，载《岳飞研究》第四辑,提出所谓磁县贺兰山是"兵家必争之地"缺少根据,有关岳飞抗金活动的大量原始资料"也无一处含有'磁州贺兰山一带'等类字样",所以王克等人文中"所强调的,基本上都是出自于他们的凿空造说,而并不能自圆其说,而且是完全与史实相悖的"。王瑞来《断语不可轻下——也谈岳飞〈满江红〉词的真伪》,载《宁夏大学学报》1981年第4期,一方面肯定此词"如果没有岳飞那样经历的人是很难写出的",另一方面又提出"迄今为止,还没能找到一条毋庸置疑的确凿资料",来推翻余嘉锡的怀疑。

（五）有关岳飞新资料问题。随着岳飞研究的逐步深入,各地报刊不时披露新发现的有关岳飞的资料。如《光明日报》1983年5月13日,报道江苏丹阳县丹凤公社岳家村发现《曲阿培棠岳氏宗谱》,载有岳飞临刑前对他的审讯录,岳飞致秦桧的信,以及新发现的岳飞诗数首。《南昌晚报》也曾发表麦文峰《岳飞两首集外佚诗》,老渊《岳飞〈题骤马冈〉诗》,辑录自《婺源县志》和《(同治)武宁县志》,据说是岳飞所作的佚诗。

1986年,有的学者又在浙江江山县《须江郎峰祝氏族谱》中,发现了一首据说是岳飞在绍兴三年所作《调寄江红·与祝允哲述怀》及祝允哲《乞保良将疏》等。李庄临、毛永国据此写成《岳飞〈满江红·写怀〉新证》,载《南开学报》同年第6期。李庄临等又在同年《戏文》第2期,发表《岳飞〈满江红〉词新证》。《人民日报(海外版)》次年7月8日,对李、毛的文章作了较详的报道。1988年,《学术月刊》第3期,发表朱瑞熙《〈须江郎峰祝氏族谱〉是伪作》,指出:一、该谱所载北宋绍圣间"兵部尚书、太子少保、都督征讨大元帅"祝臣及其子靖康元年"大制参"祝允哲,宋代历史上根本没有这两名重要官员。二、所谓《允哲公和岳元帅述怀》词,也是两篇伪作。三、从该谱中的一些"新证",经过考订,肯定系明代或清代的祝氏后人所编造。同年,《文学遗产》第5期,刊登周少雄《祝氏谱及岳飞〈满江红〉词考议》,认为:一、祝氏谱的"祝允哲资料有可能鱼龙混杂,但真大于伪,我们不可全信亦不须全疑"。二、祝氏谱载祝臣、祝允哲事迹,"混入了不少明清之制"(从官制、官职、官衔看)。三、"祝允哲和作,平仄失调处不少","允哲进士出身,似不当如此"。四、"岳、祝唱和词并非凭空捏造,当有出处。疑当日岳祝来往书札,祝家存有不少"。五、肯定祝氏谱"资料确有其可珍之处,至少它为我们提供了岳飞《满江红》早期流传的另一版本文字"。六、该文作者还提及祝氏谱记载了建炎元年天下勤王,"准韩(世忠)元帅咨,以太后命……";靖康间,"岳飞只是个末名将校",与"已是从三品的正议大夫"祝允哲"皆志图恢复,忠义为国,志趣相投","或者其时已有战友之谊,开始来往了";祝允哲堂兄祝允治"乃岳飞部将","授河北武信校尉","击贼屡功,迭升都闻将军,督理征讨前营军务";祝允哲侄祝大任,"有诗《吊精忠岳飞帅》、《送韩元帅西征》,似乎与岳飞、韩世忠都有来往",等等。这些只要稍加考证,便可知都是祝氏后人杜撰的东西,毫无价值。

六、台湾和香港地区的岳飞研究

自 1949 年起,台湾和香港的学者与大陆内地交流甚少。台湾学者中研究岳飞最有成绩者为蒋复璁和李安二人。1945 年版彭国栋著《岳飞评传》,1954 年台北正中书局再版。蒋复璁《岳飞传记》,1966 年台北正中书局出版(收入《民族英雄及革命先烈传记》上册),该书分楔子,农民的入伍,忠义感人,报国有路,一帆风顺,削平群盗,打击刘豫,直捣中原,罡风逆转,唾手燕云、功亏一篑,慷慨赴死、万古垂民等十节。约四万二千余字。

李安毕生从事岳飞研究,著有《岳飞史迹考》、《岳飞史事研究》、《精忠岳飞传》、《岳飞行实与岳珂事迹》等著作。《岳飞史迹考》,1969年台北正中书局出版,分为正编、外编、附录三部分,正编共 16 章,分别为《诞生之时代背景》、《身世与故里》、《少年时期之生活与投军经过》、《安内成就》、《攘外事功》、《调任枢密副使万寿观使与入狱始末》等。

外编共 19 章,多为具体史事考注文字。主要观点是秦桧为金朝之"谍","秦桧通敌",而宋高宗"思母",受金"要胁",乃"忍痛'赐死岳飞'","两者相互以成"。该书的缺点是受当时海峡两岸关系的局限,不时提出要以岳飞为榜样,做好"光复大陆神圣工作"。《岳飞史事研究》,1977 年台湾商务印书馆出版。该书系文集,共收作者 18 篇文章。前附"还我河山"四字岳飞墨迹和台湾故宫藏岳飞画像(戴幞头,穿文官公服)。1987 年由同一书馆出版续集,分上、下 2 册,上册皆纪念岳飞诞辰之作,下册侧重史实的研究,如"岳飞与宜兴"、"岳飞与河北"、"岳飞与江西"等。下册有一篇《评(王曾瑜)〈岳飞新传〉》。该文先比较邓广铭先生《岳飞传》与《岳飞新传》的异同,认为:一、邓、王都引用《三朝北盟会编》和《系年要录》所谓岳飞"妻两经改嫁"是"污蔑"的记载,是不对的。二、王说"大约在建炎二、三年间",岳飞娶李娃为妻,"她比岳飞大两岁,结婚时已有二十八、九岁",但"没有说明出处","是王自己编造的"。三、王说岳飞"大约有四个哥哥,都夭亡了",又说"乳名叫五郎"。认为资料原文是"为语与吾郎","王据传世重印刻字刊本将'吾'字误刊刻为'五'",于是出现了"五郎"之误。《精忠岳飞传》,1980 年台北东大图书公司出版,分 12 章,叙述岳飞一生的重大史实,对岳飞冤狱的真相分析尤详。《岳飞行实与岳珂事迹》,1984 年台湾商务印书馆出版。岳飞行实部分,有《韩世忠为追念岳飞兴建之翠微亭》、《岳飞水镜石印章》、《岳飞铜质官章》等。岳珂事迹部分,分甲、乙二编,甲编为岳珂撰《武穆行实编年》考注,乙编为岳珂事迹考述①。

李安还在各种报刊上发表有关岳飞研究的文章数十篇。其中有与旅美华人刘子健先生争论的一篇,颇受国内外学者注意。刘子健先生《岳飞——从史学史和思想史来看》一文,载《中国学人》第 2 期,1970年出版。该文主要认为:一、"在南宋当时",秦桧和岳飞"因为毁誉未定,岳飞的历史地位,并不算高"。岳飞的历史地位"经过明代,不但是

---

① 以上参阅宋晞先生:《谈近四十年来台湾地区的岳飞研究》,载《岳飞研究》第三辑,中华书局1992 年版。

达到了最高峰,而且是普遍了整个社会"。二、岳飞被捕下狱后,"竟没有一个文官敢替他说半句话,只有武将韩世忠去责问过秦桧"。三、"岳飞被害,高宗的动机相当强,至少比秦桧的动机强得多"。对此,李安先生撰《岳飞在南宋当时的声誉和历史地位》(载《东方杂志》复刊第4卷第10期,1971年4月1日出版),进行反驳。李安先生认为、岳飞被害时,"因为秦桧、万俟卨的朋比为奸,专制上下,当时朝野人士虽多抱不平但不敢言"。不过,"当时冤狱审判人多言岳飞无罪"。二、岳飞在当时"声誉殊隆","不能说是毁誉未定"。岳飞死后,"南宋朝野对岳飞"也充满"崇敬"。三、"研究宋史尤其南宋初年","不重视李心传的说法,似乎是有偏差的"。据李心传记载,岳飞"至今号为贤将"。四、"秦桧的通敌"是事实,不可否定。1986年,刘子健先生在论文集《两宋史研究汇编》(1987年,台北联经出版事业公司出版)中,收入《岳飞》此文,在此文《补记》中提出:《满江红》"一定是明代中叶的作品,并且靠通俗文学流传",赞同夏承焘先生的观点。认为"贺兰山这一点,似尚不能遽断"。在《汇编》的《引言》中,刘先生还进一步指出:一、岳飞被诬杀,当时"是骇人听闻的大案,何以满朝坐视不救?何以熟读圣贤书的士大夫,不群起抗议?唯一敢挺身而出,直接去找秦桧责问的,不是儒臣,而是认字不多的武将韩世忠"。二、宋高宗实际是杀害岳飞的主谋,但高宗把责任推给秦桧,"杀岳飞的罪魁是秦桧吗?秦桧一死,高宗立即过河拆桥,把秦家子孙一起赶回原籍"。这时,"还是没人出头说话","给岳飞昭雪"。"一直到孝宗即位以后,才正式平反。平反之后,终南宋一代,又有谁敢……批评号称中兴圣主的高宗?"以上算是对李安先生的答复。

有关《满江红》词,台、港学者也曾展开过讨论。孙述宇《岳飞的〈满江红〉?——一个文学的质疑》,载台湾《中国时报》1980年9月10日,提出:一、此"词里既有这么多岳飞自己的事迹与典故,看来这首《满江红》不会是岳飞写的。若不是后人写来怀他咏他,便是别人拟他的身份写的"。这些"典故"乃指"三十功名尘与土"和"八千里路云和月”。二、将此词与岳飞的《小重山》相比，后者“有一种由深深失望而生出的欲说还休的味道”，这表明“他的阅历，例如那多年的奋斗和掣肘挫败的经验，这些阅历经验在他的情绪上是留下印记的”。前者则“是首有事迹、有心志，但没有阅历经验的词”。三、“英雄诗的题材是英雄，作者却绝少是英雄”，“汉武帝和唐太宗这些雄主，写出的诗都不是英雄诗。岳飞的诗词，收在《金佗粹编》，没有哪一首像这《满江红》这么激烈的”。相反地，“英雄诗”是“这些做不到英雄的诗人想望着英雄而创作出来的”。四、“即使不是岳飞所作，《满江红》仍值得流传下去”。十天后，针对孙述宇的此文，李安先生撰《潇潇雨未歇——〈岳飞的满江红?〉读后》（载同月 21 日同上报纸），予以反驳。该文认为：一、经过考证，据岳飞的经历，“三十功名尘与土”、“八千里路云和月”、“潇潇雨歇”，《满江红》词“乃表达其本人真实感受于公元 1133 年（宋绍兴三年）秋季九月下旬作于九江”。二、岳飞《小重山》词作于绍兴九年“生活平静无战役之时，与六年之前争战无休止时刻作《满江红》词之时代背景与感受全不相同，两词格调自然大有差异”。三、《金佗粹编》“未收岳飞作品不止‘满江红词’一首，其原因基于高宗赐死时，岳飞家存文件全被查封没收，迨后蒙准发还并不齐全”。1984 年 10 月 18 日，李安先生又在台湾《民族晚报》上撰文，指出《满江红》词中的贺兰山，是岳飞“立志光复的磁州贺兰山”。1980 年 10 月，香港《明报月刊》第177 期，也刊载孙述宇《岳飞的“满江红”?》一文。同刊 10 月号又载徐著新《不是岳飞的〈满江红〉》一文，基本逐条重述夏承焘先生的观点和论据，实际支持孙述宇的意见。此外，还有一些台湾学者的看法也值得注意，他们认为鉴于《满江红》词已与岳飞精神融为一体，成为激励民族浩然正气的有力武器，作为多灾多难的中华民族的特定历史产物，没有必要人为地将岳飞与《满江红》词分割开来，此词真伪之争没有必要再继续下去[①]。

---

① 　龚延明：《关于岳飞〈满江红〉词讨论综述》，载《岳飞研究》第二集，中原文物编辑部 1989 年版。

　　这段时间里,还有蒋君章《岳飞的北伐计划与北伐行动》,载《中华民族伟人》,1955 年。王敏濂《岳飞评》,载《简牍学报》第 5 期,1977 年 1 月。李宗黄《尽忠报国的岳飞》,载《中国地方自治》第 29 卷 2 期,1976 年 7 月。巨焕武《岳飞狱案与宋代的法律》,载《大陆杂志》第 56 卷 2 期,1978 年 2 月。该文提出岳飞案的三项重要原始司法文件,一为诏狱全案,失传;二为尚书省敕牒全文,《金佗稡编》节录;三是行遣省札及大理寺案款,载《建炎以来朝野杂记》和《建炎以来系年要录》。认为“岳飞狱案的一干人犯,其定谳竟然没有一人系从大理寺的议拟及刑部、大理寺的共同看详,而一一法外加刑;只有对科处岳飞的极刑,欲加而无从加为例外”。是第一篇从宋代法制论述岳飞案件的论文。

　　香港学者研究岳飞的著作较少。有陈惟殷《民族英雄岳飞》,1955 年,香港中华书局出版。还珠楼主《岳飞传》,1956 年,文宗出版社出版。李唐《岳飞新传》,1961 年,上海书局出版,该书属传记小说,据其 1974 年版,分为少年时代、从统领到镇抚使、剿平游寇、对江西“土寇”用兵、中原奋战与援救淮西、杨幺事件、还我河山、千载冤狱等 8 篇,所引史料皆译成白话文,但不注明出处,有些描述缺乏依据①。

七、大陆与台、港学者岳飞研究的交流

　　“文革”后,大陆与台、港地区学者有关岳飞研究的学术交往,是逐步由间接交流发展到直接交流的。可以说,以 1984 年底大陆学者与台、港学者相聚香港中文大学探讨宋史为分界线,此前只是通过各自的报刊和著作了解对方,属于间接交流,如前述 1980 年 10 月孙述宇、李安先生、徐著新讨论《满江红》词的文章,大陆学者便是从同月 12 日、19 日、25 日《参考消息》上读到的。此后,因为双方直接携手进行学术交

---

① 任崇岳:《建国以来岳飞研究综述》,《中国史研究动态》1990 年第 10 期。

流,切磋学问,关系较为密切。

1991 年 7 月,在杭州召开岳飞研讨会,由宋晞先生率台湾同行王德毅、程光裕、赵振绩等先生,参加了这次会议。4 位先生的论文均收入《岳飞研究》第三辑。宋晞先生《谈近四十年来台湾地区的岳飞研究》,介绍 1954 年来台湾学者研究岳飞的进展情况。王德毅先生《宋高宗评——兼论杀岳飞》,认为宋高宗是"最无能的中兴君主","连晋元帝都不如,遑论其他",但他"并不昏庸无能,他善于运用权术,德威并施"等等。他对岳飞是"假秦桧之手而杀之"。赵振绩先生《岳飞"踏破贺兰山缺"的历史意义》,提出"贺兰山之贺兰得名于贺兰部,贺兰部为托跋氏八部之一的东部。贺兰为契丹之音读,而契丹为贺兰之字义"。所以,岳飞"踏破贺兰山缺"是指"踏破契丹山居的老巢贺兰山"。程光裕先生《台湾宜兰岳武穆王庙——碧霞宫》,介绍台湾 12 座崇奉岳飞为"主神"的宫庙中"较具规模"的宜兰岳武穆王庙碧霞宫,指出该宫"创建于日本占据时,宜兰地方人士缅怀祖国,乃建此宫,为避日人耳目"而名此,"寓期盼早日重见光明、重归祖国之意"。

1993 年 3 月,在杭州召开的又一次岳飞研究会上,宋晞先生在闭幕典礼致词外,发表论文《论〈宋史筌〉立端宗、末帝纪》。黄宽重、张元、程光裕、梁庚尧等先生撰有《秦桧与文字狱》等论文。以上各文皆收入《岳飞研究》第四辑。

八、结　语

回顾 20 世纪中国学术界的岳飞研究状况,可以说是成绩蔚然,成果累累。据统计,有关研究著作有 20 多部,论文超过 1 000 篇。同时,学术界不时展开讨论,争论之热烈而持久,在宋代历史人物的评价方面当推前几位。岳飞事迹及精神的研究,已经成为一门显学。经过研究的长期积累,在本世纪后半期,逐步涌现出几位比较突出的岳飞研究专家,他们是邓广铭先生、徐规先生、李安先生、王曾瑜、龚延明、朱瑞熙①。不仅在20世纪而且在新的21世纪初，他们大都已经推出了高质量的岳飞研究著作和论文，继续推动岳飞研究向纵深发展。

　　经过100年的深入研究，中国学术界在岳飞的评价方面，基本形成共识，即岳飞是中华民族的英雄。中国有五千多年的文明史，众多民族共同生活在中华大地上，共同创造了灿烂辉煌的中华文化。这种文化又培育了以爱国主义为核心的团结统一、热爱和平、勤劳勇敢、自强不息的伟大民族精神。中华民族精神随着历史的发展不断充实和更新。岳飞的"尽忠报国"、"廉洁奉公，不殖私产"、严明军纪、教子从严、宁死不屈的崇高精神，已经融进了中华民族精神之中，成为中华民族精神的一部分。岳飞虽死犹生，世世代代活在炎黄子孙的心中。

　　除此以外，学术界还深入探讨了岳飞的思想、岳飞平定杨幺武装的评价、谁是杀害岳飞的元凶、岳飞进军朱仙镇是否属实、《满江红》的真伪等问题，提出了许多不同的意见，展开了争论。这些争论在21世纪里还将继续下去。我们相信，随着新的史料和文物的发现，新的科技手段的运用，必将促进岳飞研究不断深入。

　　　　（本文刊载于《岳飞研究》第5辑，中华书局2004年版）

---

①　有关宋史研究专家，在审阅朱瑞熙所撰《岳飞研究一百年》综述时，认为作者自谦，未将自己名字列入有成就的岳飞研究专家之列。出以公心，当将"朱瑞熙"补上。

论南宋中期四川的官员安丙

安丙(1148—1221年),是南宋宁宗时期四川地区的一名重要官员,他一生在平定吴曦叛国降金和"红巾队"叛乱以及治理四川等方面建功立业,是一名基本值得肯定的历史人物,但正如有的学者所说,他并非完人①,他做过的错事也不少。1996年,四川广安华蓥市郊发现了安丙及其家族的墓群,出土了许多珍贵的文物,引起了海内外学术界的重视,于是安丙其人开始进入史学界和考古界学者的研究视野。据笔者初步统计,迄今已经发表了有关安丙的事迹、家族及其墓葬的文章共10篇。这些文章基本上勾勒出安丙的史迹以及相关的问题,成绩蔚然,但不可避免地也存在一些不尽准确之处,对安丙功过的评价也不够全面。本文力图在这些文章的基础上,更全面、准确地论述安丙的一生及其功过。不当之处,请予批评指正。

一、安丙的一生

安丙,字子文,号晶然山叟,南宋潼川府路广安军(治今四川广安市)人。出生在普通的富裕家庭,幼年时其父"口授《论语》、《孝经》,不数过成诵,及从小学,已不类常儿"。在"未冠"时,家境不佳,"时或弗给",不得已"折节从人,假馆教学,以口菽水"。此处所缺字,疑为"给"

---

① 刘敏:《安丙述评》,《中华文化论坛》2001年第1期。

或"供"字。说明安丙此时生活比较清苦。所以,安丙并非出生在一个"封建贵族"家庭。安丙墓志所载其曾祖和曾祖母、祖父和祖母所获官称,并不能证明其家世显赫,其实这些官称都是安丙任高官后朝廷才封赠其已故三代祖宗的荣誉官衔。

宋孝宗淳熙元年(甲午,1174 年)八月①,安丙二十七岁,可能参加过本军的发解试。五年四月②,安丙参加殿试及格,"登进士第"。此前即同年正月③或四年八月,还曾参加省试或类省试,取得了第八名。安丙墓志记载:"……岁甲午,公年……第八。明年,廷对,登进士第。"《宋史》卷 402《安丙传》说,安丙为"淳熙间进士"。可见安丙登进士第是在淳熙五年。

进士登第后,安丙出任昌州大足县主簿,官阶为迪功郎。这是他的第一任差遣。任满,赴临安府,"陈蜀利病十五事,言皆剀切"④。接着,据他的墓志记载,他曾"沿檄部纲至在所",即部押纲运至行在所(临安府)。随后,朝廷曾派他随使臣出国,但因"丁外艰",没有成行。满孝后,又受命赴行在所,被辟为利州西路安抚司干办公事,即墓志所说"更调利西帅属"。这时,利州西路安抚使是吴挺,吴挺"知其才,邀致之"。对安丙十分敬重,安丙也"与闻军旅事,得熟究边防利病,于是诸将悉归心愿交"。调任文州曲水县(今甘肃文县)。有的文章提出安丙在"淳熙末为曲水漕官",这里"淳熙末"三字不知以何为据,县丞也不可释为"漕官"。

在曲水县丞任满后,安丙经过磨勘,改官为宣教郎(京官第一阶,从八品)。据墓志记载,利州路"漕使"杨王休对他"尤相器重",曾命他部押纲运。据《宋会要辑稿》职官 73 之 13 记载,杨王休任利州路转运判官的时间是在宋光宗绍熙三年(1192 年)。接着,安丙任成都府新繁

① 《宋会要辑稿》选举 16 之 19,中华书局 1957 年影印本。
② 宣统《广安州新志》卷 25《选举志》记载:"安丙、王叔简、王午三人,淳熙五年戊戌姚颖榜。"
③ (清)常明、杨芳灿等:《四川通志》卷 123《选举·进士》(巴蜀书社 1984 年影印本)记载:"淳熙五年戊戌科姚颖榜:……安丙,广安军人。"
④ 脱脱:《宋史》卷 402《安丙传》,中华书局 1977 年版。

县知县。据墓志记载,安丙在新繁县任上并不顺利,一是两次被"强者"夺去差遣,其中第二次上任"才四三月",即被强者"以计夺之"。二是"丁内艰",不得不临时卸任。满孝后,注授遂宁府小溪县(今四川遂宁)知县的差遣①。墓志上说:"自绍熙癸丑(四年,1193 年)通籍□下,至庆元六年庚申(六年,1200 年)□□,费八年,始毕须入。"说明安丙在绍熙四年到庆元六年,用八年时间,才完成了选人初改京官,必须先做知县(亲民官之一)的"须入"过程。所以,由此可以肯定,安丙在宋宁宗庆元六年,晋升为隆庆府(治今四川剑阁)通判。《宋史·安丙传》记载,嘉泰三年(1203 年),隆庆府发生水灾,通判安丙建议知府张鼎打开常平仓,将粮食赈济饥民。水灾后,安丙又主持"凿石徙溪,自是无水患"。可见,安丙担任隆庆府通判这一差遣,是在庆元六年到嘉泰三年期间。当然,也可能延至嘉泰四年,因为墓志上说他在"开禧改元"(1205 年)那年,"除知大安军(治今陕西阳平关)"。《宋史·安丙传》说他在知大安军任期,遇"岁旱,民艰食",他"以家财即下流籴数万石以赈",朝廷为此给他加了一官,以示奖励。有的文章提出安丙"因救灾有功,秩升一级为朝奉大夫"。朝奉大夫系正郎官阶,从六品,安丙的官阶似尚未晋升得如此迅速,不知这位作者以何为据?

　　开禧元年至三年二月,在安丙知大安军期间,四川形势骤变。开禧三年正月,四川宣抚副使吴曦正式叛国降金,被金朝封为"蜀王"。此前不久,吴曦因安丙曾在其父吴挺手下担任幕职官,素知安丙,因此奏辟安丙主持随军转运司,全称"四川宣抚副使司随军转运"②,治所在凤州河池县(今甘肃徽县)。同月甲午(十八日),封安丙为中大夫、丞相长史、权行都省事③。二月,安丙联合兴州中军正将李好义、监四川总

① 《宋史》卷 402《安丙传》。
② 《宋史》卷 38《宁宗二》。《建炎以来朝野杂记》乙集卷 18《丙寅淮汉蜀口用兵事目》(中华书局 2000 年版)作"陕西、河东招抚司随军转运"。
③ 脱脱:《宋史》卷 38《宁宗二》,卷 402《安丙传》,中华书局 1977 年版。

领所兴州合江仓杨巨源等义士，攻入吴曦伪王宫，杀死吴曦。"三军推
丙权四川宣无使"①。三月，安丙因功晋升端明殿学士、中大夫、知沔
州、充利州西路安抚使、四川宣抚副使②。十一月，权相韩侂胄在一次
政变中被杀，朝廷奖励大臣，安丙也晋职为资政殿学士③。据墓志和
《宋史·宁宗纪三》、《安丙传》，嘉定二年（1209年）八月，朝廷撤销四
川宣抚使司，改命安丙为资政殿大学士，兼知兴元府（治今陕西汉中
市）、利州路安抚使、四川制置大使。从此，安丙成为一位在四川叱咤
风云、独当一面的重要官员。嘉定四年四月，安丙在四川"置安边司，
以经制蛮事"④。不久，据墓志，安丙"以嘉、叙州边界作过夷蛮款塞□
降"，晋官三阶。嘉定六年，又以"南郊庆成"，晋升一阶。至此，安丙的
仕途可谓一帆风顺。

　　但是，从嘉定元年开始，朝廷对安丙在四川大权独揽实际并不放
心；加之，四川又有一些官员对安丙的所作所为持反对态度。因此，
早在嘉定元年钱象祖任宰相时，安丙便因"新立大功，谗忌日闻"，一
些"谤书"送到朝廷，钱象祖"出谤书问（许奕）"，许奕为安丙辩解，
"于是异论顿息，委寄益专"。"其后，士多畔丙"，唯独许奕常"以书
疏候问"⑤。在这些谤书中，最严重的是"或言丙有异志"，似乎怀疑
安丙意欲图谋不轨。"语闻，廷臣欲易丙"。幸而有的官员如宇文绍
节向朝廷提出："方诛（吴）曦初，安丙一摇足，全蜀非国家有，顾不以
此时为利，今乃有他耶？"宇文绍节还"愿以百口保丙"，因而安丙的
官职得以保持不动⑥。这些情况说明安丙在四川并不得人心，甚至可
以说有些孤立。到嘉定七年（1214年）三月，据墓志，朝廷决定将安

①　《宋史·杨巨源传》。
②　安丙墓志；《宋史》卷38《宁宗二》。《宋史·安丙传》作"知兴州"，据《宋史·宁宗二》，开禧三年
　　四月己巳，"改兴州为沔州"，沔州是利州西路安抚司的治所。
③　《宋史·安丙传》。
④　《宋史·宁宗三》。
⑤　《宋史》卷406《许奕传》。
⑥　《宋史》卷398《宇文绍节传》。同书卷400《宋德之传》也载"朝论有疑安丙意"，丞相史弥远"首
　　以问"官员宋德之，宋也担保安丙无他。

丙调出四川,任同知枢密院事,兼太子宾客。到同年八月,安丙还没有抵达临安,在枢密院任职,半途中朝廷便下诏改任观文殿学士、知潭州(治今湖南长沙)、湖南安抚使。罗大经记载:"安子文与杨巨源、李好义合谋诛逆曦,旋杀巨源而专其功。久之,朝廷疑其跋扈,俾帅长沙,子文尽室出蜀。"①嘉定八年九月,朝廷举行明堂合祭天地礼成,据墓志,安丙进封武威郡开国公。嘉定十年春,安丙再次被加官晋爵,被授崇信军节度使、开府仪同三司、万寿观使,不过实际被免去在湖南路的所有实职,成为一名祠禄官。安丙在三次要求辞去新的官爵而未被朝廷批准后,决定"还蜀"②。据墓志,安丙在嘉定十一年四月,回到自己的故乡——广安军清溪里,时与"亲旧""相与寻胜赏幽,为觞咏之乐"。

　　嘉定十二年(1219 年)闰三月,以兴元军士张福、莫简为首的"红巾队""作乱"。四月,攻入利州(治今四川广元),杀四川总领财赋杨九鼎,掠果州(治今四川南充北)和阆州(治今四川阆中),"四川大震"。朝廷立即起用安丙为四川宣抚使,"许便宜行事"。接着,又授保宁军节度使兼判兴元府、利州东路安抚使③。此时,安丙再次执掌全川大权,达到他一生权力的顶峰。同年七月,宋军平定红巾队,莫简自杀,张福"伏诛"。安丙移治利州。嘉定十三年(1220 年)六月,晋升少保④。嘉定十四年,患病,申请致仕,朝廷又加官少傅。十一月己亥(十九日)逝世,享年 74⑤。宁宗下诏追赠少师;理宗端平二年(1235 年)闰七月,亲谥"忠定",此前,安丙已被追封为鲁国公⑥。

　　安丙著有《晶然集》和《靖蜀编》4 卷⑦。

――――――――――

① 罗大经:《鹤林玉露》乙编卷 4《安子文自赞》,中华书局 1983 年版。
② 《宋史·安丙传》。
③ 佚名:《续编两朝纲目备要》卷 15《宁宗皇帝》,中华书局 1996 年版;安丙墓志;《宋史·安丙传》。
④ 《宋史·宁宗四》。
⑤ 安丙墓志。
⑥ 《宋史·安丙传》;《宋史》卷 42《理宗二》。
⑦ 《宋史·安丙传》;《宋史》卷 203《艺文二》。

二、安丙的历史功绩

总结安丙一生的任官经历,评价他的所作所为,可以说是功过参半。他的历史功绩大致有如下三个方面:

第一,推翻吴曦伪蜀政权,恢复宋朝在四川的统治。吴曦系南宋前期抗金保蜀名将吴璘之孙,其父为吴璘的次子吴挺。宋宁宗初期,吴挺死后不久,朝廷为防止吴氏世将,铲除吴氏在四川的势力,将吴曦调离四川任职①。嘉泰元年(1201年),权臣韩侂胄酝酿北伐金朝,而吴曦"潜畜异志,因附侂胄求还蜀"。他在表面上假装积极支持韩侂胄的开边决策,取得韩的信任,同年七月,被委为兴州都统制兼知兴州。韩侂胄批准吴曦返川,无异于放虎归山。开禧二年三月,吴曦任四川宣抚副使,仍知兴州,"听便宜行事"。四月,又兼陕西、河东招抚使②。与此同时,金朝开始秘密致信吴曦诱降③。同年七月,金朝已为吴曦铸下"蜀王"之印④。十二月,金朝派吴曦的族人吴端持诏书、金印至罝口(今陕西略阳西北),封吴曦为"蜀王",吴曦"密受之"⑤。金朝方面记载,金章宗泰和六年(1206年)十二月癸丑(初七),"宋太尉、昭信军节度使、四川宣抚副使吴曦纳款于完颜纲"⑥。此次吴曦所派亲信是掌管机宜文字的姚淮源,与吴端一起"奉表送款"。接着,又派果州团练使郭澄、仙人关使任辛"奉表及蜀地图志、吴氏谱牒来上"⑦。同月癸酉(二十七日),吴曦"始自称蜀王"⑧,正式宣布向金朝投降。

---

① 王智勇:《南宋吴氏家族的兴亡》,巴蜀书社1995年版。
② 《宋史》卷38《宁宗二》;《宋史·吴曦传》。
③ 《宋史》卷395《方信孺传》载,金人在开禧二年二月"贻书诱吴曦"。
④ 魏了翁:《鹤山先生大全文集》卷32《上李参政壁论蜀事》,四部丛刊本。
⑤ 《宋史·吴曦传》。
⑥ 脱脱:《金史》卷12《章宗四》,中华书局1983年版。
⑦ 脱脱:《金史》卷98《完颜纲传》。姚淮源原作"姚圆",《宋史·吴曦传》作"姚淮源",应以宋朝方面记载为准。
⑧ 《宋史·宁宗二》。

　　死心塌地追随吴曦的官员主要是他的一些亲信,其中以武将居多,文官甚少。因此,他只能委任在四川已有一定威望的随军转运安丙为丞相长史、权行都省事,也就是让他担任伪蜀王政权的丞相之职。安丙最初称病不出,拒绝接受吴曦委派的伪职,但估计事态,觉得自己一时无法脱身,而又"度徒死无益",对吴曦实际"阳与而阴图之"。据墓志,安丙派其子"安癸仲潜出入市肆间,诡为货金,密觇物□,欲纠合同志,以助义举"。又据李心传记载,开禧三年正月辛丑(二十五日),兴州中军正将李好义"与其徒谋举义"。二月壬戌(十六日),监兴州合江赡军仓官杨巨源到兴州见安丙,"谋举义"。癸亥(十七日),安丙"始出视事",即接受"伪命",赴伪蜀王宫办公。辛未(二十五日),凤州进士、李好义姐夫杨君玉领杨巨源拜访李好义。壬申(二十六日),由杨巨源介绍李好义到"伪宫"以见"安长史"①,"议遂定"。杨君玉回去后,与同乡白子申"共草密诏"②,即以朝廷名义宣布处死吴曦,推翻伪政权。这一密诏又送安丙"润色之"。甲戌(二十八日),杨巨源亲书"密诏"交给安丙。当天晚上"漏尽",也就是乙亥(二十九日)"未明",李好义率领"勇敢"七十人,用斧劈开伪蜀王宫大门,军士李贵"即曦室斩其首,裂其尸"。杨巨源也带领"义士"赶到。杨君玉当众宣读"密诏",任命安丙为权四川宣抚使,杨巨源为参赞军事③。吴曦"僭位凡四十一日",即告寿终正寝④。史称这一事件为"武兴之变"⑤。

　　在推翻吴曦伪蜀政权的事件中,安丙之所为成为"义士"们的领袖,首先因为他有一定的才能,在四川已有一定的威望。其次因为他已经得到吴曦的青睐,在伪蜀政权中担任要职,起到举足轻重的作用。所以,在朝廷得知吴曦降金后,知镇江府宇文绍节在权相韩侂胄前极力担保"安丙非附逆者,必能讨贼"。宋宁宗"召群臣计事,咸谓无出公(按

① 脱脱:《宋史》卷402《杨巨源传》,中华书局1977年版。
② 罗大经:《鹤林玉露》乙编卷1《诛曦诏》。
③ 李心传:《建炎以来朝野杂记》乙集卷18《边防一·丙寅淮汉蜀口用兵事目》。
④ 《宋史·安丙传》。
⑤ 《续编两朝纲目备要》卷10《宁宗皇帝》。

即安丙)右"①。于是"密降帛书"给安丙,提出安丙"如能图曦报国,以明本心,即当不次推赏,虽二府之崇亦无吝"②。最后结果也确实证明安丙不负众望,为国讨贼。由此可以这样说,安丙不愧为一名爱国的文臣。有的文章认为安丙是一名"爱国将领"或"抗金将领",不确,因为安丙的身份是文臣,不是武将。

第二,镇压红巾队叛乱,维持四川的社会稳定。正当安丙回到广安军闲居的时候,嘉定十二年,兴元军士张福、莫简等发动叛乱。导致张福、莫简等叛乱的直接原因是太府少卿、总领四川财赋杨九鼎"在蜀,以刻剥致诸军之怨"。原来,每次派兵戍守关外,照例发给每名士兵绢一匹、钱 18 贯 300 文,而这次更克扣了其中 300 文。于是"众推莫简、张福为变"③。同年四月,张福率军攻入利州,四川制置使聂子述逃走,张福等捉住杨九鼎后,"剖其腹,实以金银曰:'使其贪腹饱饫。'"④这时,安丙之子安癸仲知果州,聂子述"檄癸仲兼节制军马,任讨贼之责"⑤。据墓志,安癸仲"亟号召戎师张威等军与会合讨贼"。正在家乡广安闲居的安丙闻讯"欲自持十万缗偕子述往益昌(即利州昭化县,原称益昌,今四川广元西南昭化镇)募士",但因宋朝官场规矩,"大臣非得上旨,未可轻出",所以改往果州,"来与癸仲会议"。五月,朝廷决定起用安丙为四川宣抚使兼判兴元府、利东安抚使。据墓志,安丙"训敕诸将,厚激犒,径袭击至遂宁(府名,治今四川遂宁市)"。六月,莫简、张福等固守普州(治今四川安岳)的茗山(今四川安岳西)。安丙"下令诸军合围,绝其樵汲之路以困之"。张福等 17 人请降,沔州都统制张威、李贵等俘获以献安丙。七月,张威等率军"捕贼众一千三百余人,诛之,莫简自杀","红巾队"终于被镇压下去⑥。

---

① 魏了翁:《鹤山先生大全文集》卷 40《广安军和溪县安少保生祠记》。
②⑤ 《宋史·安丙传》。
③ 方回:《桐江集》卷 8《先君(方琠)事状》,宛委别藏本。
④ 《鹤林玉露》乙编卷 4《安子文自赞》。
⑥ 《宋史·安丙传》;《宋史》卷 40《宁宗四》,卷 403《张威传》。

以张福、莫简为首的兴元士兵叛乱，其人数最多时估计约两三千人，但因其反抗像杨九鼎这类贪官的肆意盘剥，所以起初还有一定的正义性。同时，叛乱的士兵只杀贪官，不杀清官。如莫简等进入遂宁府境，"辄戢其徒无肆暴"，对他们印象中的"江南好官员"、知遂宁府曹叔远，相约加以保护。但是，这次军士叛乱又因特殊的时间和地理因素，不久后，其消极作用成为主要的。因为，其一，嘉定十二年正是宋朝四川前线艰苦抗金的时候，这次叛乱干扰了宋朝的抗金部署。诸如二月，金军曾一度攻陷宋朝四川的兴元府、大安军、洋州，虽然不久又为宋军收复，但显示前线抗战异常激烈和艰难。所以，叛乱初起，据墓志，"四川大震"，"甚于(吴)曦反时"。其二，莫简、张福等曾经仿效吴曦的做法，叛宋降金①，企图借助金军攻宋，以保存实力。据墓志，"方事之殷，贼首张福、莫简潜约虏来寇，以扰我师。虏果引兵来窥西和(按：州名，治今甘肃西和县西南)"。直到叛乱被镇压下去，金军才停止军事行动。其三，叛乱军士到处烧杀，破坏社会稳定。据李壁记载，叛兵"鼓行而前，如入无人之境，直造官府，焚毁漕廨，劫掠仓库，州县储积为之一空，甲仗一库尽为贼有，取不尽者焚之而去"。对于一般百姓的屋宇，也是"悉皆荡尽，十无二三，四隅一望，皆为丘墟瓦砾之场"②。

以上说明，安丙指挥四川宋军成功地镇压了莫简、张福等军士叛乱，同样是抗金爱国之举，值得肯定。

第三，治理四川军事和财政方面的政绩。安丙从宋孝宗淳熙二年任昌州大足县主簿起，到宋宁宗嘉定十四年去世，为官47年，而且主要在四川任地方官。在这47年中，尤其是在嘉定二年任四川制置大使后，据墓志，安丙"于用蜀规模，素所讲定，大抵谓爱养根本，使兵、民兼裕，其间开阖敛散，要当与职总计者有无相救如一家，始可以济"。依据这一指导方针，他采取如下一系列措施：

（1）分散沔州都统制司的兵力，防止武将跋扈，统一四川宣抚使司

---

① 《宋史》卷416《曹叔远传》。
② 《永乐大典》卷10998《府字·知府八》，中华书局1960年影印本。

的兵权。他认为,"蜀口屯十万兵,以三都统主之",而沔州都统制司"所统十军,权太重,故自吴璘至挺、曦,皆有尾大不掉之忧"。于是提议朝廷另设利州副都统制司,"分隶其兵,以惩偏重之患"。具体办法是沔州都统制司与利州副都统制司"各不相隶,以前、右、中、左、后五军隶都统司,踏白、摧锋、选锋、游奕五军隶副司"。这一建议显然是吸取了吴曦叛国降金的教训,吴曦原来掌管的"吴家军"有 7 万的兵力,军权过于集中。建议最终得到了朝廷的采纳①。从此,四川宣抚使统一掌握四路的兵权,"进退大将,如呼小儿",各"都统制不得自专,而军政始一矣"②。

(2)节省四川军费开支。墓志记载,他"省废四都统司缺额人马及军中冗员",每年所节省钱数额不小。吴曦的吴家军原额 8.9 万人,实际仅 7 万多人,吴曦多吃空额军饷达 1 万多人③,此次安丙皆予改正。

(3)丈量关外九州土地,增加官府财政收入。史载:"剑外诸州之田,自绍兴以来,久为诸大将吴、郭、田、杨及势家豪民所擅,赋入甚薄,议者欲正之而不得其柄。"吴曦死后,安丙任四川宣抚副使,分派僚吏到兴元府、洋、沔、阶、成、西和、凤州、大安、天水军(治今甘肃天水市西南)等九州军二十县,"经量"即丈量土地,规定土地分上、中、下三等九则,"以均赋之重轻",结果增加家业钱 229.7 万多缗,二税 35 800 多石,役钱 35 000 多缗。安丙此举的目的是使"田庐之均一有伦",无可厚非,但由于"所委官吏务于增多,未尝行历乡社,躬亲履亩,往往强令有田之家增认租数,而民始怨矣"。因此,不久以后,即因谏官上疏指出,朝廷便下令"尽复其故"④。

(4)解决四川财政危机。吴曦被诛后,四川财政空虚,总领所仅存

---

① 安丙墓志;《宋史·安丙传》。安丙墓志作"乞增置利州都统一司","都统"前漏"副"字。据《建炎以来朝野杂记》乙集卷 13《十都统制》载:"安观文又奏分兴州十军为沔、利二军,沔州除都统制,利州除副都统制。"另据同上书乙集卷 17《沔州十军分正副两司事始》。

② 《建炎以来朝野杂记》乙集卷 17《安子文一军政》。

③ 《建炎以来朝野杂记》乙集卷 16《四川宣总司抗衡》。

④ 《建炎以来朝野杂记》乙集卷 16《关外经量》。

财赋 600 万贯,而"军费日夥",当年财政支出达 4 000 万贯,四川总领财赋陈逢孺"未知所以为计"。安丙采取了移屯、减戍、运粟、括财等四项措施,解决了困难,否则陈逢孺"未知攸济矣"①。

（5）根括关外营田。墓志记载,安丙曾"经营关外屯田"。《宋史·安丙传》也记载,嘉定十三年,四川宣抚使安丙认为"关表营田多遗利,命官括之"②。他任命干办鱼关粮料院文垓全权"措置","且以宣抚副使印假之"。还派冯安世在利州设置"根括局"。魏了翁曾经写信给安丙,指出他用人及所采取措施的不当之处。安丙复信说,目前关外"籴买"粮草需要 400 万缗,而总领所现存仅 25 万缗,所以"多方措置,非得已而不已"。后来,冯安世"不法滋甚",安丙只得将冯"械送大安（军）穷治之"。这一措施所得收入,据墓志记载,"悉以隶诸总所"。

安丙根括关外营田或屯田,发生在他担任四川宣抚副使任期内,也就是开禧三年三月至嘉定二年八月;根括的对象只是营田或屯田,不包括民田,如设置"根括局"的利州就不在上述丈量土地的九州之内。

（6）增加四川财政收入的其他措施。据墓志记载,还有"直买系官盐井,不科调而财用足,以月计之,所得租息亦不下数十万缗";"措置嘉定钱监,悉以隶诸总（领）所,而免输代赋,所在有之"。据李心传记载,"直买系官井盐"发生在安丙担任四川制置大使期间,即嘉定二年八月至七年三月。安丙认为,目前四川的"三路官井",总领所"召人投买",仅"得钱数十万缗",所定价钱太低,所以他重新定价"召人实封投买","又得钱数百万缗,入制司激赏库"。总领四川财赋王釜（子益）不同意这样做,"以为失信,檄止之"。于是安丙向朝廷上疏,说王釜的总领所还欠制置大使司广惠仓米 30 万石,最后王釜之"议遂格"即没有被朝廷采纳,他本人也被调任湖广总领③。至于"措置嘉定钱监"一事,

① 《建炎以来朝野杂记》乙集卷 16《四川宣、总司抗衡》;《鹤山先生大全文集》卷 44《重建四川总领所记》。
② 《宋史》卷 176《食货上四·屯田》。
③ 《建炎以来朝野杂记》乙集卷 16《四川总、制司争鬻盐井》、《四川收兑九十一界钱引本末》。

是指他在嘉定三年夏,决定全部回笼四川的纸币第 91 界钱引 2 900 万缗,又在邛州(治今四川邛崃)惠民监铸造"嘉定重宝"铁钱,钱背铸"西贰"二字,又篆"五"字。于是此监与原置利州绍兴监一起,每年共铸当五大铁钱 30 万贯,这些铁钱的成本(料例)"并同当三钱"①。

　　以上为安丙在四川任官期间的主要功绩,其中在治理四川军事和财政方面的一些政绩都有一定的局限性,有的仅仅收效一时,有的实际增加了百姓的负担。

三、安丙的失误

　　在四川及湖南任官的 40 多年中,安丙的失误也不少,有的失误甚至对人民犯了罪。这些失误大致有以下几项:

　　第一,嫉贤妒能,残杀功臣。史称"武兴之变"中"立功者",安丙"为之主";杨巨源和李好义"倡率忠义,次之";李贵"手斩逆贼,又次之"。此外,还有李好古、安癸仲、杨君玉等人,"协谋举事,又其次也"②。其中杨巨源原是一名低级武官进义副尉(无品武阶第五阶),任职鱼关粮料院,开禧二年四月己卯(二十八日)始由四川总领所委任为监兴州合江仓。吴曦降金后,他首先会见安丙"谋举义",数日后又联络李好义,再介绍李好义与安丙相见;他还与乡人白子申起草诛吴曦的"密诏"③。《宋史·杨巨源传》记载,杨巨源初见安丙时,批责安丙说:"先生而为逆贼丞相长史耶?"安丙痛哭流涕答道:"目前兵将,我所知,不能奋起。必得豪杰,乃灭此贼,则丙无复忧。"杨巨源说:"先生之意决乎?"安丙对天立誓说:"苦诛此贼,虽死为忠鬼,夫复何恨!"杨巨源大喜说:"非先生不足以主此事,非巨源不足以了此事。"在诛吴曦过程中,杨巨源"持诏乘马,自称奉使",冲进伪宫,吴曦"启户欲逸,李贵执

---

① 《建炎以来朝野杂记》乙集卷 16《四川行当五大钱事始》。
② 《续编两朝纲目备要》卷 10《宁宗皇帝》。
③ 《建炎以来朝野杂记》乙集卷 18《丙寅淮汉蜀口用兵事目》。

杀之"。吴曦的卫兵"始拒斗,闻有诏皆郤"。于是义士们顺利诛杀吴曦。事后,由安丙"奏功于朝",杨巨源因功补承事郎(京官第三阶),不久晋升朝奉郎(升朝官第二十二阶),授通判资序,任权四川宣抚使司参议官①。但杨巨源开始产生对安丙的不满情绪,表现在:①朝廷"奖谕诛叛诏书至沔州","诏命一字不及(杨)巨源",杨巨源"疑有以蔽其功者"。②吴曦的亲信、兴州都统制王喜无功而晋升为节度使,杨巨源"弥不平"。③新潼州府观察推官赵彦呐在夔州(治今重庆奉节)斩吴曦爱将禄禧,因功晋升州通判,杨巨源对人表示不满说:"杀禄禧与通判,杀吴曦亦与通判耶?"④杨巨源将"武兴之变"中他与安丙的联络经过,安丙"酬答之语",包括安丙号啕大哭的丑态,都"锓梓竞传之",安丙知道后自然"弗乐"。⑤向朝廷申诉赏功不平,写信给权臣韩侂胄,委托兴元都统制彭辂转达,彭辂"阳许而阴以白丙"。加上不时有谗言传到安丙耳中,安丙决定除去杨巨源。开禧三年六月壬申(二十八日),安丙命人逮捕杨巨源。次日,杨巨源在大安军船中被将官樊世显杀死,樊世显以杨"自殪"报告四川宣抚使司②。"武兴之变"中的第二号功臣就这样被第一号功臣残酷杀害了。

至于李好义,祖、父都曾是武官,开禧初年他担任兴州中军正将。在得悉吴曦叛国降金后,他立即"与其徒谋举义"。此事发生在开禧三年正月辛丑(二十五日),比杨巨源与安丙第一次联络还早20多天。随后,陆续结识杨巨源和安丙,谋划诛杀吴曦。他告诫义士们说:"此事誓死报国,救四蜀生灵,慎毋泄。"又估计安丙虽被吴曦委为"伪丞相",而"托疾不往",说明安丙没有与吴曦同流合污,所以决定"至期立长史安丙以主事"。到他率领义士们攻打吴曦伪宫的那天,他宣布纪律:"入宫妄杀人,掠财物者死。"义士们"各以黄帛为号"。进入伪宫

---

① 《宋史》卷402《杨巨源传》载,朝廷授杨巨源"通判差遣,兼四川宣抚使司参议官",此处"差遣"与"兼"字均不确。据佚名《湖海新闻夷坚续志》(中华书局1986年版)前集卷2《艺术门·地理·穴差丧身》载,"朝旨"授杨巨源"通判资序、权四川宣抚司参议",比较符合宋制。

② 《宋史·杨巨源传》。

后,他大声宣布:"奉朝廷密诏,安长史为宣抚,令我诛反贼,敢抗者夷其族。"杀死吴曦后,他又"引众拥曦首出伪宫,亟驰告丙宣诏"。安丙宣诏后,"军民拜舞,欢声动天地",而李好义"持曦首抚定城中,市不改肆"。接着,他又建议安丙、杨巨源"乘时取关外四州",得到赞成。三月癸巳(十八日)他率军收复西和州,"军民欢呼迎拜,籍府库以归于官"。五月庚子(二十五日),宋朝复置沔州副都统制,以李好义充任,"分沔州都统十军,隶两都统司"①。据金朝方面记载,同月丙申(二十一日),安丙派"西和州安抚使李好义(按:李好义)率步、骑三万,攻秦州(按:治今甘肃天水),围皂角堡",金将"术虎高琪以兵赴之,七战而解其围"②。宋朝方面记载,李好义军在秦州"不克败归"。六月己未(十五日),李好义在西和州突然"遇毒死"。谋害李好义的元凶,据《宋史·李好义传》记载,是吴曦生前的亲信王喜,原任踏白军统制。李好义率义士诛吴曦后,王喜一心要"戕好义为曦复仇"。诛吴曦的当天,他"不肯拜诏",反而"遣其徒入伪宫虏掠殆尽,又取曦姬妾数人"。安丙此时不仅没有惩处王喜,而且以"便宜"重赏王喜为兴州都统制、节度使、知兴州。在李好义知西和州后,他派其"死党"刘昌国到西和州"听节制"。一天,刘与李好义一起饮酒,李好义"心腹暴痛洞泻",而刘乘机逃遁。李好义的遗体"口鼻爪指皆青黑","居民莫不冤之,号恸如私亲,摧锋一军几至于变"③。"武兴之变"中的第三号功臣也就这样不明不白地被残酷杀害了。

　　杀死吴曦、推翻伪蜀政权后仅三个半月,李好义就被杀害了;又过半个月,杨巨源也被杀害了。这两名功臣之死与安丙有什么关系呢?前述杨巨源被杀害,明显是安丙所为。《宋史·杨巨源传》说,杨巨源被杀,"忠义之士为之扼腕,闻者流涕",而剑外士人张伯威公开"为文以吊,其辞尤悲切"。成忠郎李珙撰《巨源传》献给朝廷,"为之讼冤"。"朝廷亦念其功,赐庙褒忠,赠宝谟阁待制,官其二子"④。佚名《湖海新

---

①　《宋史》卷38《宁宗二》;刘时举:《续宋编年资治通鉴》卷13,丛书集成初编本。

②　《金史》卷12《章宗四》。

③　《建炎以来朝野杂记》乙集卷18《丙寅淮汉蜀口用兵事目》;《宋史》卷402《李好义传》。

④　另见《鹤山先生大全文集》卷1《题大安军杨宝谟旌忠庙》。

闻夷坚续志·穴差丧身》也说安丙对杨巨源是"忌其有功",所以不惜派人将杨杀害。前引罗大经《鹤林玉露·安子文自赞》也指出,安丙"旋杀(杨)巨源而专其功"。至于李好义之死,表面上看是吴曦的亲信王喜一人所为,因为王是为吴曦报仇,但此时握有全川大权、且被准许"便宜行事"的安丙,却听之任之,并不依法追查此案,也不惩处凶手,这不能不使人怀疑实际上是安丙假借王喜之手来铲除异己。

　　第二,才能有限,失误多多。安丙在担任州、县官时,显示出一定的才能,但在掌握全川的大权后,暴露出他缺少治理全蜀的雄才大略,且心胸稍稍狭隘。嘉定十三年,崔与之任知成都府兼本路安抚使,他发现这时的安丙"握重兵久,每忌蜀帅之自东南来者",同时还出现了"军政不立,戎帅多不协和"的现象,以致在抗金战争中屡次失利。《宋史·崔与之传》列举两事,一是"刘昌祖在西和,王大才在沔州,大才之兵屡衄,昌祖不救,遂弃皂郊(堡名,在今甘肃天水市南皂郊镇)"。二是"吴政屯凤州(治今陕西凤县),张威屯西和,金人自白还堡(一作百环堡,在今甘肃西和东北)突入黑谷(关名,今甘肃天水市西),威不尾袭,而迁路由七方关(今地待考)上青野原(在今陕西略阳北),金人遂得入凤州"。利州副都统制刘昌祖坐视沔州都统制王大才抗金失利不救,导致金军攻破皂郊堡,宋军死者5万人,此事在嘉定十一年二月。后来,沔州都统制张威听任金军进攻凤州,擅自领兵南撤,致使兴元都统制吴政孤军奋战,最后凤州失守,此事在嘉定十二年正月①。这两次战役虽然都发生在安丙正在湖南路任职或回广安闲居的时间里,与他没有直接的关系,但正是他多年前治蜀过程中出现的将帅不和而留下的后遗症。幸而崔与之到蜀后,发现了安丙的这两个问题,因此"推诚相与",才避免产生矛盾。次年安丙死后,崔与之又通过朝廷,下诏"尽护四蜀之帅,开诚布公,兼用吴、蜀之士,拊循将士,人心悦服"。崔与之还告诫将帅们"以同心体国之大义,于是戎帅协和,而军政始立"。此外,崔与

―――――――――――――

① 《宋史》卷40《宁宗四》。

之发现安丙在去世前,即嘉定十三年八月,还以四川宣抚使的身份,决定采纳西夏的"合从之请",尽管事前"以奏札闻诸朝",但不等朝廷批准,便"联师攻秦(治今甘肃天水)、巩(治今甘肃陇昌)"两州,结果"夏人不至,遂有皂郊之败"。后来崔与之吸取教训,"饬边将不得轻纳"①。

安丙在嘉定七年八月至十年春任湖南路安抚使时,"计利析秋毫,设厅前豢豕成群,粪秽狼藉,肥腯则烹而卖之"。在他"罢镇"卸任时,"梱载归蜀"②。回到广安闲居时,他最少已拥有10万贯的家产,所以当张福、莫简等"红巾队"叛乱时,他曾"欲自持十万缗偕(四川制置使聂)子述往益昌募士"。后来因为聂子述的劝阻,安丙的"益昌募士"也没有成行,不清楚这10万贯家产是否动用。不过,由此可知安丙尽管不是贪官,但也是善于敛财,并且不择手段的。

四、结 语

总结安丙一生的功过,笔者认为安丙是一名爱国官员,他的功绩是主要的,他的过失是次要的。所以,在他身后,除朝廷充分肯定他的所作所为外,四川各地也建造起纪念他的祠堂和寺庙,诸如建于广安军和溪县(今四川广安)的"安少保生祠"③、果州(治今四川南充)的"安少保祠",巴州通江(今四川通江)的"安公祠",沔州的安丙生祠和"英惠庙",永康军(治今四川都江堰市)的安内祠等④,表明当时人们承认他的历史功绩,加以褒扬和纪念。有的文章提出安丙是一名"政治野心家""阴谋家",笔者觉得这一评价言过其实,否定过多,难以苟同。

(本文刊载于《暨南史学》2005 年)

---

① 《宋史》卷 406《崔与之传》,卷 486《外国二·夏国下》。
② 《鹤林玉露》乙编卷 4《安子文自赞》。
③ 《鹤山先生大全文集》卷 40《广安军和溪县安少保生祠记》。
④ 蔡东洲:《安丙遗迹考述》,《四川师范学院学报》1999 年第 4 期。